21 世 纪 新 闻 实 训 系 列 教 材

新闻评论

廖艳君 等 编著

清华大学出版社
北京

图书在版编目（CIP）数据

新闻评论/廖艳君等编著．--北京：清华大学出版社，2010.7（2021.2重印）
（21世纪新闻实训系列教材）
ISBN 978-7-302-22437-2

Ⅰ．①新…　Ⅱ．①廖…　Ⅲ．①评论性新闻—高等学校—教材　Ⅳ．①G210

中国版本图书馆CIP数据核字(2010)第066060号

责任编辑：纪海虹
责任校对：宋玉莲
责任印制：杨　艳

出版发行：清华大学出版社
　　网　址：http://www.tup.com.cn，http://www.wqbook.com
　　地　址：北京清华大学学研大厦A座　　**邮　编**：100084
　　社 总 机：010-62770175　　**邮　购**：010-62786544
　　投稿与读者服务：010-62776969，c-service@tup.tsinghua.edu.cn
　　质 量 反 馈：010-62772015，zhiliang@tup.tsinghua.edu.cn
印 装 者：北京九州迅驰传媒文化有限公司
经　销：全国新华书店
开　本：185mm×235mm　　**印　张**：25.75　　**字　数**：453千字
版　次：2010年7月第1版　　**印　次**：2021年2月第7次印刷
定　价：68.00元

产品编号：031352-03

前言

本书是“21 世纪新闻实训系列教材”之一。

实训是针对某专业的某些技能进行专门的实际训练，它体现了新的教育理念：学生在参与中学习知识，在实训中提升能力，它虽与相关理论知识有紧密的联系，但却有自己独特的教学规律、独立的教学目标和完整的教学内容，使学生通过系统的训练，达到预期的实训效果。因此，“新闻评论实训”教材的推出，既切合了本课程的特点，又体现了新的教育理念，是很有价值和意义的。全书共分九章：我国新闻评论的源流；新闻评论的特征；新闻评论的类型；新闻评论的功能；新闻评论的策划；新闻评论的标题与结构；新闻评论的要素；新闻评论的传播符号；新闻评论人员的素养。

在发展的新闻学和传播学理论的指导下，本实训教材以新闻评论作品为主线，在深度专业架构中引入个案，既注重个案的新鲜度，对历史上有代表意义的名人名篇也予以适当关注，并将生动的个案与核心的理论知识结合起来，对个案加以剖析，加上每章后的一两则实训操练题，整本教材既培养了学生过硬的实际操作能力，又使其具备了相应的理论知识，从而适应飞速发展的传媒行业对从业人员知识结构、实践能力和基本素质的全面发展提出更高的要求。

本书由湖南大学新闻与传播学院廖艳君博士后、副教授任主编。参加编著的还有中国传媒大学电视与新闻学院的王灿发博士、副教授，湖南大学新闻与传播学院的许静博士，中国传媒大学新闻传播学院的郭英硕士、胡娟硕士，湖南大学新闻与传播学院的杨成伟硕士、李枝娜硕士，湖南娄底职业技术学院的教师蔡丁。具体编写分工为：廖艳君编写第一章，王灿发、郭英编写第二章，杨成伟编写第三章，王灿发、胡娟编写第四章，李枝娜编写第五章，蔡丁编写第六章，廖艳君、杨成伟编写第七章，许静编写第八章，廖艳君、李枝娜编写第九章。全书由廖艳君拟定提纲，并负责统稿和定稿，杨成伟、李枝娜协助进行了校验工作。

本书在编著过程中，参考了同类教材和有关论著的观点，采用了部分同类教材的相关内容，我们尽可能在各章的脚注和全书最后的参考书目中列出，但难免遗漏，在此一并表示诚挚的感谢！还衷心感谢本书的责编，感谢她的敬业和诸多帮助！

虽然我们尽心了，但由于时间仓促，不足之处一定很多，敬请专家、同行和所有读者批评指正。部分案例的引用由于未联系到作者，关于稿酬敬请致函：liao1971@sina.com。

编著者

2010年3月

目录

CONTENTS

理　论　篇

技 能 篇

理　论　篇

第一章　我国新闻评论的源流

学习目的

1. 掌握新闻评论的定义
2. 了解我国新闻评论的起源
3. 把握新闻评论体裁发育的历史线索
4. 了解中国历史上第一个报刊政论家
5. 评述梁启超言论活动及其重要贡献
6. 评述邹韬奋言论活动及其重要贡献

核心能力

1. 区分新闻评论与新闻报道各自内涵及表现的能力
2. 培养对新闻评论纵向历史发展的把握能力

新闻评论有独立的新闻价值，是新闻媒介的“旗帜”和“灵魂”，从评论中可以体现出新闻媒体的主要倾向，没有评论的媒体是不完全的媒体，更不可能是有影响的媒体。在独家新闻越来越少、各家媒体上的新闻报道越来越趋于雷同的今天，新闻评论正好可以大显身手，张扬媒体的个性，显示媒体的水平，并以此种异质性吸引更多的读者，有效地发挥联系群众的桥梁作用，当好政府和人民的“喉舌”，更好地引导舆论和监督舆论。而且，评论素养是每一位新闻工作者的基本素养之一，正如胡乔木同志 1991 年 11 月 5 日约见新华社负责同志所说的：“培养名记者的一条重要方法是多写评论和述评”，“评论和述评是一种高层次的新闻报道”。[①] 总之，新闻评论在传媒时代愈显重要，我们从多个方面、多个角度加强对新闻评论的了解和把握很有必要。首先我们不妨从纵向发展的角度考察一下新闻评论文体的演变。

① 丁法章：《新闻评论教程》，8 页，上海，复旦大学出版社，2002。

第一节　从古代论说文到近代报刊言论

新闻媒体有两大类新闻形式：新闻报道和新闻评论，两者一实一虚，不可偏废。其中新闻评论"是针对现实生活中新近发生的典型的新闻事实、社会现象或问题，发议论，讲道理，辨是非的新闻体裁"。[①] 它"既是新闻体裁，又隶属论说文体"，"是论说文体中的新闻体裁，是新闻体裁中的论说文"。[②]

新闻评论一词中，限制语"新闻"一词告诉我们，这种评论具有新闻性，在最早的新闻媒体——报纸没有出现之前，真正意义上的新闻评论是不存在的。但中心语"评论"一词却告诉我们，这种文体样式与我国古已有之的论说性文体一脉相沿——我们现在见到的新闻评论各种文体和体裁，可谓源远流长，历经沿革和创新，从古代论说文到近代报刊，从政论，经时评，到新闻评论，彰显了评论作为一种意见性文体的发生、成长，直至成熟的清晰脉络。

一、我国古代的论说文

1. 先秦时期的论说文

子路曰："君子尚勇乎?"子曰："君子义以为上，君子有勇而无义为乱，小人有勇而无义为盗。"（《论语》第十七篇第二十三章）[③]

（[译] 子路问："君子尊贵勇敢吗?"孔子说："君子最尊贵礼义。君子勇敢而不讲礼义就会作乱，小人勇敢而不讲礼义，就会做强盗。"）

子曰："可与言而不与之言，失人；不可与言而与之言，失言。知者不失人，亦不失言。"（《论语》第十五篇第八章）

（[译] 孔子说："可以与他交谈而不谈，错过了人才；不可交谈而与他谈，浪费了语言。聪明人不错过人才，也不浪费语言。"）

孔子曰："见善如不及，见不善如探汤。吾见其人矣，吾闻其语矣。隐居以求其志，行义以达其道。吾闻其语矣，未见其人也。"（《论语》第十六篇第十一章）

（[译] 孔子说："看见善良，像赶不上似地去追求。看见邪恶，像手碰到沸

---

① 丁法章：《新闻评论教程》，15页，上海，复旦大学出版社，2002。

② 姜淮超主编：《新闻评论教程》，1页，北京，中国政法大学出版社，2003。

③ 李泽厚：《论语今读》，490、420、464页，北京，生活·读书·新知三联书店，2004。

水那样去避免，我看见这种人了，我听到他们讲话了。隐居起来以保持自己的志向，出来便实施正义而行得通，我是听见这样的话了，却还没看见这样的人啊。”）

可以看出，《论语》是一部语录体的简评或散论，大部分篇幅只有观点而没有论证，从写作形式上看还是不完备的。

但是，《论语》毕竟开了我国论说文写作的先河，是我国最早以论作为书名的言论集，正如南朝刘勰在我国第一部完整的文学理论著作《文心雕龙·论说》中说的：“昔仲尼微言，门人追记，故仰其经目，称为《论语》；盖群论立名，始于兹矣。自《论语》以前，经无‘论’字。”而且，近人赵纪彬还揭示出：“‘论’字有‘整理’‘撰次’等义；‘语’字谓‘二人相等而说’，有‘论难’‘答述’等义（陆德明《经典释文》卷二十四《论语音义》）；就字面直译，论语就是经过整理、撰次的对话，也就是‘对话集’之义。班固云：‘《论语》者，孔子应答弟子、时人及弟子相与言，而接闻于夫子之语也。当时弟子各有所记，夫子既卒，门人相与辑而论纂，故谓之《论语》’（《汉书·艺文志》）。”[①]如此说来，作为议论文的论和辩这两种体例，也就是议论的两种——方式立论和驳论，其滥觞实在《论语》之中。

确实，2000多年前的春秋战国时期，由于受当时社会急剧变化的影响，人们的思想意识也发生了极大变化，各种思想激烈斗争，众多文人贤士十分活跃，多方奔走游说，讲学著书，纷纷发表自己关于社会、政治、经济、军事、外交、历史、教育等诸多方面的看法，形成“处士横议”、“百家争鸣”的局面，出现堪称后世楷模的先秦历史散文、诸子散文，这种古典散文带有强烈的论说特点，成为我国论说文的源头，正如有的学者指出的：我国的论说文“在战国时期就已相当繁盛，特别是以荀子为代表的立论文章、以孟子为代表的驳论文章、以韩非子和庄子为代表的寓言小品一类的文章，都具有相当高的说理技巧和写作水平”，“当代新闻评论中一些成熟的说理技巧大多可以在先秦诸子的论辩文中找到历史的渊源关系”。[②] 我们不妨看看《墨子·非命下》[③]里开篇一段：

子墨子言曰：凡出言谈，则不可而不先立仪而言。若不先立仪而言，譬之犹运钧之上而立朝夕焉也；我以为虽有朝夕之辩，必将终未可得而从定也。是故言有三法。何谓三法？曰：有考之者，有原之者，有用之者。恶乎考之？考先圣大王之事。恶乎原之？察众之耳目之请。恶乎用之？发而为政乎国，察万民而观之。——此谓三法也。

（[译] 墨子说道：“说话必须订立准则。”说话没有准则，好比在陶轮之上，放立测量时间的仪器，就不可能弄明白是非利害之分了。所以言论有三条标

---

① 赵纪彬：《论语新论导言》，《中国哲学》第十辑，北京，三联书店，1983。

② 引自吴庚振：《新闻评论学通论》，16页，保定，河北大学出版社，2001。

③ 见罗根泽编，戚法仁注：《先秦散文选》，76页，北京，人民文学出版社，1985。

准。是哪三条标准呢？墨子说："有本原的，有推究的，有实践的。"如何考察本原？要向上本原于古时圣王事迹。如何推究呢？要向下考察百姓的日常事实。如何实践呢？把它用作刑法政令，从中看看国家百姓人民的利益。这就是言论有三条标准的说法。）

墨子不仅致力于论说文的写作，而且在论说文的写作理论方面提出了不少精辟的见解。他主张论辩说理的目的就是要明是非、审治乱，明同异、察名实，处厉害、决嫌疑。所谓的"言有三法"实际上提出了立论的标准和依据：首先是要以古代圣王的言论和行事为依据，其次是要考察和调查百姓所见所闻之事以及他们的意见，最后是强调用途，即言论是否有利于"刑(行)政"，是否符合国家和百姓的实际利益。这对于后世的论说文产生了深远的影响。

孟子长于论辩，《孟子》一书可以说是一部论辩文集，书中有不少篇章段落是尖锐泼辣、雄辩有力的说理文，富有战斗性和说服力。孟子在写作实践和理论上都为驳论体制的建立和发展提供了不少宝贵的经验。如《齐桓晋文之事》(《孟子·梁惠王上》)即是一篇以对话方式展开的驳论文，孟子以灵活多样的论辩技巧在文中阐述了"仁政"观点以及实施"仁政"的有关具体措施。

《国语》、《战国策》中不少篇章也很出色，说理与诸子散文有同工之妙。如《召公谏弭谤》(《国语·周语上》)，文章不长，约二百五六十字，记载周厉王昏庸残暴，又禁止国人议论朝政，最后被国人流放的一段史实。全文写得朴素、简括，通过邵穆公对厉王弭谤的劝谏，提出"防民之口，甚于防川"、"为川者决之使导，为民者宣之使言"，很有见地。如《庄辛说楚襄王》(《战国策·楚策四》)，庄辛是楚襄王的臣子，他以生动的譬喻，磅礴的气势，从最普通的现象、最寻常的事物谈起，然后一环扣一环地剖析人们都熟知的那些现象或事件，从中挖掘出不同寻常的深刻道理，论辩方法上由小到大、由远及近、循序渐进，但立意高远，劝告楚襄王强敌当前，必须励精图治；若犹一味贪图享乐，且与佞臣为伍，必将遭到国破身亡之祸，很有说服力。

2. 秦汉时期的论说文

秦汉时期，不少论说文具有浓厚的政论色彩，一批直言政事、评析时局的政论家相继出现，秦代的李斯、汉代的贾谊等是其中的佼佼者。这是因为秦要积弱变强、统一六国，汉要巩固政权、长治久安，统治集团必须面对现实、谋臣策士必须议论中的。

如李斯《谏逐客书》(阴法鲁《古文观止译注》上册)。李斯是楚国人，战国末入秦，被任为客卿，面对秦王嬴政的一纸客卿驱逐令，他直言上书，写下此篇政论。作为也在提名被逐之列的李斯上书劝阻逐客本是犯忌且会因此而犯上的，但由于全文议事说理中肯，论点分明、论据确凿、论证周密，生动而极具说服力("夫物不产于秦，可宝者多；士不产于秦，而愿忠者众。今逐客以资敌国，损民以益仇，内自虚而外树怨于诸侯，求国无危，不可

得也”)，终使秦王收回成命，取消了逐客令。李斯也继续受到重用，“官至廷尉”。

如贾谊《治安策》(阴法鲁《古文观止译注》上册)。《治安策》又名《陈政事书》，是贾谊为汉文帝想出的治国安民方略。社会稳定、经济繁荣的“文景之治”，可谓清平盛世，也是一般文人歌功颂德唯恐不及的时代，然而贾谊却具有政治家特有的敏锐感和崇高的责任感，居安思危，清醒地看到太平年景背后潜伏的种种隐患与危机，因此一开篇就是：“臣窃惟事势，可为痛苦者一，可为流涕者二，可为长叹息者六。”提出九大问题，同时也提出了解决问题的办法。

在西汉政论散文的园地中，贾谊的散文堪称文采斐然。刘勰《文心雕龙·奏启》称其奏疏是“理既切至，辞亦通畅，可谓识大体矣”。① 毛泽东也评价“全文切中事理”，“是西汉一代最好的政论”。②

3. 魏晋时期的论说文

魏晋时期的《文心雕龙》，不仅有专门对议论文进行探讨的《杂文》、《论说》、《议对》③等篇章，还有多处论述涉及论说文的写作。如《章句》④是从写作角度来考虑分段和造句的，篇首便交代了全文的论点：“夫设情有宅，置言有位；宅情曰章，位言曰句”，即全篇要根据情理分成段落，把情理安顿在各章里；而表达段落大意的话按照语气分成若干句。

4. 唐宋时期的论说文

唐宋时，韩愈、柳宗元的“论说文以及带有议论成分的传记、碑铭、书信、序文等，很受后人推崇”⑤，“政论和史论，逻辑严密，语言明快，援古论今而痛砭时弊……杂文、小品则文笔犀利、风趣幽默而有生活气息”⑥，苏轼的政论、史论文章，“能广征史事，层层剖析，颇有雄辩气势，其中不乏战斗性很强的切中时弊的篇章”⑦。

5. 元明清时期的论说文

元明清三代，元末明初的宋濂(《送天台陈庭学序》)、刘基(《卖柑者言》)、方孝孺(《深虑论》)等人，明代的“前后七子”、“公安派”、李贽(《焚书》、《续焚书》、《藏书》)等，明清之际启蒙思想家黄宗羲、顾炎武、王夫之等，乾隆年间的“桐城派”(方苞《狱中杂记》、刘大櫆《息争》、姚鼐《登泰山记》)等，他们的文论主张和政论作品，都对后世产生了积极的影响。

---

① 刘勰著，周振辅注：《文心雕龙》，252页，北京，人民文学出版社，1981。

② 毛泽东：《毛泽东书信选集》，539页，北京，人民出版社，1983。

③④ 刘勰著，周振辅注：《文心雕龙》，147、200、265、375页，北京，人民文学出版社，1981。

⑤⑥⑦ 胡文龙主编：《中国新闻评论发展研究》，14、17、18页，北京，中国人民大学出版社，2002。

二、近代报刊言论

1. 中国报刊源头不登言论

中国是世界上最先有报纸的国家，早在距今1 200多年的唐朝开元年间(公元713—741年)，就出现了被称为《进奏院状》的报纸，这是我国最早的报纸，而且，“和现代的词义已经十分接近‘新闻’、‘编辑’等新闻事业常用词汇，也都起源于唐代”。[①] 自此以后，历代宫廷都发行这类亦称之为“邸报”、“阁报”、“朝报”、“杂报”、“京报”等的报纸，但是，由于封建统治阶级的严格控制，在相当长的时间内，即使在这类报纸的内容“较成熟”的时期，也是只传消息、不许刊发评论的，就是消息也只能是皇帝的诏旨、皇帝的活动、官吏的任免、臣僚的奏章、战报、刑罚等，其他则被限制。

2. 在华外国人办报中的言论

到了近代，情况大为改观，近代报刊的大发展为言论的产生提供了条件。一开始，这些报刊主要是由外国传教士和商人主办的外文报刊，后来中文报刊陆续增多了。在中文报刊中，1815年在马六甲出现的《察世俗每月统计传》开始登载言论，它是英国传教士创办的一个中文期刊，英文名称是Chinese Monthly Magazine，“察世俗”一词语义双关，“可能是Chinese一词的音译，同时又兼顾到这本刊物的出版宗旨‘统纪传’当有无所不征，借此广播的意思”，[②]在所刊登的文章中，伦理道德方面的说教占有很大的比例，如所谓《论仁》、《仁义之心人皆有之》，《自所不欲不施于人》、《论人之知足》等，莫不如此。

1833年在广州创刊的《东西洋考每月统计传》是外国人在中国境内举办的第一个中文报刊，开始有固定的言论栏目。随之陆续出现了1854年4月的《遐迩贯珍》、1858年的《中外新报》、1862年的《上海新报》及1872年的《申报》等，它们的言论虽多为宣传宗教道德的文字，对现实生活中的问题较少涉及，有的甚至对中国人民灌输奴化思想，为帝国主义的侵略服务，如19世纪英国传教士李提摩太在给英国驻上海的领事白利兰的信中，曾指出：“别的方法可以使成千的人改变头脑，而文字宣传则可以使成百万的人改变头脑”，并认为只要控制了中国的主要报纸和杂志，“我们就控制了这个国家的头和脊梁骨”[③]，但这毕竟是我国报刊言论的发端，值得关注。如1855年8月《遐迩贯珍》“首次刊登了一篇中国作者撰写的评论《赌博为害本港自当严禁论》”，“作者针对香港当局准备放宽赌禁、明设赌场一事，发表了自己的意见”。[④]

《申报》的言论尤其值得重视。《申报》由英国商人美查筹办于上海，主持笔政和经营

---

① 方汉奇：《中国新闻事业通史》(第一卷)，61页，北京，中国人民大学出版社，1992。

② 余也鲁：《杂志编辑学》，27页，香港，香港海天书楼，1980。

③④ 转引自王兴华：《新闻评论学》，8、230页，杭州，浙江大学出版社，1998。

报务的差不多全是中国人——在外国人办的报刊中,由中国人主执笔政的,《申报》是第一家。该报对言论极为重视,每期都刊有一篇言论,有时一期二至三篇。该报强调言论"有系于国计民生","上关皇朝经济之需,下知小民稼穑之苦"[①],曾发表过若干评论时务、为中国富强献策和揭发基层苛政的论说,同时也有不少质量不高、滥竽充数的言论混于其中,如《论外国人欧信源买卖事》(1872年7月28日)、《论拐骗事》(1872年5月23日)、《论马赛约埠谋财害命事》(1872年6月28日)、《论陶某紫阳山被害事》(1872年10月8日)、《强丐害民论》(1872年11月23日)等,"这些标题带'论'或'说'的文章,未必都是真正的论说文,其中不少文章主要是叙事,再附带发些议论。由此也可看出《申报》当时的言论尚未完全与报道分离,形成成熟而稳定的评论文体"[②]。

1912年5月《申报》转让给张赓、史量才、应季中、赵竹君等5人,由史量才任总经理。史量才有中国报业巨擘之称,他接办《申报》以后,改组了报社领导班子,《申报》的政治态度迅速转向进步,积极支持抗日运动,反对国民党的独裁统治,是十年内战期间中国最有影响的报纸。它的进步评论尤其是副刊《自由谈》的杂文,引起当时社会黑暗势力的仇视和攻击,但《申报》评论仍坚持革命和进步思想,在一定程度上打击了蒋介石政权。而史量才却遭国民党政府忌恨,以致蒋介石亲自下令军统特务于1934年暗杀了史量才。

读书作文安全法[③]

《自由谈》上论及古今文人之受压迫,及其避祸方法,已不少矣。日前小雪先生《闷坐》一文,又提到许多文字上之血案,结论三叹,皆云"文章还是不做的好"。最后说到读书亦易犯禁,因云"做文章既危险万状,闭户读书也会遭到飞来的横祸"。以愚所见,此等文人不知读书作文安全法,危险灾祸之来,正所谓活该者也。

汉之赋家王襄,善为歌功颂德之文,其始也贡谀刺史,刺史荐之天子,既见天子,乃献圣主得宝臣颂,因得待诏宫廷。如此下笔,岂仅安全,升官发财之道在焉。唐初诗人沈佺期宋之问,谄附武后姘夫张易之,一面为张代制奉和应试之诗,一面为张奉溺器,今语谓捧便壶,沈宋居然宦达。此一文统自李斯枚乘司马相如王襄扬雄以至沈宋,洎于今兹,继绳弗坠。凡稍明吾国文学史实及现代文人情形者,一言及此,当能相视而笑,莫逆于心也。日人福富织部所著之《屁》书,载一文士,死见冥王,王忽撒一屁,士即拱揖进辞曰:"伏惟大王,高登尊臀,洪宣宝屁,依稀丝竹之音,仿佛兰麝之气。"王大喜。命牛头卒引去别殿,赐以御宴。至中途,士顾牛头卒曰:"看汝两角弯弯,好似天边之月;双目炯炯,浑如海

---

① 转引自方汉奇:《中国新闻事业通史》,(第一卷),325页,北京,中国人民大学出版社,1992。

② 姜淮超:《新闻评论教程》,11页,北京,中国政法大学出版社,2003。

③ 引自张云初编:《中国大实话:申报·自由谈》(C卷),87页,西安,陕西师范大学出版社,2001。

外之星。”卒亦喜甚，扯士衣曰：“大王御宴尚早，先在家下吃个酒头了去。”吾辈文士，倘能如此作文，不仅生而取容当道，死亦优受阎王小鬼之豢养。此作文安全之法也。

读书安全之法，至为简易，曰奉命读书是也。如秦皇焚书，止许民间藏卜筮种树一类之书，或学法令于官。汉武重视儒家典籍，罢黜百家。以及明清政府，止令士子诵读功令所许之书，与御纂御定之书，而销毁无数违碍干禁之书。换言之，士生其时，读书而不奉命者，恐有不测之祸也。如今邪说异端大作，各种主义分歧，明哲之士，当择其中最安全之一种而读之，庶无大过。否则潜心读经，亦是佳事，虽然此等古籍未必可以御侮救国，而当路在势者颇能提倡也。至于闭门思过，幽居反省之人，尤以严格遵守奉命读书之法为宜。隋文帝时，以郑译贪污著迹，又与母别居，除名下诏曰：“译嘉谋良策，寂尔无闻。鬻狱卖官，沸腾盈耳。若留之于世，在人为不道之臣。戮之于朝，人地为不孝之鬼，有累幽显，无以置之。宜赐以孝经，令其熟读。”今之奉命读书如郑译者，未闻有贪官污吏，倘有其人，即食前此未能奉命读书之报也，其取修辱亦宜矣。

1932 年史量才改组《自由谈》，聘请留法归国青年黎烈文任主编，约请鲁迅和茅盾两大名家，以千字左右的杂感文刊登在《自由谈》上，努力把《自由谈》办成“一种站在时代前面的副刊”。此举引来许多老作家和左翼青年作家撰稿投登。陈望道、夏丏尊、周建人、叶圣陶、老舍、沈从文、郁达夫、巴金、张天翼等都寄上作品，章太炎、柳亚子、吴稚晖也为《自由谈》写过文章。

《读书作文安全法》为黎烈文自己所写，发表于 1933 年 8 月 5 日的《自由谈》，全文从小雪先生的“做文章既危险万状，闭户读书也会遭到飞来的横祸”说到“以愚所见，此等文人不知读书作文安全法，危险灾祸之来，正所谓活该者也”，然后通过中外例证，得出所谓的“作文安全之法”和“读书安全之法”；但从所举例证当中，如此“作文安全之法”和“读书安全之法”实为作者所不齿，而前面所说的“活该者也”乃是“不应该也”。

3. 国人始办报刊中的言论

随着英法帝国主义对我国侵略活动的日益加剧，随着清朝统治的日益腐朽衰败，我国民族资产阶级开始觉醒并逐渐成长起来，19 世纪 70 年代中至 80 年代中，一部分具有资产阶级观点的知识分子提出了一些改良政治的主张，并开始把办报作为宣传自己的政治主张、扩大政治影响的重要手段，中国人自办报刊终于崛起。创办于 1874 年 2 月 4 日、王韬主编的《循环日报》便是第一批中国人自办的报纸中，历史最长、影响最大的报纸，被称为是“中国人自办日报之成功最早的一家”。而且，由于 19 世纪 70、80 年代中国特定的社会历史背景，“爱国、反抗外敌侵略、维护中国的利益就成为报纸的一项重要的使

命”[1]，这便促成了中国近代报刊史上政论甚为发达的状况。

所谓“政论”，乃“政治性的论文”，“它和政治密切相关，总是从一定阶级、政党和集团的利益出发，明确回答现实生活中的政治问题和其他社会问题，表明这样或那样的态度、见解和观点”[2]。《循环日报》便是如此，它以言论著称，在《中外纪闻》栏目中，几乎每期刊登论说中一篇，有时两三篇，政论性突出，系统宣传强中攘外，变法自强的改良主义思想，致使《循环日报》成为全国言论中心，“国有大事，士林皆重其所出”[3]，被誉为我国政论报刊的先驱王韬也因此成为我国第一位杰出的报刊政论家。至于如何变法，王韬主张“渐变”，反对“速变”，他为《循环日报》取名“循环”二字，也是寓有从落后到进步的“渐进循环”不断进化的意思。[4]

确实，《循环日报》开文人论证的先河，王韬担任主编期间，该报发表的几千篇论文，“几乎均以内政、外交和重要时事为题材”，表达了我国民族资产阶级要求在政治上和经济上获得发展的愿望。王韬本人的《变法》、《重民》、《治中》、《变法自强》、《尚简》、《停捐纳》等数百篇政论文章，更是有感而发，一改“代圣人立言”、“托古论今”的积习，在论点的阐述、论据的使用、说理的展开、层次段落的衔接等方面都严密有序，富有逻辑力量，开始摆脱“八股文”、“桐城派”的束缚，给文坛吹来了一股清风，正如王韬自己所言：“文章所贵在乎纪事述情，自抒胸臆，俾人人知其命意之所在而一如我怀之欲吐，斯即佳文。至其工拙，抑末也。鄙人作文窃秉斯旨，往往下笔不能自休……”[5]，这些政论文章，虽然还说不上是真正的新闻评论，但在我国近代报刊评论的探索方面，迈出了关键性的一步，对其时和后来的政论发展均产生了深远的影响。

停　捐　纳[6]

天下自捐纳之开，朝廷之上几有市道焉。内官自郎中始，外官自道员始，以次递下，一切皆有价值，而更复减价折值以广招徕。从此守财之虏、纨绔之子，只须操数百金、数千金、数万金，以输之部，立可致荣显，朝犹等于负贩，夕已列于措绅矣。其用赀尤多者，即可领凭赴任。其指省分发，需次省垣者，亦复随行逐队，听鼓应官，公然以为民上自居矣。但得与上游相识，或有世交旧谊，立可得优差，或分振之厘税各厂，月取数十金或百余金。而问其果皆实心办事否，则月至不过数日，余皆委之司事而已。各厂事简而人众，不过上游以此为调剂而

① 姜淮超：《新闻评论教程》，12页，北京，中国政法大学出版社，2003。

② 丁法章：《新闻评论教程》，43页，上海，复旦大学出版社，2008。

③ 赖光临：《王韬与循环日报》，载《报学杂志》，1967(2)。

④ 参见忻平：《王韬评传》，18页，上海，华东师范大学出版社，1990。

⑤ (清)王韬：《弢园文录外编・自序》，1页，上海，上海书店出版社，2002。

⑥ (清)王韬：《弢园文录外编》，40页，上海，上海书店出版社，2002。

已。其所以靡费朝廷之府库者，不知凡几，是挟数百金、数千金，而月收其利至于无算。但在厂当差数年，而捐纳之赀早已全偿，及其挨班得缺，取盈于民，尚忍言哉！

近日行捐员考试之法，以观其通否，而所出之题则策论也。闻悉系情人代作，不过照例纳金以饱阍役之囊橐而已，若是者，仍非甄别以文字，而仍索取其货贿也。其有不觅代倩，不纳苞苴者，则必墨污其卷，涂改其字，俾置劣等，盖法立而弊生如此。夫所谓捐纳者，原与科甲不同，使必能以文字争长，则又何必舍科甲而就捐纳哉？今必试之以必不能之事，而曰不能则汰之，是亦冤矣。况乎居官莅民。独在区区之文字乎？其见亦慎矣。

为上游者，独不可于接见之顷，询之以时务，试之以谳狱，示之以疑难案牍。只于数语之间，即可觇其才识，自此二三次或四五次，其胸中所蕴，能堪治民与否，当必昭然洞悉。才者进之，不才者退之，固易易耳。无奈今之为上游者，只以情面为瞻徇，请托为引援，钻营为阶进，财贿为升擢，逢迎结纳为与畀，惟便其一己之私而已。其所谓贤者未必贤，所谓才者未必才，官方何由澄叙，宦途何由整肃哉？

原夫捐纳之初，已以利始，至此而责其志趣卑污亦晚矣。捐纳之弊，大者病国殃民，小者空糜廪禄，故不废捐纳，天下终不得治。然则今日各省所有之捐员，将尽沙汰之乎？抑另试之以别事，使其各效奔走乎？吾请为上者大加察核，汰其不肖、不才、不能者，而擢用其贤者、才者、能者。沿海之地，则先试之以洋务，其在他省，则先理财各事试之，果其不竞不贪，而后委之以民事，必倍昭其郑重，而彼自奋矣。

或曰：为仕者贵乎通达政体，明察利弊，以爱民之实心，行爱民之实政。往往见科甲出身者，仅知诵读诗文，迂腐之气不可向迩，否则自恃为正途人员，骄凌贪愎，为人所不敢为。而捐员之抚字催科，反出其上，故才居报最行堪卓异者，多出之捐员之中。是则何途无才，捐员何不可与科甲、保举两途齐驱并驾哉？不知捐员之自拔于寻常者，千百中之二三而已，其足以坏国家之大体，为盛德之深累者，实无穷也。蒙故以为捐纳一途，万不可不停。

然则今日军需兵饷所以补苴正赋者，将从何出？此时帑项已极形其支绌，再裁此款，其势实难，此筹国是者断不肯听也。吾以为无难也。捐纳一途，但当如汉家纳粟之例，畀以虚衔，而不能给以实缺，此外则如虞廷金作赎刑之例，但许赎罪而不能求官。且每年诏各直省督抚，痛裁靡费，厘税务厂止设一官以专责成，其余一切罢之，即以羡余归之国家。且亦思捐例日开，捐员日多，现已有壅挤之患，再阅数十年，将所谓官者，满街悉是，遍地皆然，烂羊续貂之诮，重见于今日矣，岂盛朝之所宜有哉，矧乎兴利之法，于今实多，又何必鬻爵售官，至于累民病国？如开

辟矿物，整顿嵯纲，鼓铸钱文，皆今日之要务也，何不次第而举行之？

鸣呼！宜废者不废，此民生之所以日敝，国计之所以日绌也；当行者不行，此财源之所以日竭，利权之所以日落也。徒令天下有心人抚怀宦习，蒿目时艰，虽焦唇敝舌，大声疾呼，而终至于无如何也。

所谓"捐纳"即"卖官"，与"鬻爵"一起统称为"卖官鬻爵"，是中国封建社会里积非成是、见惯不惊的事情。该文却极力抨击了"捐纳"现象和官僚政治的腐败，笔锋犀利、义正词严，忧国忧民之心跃然纸上。

在王韬政论改良思想体系中，他关于报刊思想的一系列新闻理论，同样影响深远。《论日报渐行于中土》、《论各省会城宜设新报馆》、《论中国自设西文日报之利》三篇专论报刊思想的文章及其他一些政论文章中，王韬对报刊的职能、作用、报刊新闻学观点以及报人、主笔的素质进行了较为系统的论述，为我国近代报刊思想的发展和形成，起了奠基和启蒙作用。而且，"王韬为了适应版面需要而将每篇文章控制在1000字到1200字的格式，也被后世所承袭，逐步形成了我国近代报刊以短小精悍为主的政论风格，从而使王韬所创的政论文体流传下来。"[①]如下文：

论日报渐行于中土[②]

泰西日报约昉于国朝康熙时。日耳曼刊录最先，而行之日盛。他国皆厉禁。凡关国事军情，例不许印，妄置未论者，辄寘诸狱。后禁稍弛而行亦见广，英、法、美各国皆继之而兴，僻壤偏隅无不遍及，而阅者亦日众。然法国所刊闾阎隐密报，法廷闻之，立加禁斥，诚以日报之例，不得讥刺人之隐事也。西国之为日报主笔者，必精其选，非绝伦超群者，不得预其列。今日云蒸霞蔚，持论蜂起，无一不为庶人之清议。其立论一秉公平，其居心务期诚正。如英国之《泰晤士》，人仰之几如泰山北斗，国家有大事，皆视其所言以为准则，盖主笔之所持衡，人心之所趋向也。美国日报，一日至颁发十万张，可谓盛矣。大日报馆至用电报传递，以速排印。夫岂第不胫而走也哉。

华地之行日报而出之华字者，则自西儒马礼逊始，所刻《东西洋每月统纪传》是也，时在嘉庆末年。同时，麦君都思亦著特选撮要，月印一册。然皆不久即废，后继之者久已无人。咸丰三年，始有《遐迩贯珍》刻于香港，理学士雅格、麦领士华陀主其事。七年，《六合丛谈》刻于上海，伟烈亚力主其事，采搜颇广。同时，有《中外新报》刻于宁波，玛高温、应理思迭主其事。同治元年，上海刊《中西杂述》，英人麦嘉湖主其事。嗣皆告止。近则上海刊有《教会新报》，七日一

① 胡文龙主编：《中国新闻评论发展研究》，35页，北京，中国人民大学出版社，2002。

② （清）王韬：《弢园文录外编》，171页，上海，上海书店出版社，2002。

编，后改为《万国公报》，林君乐知主其事。而《中西闻见录》亦刊于京师，艾君约瑟，丁君题良主其事。顾此皆每月一编者，兼讲格致杂学，器艺新法，尚于时事简略。惟香港孖刺之《中外新报》，仿西国日报式例，间日刊印，始于咸丰四五年间，至今渐行日远。其他处效之者，上海《字林之新报》，广州惠爱馆之《七日录》，又港中西洋人罗郎也之《近事编录》，相继叠出。三四年间，又益之以德臣之《华字日报》，而我局之《循环日报》行之亦已二年。上海则设有《申报》。自《申报》行而《字林之新报》废。去岁春间，粤人于上海设有《汇报》，旋改为《彚报》，近数月间，又有所谓《益报》。闻福州亦设有日报，但行之未广，未得多见也。港中日报四家，上海日报两家，皆排日颁发，惟于星、房、虚、昴四日则停止耳。日报之渐行于中土，岂不以此可见哉。

顾秉笔之人不可不慎加遴选。其间或非通材，未免识小而遗大，然犹其细焉者也；至其挟私讦人，自快其忿，则品斯下矣，士君子当摈之而不齿。至于采访失实，纪载多夸，此亦近时日报之通弊，或并有之，均不得免，惟所冀者，始终持之以慎而已。

作为国人第一篇公开谈论现代报纸的文章，《论日报渐行于中土》开篇便流露出对《泰晤士报》政治作用的仰慕："英国之泰晤士，人仰之几如泰山北斗，国家有大事，皆视其所言以为准则，盖主笔之所持衡，人心之所趋向也。"这表明，"中国的报刊刚刚进入政治报刊时期"，"在中国新闻学启蒙者那里（特别是维新派和革命派），报业与政治是同一个意思，故有'以言报国'、'以言救国'等表现士大夫气概的豪言壮语。"[①]——当然，《泰晤士报》的政治作用在文中被过分夸大，并且文中所讲的情形在西方正在成为历史，西方正从政治报刊时期转入商业报刊时期时。

总之，虽然由于年代较早，《循环日报》在中国内地已经没有保存（1977 年 9 月，香港当局在维多利亚女王的纪念碑下挖掘出一张 1894 年 7 月 22 日的《循环日报》）。但流传于世的《韬园文录外编》乃"集《循环日报》论说精华而成"，由此亦可见出《循环日报》及王韬政论的共时状况及历史影响。

第二节　从报刊政论、时评到新闻评论

在中国报业发展史上，中国人创办的报纸借鉴外报办报经验，发展较快，尤其在报刊言论文体的发展方面，由于中国内忧外患的政治现实，报刊注重评论的政治性，形成了颇

① 《论中国新闻学的启蒙和创立》，http://www.lunwentianxia.com/product.free.9944487.1/。

具特色的报刊政论文体。这种政论文体，“不强调新闻性，不注重时效性，写法上多为设言解说，坐而论道”，“虽然也联系现实，但大都泛指普遍的社会现象或积年痼弊，一般不针对具体的新闻事件，以系统地阐发自己或自己所从属的政治派别的政治主张、传播西方思想文化为主要目的”[①]，因而不少文章是鸿篇巨制，往往纵笔所至洋洋数千言，与完全意义上的新闻评论还有很大的区别。

一、报刊政论

1. 维新派报刊政论

20 世纪初期，我国资产阶级内部存在着革命派和改良派(即维新派)两大营垒，前者旨在推翻帝制，建立民国，后者则主张保存帝制，君主立宪。两者政治路线的不同，在两派所办报刊上借助报刊言论充分体现出来。“为了推动资产阶级维新运动，维新派报刊的一个突出特点就是十分重视报刊的战斗和引导功能。一些维新派的骨干人物康有为、梁启超、谭嗣同、严复、章太炎等人，大多是各种报刊的创办者、撰写报刊评论尤其是政论的大手笔……尤其是梁启超主持《时务报》笔政时，报刊评论的功能更加得到充分的运用和发挥。”[②]

确实，在中国国内第一个政治团体强学会及其在北京的机关报《中外纪闻》(1894 年 8 月创刊，刚开办的四个月里叫《万国公报》)被查禁后，主笔梁启超联合汪康年于 1896 年 8 月在上海创办了《时务报》，继续宣传变法维新，发表了众多见解新颖、脍炙人口又议论锋利的政论文章，将言论同国情、时势紧密结合起来，致使《时务报》“举国趋之，如饮狂泉”，对影响社会舆论、推动社会进步，起到了重要作用，而梁启超也借《时务报》名重一时，天下“无不识有新会梁氏者”。

在《时务报》创刊号上，梁启超发表了两篇政论：《论报馆有益于国事》、《变法通议》，前文可谓是资产阶级改良派的办报提纲，后者则可说是资产阶级改良派的政治纲领。确实，在梁启超为《时务报》撰写的诸多政论中，其影响最大的名篇就数《变法通议》了。全文是由一组未完成的系列言论构成的长篇政论，共分 14 篇，约 7 万字，从第 1 期开始，分 21 期陆续刊载。由于湖广总督张之洞欲直接控制《时务报》，梁启超愤而辞职，转而受聘于湖南时务学堂总教习和《湘学报》、《湘报》董事，《时务报》也被迫于 1898 年 8 月 8 日停刊，《变法通议》的后 3 篇便发表于“戊戌变法”后梁启超流亡日本时在横滨于 1898 年 12 月 23 日创刊并主编的维新派海外机关报《清议报》上。文中反复强调和论证了变法维新的必然性和迫切性，提出了“法者，天下之公器也；变者，天下之公理也”这一基本论点，喊

---

① 涂光晋：《广播电视评论学》，14 页，北京，新华出版社，1998。

② 胡文龙主编：《中国新闻评论发展研究》，42～43 页，北京，中国人民大学出版社，2002。

出了“变亦变，不变亦变。变而变者，变之权操诸己，可以保国，可以保种，可以保教；不变而变者，变之权让诸人，束缚之，驰骤之”的时代最强音。

而梁启超《清议报》言论中的代表作，当推《少年中国说》(《清议报》，第 35 期，1900 年 2 月 10 日)。

文章用老年比喻腐朽守旧的清朝当权者，用少年象征未来中国的主人，以饱满炽热的感情和酣畅形象的笔触，抒发其理想，对中国的未来满怀信心。尤其是那段关于少年与老年的比喻式对比议论，令人耳目一新：

> 老年人常思既往，少年人常思将来。惟思既往也，故生留恋心；惟思将来也，故生希望心；惟留恋也，故保守；惟希望也，故进取。惟保守也，故永旧；惟进取也，故日新。惟思既往也，事事皆其所已经者，故惟知照例；惟思将来也，事事皆其所未经者，故常敢破格。老年人常多忧虑，少年人常好行乐。惟多忧也，故灰心，惟行乐也，故盛气。惟灰心也，故怯懦；惟盛气也，故豪壮。惟怯懦也，故苟且；惟豪壮也，故冒险。惟苟且也，故能灭世界；惟冒险也，故能造世界。老年人常厌事，少年人常喜事。惟厌事也，故常觉一切事无可为者；惟好事也，故常觉一切事无不可为者。
>
> 老年人如夕照，少年人如朝阳；老年人如瘠牛，少年人如乳虎；老年人如僧，少年人如侠；老年人如字典，少年人如戏文；老年人如鸦片烟，少年人如泼兰地酒。老年人如别行星之陨石，少年人如大洋海之珊瑚岛；老年人如埃及沙漠之金字塔，少年人如西伯利亚之铁路；老年人如秋后之柳，少年人如春前之草；老年人如死海之潴为泽，少年人如长江之初发源：此老年与少年性格不同之大略也。梁启超曰：人固有之，国亦宜然。

从中可以看出，梁启超的政论，骈散合一，气势磅礴，笔端常带感情，字里行间倾诉忧国忧民的悲愤心情，表达变法维新的政治主张，打动了千万读者的心，时人因而称之为“时务文体”。正如他自己在《清代学术概论》这篇学术论文中所说的：“务为平易畅达，时杂以俚语、韵语及外国语法，纵笔所至，略不检束。学者竞效之，号‘新文体’；老辈则痛恨，诋为野狐。然其文条理清晰，笔锋常带感情，对于读者别具一种魔力。”

与《时务报》遥相呼应、紧密配合，其他维新派报刊，如天津的《国闻报》、长沙的《湘报》、澳门的《知新报》等，也都具有明显的政论报刊特征，言论成为重要的文体形式。

总之，“维新派报刊政论有的放矢，追求实效，产生了巨大威力。其形式也灵活多样，确立了政论这种报刊文体，极大地影响了中国近代报刊评论的发展方向”。①

然而，从 1903 年起，随着革命浪潮的高涨，维新派及其报刊言论开始走下坡路。革

---

① 姜淮超：《新闻评论教程》，14 页，北京，中国政法大学出版社，2003。

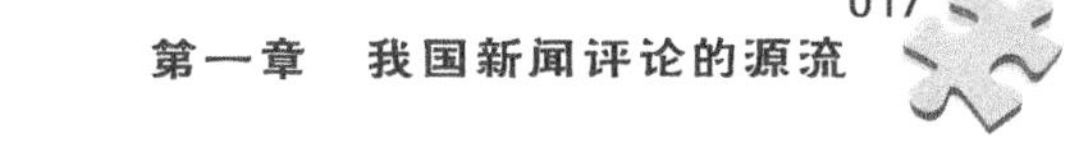

命派及其报刊言论开始兴起。

2. 革命派报刊政论

1900年1月25日，《中国日报》在香港创刊。这是孙中山领导创办的兴中会的机关报，是我国资产阶级革命派的第一份机关报，设有论说栏目，每天都有言论发表，宣传资产阶级民主思想。从1900年到1905年，通过《中国日报》等的宣传，使得"革命思潮"开始深入人心，为资产阶级民主革命做了必要的舆论引导。

1900年8月4日，《中国日报》发表思想家、学者章太炎的一篇文章《解辫发说》："余年三十三矣，是时满洲政府不道，所以想脱掉长袍马褂、剪掉辫子呢！……一日，朋友送来西服、帽子，便毅然'断发易服'。"时人评价此文"霹雳半天，壮者失色；长枪大戟，一往无前"，堪称中国近代报刊史上发表最早的革命文字。这样，那条记录着大清王朝光荣与耻辱的辫子被抛弃了，而中国关于新世纪命运的思考和抗争，也从这里开始了。

这里还要指出的是，《中国日报》在刊登此文时，曾加"编者按"大加赞赏：

> 章君炳麟余杭人也，蕴结孤愤，发为罪言，霹雳半天，壮者失色，长枪大戟，一往无前，有清以来，士气之壮，文字之痛，当推此次为第一。隶此野蛮政府之下，追而思及前明，耿耿寸心，当以屡碎矣。君以此稿封寄前来，求登诸报，世之深于世味者，读此文，当有短其过激否耶？本馆哀君之苦衷，用应其请，刊而揭之，俾此文之是非，得天下读者之公断，此则本馆之私意也。①

从作者介绍，到文章观感，再到发表意图，可谓"画龙点睛、言简意赅"。

这种发表在文章之前的"编者按"文字形式，在更早时期的《中外纪闻》中即已出现，如在译载美国将在上海开设银行的新闻时，就在末尾加上了这么一段话：

> 按：俄法两国已有商人共合资本，拟来春赴上海开设银行。美领事亦汲汲此事，则其利之厚可知矣。安可以地主而失此利权哉！②

而后来这种按语的运用更为灵活多样，如《新民丛报》就在上述的文前、文末进而发展出新闻报道中的文间按语：

> 贻谷是某中堂最得意之私人，一切阴谋皆彼主持。某日已拟定革职之谕，尚未交发。彼乃哀求某中堂，乃将其名抽出，易以彭青藜代之(按：彭系义和团，然乃无名小卒，各国所开名单，未列其名。某中堂将彼革职，以便告各国政府云政府秉公以断，虽各国未索认，亦照公法办矣，足见朝廷公允之意)。贻谷顷乃上摺，请往嘉峪关外蒙古地方开矿……③

---

①② 转引自王振业，胡平：《新闻评论写作教程》，60页，北京，中国广播电视出版社，1995。

③ 转引自王振业，胡平：《新闻评论写作教程》，61页，北京，中国广播电视出版社，1995。

其实,从文体的演进来说,开创于司马迁《史记》中的"史赞"传统("太史公曰"),兴起于《春秋》三传的"传注"文体(《左氏春秋传》、《公羊传》、《穀梁传》),以及盛行于明清之际的"评点"方式(李贽《四书评》、金圣叹《水浒评》、脂砚斋《红楼梦评点》),等等,可谓"编者按"(文前按语、文中按语、编后语等形式)这种评论体裁的源头活水。

1905 年 8 月,孙中山在日本东京与黄兴、宋教仁等一起组织成立了中国同盟会,并决定创办《民报》作为同盟会的机关报。1905 年 11 月 26 日《民报》创刊,"民报"二字为孙中山先生亲笔题写,发刊词是由孙中山口述大意,胡汉民执笔完成的。

该报属于综合性政治刊物,32 开本,每期 150 余页,6 万余字,是中国早期资产阶级革命最重要的舆论工具,明确提出争取自由平等的口号,强调了"国民之权力",抨击了君主专制制度和君主立宪制度。内容设有论说、时评、纪事、谈丛、译丛、小说、图画等栏目。同盟会的许多会员如孙中山、廖仲恺、宋教仁、朱执信、陈天华、汪精卫、章太炎等都在上面发表过重要文章。

《民报》发刊词①

近时杂志之作者亦夥矣。姱词以为美,嚣听而无所终,擿埴索涂不获,则反覆其词而自惑。求其斟时弊以立言,如古人所谓对症发药者,已不可见,而况夫孤怀宏识、远瞩将来者乎?夫缮群之道,与群俱进,而择别取舍,惟其最宜。此群之历史既与彼群殊,则所以掖而进之之阶级,不无后先进止之别。由之不贰,此所以为舆论之母也。

余维欧美之进化,凡以三大主义:曰民族,曰民权,曰民生。罗马之亡,民族主义兴,而欧洲各国以独立。洎自帝其国,威行专制,在下者不堪其苦,则民权主义起。十八世纪之末,十九世纪之初,专制仆而立宪政体殖焉。世界开化,人智益蒸,物质发舒,百年锐于千载,经济问题继政治问题之后,则民生主义跃跃然动,二十世纪不得不为民生主义之擅场时代也。是三大主义皆基本于民,递嬗变易,而欧美之人种胥冶化焉。其他旋维于小己大群之间而成为故说者,皆此三者之充满发挥而旁及者耳。

今者中国以千年专制之毒而不解,异种残之,外邦逼之,民族主义、民权主义殆不可以须臾缓。而民生主义,欧美所虑积重难返者,中国独受病未深,而去之易。是故或于人为既往之陈迹,或于我为方来之大患,要为缮吾群所有事,则不可不并时而弛张之。嗟夫!所陟卑者其所视不远,游五都之市,见美服而求之,忘其身之未称也,又但以当前者为至美。近时志士舌敝唇枯,惟企强中国以比欧美。然而欧美强矣,其民实困,观大同盟罢工与无政府党、社会党之日炽,

① 张之华主编:《中国新闻事业史文选 公元 724 年—1995 年》,119 页,北京,中国人民大学出版社,1999。

社会革命其将不远。吾国纵能媲迹于欧美，犹不能免于第二次之革命，而况追逐于人已然之末轨者之终无成耶！夫欧美社会之祸，伏之数十年，及今而后发见之，又不能使之遽去。吾国治民生主义者，发达最先，睹其祸害于未萌，诚可举政治革命、社会革命毕其功于一役。还视欧美，彼且瞠乎后也。

繄我祖国，以最大之民族，聪明强力，超绝等伦，而沉梦不起，万事堕坏；幸为风潮所激，醒其渴睡，旦夕之间，奋发振强，励精不已，则半事倍功，良非夸嫚。惟夫一群之中，有少数最良之心理能策其群而进之，使最宜之治法适应于吾群，吾群之进步适应于世界，此先知先觉之天职，而吾《民报》所为作也。抑非常革新之学说，其理想输灌于人心而化为常识，则其去实行也近。吾于《民报》之出世觇之。

孙中山非常重视政论，曾断言："胡虏沉没时，笔伐第一功。"在孙中山口述大意的"民报"《发刊词》中，首次提出了民族主义、民权主义和民生主义即"三民主义"的政治纲领，主张办报是向民众宣传革命思想，并使之转化为革命的实际行动，这标志着革命派报刊言论进入了一个新的发展阶段。

为了肃清已经完全不符合当时形势，甚至成为革命障碍的改良主义影响，《民报》同梁启超主办的改良派机关报《新民丛报》①(半月刊)，围绕着要不要革命、要不要实行民主政治、要不要改变土地制度等问题，开展了激烈的政治大论战。论战前后持续了两年之久。在此期间，革命派和改良派在国外各地的机关报全都投入了论战。

经过这场论战，革命派取得了思想领导权，在理论战线上击溃了改良派。而《新民丛报》因其"保皇"、"开明专制论"、"中国今日万不能行共和立宪制"等守旧立场，迅速失去了其在群众中的昔日风光，报纸被迫于1907年11月20日宣告停刊。

总之，从甲午中日战争到辛亥革命前后，中国报纸勃兴，绝大多数报纸以论政为其主要宗旨，政论"一般占到整个报刊篇幅的三分之一以上"，"政论的好坏和影响的大小，成为衡量报刊质量高低的一个重要标志。报刊在群众中的口碑，主要是通过它所发表的脍炙人口、动人心弦的杰出的政论文章建立起来的"②。尤其是同盟会系统政党办的"三民报"③，"在精心写作社论，使社论有强烈的时间性和新闻性方面，大大前进了一步"④，如1913年4月27日的《中华民报》同时发表了《讨袁世凯》、《告国民》、《告国会》、《告政党》等8篇社论，集中地、典型地反映了此一时期革命报刊言论的特点。

---

① 《清议报》停刊后，梁启超于1902年2月8日在横滨创办并主编《新民丛报》。

②④ 转引自丁法章：《新闻评论学》，77页，上海，复旦大学出版社，1997年。

③ 有"竖三民"、"横三民"之分，"竖三民"指革命前出版的三家以"民"字打头并竖排报头的报纸《民呼日报》、《民吁日报》、《民立报》，"横三民"指辛亥革命后同时问世的《国民新闻》、《民权报》、《中华民报》。

从此，报刊评论的舆论引导和文体发展都进入了一个新的时期。

二、时评

辛亥革命前后，许多革命的进步的报刊都专门辟有短评栏目，而“真正意义上的短评，出现在戊戌维新前康有为、梁启超等筹办的《中外纪闻》(原名《万国公报》)上”[①]，梁启超更自《清议报》第26期起就创设了“国闻短评”专栏，一直维系到《新民丛报》，“择中国外国近事之切要者，略加绪论，谈言微中”[②]。

而所谓“时评”，即时事短评，乃1904年由梁启超帮助拟定体例的《时报》首倡：“特置批评一门，凡每日出现之事，以简短隽永之笔，评论之”，《时报》因而成为中国第一家设有短评专栏的日报，“使读者虽无暇篇读新闻，已可略知梗概，而读者阅读时也确实可以一目了然，不消费工夫去寻思考察”。“这种短评，往往一针见血，先点出结论，再略述缘故，只要三言两语，不必过多论证。表述上或激愤，或轻松，或热情，或冷隽，或嘲讽，或幽默，更加自由活泼”[③]，给新闻评论注入了新的生机。正如该报主办人狄平子(狄楚青，梁启超的学生)所说的：“吾之办此报，非为革新舆论，而欲革新代表舆论之报界尔。”[④]

《时报》“时评”短小精悍，以夹叙夹议的方式，概要说明新闻事件并加以评论，大致相当于现在报上的“短评”或“编后”，它抓住当天报上的一则新闻，题目具体，一事一议，使报纸找到了一个新闻和评论相配合的形式，为各报开辟时评或类似时评的言论专栏起了示范作用。

“时评”改变了过去报纸上的那种政论式的长篇论说的形式，是新闻评论演进为独立新闻体裁的重要标志。且看下文：

> 计国用者不宜与货争价。今之计国用者，何与货争价之多也？请拨广西溢款以赈徐淮，不许；请拨镑余以赈徐淮，而乃许拨广西溢款，如价之争让然也。
>
> 奉天将军之截留赈溢，步军统领之电拨各省协费，各部纷纷向度支部之请费，如货物之争先捷足类也。而度支部乃磋磨焉，又磋磨焉，何其治国如市道也？[⑤]

这是《时报》由陈景韩主持的专门评论国内大事的《时评一》里一篇一百多字的短论，在短短一百多字中，既有具体事实的揭露，又针对此问题进行分析，论出问题的实质。

---

①② 丁法章：《新闻评论教程》，249页，上海，复旦大学出版社，2002。

③ 转引自丁法章：《新闻评论学》，249页，上海，复旦大学出版社，1997。

④ 戈公振：《中国报学史》，118页，北京，中国新闻出版社，1985。

⑤ 转引自王振业，胡平：《新闻评论写作教程》，62页，北京，中国广播电视出版社，1995。

上海之百面观

一日走入中国人开之洋货铺,问有代卖之自造卫生衣否?其经理人怒而言曰:"我们货都是外国好的。"这真是数典而忘其祖。

又问何不加卖中国货?某经理人曰:"我不卖你们中国货。"记者即曰:"阁下何人?洋货卖的连国都不晓得了。"某面赤而退。

中国人开洋货铺,五光十色,布置的实在得法。及其开本国货销行处,则死守老法子,门面越破越旧越好,这真是中国人的晦气。

中国人输入外货,无所不用其极,连外国的竹头木屑,都贩运进来,骗两个钱,恨不得把土货一下打死,这真是国民不洗的大辱。(骚心)①

这是于右任执笔的一篇时评,从实际出发,以小见大,有感而发,针对上海商界盲目崇洋、妄自菲薄的现象,以上海洋货铺之现状,揭示出半殖民地半封建旧中国的身影。

当然,此时已有多种言论体裁,社论、短论、编者按语等形式都已经形成,而与"时评"同时得到长足发展的,还有杂文。杂文是一种带有文学特征的言论形式。梁启超在倡导报刊杂文方面就功不可没。他在《清议报》上开辟过《饮冰室自由书》杂文专栏,在《新民丛报》上设立了"杂俎"、"文苑"等不同门类的杂文专栏。他本人"每有所触,应时援笔","经常在报端发表一些劲峭犀利的政论性杂文",诸如《保全支那》、《理想与气力》、《近因远因说》、《舌下无英雄,笔底无奇士》等,均不失为名篇。鲁迅、瞿秋白等人在杂文写作方面尤其取得了很大成就。

灯下漫笔(一)②

有一时,就是民国二三年时候,北京的几个国家银行的钞票,信用日见其好了,真所谓蒸蒸日上。听说连一向执迷于现银的乡下人,也知道这既便当,又可靠,很乐意收受,行使了。至于稍明事理的人,则不必是"特殊知识阶级",也早不将沉重累坠的银元装在怀中,来自讨无谓的苦吃。想来,除了多少对于银子有特别嗜好和爱情的人物之外,所有的怕大都是钞票了罢,而且多是本国的。但可惜后来忽然受了一个不小的打击。

就是袁世凯想做皇帝的那一年,蔡松坡先生溜出北京,到云南去起义。这边所受的影响之一,是中国和交通银行的停止兑现。虽然停止兑现,政府勒令商民照旧行用的威力却还有的;商民也自有商民的老本领,不说不要,却道找不出零钱。假如拿几十几百的钞票去买东西,我不知道怎样,但倘使只要买一支笔,一盒烟卷呢,难道就付给一元钞票么?不但不甘心,也没有这许多票。那

---

① 1910年12月17日《民立报》,见《民呼、民吁、民立报选辑》,462页,郑州,河南人民出版社,1982。

② 鲁迅著,瞿秋白编:《鲁迅杂感选集》,北京,解放军文艺出版社,2000。

么，换铜元，少换几个罢，又都说没有铜元。那么，到亲戚朋友那里借现钱去罢，怎么会有？于是降格以求，不讲爱国了，要外国银行的钞票。但外国银行的钞票这时就等于现银，他如果借给你这钞票，也就借给你真的银元了。

我还记得那时我怀中还有三四十元的中交票，可是忽而变了一个穷人，几乎要绝食，很有些恐慌。俄国革命以后的藏着纸卢布的富翁的心情，恐怕也就这样的罢；至多，不过更深更大罢了。我只得探听，钞票可能折价换到现银呢？说是没有行市。幸而终于，暗暗地有了行市了：六折几。我非常高兴，赶紧去卖了一半。后来又涨到七折了，我更非常高兴，全去换了现银，沉垫垫地坠在怀中，似乎这就是我的性命的斤两。倘在平时，钱铺子如果少给我一个铜元，我是决不答应的。

但我当一包现银塞在怀中，沉垫垫地觉得安心，喜欢的时候，却突然起了另一思想，就是：我们极容易变成奴隶，而且变了之后，还万分喜欢。

假如有一种暴力，“将人不当人”，不但不当人，还不及牛马，不算什么东西；待到人们羡慕牛马，发生“乱离人，不及太平犬”的叹息的时候，然后给与他略等于牛马的价格，有如元朝定律，打死别人的奴隶，赔一头牛，则人们便要心悦诚服，恭颂太平的盛世。为什么呢？因为他虽不算人，究竟已等于牛马了。

我们不必恭读《钦定二十四史》，或者入研究室，审察精神文明的高超。只要一翻孩子所读的《鉴略》，——还嫌烦重，则看《历代纪元编》，就知道“三千余年古国古”的中华，历来所闹的就不过是这一个小玩艺。但在新近编纂的所谓“历史教科书”一流东西里，却不大看得明白了，只仿佛说：咱们向来就很好的。

但实际上，中国人向来就没有争到过“人”的价格，至多不过是奴隶，到现在还如此，然而下于奴隶的时候，却是数见不鲜的。中国的百姓是中立的，战时连自己也不知道属于哪一面，但又属于无论哪一面。强盗来了，就属于官，当然该被杀掠；官兵既到，该是自家人了罢，但仍然要被杀掠，仿佛又属于强盗似的。这时候，百姓就希望有一个一定的主子，拿他们去做百姓，——不敢，是拿他们去做牛马，情愿自己寻草吃，只求他决定他们怎样跑。

假使真有谁能够替他们决定，定下什么奴隶规则来，自然就“皇恩浩荡”了。可惜的是往往暂时没有谁能定。举其大者，则如五胡十六国的时候，黄巢的时候，五代的时候，宋末元末的时候，除了老例的服役纳粮以外，都还要受意外的灾殃。张献忠的脾气更古怪了，不服役纳粮的要杀，服役纳粮的也要杀，敌他的要杀，降他的也要杀：将奴隶规则毁得粉碎。这时候，百姓就希望来一个另外的主子，较为顾及他们的奴隶规则的，无论仍旧，或者新颁，总之是有一种规则，使他们可上奴隶的轨道。

“时日曷丧，予及汝偕亡！”愤言而已，决心实行的不多见。实际上大概是群盗如麻，纷乱至极之后，就有一个较强，或较聪明，或较狡猾，或是外族的人物出来，较有秩序地收拾了天下。厘定规则：怎样服役，怎样纳粮，怎样磕头，怎样颂圣。而且这规则是不像现在那样朝三暮四的。于是便“万姓胪欢”了；用成语来说，就叫作“天下太平”。

任凭你爱排场的学者们怎样铺张，修史时候设些什么“汉族发祥时代”“汉族发达时代”“汉族中兴时代”的好题目，好意诚然是可感的，但措辞太绕弯子了。有更其直截了当的说法在这里——

一，想做奴隶而不得的时代；

二，暂时做稳了奴隶的时代。

这一种循环，也就是“先儒”之所谓“一治一乱”；那些作乱人物，从后日的“臣民”看来，是给“主子”清道辟路的，所以说：“为圣天子驱除云尔。”现在入了那一时代，我也不了然。但看国学家的崇奉国粹，文学家的赞叹固有文明，道学家的热心复古，可见于现状都已不满了。然而我们究竟正向着哪一条路走呢？百姓是一遇到莫名其妙的战争，稍富的迁进租界，妇孺则避入教堂里去了，因为那些地方都比较的“稳”，暂不至于想做奴隶而不得。总而言之，复古的，避难的，无智愚贤不肖，似乎都已神往于三百年前的太平盛世，就是“暂时做稳了奴隶的时代”了。

但我们也就都像古人一样，永久满足于“古已有之”的时代么？都像复古家一样，不满于现在，就神往于三百年前的太平盛世么？

自然，也不满于现在的，但是，无须反顾，因为前面还有道路在。而创造这中国历史上未曾有过的第三样时代，则是现在的青年的使命！

该文写于1925年4月29日，最初发表于1925年5月1日《莽原》周刊第二期。文章结构自由灵活，用叙议结合的笔法，先从具体的事件产生感想，记叙袁世凯复辟期间钞票贬值的旧事，引发议论的契机；然后抓住论题，广泛联想，多方引用，层层剥笋，批驳了封建史学家和近代历史教科书编纂者们对历史的歪曲和涂饰，把中国历史概括为“想做奴隶而不得的时代”和“暂时做稳了奴隶的时代”；最后由表及里、一针见血地揭出了封建社会的吃人本质和阶级对立的历史真相。

对于杂文写作，鲁迅怀着一种目的明确的自觉意识，其中蕴涵着他严肃、崇高而执著的思想追求和精神追求。在鲁迅的笔下，杂文是“匕首和投枪”(《南腔北调集·小品文的危机》)，是一种自由地摹写世相、描述见闻、评说人事、言志抒情、思想启蒙和反抗现实的文体，内容无所不包，从而以博大精深的思想内涵和独特完美的艺术形式，攀上了中国文学的高峰，进入了“高尚的文学楼台”(《且介亭杂文二集·徐懋庸作〈打杂集〉序》)。

后来，继鲁迅“五四”时期掀起的杂文高潮以来，20世纪60年代初期，我国报刊发展

史上出现了第二个杂文高潮，即以《北京晚报》副刊专栏《燕山夜话》、北京市委理论刊物《前线》杂文专栏《三家村杂记》、《人民日报》副刊杂文专栏《长短录》为代表的杂文创作最繁荣的时期。

一个鸡蛋的家当[①]

说起家当，人们总以为这是相当数量的财富。家当的"当"字，本来应该写成"帑"字。帑是货币贮藏的意思，读音如"荡"字，北方人读成"当"字的同音，所以口语变成了"家当"。

我们平常说某人有了家当，就是承认他有许多家财，却不会相信一个鸡蛋能算得了什么家当！然而，庄子早就讲过有"见卵求富"的人，因此，我们对于一个鸡蛋的家当，也不应该小看它。

的确，任何巨大的财富，在最初积累的时候，往往是由一很小的数量开始的。这正如集腋可以成裘、涓滴可以成江河的道理一样。但是，这并不是说，无论在什么情况下，你只要有了一个鸡蛋，就等于有了一份家当。事情绝不可能这样简单和容易。

明代万历年间，有一位小说家，名叫江盈科，他编写了一部《雪涛小说》，其中有一个故事说："一市人，贫甚，朝不谋夕。偶一日，拾得一鸡卵，喜而告其妻曰：我有家当矣。妻问安在？持卵示之，曰：此是，然须十年，家当乃就。因与妻计曰：我持此卵，借邻人伏鸡乳之，待彼雏成，就中取一雌者，归而生卵，一月可得十五鸡。两年之内，鸡又生鸡，可得鸡三百，堪易十金。我以十金易五牸，又复生牸，三年可得百五十牛。牸所生者，又复生牸，三年可得百五十牛，堪易三百金矣。吾持此金以举债，三年间，半千金可得也。"

这个故事的后半还有许多情节，没有多大意义，可以不必讲它。不过有一点还应该提到，就是这个财迷后来说，他还打算娶一个小老婆。这下子引起了他的老婆"怫然大怒，以手击鸡卵，碎之"。于是这一个鸡蛋的家当就全部毁掉了。

你看这个故事不是可以说明许多问题吗？这个财迷也知道，家当的积累是需要不少时间的。因此，他同老婆计算要有十年才能挣到这份家当。这似乎也合于情理。但是，他的计划简直没有任何可靠的根据，而完全是出于一种假设，每一步骤都以前一个假设的结果为前提。对于十年以后的事情，他统统用空想代替了现实，充分显出财迷的本色，以致激起老婆生气，一拳头就把他的家当打得精光。更重要的是，他的财富积累计划根本不是从生产出发，而是以巧取豪

---

① 马南邨：《燕山夜话》(合集)，5页，北京，北京出版社，1979。

夺的手段去追求他自己发财的目的。

如果要问，他的鸡蛋是从何而来的呢？回答是拾来的。这个事实本来就不光彩。而他打算把这个拾来的鸡蛋，寄在邻居母鸡生下的许多鸡蛋里一起去孵，其目的更显然是要浑水摸鱼，等到小鸡孵出以后，他就将不管三七二十一，抱一个小母鸡回来。可见这个发财的第一步计划，又是连偷带骗的一种勾当。

接着，他继续设想，鸡又生鸡，用鸡卖钱，钱买母牛，母牛繁殖，卖牛得钱，用钱放债，这么一连串的发财计划，当然也不能算是生产的计划。其中每一个重要的关键，几乎都要依靠投机买卖和进行剥削，才能够实现的。这就证明，江盈科描写的这个"市人"，虽然"贫甚"，却不是劳苦的人民，大概是属于中世纪城市里破产的商人之流，他满脑子都是欺诈剥削的想法，没有老老实实地努力生产劳动的念头。这样的人即便掐到了一份家当，也不可能经营什么生产事业，而只会想找个小老婆……，终于引起夫妻打架，不欢而散，那是必然的结果。

历来只有真正老实的劳动者，才懂得劳动产生财富的道理，才能够抿除一切想入非非的发财思想，而踏踏实实地用自己的辛勤劳动，为社会也为自己创造财富和积累财富。

文章首先说了古代一个贫穷的人拾到一个鸡蛋而想入非非的故事，故事讲完之后，作者水到渠成地告诉了读者一个朴素而深刻的道理："历来只有真正老实的劳动者，才懂得劳动产生财富的道理，才能够抿除一切想入非非的发财思想。"风趣诙谐当中让读者深受教益。

三、新闻评论

随着"编者按"的广泛而灵活的运用，以及"时评"的出现和普及，新闻评论终于从报刊政论中分化出来，而成为一种独立运用的新闻体裁。当然，"这并不意味着新闻评论取代了报刊政论，也不等于新闻评论停止了发展。事实上，这两种体裁在此后的岁月里都在继续发挥作用，也都有所发展、变化。"①

1. "五四"运动时期的报刊评论

"辛亥革命"失败后，中国的社会现实仍然十分严峻，政治思想界出现沉闷局面，一批资产阶级知识分子开始总结历史教训，积极行动起来，力求运用报刊来进行资产阶级民主思想启蒙，以唤醒民众，促成革命成功。而评论成为宣传者最强有力的舆论工具。

这样，随着革命形式的不断发展，我国报刊又进入了新的历史阶段，以陈独秀、李大

---

① 王振业，胡平：《新闻评论写作教程》，64页，北京，中国广播电视出版社，1995。

钊、鲁迅为代表的一部分激进的革命民主主义者，高举起“民主”、“科学”和“文学革命”的大旗，以言论为武器，向形形色色的封建教条展开了有力的冲击。

文学革命论[①]

今日庄严灿烂之欧洲，何自而来乎？曰，革命之赐也。欧语所谓革命者，为革故更新之义，与中土所谓朝代鼎革，绝不相类；故自文艺复兴以来，政治界有革命，宗教界亦有革命，伦理道德亦有革命，文学艺术，亦莫不有革命，莫不因革命而新兴而进化。近代欧洲文明史，宜可谓之革命史。故曰，今日庄严灿烂之欧洲，乃革命之赐也。

吾苟偷庸懦之国民，畏革命如蛇蝎，故政治界虽经三次革命，而黑暗未尝稍减。其原因之小部分，则为三次革命，皆虎头蛇尾，未能充分以鲜血洗净旧污；其大部分，则为盘踞吾人精神界根深蒂固之伦理道德文学艺术诸端，莫不黑幕层张，垢污深积，并此虎头蛇尾之革命而未有焉。此单独政治革命所以于吾之社会，不生若何变化，不收若何效果也。推其总因，乃在吾人疾视革命，不知其为开发文明之利器故。

孔教问题，方喧呶于国中，此伦理道德革命之先声也。文学革命之气运，酝酿已非一日，其首举义旗之急先锋，则为吾友胡适。余甘冒全国学究之敌，高张“文化革命军”大旗，以为吾友之声援。旗上大书特书吾革命军三大主义：曰，推倒雕琢的阿谀的贵族文学，建设平易的抒情的国民文学；曰，推倒陈腐的铺张的古典文学，建设新鲜的立诚的写实文学；曰，推倒迂晦的艰涩的山林文学，建设明了的通俗的社会文学。

《国风》多里巷猥辞，《楚辞》盛用土语方物，非不斐然可观。承其流者，两汉赋家，颂声大作，雕琢阿谀，词多而意寡，此贵族之文古典之文之始作俑也。魏、晋以下之五言，抒情写事，一变前代板滞堆砌之风，在当时可谓为文学一大革命，即文学一大进化；然希托高古，言简意晦，社会现象，非所取材，是犹贵族之风，未足以语通俗的国民文学也。齐、梁以来，风尚对偶，演至有唐，遂成律体。无韵之文，亦尚对偶。《尚书》、《周易》以来，即是如此。（古人行文，不但风尚对偶，且多韵语，故骈文家颇主张骈体为中国文章正宗之说。——亡友王无生即主张此说之一人——不知古书传抄不易，韵与对偶，以利传诵而已，后之作者，乌可泥此？）

东晋而后，即细事陈启，亦尚骈丽。演至有唐，遂成骈体。诗之有律，文之有骈，皆发源于南北朝，大成于唐代。更进而为排律，为四六。此等雕琢的阿谀

---

① 陈独秀：《独秀文存》，95～98页，合肥，安徽人民出版社，1987。

的铺张的空泛的贵族古典文学，极其长技，不过如涂脂抹粉之泥塑美人，以视八股试帖之价值，未必能高几何，可谓为文学之末运矣！韩、柳崛起，一洗前人纤巧堆朵之习，风会所趋，乃南北朝贵族古典文学，变而为宋、元国民通俗文学之过渡时代。韩、柳、元、白，应运而出，为之中枢。俗论谓昌黎文章起八代之衰，虽非确论，然变八代之法，开宋、元之先，自是文界豪杰之士。吾人今日所不满于昌黎者二事：

一曰，文犹师古。虽非典文，然不脱贵族气派，寻其内容，远不若唐代诸小说家之丰富，其结果乃造成一新贵族文学。

二曰，误于"文以载道"之谬见。文学本非为载道而设，而自昌黎以讫曾国藩所谓载道之文，不过抄袭孔、孟以来极肤浅极空泛之门面语而已。余尝谓唐、宋八家文之所谓"文以载道"，直与八股家之所谓"代圣贤立言"，同一鼻孔出气。

以此二事推之，昌黎之变古，乃时代使然，于文学史上，其自身并无十分特色可观也。元、明剧本，明、清小说，乃近代文学之粲然可观者。惜为妖魔所厄，未及出胎，竟而流产，以至今日中国之文学，委琐陈腐，远不能与欧洲比肩。此妖魔为何？即明之前后七子及八家文派之归、方、刘、姚是也。此十八妖魔辈，尊古蔑今，咬文嚼字，称霸文坛。反使盖代文豪若马东篱，若施耐庵，若曹雪芹诸人之姓名，几不为国人所识。若夫七子之诗，刻意模古，直谓之抄袭可也。归、方、刘、姚之文，或希荣慕誉，或无病而呻，满纸之乎者也矣焉哉。每有长篇大作，摇头摆尾，说来说去，不知道说些甚么。此等文学，作者既非创造才，胸中又无物，其伎俩惟在仿古欺人，直无一字有存在之价值，虽著作等身，与其时之社会文明进化无丝毫关系。

今日吾国文学，悉承前代之弊：所谓"桐城派"者，八家与八股之混合体也；所谓"骈体文"者，思绮堂与随园之四六也；所谓"江西派"者，山谷之偶像也。求夫目无古人，赤裸裸地抒情写世，所谓代表时代之文豪者，不独全国无其人，而且举世无此想。文学之文，既不足观，应用之文，益复怪诞：碑铭墓志，极量称扬，读者决不见信，作者必照例为之。寻常启事，首尾恒有种种谀词。居丧者即华居美食，而哀启必欺人曰"苫块昏迷"。赠医生以匾额，不曰"术迈岐、黄"，即曰"著手成春"。穷乡僻壤极小之豆腐店，其春联恒作"生意兴隆通四海，财源茂盛达三江"。此等国民应用之文学之丑陋，皆阿谀的虚伪的铺张的贵族古典文学阶之厉耳。

际兹文学革新之时代，凡属贵族文学，古典文学，山林文学，均在排斥之列。以何理由而排斥此三种文学耶？曰：贵族文学，藻饰依他，失独立自尊之气象也；古典文学，铺张堆砌，失抒情写实之旨也；山林文学，深晦艰涩，自以为名山著述，于其群之大多数无所裨益也。其形体则陈陈相因，有肉无骨，有形无神，乃装饰品而非实用品；其内容则目光不越帝王权贵，神仙鬼怪，及其个人之穷通利达。所谓宇宙，所谓人生，所谓社会，举非其构思所及，此三种文学公同之缺点也。此种文学，盖与吾阿谀夸张虚伪迂阔之国民性，互为因果。今欲革新政治，势不得不革新盘踞于运用此政治者精神界之文学。使吾人不张目以观世界社会文学之趋势，及时代之精神，日夜埋头故纸堆中，所目注心营者，不越帝王，权贵，鬼怪，神仙，与夫个人之穷通利达，以此而求革新文学，革新政治，是缚手足而敌孟贲也。

欧洲文化，受赐于政治科学者固多，受赐于文学者亦不少。予爱卢梭、巴士特之法兰西，予尤爱虞哥、左喇之法兰西；予爱康德、赫克尔之德意志，予尤爱桂特郝、卜特曼之德意志；予爱培根、达尔文之英吉利，予尤爱狄铿士、王尔德之英吉利。吾国文学豪杰之士，有自负为中国之虞哥、左喇、桂特郝、卜特曼、狄铿士、王尔德者乎？有不顾迂儒之毁誉，明目张胆以与十八妖魔宣战者乎？予愿拖四十二生之大炮，为之前驱。

《文学革命论》1917年2月1日发表于《新青年》第二卷第六号，是以声援胡适发表在《新青年》上的《文学改良刍议》(发表于1917年1月1日《新青年》第二卷第五号)一文的名义而出现的，两者可以说是白话文运动的宣言书，揭开了“五四”白话文运动的序幕。但是，《文学革命论》表明了更坚定的文学革命的立场，明确提出“三大主义”作为新文学的征战目标：“推倒雕琢的阿谀的贵族文学，建设平易的抒情的国民文学；推倒陈腐的铺张的古典文学，建设新鲜的立诚的写实文学；推倒迂晦的艰涩的山林文学，建设明了的通俗的社会文学”，从内容到形式对封建旧文学持批判否定态度，主张以革新文学作为革新政治、改造社会之途。1918年，陈独秀更将《新青年》改为白话刊物，强调“白话正宗”没有讨论的余地。

1918年，陈独秀还和李大钊合办了《每周评论》这张小型政治周报，两人在此报上撰写了许多紧密结合政治事态、通俗易懂、朗朗上口的“随感录”。

呜呼特别国情[①]

租界上的领事裁判权和警察权，海关的协定税法，世界上受外国这种不平等待遇的，现在只有我们中国一国。若问各国何以待我们这样特别，他们必定爽爽快快答道，就是你们常说的“中国有特别国情”的缘故。

(《每周评论》1919年2月)

“在中国一百多年的现代化过程中，有一种不时出现的论调，可以称作‘特别国情

---

① 陈独秀：《独秀文存》，462页，合肥，安徽人民出版社，1987。

论'。它最主要的特征就是强调国情的特殊性,并以此抵制外来的体制和理念。"[①]最先的特别国情论者是清王朝中的保守派,第二次"热炒"是袁世凯准备称帝时期,第三次大规模强调是南京国民党政府建立之后。本文是陈独秀针对1919年第二次"热炒"而作,寥寥数语中凸显"特别国情"的贻害。

最危险的东西[②]

我常和友人在北京市里步行。每过那颓废墙下,很觉可怕。怕它倒了,把行路的人活活压死。请问世间最危险的东西,到底是新的,还是旧的?

(《每周评论》1919年7月6日)

这些随感录,三言两语,明白如话,却将深刻的哲理和思想蕴涵其中,能发人深思,"新思想借新语言不胫而走,新语言也趁新思想而为人们所接受"[③]。

尤其是李大钊,他比陈独秀更早更系统地接受马克思主义,他1918年后在《言治》、《新青年》、《每周评论》上,用全新的白话文发表了《法俄革命之比较观》、《庶民的胜利》、《新世纪》、《战后之世界潮流》等文章,开始用无产阶级世界观来分析时政,标志着李大钊具有了初步的共产主义思想。请看下文:

秘密外交与强盗世界

凡是世界上的土地,只要是世界上知道人的道理的人在那里过人的生活,我们决不把他认作私有物,拒绝他人。但是强盗政府们要根据着秘密外交拿人类正当生活的地方,当作他们私相授受的礼物,或送给那一个强盗国家、强盗政府,作扩张他那强盗势力的根据,无论是山东,是山北,是世界上的什么地方,我们都不承认,都要抗拒的。我们反对欧洲分赃会议所规定对于山东的办法,并不是本着狭隘的爱国心,乃是反抗侵略主义,反抗强盗世界的强盗行为。

这回欧战完了,我们可曾作梦,说什么人道、平和得了胜利,以后的世界或者不是强盗世界了,或者有点人的世界的彩色了。谁知道这些名辞,都只是强盗政府的假招牌。我们且看巴黎会议所议决的事,哪一件有一丝一毫人道、正义、平和、光明的影子!哪一件不是拿着弱小民族的自由、权利,作几大强盗国家的牺牲!

威尔逊这位书生,天天在那里对那些强盗说"正义"、"人道"的话,组织"国际联盟"呐,希望"永久平和"呐,这真是对牛弹琴。只落得那些强盗们对他瞪眼,他自己也是对他们怄气,希望他的人灰心。

---

① 李新宇:《"特别国情论"小史》,北方网,2007-07-03

② 李大钊:《李大钊文集》(下),21页,北京,人民日报出版社,1984。

③ 王振业,胡平:《新闻评论写作教程》(修订本),91页,北京,中国广播电视大学出版社,2001。

威尔逊君！你不是反对秘密外交吗？为什么他们解决山东问题，还是根据某年月日的伦敦密约，还是根据某年月日的某某军阀间的秘密协定？须知这些东西都是将来扰乱世界平和的种子。像这样的平和会议，哪有丝毫价值！人家为保障一国的强盗权利，还有退出和会的决心勇气，你为保障世界平和，贯彻自己的主张，竟没有退出和会的决心勇气。你自己的主张计划如今全是大炮空声，全是昙花幻梦了。我实为你惭愧！我实为你悲伤！

常向我们说和我们有同种同文的情谊的日本人啊！你们把这块山东土地拼命拿在手中究竟于你们民族的生活上有什么好处？添什么幸福？依我看来，也不过多养活几个丑业妇、无赖汉、吗啡客，在人类社会上多造些罪恶，作些冤孽，给日本民族多留些耻辱的痕迹罢了。这话并不是我太刻薄，试一翻日本人的移民史，哪一处不是这几色人先到？除去这几色人还有什么人？——那背包卖药的还是第一等的——在这等地方的商人、绅士、官吏、军人，也都渐渐丢失了他们的人性，只增长他那残暴、狡诈、嫉妒、贪淫的性质。结果更要巩固国内军阀财阀的势力，来压制一般人民，永远不能翻身。这又何苦呢！

我们历来对外的信条，总是“以夷制夷”；对内的信条，总是“依重特殊势力”。这都是根本的大错。不知道有几多耻辱、哀痛、失败、伤心的陈迹，在这两句话里包藏。而从他一方面，又把民族的弱点、惰性、狡诈、卑鄙，都从这两句话里暴露出来。这回青岛问题，发生在群“夷”相争，一“夷”得手的时候。当时我们若是不甘屈辱，和他反抗，就作了比利时，也不过一时受些苦痛有些牺牲，到了今日，或者能得点正义人道的援助。那时既低声下气，今日却希望旁人援手，要知这种没骨头没志气的人，就是正义人道昌明的时代，不能自助的人，也不能受人的帮助，况在强盗世界的里面，更应该受点罪孽。我们还在这里天天做梦，希望他人帮助。这种丧失自立性的耻辱，比丧失土地山河的耻辱，更要沉痛万倍！

大家都骂曹、章、陆这一班人为卖国贼，恨他们入骨髓，都说政府送掉山东，是我们莫大的耻辱，这抱侵略主义的日本人，是我们莫大的仇敌。我却以为世界上的事，不是那样简单的。这作恶的人，不仅是曹、章、陆一班人，现在的世界仍然是强盗世界啊！日本人要我们的山东，政府答应送给他，都还不算我们顶大的耻辱。我们还是没有自立性，没有自决的胆子，仍然希望共同管理，在那“以夷制夷”四个大字下讨一种偷安苟且的生活，这真是民族的莫大耻辱啊！日本所以还能拿他那侵略主义在世界上横行的缘故，全因为现在的世界，还是强盗世界。那么不止夺取山东的是我们的仇敌，这强盗世界中的一切强盗团体、秘密外交这一类的一切强盗行为，都是我们的仇敌啊！我们若是没有民族自决、世界改造的精神，把这强盗世界推翻，单是打死几个人，开几个公民大会，也

还是没有效果。我们的三大信誓是：

改造强盗世界，
不认秘密外交，
实行民族自决。

（《每周评论》第22号　署名：常 1919年5月18日）

该文深刻地揭露了巴黎和会"分赃会议"的实质，号召中国人民起来打倒帝国主义，实现中华民族的独立和解放，"像李大钊这样用马克思主义观点，明确地提出民族自决、反对帝国主义，在历史上是罕见的"。[①]

总之，《新青年》和《每周评论》把我国报刊评论推进到一个新的阶段，言论带有强烈的政治色彩，将思想与政治联系在一起，又能抓住现实中的问题，立场坚定，态度分明，笔锋锐利，充满战斗的激情，成为当时颇负盛名的革命民主主义的论坛和阵地。而且，由于坚持白话文创作，文字通俗易懂、明白晓畅，使得这些评论深入人心，富有宣传效果。

这时的《湘江评论》也不容忽视。《湘江评论》创办于1917年7月14日的湖南长沙，由青年毛泽东任主编。关于该报的宗旨，在毛泽东同志亲自执笔撰写的《创刊宣言》中有明确的说明："现在世界的革命潮流任何力量也阻挡不住。世界上最强大的力量是全体人民联合的力量，人民应当团结起来为自己的彻底解放向强权政治作斗争。《湘江评论》的职责，就在研究传播和推行当前世界的革命新思潮。"[②]《湘江评论》报面上设有大量的新闻述评和其他言论专栏，诸如"西方大事述评"、"东方大事述评"、"世界杂评"、"湘江大事述评"、"湘江杂评"、"放言"、新文艺等，虽然由于反动当局的查封，刊物刊行时间不过一个多月，前后只出版了四期和一期临时增刊，但其影响却十分深远。

当时毛泽东同志在《湘江评论》上共发表了36篇言论，平均每期9篇左右，多为夹叙夹议、短小精悍之作，所涉及的内容十分广泛，从国内外到省内外，从时事政治到社会弊病，均从反帝反封建的角度立论，着力于革命思想和学说的宣传，宛如一篇篇的战斗檄文。请看下面"放言"专栏中毛泽东的短文：

女子革命军

或问女子的头和男子的头，实在是一样，女子的腰和男子的腰，实在是一样，为什么女子头上偏要高竖那招摇畏风的髻？女子腰间偏要紧缚那拖泥带水的裙？

我道：女子本来是罪人，高髻长裙，是男子加于他们的刑具；还有那脸上的

---

① 彭明：《彭明文存》，97页，北京，北京广播学院出版社，2004。

② 中国社会科学院新闻研究所《新闻研究资料》编辑部编辑：《新闻研究资料》（总第二十八辑），7页，北京，中国社会科学出版社，1984。

脂粉，就是黥文，手上的饰物，就是桎梏；穿耳、包脚为肉刑；学校、家庭为牢狱，痛之不敢声，闭之不敢出。

或问如何脱离这罪？

我道：惟有起女子革命军。

（《湘江评论》1919 年 7 月 14 日）

全文只 151 字，但却“小题大做”、以小见大，起笔于“女子的头”、“女子的腰”这样的小题材，着眼于中国革命和妇女解放的大事业，提出了“起女子革命军”这个时代的迫切论题。而且，对话问答的结构方式，辅以排比和比喻的说理方法，使得这篇短论精警而又充满机智。

《湘江评论》于 1919 年 8 月中旬被查封后，同年 11 月上旬，毛泽东即正式受聘为湖南《大公报》的馆外撰述员。针对《大公报》11 月 15 日报道的长沙一赵氏女子为反对包办婚姻而在花轿中用剃刀自刎身亡之事，毛泽东前后十二三天的时间里在《大公报》上连续发表了《对于赵女士自杀的批评》、《赵女士的人格问题》、《非自杀》、《“社会万恶”与赵女士》、《打破媒人制度》、《婚姻上的迷信问题》等 9 篇评论，立论角度各不相同，但矛头篇篇直指封建礼教和封建制度。后来，毛泽东同志在抗日战争和解放战争中发表的大量评论，涉及政治、军事、经济、文化等各个领域，紧扣时局的新闻性和高瞻远瞩的政治性自不待言，今天更成为评论工作者学习、借鉴的典范之作。

2. 新民主主义革命时期的报刊评论

“五四”运动以后，我国报刊的评论工作进入了新的发展时期，政论在内容和形式上均与旧民主主义时期的报刊政论有很大不同。除社论以外，以政论与新闻报道相结合的“述评”形式得到了普遍应用。由《新青年》开创的“随感录”成了广泛采用的形式。“专论”、“代论”、“事论”等形式名目繁多，呈现了欣欣向荣的景象。

在进步的新闻工作者当中，重视报刊言论，以邹韬奋最为突出。他从 1926 年接办《生活》周刊到 1944 年去世，前后十几年中，在主办《生活》周刊到以后的《大众生活》等报刊中，所有刊物每期都有他写的言论，如“小言论”、“短论”、“笔谈”、“社论”等。他的“小言论”专栏和“读者信箱”专栏，对读者的影响十分深远，其特点是善于抓住群众最关心的问题，说群众想说的话，往往从一件具体事生发，采取谈家常的方式，评个三五百字，开门见山，一针见血，简单干脆，明白晓畅，既生动活泼又有战斗性，很适合群众阅读，被广大读者视为自己的良师益友。如《一把眼泪一把鼻涕的贤夫人》、《职业修养不是隔靴搔痒》、《潘老太太与中医》，从篇名即可看出其贴近群众、贴近生活。正如他自己在《经历》一书中所说：“每期的‘小言论’虽仅仅数百字，却是我每周最费心血的一篇，每次必尽我

心力就一般读者所认为最该说几句的事情，发表我的意见。这一栏也最受读者的注意。”①

潘老太太与中医②

中央卫生委员会于二月间通过关于中医的议决案，中有禁止旧医学校及取缔宣传品与登报介绍旧医学等项。于是引起轰动一时的全国中医药团体代表大会。

听说中医药材的出产每年达九千二百余万元，生计的关系牵及四百八十余万人，仅就上海一埠而论，中医有二千人，药铺有三百家，每日所配的药方平均总在一万张左右。这也可算是一个很大的社会问题，似有审慎考虑的必要。

我国往往有人看了几本不求甚解的医书，就胆敢开方医病，在他们腕下冤死的人真是不可胜数，这便是所谓“庸医杀人”。但是我们不能因为痛恨“庸医”而遭断中医绝对没有好的，更不能因此遽断中国医术绝对无存在的价值。中医确应有积极改良的地方，却不应不分皂白的“禁止”。即如“旧医学校”，加以考查，绳以标准，然后分别决定存废则可，一概抹杀的“禁止”，则于理似有未当。

我个人偶有疾病虽向来请教西医，但平心而论，除了“杀人”的“庸医”之外，中西医却各有所长。这类事例当然很多，我现在仅提出一位老太太来谈谈。

《时事新报》总经理潘公弼君的祖老太太今年八十三岁了，精神矍铄，健适逾恒，但据潘君自己告诉我，她在七十三岁的时候，腹上生了一个如碗大的瘤，作痛殊甚，全家惶恐，潘君送她到上海一个很有名的西医医院里去，一面自己仍到报馆里去办事，一会儿接到医院里的电话，说这位老太太无救。潘惊吓之余，赶到医院一问，据西医说这种病非开刀不可，而这样大的年纪又受不住开刀，所以无救。潘君问他无救便怎样，他说无救只好让它溃烂，等到一个肚子烂完，人就随之完结罢了！潘君只得把他的祖老太太送回家，以西医既经拒绝，姑请中医一试，就从他的家乡嘉定请了一位著名中医朱舜初来看，由嘉定请到上海仅费大洋四块，在当时内地已算是很阔的了。他来后仅用手一摸，便说这个病可以医得好的，可是恐怕永远不能闭口。潘家听他说医得好，也就唯命是听。他拿出几把像扦脚用的小刀来，潘君看上去却似乎不大干净，自告奋勇去做他的助手，用火酒大擦一番。那位朱医生拿着一把小扦刀在瘤上中央插进去，有三四寸之深，病者并不觉苦痛。他把刀抽出之后，用小绳把药从所开的小洞洞里纽进去，然后外面用一帖小膏药一贴，就此完事。第二天那个如碗大的瘤竟消

---

① 转引自中国韬奋基金会韬奋著作编辑部编：《韬奋研究论文集》(第一辑)，177页，上海，上海人民出版社，1997。

② 中国韬奋基金会韬奋著作编辑部编：《韬奋全集》(第三卷)，474页，上海，上海人民出版社，1995。

了。随后他代为换药三四次，说好了，不必再看了。后来那个小如针孔的洞洞果然十年未收口，常流出一点儿黄水，于她老人家却并没有什么妨碍，到了十年，连水都没有了。现在这位潘老太太尚健在，可惜那位朱医生已“归道山”了。如果当时没有了他，一个肚子不知道能否经得住烂到现在！

但是我又想，就是这件事，也未尝无改良的余地，例如那样小扦刀，如不经过火酒的消毒，谁保得定不会弄点别的微生虫到肚子里去作起怪来？

这篇评论在前面叙述的基础上，并通过一个细节描写“他拿出几把像扦脚用的小刀来，潘君看上去却似乎不大干净，自告奋勇去做他的助手，用火酒大擦一番”，以严密的逻辑手段，给予了国民党“中央卫生委员会于二月间通过关于中医的议决案”以有力的批驳，也论证了“中医需要改良”。

韬奋写作历来主张短小精悍，在韬奋主办的报刊上发表的言论一般都是几百字或千字左右的短言论，超过二千字的很少，最短的只有几十字。此文可见一斑。而且，对我国报刊言论发展具里程碑意义的便是邹韬奋大众化言论风格的开创，正如有的学者指出的：“在韬奋的言论实践中，自觉地以大众化为目标，并且完成了言论大众化的任务，开辟了与鲁迅杂文风格并存的韬奋式大众化小言论的文路，成为当时评论文字的主流风格之一……代表了言论写作的一个方向。”①确实，当邹韬奋的大众化言论风格已趋于成熟之时，同时期的《大公报》的言论却“直到1934年才开始迈出白话文字的第一步”。

当然，“韬奋大众化的言论之所以形成风格、深入人心并产生深远的影响，主要是因为有着精粹的、合乎读者需要的思想内容。同时，明显畅快的文风，灵活新颖的笔法，多种多样的表述形式，也为他的言论增添了夺目的光彩。”②如下文《文明国的文明行为》中幽默而又犀利的反语，既生动引人，又意味深长，可谓言近意远。

文明国的文明行为③

荷商渣华公司芝巴德轮大副二副污辱我国萧信庵女士一案，记者曾于本刊第四十七期《欲盖弥彰的兽行》一文痛斥上海该公司经理强辞掩饰之无耻。最近消息，该公司亦知中国舆论之非尽麻木，中国民众之非尽冷血，有与该公司断绝经济往来的决心，不得不稍戢其凶焰，将大副二副免职，船主及医生降调，便想就从此马虎了结，经由买办何锦镛恭备菲酌，请各团体各报馆吃一顿，华侨联合会特于本月四日通告各界勿受其愚，通告中并补述该公司经理恬不知耻的几句话，说萧女士年已三十，满面麻点，似无被污资格，可见文明的荷兰国里凡是女子面上无麻点而又年在三十以下者都有受外国人随意强奸的资格！这种文

①② 胡文龙主编：《中国新闻评论发展研究》，144、150页，北京，中国人民大学出版社，2002。

③ 中国韬奋基金会韬奋著作编辑部编：《韬奋全集》(第三卷)，584页，上海，上海人民出版社，1995。

明的行为实非高尚的中国人所能了解，高尚的中国人里面也产生不出那样强奸外国女乘客的大副二副。

闲话少说，记者愚见以为华侨联合会及热心主持正义的各团体当研究并提出对方应执行之最低具体条件。华侨联合会最初宣言，有“在芝巴德之兽类大二副未严厉处刑，荷兰政府未正式向我民族道歉，萧女士未得到相当赔偿以前，绝不停止(抵制渣华轮船公司所有船只)”，所谓“严厉”，所谓“相当”，都须依法酌理加以具体的规定，庶几目标明晾，群力奔赴，易于坚持到底而达到所期望的目的。

此时和邹韬奋共同主持《生活》周刊、《生活日报》的胡愈之，也以清新犀利的文笔写下了一篇篇分析透彻、说理深刻的社论。

一年来的国际①

过去的一年，才真是一个昏黑的年头儿！

第一次世界大战以后短促的和平时期，现在已渐成过去了！人类的第二次大悲剧的序幕，已在逐渐展开了。各国政治、社会、经济，已感到极度的恐慌与不安。试看这一年来，地球面上发生了多少灾难事变：西班牙大革命；中南美诸国继续不断地发生革命与内战；中欧及巴尔干一带时时发生法西斯党的大骚动；法兰西内阁的两次改选；法意海军谈判的几度破裂；德奥关税同盟的流产；德国发生严重的金融恐慌；各国的关税战争，步步加紧；英国财政陷于绝境，因而使两年来的工党内阁暴亡；日本频起阁潮；印度民族革命斗争，继续不绝；中国遭遇了数十年未有的大水灾，最后日本帝国主义以暴力占领东三省，写成了东亚外交史中最暗黑的一页。

在这一年来所发生的许多不幸事件，可以归结到一个共同的原因，就是普遍全世界的经济大恐慌。这次的世界经济恐慌，是从1929年冬季开始，到了去年波及全世界各国，恐慌的性质已变成非常严重。在本年开始，一般人预料恐慌程度将逐渐减低，各国工农业，将复回于繁荣的时代。但事实上不但没有如一般人的乐观，本年世界经济恐慌的程度，更比以前增加。就最近国际联盟《统计月报》所载各国生产总指数，以1928年为一百，则本年上半年美国生产额为七七·五，英国为九〇，德国为七三·五，法国为九〇·四，不但工业生产减少，已成商品亦无法销售。尤其农产品，如小麦、棉花，堆积仓库，不能售出。一般

---

① 选自李春林主编：《光明日报历任总编辑文选》，17～20页，北京，光明日报出版社，1999。(胡愈之是1949年6月16日诞生的《光明日报》第一任总编辑，《光明日报》创刊号社论《团结一致建设民主新中国》即由他执笔起草。中华人民共和国成立后，胡愈之被任命为出版总署署长。——笔者注)

物价指数，骤然降落。各国工厂纷纷停闭，或减少工作。因此失业工人激增。各国失业人数，单就官方统计，德国为五百万，英国为二百七十万，美国为三百万，至实际人数则远不止此。

这经济的衰落，失业的恐慌，在本年达到了最高度，这是各国普遍的现象。只有苏联是例外，本年为苏联实行五年工业化计划的第三年，重工业及农业社会化，有神速的进展。全国生产大增，失业工人已减至于零。但因为苏联实行五年计划，必须售出大批的农产物和石油木材，以换回工业原料机器。因此使引起恐慌的世界市场更受到威胁，物价愈益低落。所以本年苏联产业的发展繁荣，反增长了世界经济恐慌的高潮。而同时因苏联内部改造的成功，恰与正在衰落中的资本主义国家呈相反的对比，因此更加重了各国社会的纷扰不安。

经济恐慌的形势，日益增强扩大，影响到货币信用，于是在欧洲许多国家，引起严重的金融恐慌。信用动摇，现金流出，汇率降低，银行挤兑。这金融恐慌影响到政治上则成为预算数字的增加，收支平衡的破坏，这又是本年各国普遍的现象。其因此酿成重大事变的，则如西班牙，因“批沙达”（西班牙货币）兑价狂跌，而使王室倾覆，共和政府虽成立，而内乱仍未终止。如英国，因现金流出，信用动摇，而工党内阁崩坏，继起的全国内阁，仍无法解决当前的财政难关。此外德国金融财政，几陷入 1923 年的覆辙，经穗政府分别向美、法银行家呼号求援，方得支持一时，不至立即破产。但因了这普遍金融危机的袭来，美总统不得不忍痛一时，提出赔款战债缓付一年的主张；英内阁亦不得不牺牲英国在国际金融上的领导地位，暂时废除金本位制，以免现金继续流出国外。这金融资本主义各国的信用动摇，财政恐慌，实为这一年来国际情势的特征之一。

因各国失业队伍日益扩张，金融财政日益紊乱，于是引起严重的社会问题。在欧洲美洲，民众革命势力继长增高。英美劳动者日益左倾，法国发生北部金属工人大罢工。同时各国极右的法西斯党，势力亦继续高涨。在德奥及中欧一带，极端国家主义者屡起纷扰。在日本则军阀势力勃兴，因而有强占满洲的暴举。各国民众都对现状感极度的不满，所以不是极端左倾，便是极端右倾，自由主义，改良主义，已无立足余地，这又是本年特征之一。

最后就国际关系看来，在一年前一般“过早的乐观论”，以为国际合作，世界和平，已微露一线曙光，因为那时国联已决定裁军大会开会的日期，法意海军谈判正在进行中，而同时白里安发起的欧洲联邦准备委员会，第一次在日内瓦集会。此外国际经济会议，小麦会议，都正在提议中。谁知这些都是帝国主义者的掩眼法。本年没有一个国际会议得到满意的结果，没有一次国际合作的企图，得到相当的成功。法意海军谈判经过许多次的斡旋，终于完全失败。各国都在竭力扩张军备，裁军大会虽然将在五个月后举行，而各大海军国陆军国全

无妥协让步的表示。只有疯人才敢断定明年的会议不至于失败。欧洲联邦运动，徒然显露了法意互争欧陆霸权的好心，不曾得到些许的结果。至于一切的国际经济合作运动，也同样归于惨败。各国都各自竭力在增高税壁，倾销商货，各顾自己，不顾别人的死活，怎么还能谈得到经济的合作！这国际协调的失败，也是本年的一种特殊情势。

不但如此，因各国经济的极度恐慌，帝国主义对立的形势，亦愈益尖锐化。本年初头就引起了德奥关税同盟的一场大风波，虽然到了最近因美法金融势力的压迫，德奥已自动放弃税约了；但法德帝国主义斗争巴尔干经济霸权的事实亦愈益明显。此外法意的冲突，英法的冲突，从本年日内瓦几次会议和巴黎伦敦会议的外交斗争中，分明可以看出。自从最近英内阁改组，保守党重行入阁，英美帝国主义的关系，愈益恶化。英国因受美国金融势力的过度的侵轧，又有改变方策联法制美的趋势。这种帝国主义为争夺世界霸权所引起的斗争，虽然为现代一种自然的现象，但在本年，却更分明地看出裂痕来了。

总之，过去这一年，是各国经济恐慌、金融恐慌达到最高度的一年，因此也就是各国内政陷于极度困难的一年；目前各国政府无不处于阢陧的地位，为要保持政府的地位，避免国内革命的爆发，不得不尽力向国外投资及增辟市场，借以挽救经济的危机。但向国外投资及增辟市场，则帝国主义对殖民地的侵略，与帝国主义相互的冲突，自然是不可避免了。最近日本帝国主义强占东三省的非常举动，实亦出于同一的原因。近年日本对美对华输出贸易衰落。国内经济恐慌，在内部已发生不安现象；日本军阀为巩固其自身地位，不得不以强力对外发展；又趁着英美关系恶化，美国无暇顾及远东，苏联五年计划在进行中，不愿与日本开战；中国内部又有灾荒战争，无所顾忌，所以显现出帝国主义穷凶极恶的面目，以横暴残酷的手段，攫取我国的辽吉两省领土，扩大其在满蒙的势力范围，所以这次我民族所受的非常重大的屈辱，在事实上是挽救了日本军阀政府的垂死的命运。

假如在过去这一年帝国主义经济恐慌，内部困难已达到了极度，那么它们的相互的武力冲突，是无法再延缓了。明年裁军大会开会的铃声，也许竟成了国际和平的丧钟。1911 与 1912 年的巴尔干战争，是 1914 年世界大战的序幕。假如我们的推断不错，1931 年日本对我国东三省的强暴侵略行为，亦将成为第二次世界大战的序幕。

（《生活》周刊 1931 年 9 月 24 日）

“五四”运动以后，20 世纪 20 年代末至 40 年代初，中国资产阶级中紧接王韬、梁启超的最著名的报刊政论家是张季鸾，中国资产阶级报刊运用评论传播自己的思想观点则以张季鸾主笔的《大公报》为代表。《大公报》在言论上一度以“敢言”著称，每天至少一篇社

评，国内外时事无所不评，成为二三十年代中国的“舆论重镇”。

早期的《大公报》评论骂共产党，也骂蒋介石，然而，随着张季鸾和蒋介石关系的日益密切，《大公报》的评论有一段时间走向反共拥蒋立场。总编张季鸾是《大公报》的灵魂，他的“看完大样写评论”的气度最为人称赞，常常写一段付排一段，最后打出小样再作润色，而稿子则能长能短，且让人看不出勉强缩短或拉长的痕迹。他的社评有自己鲜明的特色：

第一，加强了评论的新闻性。把议论与新闻融为一体，紧扣时事，针对当时社会现实进行评论。这方面的代表作有《蒋介石之人生观》（1927 年 12 月 2 日《大公报》）、《论造成廉洁有能之政府》（1930 年 11 月 14 日《大公报》）、《勿自促国家之分裂》（1935 年 12 月 3 日《大公报》）等。

蒋介石之人生观①

离妻再娶，弃妾新婚，皆社会中所偶见。独蒋介石事，诟者最多，以其地位故也。然蒋犹不谨，前日特发表一文，一则谓深信人生若无美满姻缘，一切皆无意味；再则谓确信自今日结婚后革命工作，必有进步——反翘其浅陋无识之言以眩社会。吾人至此，为国民道德计，诚不能不加工以相当之批评，俾天下青年知蒋氏人生观之谬误。

男女，人之大欲也，其事属于本能的发动，动物皆然，不止人类。人生得真正恋爱，固属幸事，然其事不可必。且恋爱对象，变动不常，灵魂肉欲，其事难分。自生民以来，所谓有美满之姻缘者少矣。然恋爱者，人生之一部分耳，若谓恋爱不成，则人生一切无意义，是乃专崇拜本能，而抹杀人类文明进步后之一切高尚观念。或者非洲生番如此，中国不如此也。夫文明人所认为之人生意义，一言蔽之，曰利他而已。盖人生至短，忽忽数十年春秋，与草木同腐，以视宇宙之悠久，不啻白驹之过隙。然而犹值得生存者，则以个人虽死，大众不死故。所以古今志士仁人之所奋斗者，惟恐在如何用有涯之生，作利人之事，而前仆后继，世代相承，以为建筑文明改善人类环境尽力。行此义者，为人的生活，不然为动物的生活。得恋爱与否，与人生意义无关也。

或曰，此言固是，然得恋爱，始能工作，失恋爱则意志颓然，蒋氏之意仅在是耳。然此亦大误。盖在有道德观念知人生意义之人，其所以结构一生者，途径甚多，不关恋爱。太史公受腐刑而作史记，成中国第一良史。美国爱迪生，一生不娶，发明电学，裨益人类，古今大学问家大艺术家之不得恋爱者多矣，宁能谓其人生无意义乎？且蒋氏之言，若好此而止，犹可不论，盖人各有志，而恋爱万

① 王芝琛，刘自立主编：《1949 年以前的大公报》，117～119 页，济南，山东画报出版社，2002。

能之说，中外皆有一部分人持之。蒋氏如此，亦不足责。然吾人所万不能缄默者，则蒋谓有美满姻缘始能为革命工作。夫何谓革命？牺牲一己以救社会之谓也。命且不惜，何论妇人。十八世纪以来之革命潮流，其根本由于博爱而起，派别虽多，皆为救世，故虽牺牲其最宝爱之生命而不辞者，为救世主恶制度恶政治下之大众，使其享平安愉快之生活故也。一己之恋爱如何，与“革命”有何关联哉？

呜呼，尝忆蒋氏演说有云，“出兵以来，死伤者不下五万人”，为问蒋氏，此辈所谓武装同志，皆有美满姻缘乎？抑无之乎？其有之耶，何以拆散其姻缘？其无之耶，岂不虚生了一世？垒垒河边之骨，凄凄梦里之人；兵士殉生，将帅谈爱；人生不平，至此极矣。

呜呼，革命者，悲剧也，革命者之人生意义，即应在悲剧中求之。乃蒋介石者，以曾为南军领袖之人，乃大发其欢乐神圣之教。夫以俗浅的眼光论，人生本为行乐，蒋氏为之，亦所不禁，然则埋头行乐已耳，又何必哓哓于革命？夫云裳其衣裳，摩托其车，钻石其戒，珍珠其花，居则洋场华屋，行则西湖山水，良辰美景，赏心乐事，斯亦人生之大快，且为世俗所恒有。然奈何更发此种堕落文明之陋论，并国民正当之人生观而欲淆惑之？此吾人批评之所以不得已也。不然，宁政府军队尚有数十万，国民党员亦当有数十万，蒋氏能否一一与谋美满之姻缘，俾加紧所谓革命工作？而十数省战区人民，因兵匪战乱，并黄面婆而不能保者，蒋氏又何以使其得知有意义之人生？甚矣不学无术之为害，吾人所为蒋氏惜也。

或曰，天下滔滔，何严责蒋氏？曰：果蒋氏自承为军阀、为官僚，则一字不论，其事亦不载；而蒋氏若自此销声匿迹于恋爱神圣之乡，亦将不加以任何公开之批评。今之不得不论者，以蒋氏尚言革命之故耳。吾人诚不能埋没古今天下志士仁人之人生观，而任令一国民党要人，既自误而复误青年耳，岂有他哉。

（天津《大公报》1927 年 12 月 2 日）

这是张季鸾社评作品的代表作，属于驳论文。1927 年 12 月 1 日蒋宋联姻，1927 年 12 月 2 日张季鸾于《大公报》上发表此社论。文章抓住蒋介石“深信人生若无美满姻缘，一切皆无意味”和“自今日结婚后革命工作，必有进步”这两句浅陋的话，运用以退为进的论辩方法，对蒋介石错误的人生观进行了尖锐辛辣的批驳。文章本是要驳斥蒋介石“恋爱至上”及硬把婚姻和工作相提并论的错误观点，却先承认“男女，人之大欲也”，确立说理的基础；然后才开始攻击：“然恋爱者，人生之一部分耳，若谓恋爱不成，则人生一切无意义，是乃专崇拜本能，而抹杀人类文明进步后之一切高尚观念”，“常忆蒋氏演说有云，‘出兵以来，死伤者不下五万人’，为问蒋氏，此辈皆所谓武装同志，皆有美满姻缘乎？抑无之乎？其有之耶，何以拆散其姻缘？其无之耶，岂不虚生了一世？”；接着进一步批驳：“盖人各有志，而恋爱万能之说，中外皆有一部分人持之。然则埋头行乐已耳，又何必哓哓于革命?”,“垒垒河边之骨，凄凄梦里之人；兵士殉生，将帅谈爱；人生不平，至此极矣”……清晰有力的逻辑论辩，使得全文很有说服力和感染力。

《论造成廉洁有能之政府》是就蒋介石1930年11月12日的演讲，针对国民党政府的腐败现状而发表的一篇社评。《勿自促国家之分裂》也紧扣时事，很有针对性，对平津地区军政长官宋哲元利用日本侵略者与南京政府的矛盾，借重外力自存自保的做法，毫不客气地指出：“不容自促国家之分裂”，“当局者须以自身之名义，公开负责，万勿托词于民意是也”，其中抗日爱国的立场得到了广泛的支持。

第二，社评关心国事，议论“朝政”，或婉劝、或直谏、或责骂，乃“文人论政”即中国知识分子“文章报国”的路子，但带有浓厚的爱国思想和民主思想。如《最低调的战时政治论》，在委婉地批评了国民党政府的腐败后加以劝诫，指出一要严于法治，尤其是执法官更应身先士卒，二要用钱得当，要求当局检查财政支出是否合理。更有直谏如《官吏不得经商投机》，跟当局唱对台戏如《中国的文明在哪里?》等等，都给人们留下了深刻印象。

第三，议论政治亦有“帮腔”之作，是一位“带有封建性的资产阶级文人”。最肉麻的莫过于《给西安军界的公开信》了。这正反映了《大公报》“小骂大帮忙”的评论策略之一，它对国民党的腐败政策等叫骂，但并不触及国民党统治的实质，正如张季鸾曾向他的助理王芸生说的：“你写社评，只要不碰蒋先生，任何人都可以骂。”

给西安军界的公开信[①]

陕变不是一个人的事，张学良也是主动，也是被动，西安市充塞了乖戾幼稚不平的空气，酝酿着，鼓动着，差不多一年多时间，才形成这种阴谋。现在千钧一发之时，要釜底抽薪，必须向东北军在西安的将士们剀切劝说。我们在这里谨以至诚给他们说几句话：

主动及附和此次事变的人们听着！你们完全错误了。错误的要亡国家，亡自己。现在所幸尚可挽回，全国同胞，这几天都悲愤着，焦躁着，祈祷你们悔祸。

东北军的境遇大家特别同情，因为是东北失后在国内所余唯一的军团，也就是九·一八国难以来关于东北唯一的活纪念。你们在西北很辛苦，大概都带着家眷，从西安到兰州之各城市都住着东北军眷属，而且眷属之外还有许多东北流亡同胞来依附你们。全国悲痛国难，你们还要加上亡家的苦痛。所以你们的焦躁烦闷，格外加甚，这些情形是国民同情的。

你们大概听了许多恶意的幼稚的煽动，竟做下这种大错，你们心里或者以为自己是爱国，哪知道危害国家，再没有这样狠毒严重的了！你们把全国政治

---

① 王芝琛，刘自立主编：《1949年以前的大公报》，134～137页，济南，山东画报出版社，2002。

外交的重心，全军的统帅羁禁了，还讲什么救国？你们不听见绥远前线将士们突闻陕变，都在内蒙荒原中痛哭吗？你们不知道吗？自十二日之后，全国各大学，各学术团体以及全国工商实业各界谁不悲愤？谁不可惜你们？你们一定妄信煽动，以为有人同情，请你们看看这几天全国的表示，谁不是痛骂！就是本心反政府想政权的人，在全国无党无派的大多数爱国同胞之前，断没有一个人能附和你们的。因为事实最雄辩，蒋先生正以全副精神领导救国，国家才有转机，你们下此辣手。你们再看看全世界震动的情形，凡是同情中国的国家，没有不严重关心的。全世界的舆论认定你们是祸国，是便利外患侵略！因为这是必然的事实。蒋先生不是全知全能，自然也会有招致不平反对的事，但是，他热诚为国的精神与其领导全军的能力，实际上成了中国领袖。全世界国家都以他为对华外交的重心。这样人才与资望，决再找不出来，也没机会再培植。

你们制造阴谋之日，一定能预料到至少中央直属的几十万军队要同你们拼命，那么你们怎样还说要求停止内战？你们大概以为把蒋先生劫持着，中央不肯打你。现在讨伐令下了。多少军队在全国悲愤焦虑的空气中，正往陕西开。你们抗拒是和全国爱国同胞抗拒。这样死了，叫全国同胞虽可怜而不能见谅。你们当中有不少真正爱国者，乃既拼了命而祸了国，值与不值？这几天全国各地的东北同胞他们都替你们悲痛，盼望赶紧悔悟，你们不悔还不悟吗？

所幸者现在尚有机会，有办法，办法上极容易，在西安城内就立刻可以解决。你们要从心坎里发愤认错，要知道全国公论不容你们，要知道你们的举动充其量要断送祖国的命运，而你们没有一点出路。最要紧的，你们要信仰蒋先生是你们的救星，只有他能救这个危机，只有他能了解能原谅你们！你们赶紧去见蒋先生谢罪罢！你们快把蒋先生抱住，大家同哭一场！这一哭，是中国民族的辛酸泪，是哭祖国的积弱，哭东北，哭冀东，哭绥远，哭多少年来在内忧外患中牺牲生命的同胞！你们要发誓，从此更精诚团结，一致的拥护中国。你们如果这样悲悔了，蒋先生一定陪你们痛哭，安慰你们，因为他为国事受的辛酸，比你们更大更多。我们看他这几年在国难中常常有进步，但进步还不够。此次之后，他看见全国民众这样悲忧，全世界这样系念，而眼前看见他所领导指挥的可爱的军队大众要自己开火，而又受你们的感动，他的心境一定是自责自奋，绝不怪你们。从此之后，一定更要努力，集思广益，负责执行民族复兴的大业。那么这一场事变就立刻逢凶化吉，转祸为福了。你们记住几点：(一)现在不是劝你们送蒋先生出来，是你们自己应当快求蒋先生出来。(二)蒋先生若能自由执行职务，在西安就立刻可以执行。你们一个通电，蒋先生一个命令就解决了。几时出西安，是小问题，谁不是他的部下，谁不能作卫队呢？(三)切莫要索保证，要条件。蒋先生的人格，全国的舆论，就是保证。你们有什么意见，待蒋先生执行职务后，尽可以去贡献，只要与国家民族有利，他一定能采纳，一定比从前更要认真去研究。(四)蒋先生是中央的一员，现在中央命令讨伐，是国家执行纪律。但我们相信蒋先生一定能向中央代你们恳求，一定能爱护你们到底。

我们是靠卖报吃饭的，谁看报也是一元法币一月，所以我们无私心。我们只是爱中国，爱中国人，只是悲忧目前的危机，馨香祷告逢凶化吉，求大家成功，不要大家失败。今天的事情，关系国家几十年乃至一百年的命运，现在尚尽有大家成功的机会，所以不得不以血泪之辞，贡献给张学良先生与各将士。我想中国民族只有彻底的同胞爱与至诚能挽救。我盼望飞机把我们这一封公开的信快带到西安，请西安大家看看，快快化乖戾之气而为祥和。同时请西安的耆老士绅学生青年，都快去求张先生杨先生们，照这样做。这是中国的生路，各军队的生路，也就是西安二十万市民的生路。全世界全中国这几天都以殷忧的目光望着西安，阴郁的天空。赶紧大放光明吧！万不要使华清池西安等地在中国历史上成了永久的最大的不祥纪念！我们期待三天以内就要有喜讯，立等着给全国同胞报喜。

(《大公报》1936 年 12 月 18 日)

1936 年 12 月“西安事变”发生之后，张季鸾接连写了四篇社评《西安事变之善后》(14 日)、《再论西安事变》(16 日)、《给西安军界的公开信》(18 日)、《国民良知的大胜利》(20 日)，“对‘西安事变’的和平解决起了不可低估的积极作用”。尤其是《给西安军界的公开信》一文，被加印几十万份，派飞机在西安散发，缓解了当时西安的紧张局面。该文写得声泪俱下，陈利害，辨是非，确实是一篇“血泪之辞”。

与《大公报》紧紧连在一起的还有徐铸成。徐铸成从《大公报》北京记者站书记员到正式记者，再到后来主持《大公报》香港版、桂林版和上海版的编辑和言论工作，徐铸成的社评关注时政、直面现实，可谓深受《大公报》总编辑张季鸾的影响。而 1938 年 1 月 25 日创刊的《文汇报》，徐铸成实际负责编辑和言论工作，在抗日战争和解放战争的时代背景下、在停刊复刊的反反复复当中，更是始终坚持抗日爱国、要求民主、反对内战的进步立场，代民立言，表达读者心声；徐铸成也一直与《文汇报》不相分离，直到 1957 年作为《文汇报》总编辑受到毛主席的接见。

无　　题[①]

在这化日光天之下，科学昌明之时，实在不应再来讲那些怪诞不经的故事，但这几天耳闻目睹的，尽是些鬼魅昼行之事，长日多暇，姑妄言之。

也许因为上海人太苦闷，需要刺激，许多电影商，正加工制造神怪影片，十

① 新华出版社编：《中国名记者传略与名篇赏析》，105～106 页，北京，新华出版社，2003。

字街头，更布起鬼影幢幢的广告，一片蓬蒿，僵尸杂陈；胆小的人看了，真有些触目惊心。关于僵尸的传说，大家一定都很熟悉，但恐怕谁亦没有真真见过；现在既赫然呈露在目前，倒不妨乘机一加鉴赏。据笔记小说所载，僵尸大概是一种介于鬼怪之间的东西，凭借已死的尸体，向人间作祟。它比鬼更可怕，因为它有固定的形质；它比妖怪更阴恶，因为它虽明明是个吃人的怪物，却还装成一个人的样子，大摇大摆，行于通卫，去诱杀一般认识不清的人。

我们相信人性本善之说，生前无论如何为非作歹，但既经死了，灵魂早失去了，头脑早凝固了，如何还能出卖尸体，去干那种丧天害理，杀人不见血的勾当？但是鬼魅之害人，是无孔不入的，一个人既已死了，就应该早早入土为安，一经鬼魅附身，便无法掩其凶恶残酷的面目了！

要扑灭僵尸，最好的方法，是多多培养人间之正气；因为它们无论如何凶恶，究竟只能横行于阴森森的鬼蜮；在青天白日之下，或人气充塞的地方，它们决不能混迹其间，乘机作怪的。大家把心志坚定了，胆气放大了，时时留心，刻刻戒备，万一它们竟敢闯入人间，那只有发动群力，毫不客气地把它扑杀了。大家知道，扑杀的不是这可怜的尸体，而是附在尸体上的杀人的魔鬼。其次，大家的精神要健全，千万不可为魅影所迷惑，以为鬼影幢幢，而与人间何世之感。现在，正当黎明之前夜，黑暗虽充塞在若干角落里，但光明将来临，灿烂的阳光，将普照大地，一切鬼怪妖魔，将无所遁形。这些失去灵魂出卖尸体的僵尸，自然更无所逃天天地之间了。

那些装扮僵尸的广告商人，看来很聪明，实在非常笨拙。在这华灯四照人声鼎沸的闹市上，谁都不会相信有鬼魅出现的。布景无论怎样像真的，究竟掩不住幕后的许多真事物；“人物”无论怎样生动，究竟是以许多布草扎成的，以各种颜色涂成的；三岁的小孩，亦能看出它只是一个毫无灵魂不能动作的废物，天上的清风明月，人间的浩然正气，告诉你们这些作伪的人，一切钩心斗角，只是心劳日拙罢了！

一切自暴自弃的废物，让它们去暴尸露体，供人玩弄，受人唾弃罢！所有有灵魂的人，都应足踏实地，发奋自雄，为未来的光明世界，增加一些光辉。

《无题》是徐铸成1938年3月29日发表于上海《文汇报》的一篇社论。文章由当时上海的神怪影片谈起，运用喻证法，将“孤岛”上海刚刚登场的以汉奸梁鸿志为首的“维新”政府比喻为“僵尸”，并反复指出傀儡政权像僵尸一样企图借用“中国”的名义“还魂”、为虎作伥，是不会有好下场的，终究逃脱不了历史的惩罚。在日本新闻检查制度和租界当局禁止过分刺激标题的高压下，此时“无题”胜“有题”。

《文汇报》知名的评论栏目除了其社论之外，还有柯灵主编的《读者的话》，叶以群主编的副刊《世纪风》，陈尚藩主编的《灯塔》，1946年扩版时还增辟了《星期座谈》，增强了评论的分量。

"出身"于天津《大公报》的范长江，以他1935—1936年的西北采访报道，高起点地奠定了他在新闻界的地位。"西安事变"发生后，他更以大无畏的精神只身进入西安，后由西安到延安，作为国民党统治区第一个到延安采访的中国记者，于1937年2月4日白天、2月9日夜晚分别和周恩来、毛泽东作了"竟日之谈"和"彻夜长谈"，并于2月14日赶到上海，在15日的《大公报》上发表了《动荡中之西北大局》。

动荡中之西北大局①

去岁"双十二"事变，不特震动全国，亦且使世界惊奇，国人对此事之观察，大体多偏于感情的、对人的方面，而对于此事件演变之经过及其目前的实况，似不无相当隔膜。

"双十二"以来所演成的政治形势，其内容关系于我国家民族前途甚为重大。但此种政治趋势，尚在未定期中，将来之为祸为福，要视中央当局及全国人士对此事了解之正确与否，与乎处置之方法，是否为妥善为断，尤以在此三中全会期间，对此事之前途有决定的关联。记者奉社命视察动荡中之西北大局，亲历陕甘宁三省，曾与各有关方面作详挚之研究，深觉西北局势之重大机微与紧迫，非中央当局与全国人士加以真实之觉察与断然之措施，将遗我艰难之国家以不可想象的恶果。

"双十二"以来全国人对于西北方面之政治了解，不外乎"人民阵线"、"联合阵线"、"立即抗日"等流行的政治宣传，而实际西北领导的理论不但不同于上述各说，而恰与之相反。彼等之政治动向，为反人民阵线的民族统一战线，为在某种政治商讨之下拥护国民政府，与服从蒋委员长之领导，至于对外尖有一定步骤与充分准备一点，在各平统一的前提之下，除少数感情冲动者外，实无人加以反对。

此种观察，当使国人感觉惊诧，然而如能了然于此事之经过，亦当觉此种结论，乃属于当然。

"双十二"事件张学良与杨虎城所采用之"手段"，一方面破坏国家纲纪，军队纪律，而尤以用兵变方法，袭劫统帅，除法律与道德上造成重大责任外，万一对蒋委员长之安全上稍有不慎，很有酿成大规模内战之可能，当事者对于此点，今亦深致其恐惧之回忆。然而"双十二"事件之发生，实以东北军为主体，陕军为附庸，共产军以事后参加之地位，而转而成为领导的形势。

"九·一八"以前东北军之是非，各方自有公论；然而"九·一八"以后，东北

---

① 范长江著，沈谱编：《范长江新闻文集》(上)，565～568页，北京，新华出版社，2001。

人身受国破家亡之惨痛，流离漂泊之辛酸，由于事实之逼迫，“重返家园”之心情，普遍于每一个东北人心意中，然而回顾自身之力量，决不能单独达到“回家”之理想，张学良氏海外归来，即率部坚决拥护领袖，执行中央“剿匪政策”。努力自效，以待时机。但是东北军在西北展开剿匪期中，由于一再之重大损失，由于俘虏与实际接触之结果，于是政治信念动摇，秘密往还加多，去年以来，陕北剿匪工作，实已停止。于是东北军转而希望转变中央之政策，张对中央一再讨论之结果，而自身则已无法统驭其部下。绥远抗战爆发，更刺激张部之动摇，再加以许多人事上的摩擦，使问题益趋复杂。张在此种情势之中，以请求蒋委员长容纳其主张之心情，加上一时之急，遂发生临潼之不幸。

陕军之下级干部，亲见东北流离之苦，兼受绥战之兴奋，与受共产军之宣传，剿匪政策之执行，早成疑问，上级当局再因势而加上若干当前利益之考虑，与夫内心的不安，对“双十二”之支持，遂有与东北军并驾齐驱之势。

经江西封锁突围而出，困苦流徙二万五千里而至西北之共产军，在艰难流徙中对过去政策曾加以深刻的反省。内感行动过程中事实之教训，土地革命虽因于中国农村之性质，可以随时发生，而斗争之前途，距政权之获得为期甚远；外感国际情势之严重，眼见今日自身寄托之国家舞台，沉沦可待，遂渐舍弃阶级斗争之策略，而采民族革命的政纲。其在西北之方针，固然一方面修改自己之政治路线，以待对内政治问题之开展，一方面倡言立即对外，以博国人之同情，而实质上对内之期待甚为殷切。其与张杨部队之往还，盖为对内政治问题上入手之初步。“双十二”之突发，共军并未参加预谋，其关系人员之入西安乃在事变四日之后。彼等在西安之工作，首先在理论上反对狂热的群众与青年干部，指“双十二”为革命政党所不采的“军事阴谋”，谓此举有酿成长期内战的非常危险，故力主和平，因此遭受青年派强烈之反对。

张学良陪蒋委员长于十二月二十五日离开西安之后，青年派与群众大哗，后得张留京消息，战争空气达于沸点。经月余之酝酿，青年派军人与政治工作人物，逐渐有自由活动之势，而对方则三位一体，感情激荡，不可抑制，甚至激成少壮军人计谋暗杀高级将领十六员之大变。二月二日王以哲竟因此而遭阻击。当时局势混乱，势不可已，而坚决主和痛责少壮军人，首先以急行军撤退者，仍为共产军。

现在共产党之转变，在西北已有不少事实之证明。在它们的政治理论中，认为中国不能倡导人民阵线，盖人民阵线为国内的对立，中国此时不需要国内对立，中国此时需要和平统一，以统一的力量防御国家之生存；同时不必反对法西斯，因实质上中国无法西斯，法西斯之条件，一方面侵略国外的弱小民族，一方面压迫国内的工农，中国国内任何势力皆无此第一条件也。

照中国实际政治情形需要，国家的政治机构应当走到“统一的民族阵线”，即是统一国力，集中力量，以求对外图存。

西北目前的局势，已成全国性的政治问题，不是过去任何一件地方事件可以比拟；同时不能不了解西北局面下军民一般的心理。第一，厌战悔过之心异常普遍；第二，大多数的军民绝无推翻国民政府的企图，最多不过是政策的商讨；第三，连过去坚强的反对派算上，对于蒋委员长勤苦谋国的精诚，已有深切的了解，只望从政治机构的改善上促进和平统一，一切皆可迎刃而解。

三中全会现已开幕，对于当前的政治大问题，当然要有一番缜密的商讨。不但水深火热的西北军民切盼着这次会议给他们好消息，全国民众也以异常关切的心情期待着。

（《大公报》1937 年 2 月 15 日）

在抗日战争和解放战争时期，中国共产党领导下的报刊如《解放日报》、《新华日报》等，中国共产党的主要领导人毛泽东、周恩来、刘少奇等撰写的评论如《第二次世界大战的转折点》、《丢掉幻想，准备战斗》等，不仅给中国革命和事业以有力的指导，而且在报纸评论写作方面，提供了范例，为人民所喜闻乐见，成为了报纸评论中的精品。

《解放日报》1941 年 5 月创刊，1947 年 3 月停刊，为宣传党的总路线做出了重要贡献，为党报的评论写作总结了大量经验，是中国新民主主义时期贡献最大、影响最大的一个革命报纸，刊登了大量优秀的言论作品。社论《致读者》、《党与党报》、《给党报的记者和通讯员》，毛泽东的《改造我们的学习》、《整顿学风党风文风》、《反对党八股》，陆定一的《我们对于新闻学的基本观点》，胡乔木的《报纸是人民的教科书》、《报纸和新的文风》等，早已成为人们广为传诵的名篇。

《新华日报》1938 年 1 月 11 日创刊于汉口，同年 10 月 25 日迁至重庆，1947 年 2 月 28 日被国民党当局查封，既是中国共产党建党以来第一张在全国公开发行的党报，又是新民主主义时期出版时间最长的一张中共中央机关报，在各个特殊的历史时期和复杂的政治环境下，它的各类评论作品如社论、评论、特约评论、小言论都是对敌斗争的利器，为人民革命的胜利做出了杰出贡献，曾被毛泽东称赞为党领导下的又一个方面军。皖南事变后，1941 年 1 月 18 日，《新华日报》刊出周恩来的题词“为江南死国难者志哀！”和“千古奇冤，江南一叶；同室操戈，相煎何急！？”就是巧妙地冲破军警包围和避开新闻检察官的检查以后发表的。而与《大公报》的九次论战（如转载延安《解放日报》1946 年 4 月 7 日社论《驳蒋介石》、1946 年 4 月 18 日刊发社论《可耻的大公报社论》回击此前上海和重庆《大公报》登载的社论《可耻的长春之战》等），在斗争艺术上更现出《新华日报》的战斗力量。其重要作品还有《庆祝台儿庄大捷》（抗战初期的 1938 年 4 月 8 日《新华日报》社论）、《当前时局的最大危机》（抗战相持阶段，毛泽东在 1939 年 7 月 8 日《新华日报》一版社论位置的代论），等等。

第三节　从报刊评论到广播电视评论

一、报刊评论

1. 新中国成立后至“文革”前的报刊评论

新中国成立后，报业方面形成了以中国共产党各级党报为核心、多种报纸并存的新的报业结构。作为执政党，面对新的形势和新的任务，党中央领导十分注意发挥报刊评论的作用，党中央机关报《人民日报》的许多重要社论，都是经过党中央审定、由党中央各部门的负责人撰写，或是在中央的专门指示下撰写，有些则是经过毛泽东、刘少奇、周恩来等修改定稿的。党中央还要求各级领导为报刊撰写社论或论文。党和政府在许多决议、文件中一再指示报纸要加强评论工作，搞好言论宣传，如 1950 年发布的《津京新闻工作会议讨论要点初步意见》指出：“报纸应当向言论、自己单独采访、广泛的群众性通讯网、各种副刊及社会服务等方向发展。根据不同的性质，应有不同的重点。”再如 1954 年 7 月 17 日中共中央政治局通过的《中共中央关于改进报纸工作的决议》中规定：“报纸的评论工作必须加强。全国性的报纸应该根据党的总路线和各项政策决议，逐步做到对于国内国际发生的重大问题发表有高度思想政治水平的评论；各地方的报纸除了转载人民日报的重要评论外，也应该逐步做到对于当地实际生活和地方工作中的各种重要问题经常发表正确的评论。”

此一时期，报刊评论紧密配合党和国家的重要决策和行动，宣传经济建设，宣传“抗美援朝，保家卫国”，宣传国民经济恢复过程中的各项社会改造运动，宣传过渡时期的总路线和五年计划，宣传整风运动和反右斗争，宣传“大跃进”运动，等等。尤其是经济评论，主要以《人民日报》社论的形式出现，异军突起，解决了当时经济工作中的重大问题，如《为什么要统一国家财政经济工作》(陈云《人民日报》1950 年 3 月 10 日社论)、《税收在国家工作中的作用》(薄一波《人民日报》1950 年 3 月 22 日社论)、《读 1956 年国家预算报告》(胡乔木《人民日报》1956 年 6 月 16 日社论)，等等。这些评论没有说教的味道，寓专业性知识于浅显的解释、议论之中，读者易于理解和接受。

需要特别提出的是，以“人民日报编辑部”名义发表的两篇重要政论《再论无产阶级专政的历史经验》(《人民日报》1956 年 12 月 29 日社论)和《西藏的革命和尼赫鲁的哲学》(《人民日报》1959 年 5 月 6 日社论)，在当时国内外的政治生活中具有重大意义。文中观点都是经过中央政治局扩大会议集体讨论形成的，但它们都是胡乔木起草初稿，并主持修改的。

在《再论无产阶级专政的历史经验》中，胡乔木以特有的政论家的风格，对“匈牙利事件”的分析，对铁托演说的回答，对十月革命的基本经验和共同道路的论述，关于反对教条主义和修正主义，关于国际主义和民主主义等，处理得刚柔兼济，褒贬适度。文章发表后，在国内和和国际上产生了广泛影响，至今仍为许多研究中国现代史、研究中共、研究毛泽东的国内外专家所引用。

《西藏的革命和尼赫鲁的哲学》是针对印度总理尼赫鲁对平定西藏叛乱发表的多次反华讲话所写的，从哲学的高度指出尼赫鲁的反动言论深层次的原因在于他混淆矛盾的逻辑和反马克思主义的哲学观。文章贯彻既团结又斗争、以斗争求团结的方针，发表后在国内外引起强烈反应。

这两篇文章是胡乔木一生的巅峰之作，在如何处理复杂矛盾和政论写作方法上，至今仍是我们学习的光辉典范。

其实，胡乔木政论写作始于20世纪40年代，终于20世纪80年代，抗日战争和解放战争时期的多篇政论早就显露出他作为一位杰出的报刊政论家的胆识和才华。

国民党缺少什么[①]

国民党缺少什么？飞机大炮么？干部人才么？抗日办法么？是的，这些都不算顶多，但是最缺少的，却是民族的信心。

国民党的有些先生们，常常骂旁人（尤其是骂共产党）没有国家民族观念，但是共产党和人民既然对于抗战和民族解放从来没有消极过，这些骂人的文献无论花样怎样新奇，篇幅怎样浩瀚，也就徒然使人惊叹于这种纸张的浪费，与蒋介石先生所号召的节约运动是如何的不相符合罢了。但是这些先生们自己的国家民族观念的仓库里究竟还剩下基金几许，却是很值得怀疑的。我们不敢幸灾乐祸，只能够很严肃的忠告这些先生们说：请自己珍重，在这上面多加些砝码吧！这将于你们和我们，于你们和我们最钟爱的国家民族，都有益的。

你们请平心静气想一想，你们如今对于美国的捧场和依赖已经到了什么田地？我们不要求你们放弃对美国的幻想，这是思想和言论自由，但是孔子曰：辞达而已矣，过犹不及。你们硬要说中国和英国乃是美国的左右翼，说汉水和英伦海峡同是美国的边界，这又何苦来呢？你们又说美国和中国已超过了盟邦的关系。请问有史以来，美国对中国曾负过盟约的义务吗？而且还要超过，那该是种什么甜蜜的关系呢？未必小罗斯福大尉到中国来拜了几个干兄义弟？你们把人家高捧入云，但是人家和日本的军用品贸易发展的曲线却在高耸入云；你们把赫尔的一纸空文当作观世音菩萨的灵符，人家却在和野村谈判如何命令中国停战。好像什么时候中国已经一股脑儿投奔到英国的荷包里一样！这才

① 程世寿：《典范新闻评论选析》，77～80页，武汉，华中理工大学出版社，1988。

叫真正超过了盟邦的关系，真正把汉水当做密西西比呢？

不能不依赖美国吗？至少也不要依赖火星上的英国呀！地球上的美国，无论申包胥们怎样痛哭流涕，在美国国务院门口站他几十个七天七夜，目前也只有把太平洋的舰队开往大西洋，但是你们，你们过去曾把全部希望寄托于日苏战争，现在又托之于日美战争，全不管上穷碧落下黄泉，今天的议事日程上并无日美战争的踪迹。请问万一不幸，美国妥协竟成事实，你们这一幕喜剧将如何收场？人民责备你们今天所进行的乃是有计划的欺骗，你如何能够否认？退一步说，即令美日妥协不成。美国对我又有何皇恩浩荡之处，使我堂堂奋斗中的伟大民族必须肉麻当有趣，自丧国格，自毁人格，至于斯极？你们的这一切宣传，究竟有多少民族观念？它们究竟出于孙中山先生民族主义的何章何页？出于蒋介石先生自力更生口号的哪一种字典的注解？

你们再请平心静气想一想，你们对于共产党和人民的摧残压制、造谣污蔑，又已经到了一步什么田地？为了对付共产党和人民，你们建筑了一个何等庞大的机构！这个机构愈积愈大，现在早已像预言里的骆驼对待可怜的阿拉伯人一样，把一个抗战政府的其他作用都挤在帐篷外面去了。在强敌压境之际而采取这种政策，无论在古今中外，都绝对说不上兴国建国，而只能祸国亡国，这一点浅显的道理，你们岂能不明白？但是你们既然把异胞看做同胞，醉心于纽约交易所建立你们的民族中心，就自然要把同胞看成异胞，就自然不能从人民身上看出民族的无限力量和无限前途，而且不但如此而已，“一尺布，尚可缝，一斗米，尚可舂，兄弟二人不相容”。你们还要把自己的同胞看成不共戴天的寇仇！你们在皖南事变和各种反共舆论中是表现了何等的创造性积极性！你们既然毫不迟疑的把人民和人民的先锋队都描写成奸匪叛贼，你们对于民族还能有什么信心呢？虽然受到一切不能忍受的敌视，但是只要你们继续抗战，共产党和人民还是爱护你们，还是愿意和你们合作的，不幸你们连这种信心也很缺乏。你们这样的既不信任旁人，又不信任自己，究竟又有多少民族观念？这又是出于孙中山先生民族主义的何章何页？出于蒋介石先生自力更生口号的哪一种字典的注解？

“这又不信又悖谬的时代啊！我实在告诉你们，你们若有信心像一粒芥菜种，就是对这座山说，你从这边移到那边，它也必移去，并且你们没有一件不能做的事了。”在民族信心横遭蹂躏的今天，我们不能不借耶稣的这几句话来奉赠国民党。国民党有许多人近来很悲观，甚至也知道依赖美国并不是出路，他们很奇怪为什么共产党在更艰苦的条件下却得到更大的胜利。无论国内国际的环境如何险恶。共产党确然总是风雨不动安如泰山的屹立着而且前进着。共产党究竟有什么秘密呢？共产党的全部秘密，就在于相信中华民族和中国人民，因此始终和全民族的伟大人民群众在一起奋斗，而不去依赖任何外国尤其任何帝国主义国家。但是国民党有什么理由一定不能提高自己的民族信心，不能信任人民和信任自己，而非去膜拜那些心怀叵测的帝国主义阴谋家不可呢？国民党的许多“理论家”说，三民主义目前最需要的唯有一个民族主义，这大概也就是所谓一个主义了，国民党有什么理由连这一个主义也不全力加以坚持呢？只要国民党能够坚决提高民族信心，坚决贯彻民族独立战争，国民党的一切困难都是可以解决的，国民党还是有光明前途的。

（《解放日报》1941年6月17日）

这是胡乔木1941年6月17日发表于延安《解放日报》的社论，开篇便以设问的方式提出问题：“国民党缺少什么？”然后作答：“飞机大炮么？干部人才么？抗日办法么？是的，这些都不算顶多，但是最缺少的，却是民族的信心。”提问尖锐，不容回避；回答中的，不留情面。接下来娓娓而谈，用语讲究，议论“有理、有利、有节”，令人信服。

1946年1月1日，蒋介石发表了长达5000字的《告全国军民书》，这是蒋介石即将撕毁“双十协定”的重要信号。在毛泽东的授意下，胡乔木写了长达万言的《蒋介石元旦演说与政治协商会议》(1946年1月7日)。这篇文章在国民党统治区引起颇大的震动，同时也成为延安方面干部们学习的文件。

而1949年8月21日的《无可奈何的供状》，是针对美国国务院1949年8月5日发表的“中美关系”白皮书写的。这篇政论与毛泽东亲自写的《丢掉幻想，准备战斗》、《别了，司徒雷登》、《为什么要讨论白皮书?》、《“友谊”，还是侵略》、《唯心史观的破产》五篇政论一起，史称“六评白皮书”。

50年代，报刊评论对电影《武训传》的“批判”(《人民日报》1951年5月20日社论《应当重视电影〈武训传〉的讨论》)，对《红楼梦》研究和胡适思想的“批判”，对胡风思想和“胡风反革命集团”的“批判”，等，都主要是通过报刊以新闻评论的形式展开的，由此形成的负面效果也非常大。

由于受到自1957年业已开始的“左”倾思想的影响，此时的报刊言论出现了不少“左”的偏差，提出了一些脱离实际的口号，报纸的评论工作出现了重大曲折。当然，这并不是说这时候就没有清醒的声音。且看下文：

不要蛮干①

沟通祖国西南和西北的宝成铁路在7月13日接轨以后，素称“天府之国”的四川将通过这条铁路同全国各地紧密联接起来，从此蜀道不再难，人们不禁为这振奋人心的消息感到欢欣鼓舞。然而，接轨时间过去一个多月了，宝成铁

① 程世寿：《典范新闻评论选析》，133～136页，武汉，华中理工大学出版社，1988。

路沿线却发生严重病害，施工单位正在大力组织整治。人们在为这个铁路建设的巨大胜利庆幸的同时，也就不能不发出这样的疑问：宝成铁路是不是出了问题？既经接了轨又为什么回过头来“整治病害”？

现在，我们摘要发表一封来信在这里。从这封信里，可以看出接轨前夕宝成铁路工地的一些情况。

6月份，宝成铁路不断受到雨水冲击，沿线连续发生塌方现象。6月15日，南段又发生8000多方塌方，塌下的孤石最大的约有600多方，影响了黄沙河接轨任务。6月16日下午18时，第二工程局第十二工程段为了保证“七一”接轨，竟不顾施工规则中“搬运和安装炸药时，必须把全部工人撤出工地，由专门人员进行爆破”的规定，由爆破队、隧道十三中队和钉道队三个单位，组成了一个200人的大抢方队，同时进行抢救、打眼、运炸药等工作。正在紧张施工中，山上孤石移动，防护瞭望人员虽然发觉了，但因工地人多，缺乏统一指挥，已经来不及撤退所有的工人。孤石从山上滚下来，击中一箱炸药。引起爆炸。当场有43人受伤，其中5人伤重死亡。

发生这件惨痛的事故决不是偶然的。“七一”接轨，这个愿望当然很好；至于有没有可能，当初提出这个口号是否正确，现在也没有根据断言。但是从6月份的情况来看，由于地质情况复杂，塌方严重，再加上洪水为害，给施工增加了许多困难，“七一”接轨已经是不可能的了。在这种情况下，铁道部虽然发过电报，指示过不必强求“七一”接轨，但有关单位没有采取具体措施，坚决贯彻执行，结果还是突击施工，以致事故累累，工程质量低劣。

这是一种要不得的蛮干作风。虽说宝成铁路的艰巨性是全国罕见的，比起最初的计划来，建设时间大大提前了，成绩是很大的。但是，人们如果对于宝成铁路用蛮干的办法强求“七一”接轨，提出正当的责难，却并不过分。

类似这种明明不可能、却要蛮干的作风，在工业交通建设和工业生产中还是相当普遍的现象。挖土方必须留足坡度，不让土石滚下来，这在技术操作规程上早有明文规定，也是尽人皆知的常识。然而北满钢铁建设公司工地的工长，为了急于完成任务，追赶工程进度，当土方工程挖到7公尺深的时候，还不让留坡度，工人发现土壁东头掉落土块砸断跳板，从坑甲跑上来的时候，工长竟怒气冲冲地强迫工人下坑工作，结果不到几分钟，土壁塌陷，发生伤亡事故。同样，湖南资兴煤矿，明知储煤槽下部存煤已经挖空，不能再挖，但为了完成620吨煤的装车任务，领导人竟指挥工人用挖“神仙洞”的方法去挖煤，结果也发生了事故。青岛四方机车车辆制造厂的蒸汽吊车，每次只能吊竹节钢一吨，生产指挥人员为了赶任务，竟命令：工人两次吊完10吨竹节钢，结果吊车吃不住，翻倒了，造成了不幸的事故。也有的地质勘探队，事先没有妥善地解决水的问题就贸然向沙漠进发，甚至在通过两壁悬崖之间的独木小桥的时候，也不采取安全措施，结果遭受不必要的损失。被许多企业当做完成计划的法宝的加班加点，更是一种普遍的蛮干作风。

对于这些蛮干现象的指责，有人却大不以为然。他们动辄以两万五千里长征如何如何艰苦，志愿军在朝鲜如何如何英勇，作为例证，要求工人加班加点，要求工人“宁走一步险，不走十步远”。当然，两万五千里长征和中国人民志愿军的英雄事迹，在人民心头永不磨灭，它给了我们以无限的战胜困难的力量。但是，继承两万五千里长征的光荣传统，学习志愿军的英雄榜样，是不是就应该提倡蛮干呢？显然，完全不应该。我们的工业交通建设和工业生产是和平的建设，和平的生产，一般说来，这已经没有冒险，更没有牺牲生命的必要了。摆在建设事业面前的，已经不是武装敌人的堡垒，而是科学技术的堡垒。我们所需要的已经不是流血牺牲，而是刻苦钻研。不承认这个事实，硬把不光彩的、粗暴的蛮干作风，同长征的艰苦和志愿军的英勇相提并论，这是荒唐的。

有人说：“要加快建设速度，提早实现社会主义，总得采取非常措施，循规蹈矩怎么行?”言下之意是：蛮干虽不好，但是事出有因，迫不得已，因而总还是情有可原的。循规蹈矩好不好呢？这要看循什么规，蹈什么矩。循保守之规，蹈落后之矩，当然不好；但科学的规矩，却是非循不可、非蹈不可的。非常措施好不好呢？这也要看是什么样的非常措施，蛮干之类的非常措施，是成事不足、败事有余的，它实在没有什么好处可言。

我们的工人都是些建设社会主义的最积极的战士。每一个企业的领导者都应该珍惜群众建设社会主义的积极性，把他们的热情引导到科学作业的轨道上来。当有了正确的领导的时候，群众的这种积极性就可以得到最充分的发挥，获得更大的效果。否则，一味蛮干，逞一时之能，图一时之快，最后必然挫伤了群众的积极性，给国家的建设事业带来不利的后果。

（《人民日报》作者：范荣康 1956 年 9 月 1 日）

《不要蛮干》是《人民日报》1956 年 9 月 1 日的社论，是当时难得的清醒之作。在对“宝成铁路建成”这个典型尤其是一个正面典型的解剖当中，及时提醒人们：不能蛮干，要按规律办事。可谓“一片叫好声中的批评”，发挥了社论应有的作用。

2. “文革”时期的报刊评论

十年“文革”期间，新闻界也成了“重灾区”，众多报刊纷纷停刊，取而代之的是“文革报”、“红卫兵报”、“战斗报”等众多小报，这些小报多归属某派别，常刊发的是对自己一方有利的“语录”、“首长讲话”等。

这时期最具权威的媒体是“两报一刊”，两报即《人民日报》、《解放日报》，一刊是《红

旗》杂志。“两报一刊”的社论、编辑部文章，也就成了最具权威的新闻评论形式，凡是反映林彪、江青以及中央文革小组意见的重要文章都由“两报一刊”同时发表，成为统一舆论、号令全党全国的指挥棒，而全国各地的重要报刊均全文转载，从上至下，纷纷学习贯彻。如《高举毛泽东思想伟大旗帜，积极参加社会主义文化大革命》(《解放日报》1966 年 4 月 18 日)、《横扫一切牛鬼蛇神》(《人民日报 》1966 年 6 月 1 日)都曾被广为转载。

“文革”期间的新闻媒体成为发动和开展“文化大革命”的舆论工具，“文革”期间的新闻评论也被充分利用。

3. 新时期以来的报刊评论

1976 年 10 月，十年“文革”结束。媒体也迎来了新的春天。但是，思想的解冻决非一日之功可以奏效——1977 年 2 月 7 日，《人民日报》、《红旗》杂志、《解放日报》还联合发表社论《学好文件抓好纲》，公开提出要坚持“两个凡是”的思想主张(“凡是毛主席做出的决策，我们都要坚决拥护；凡是毛主席的指示，我们都要始终不渝地遵循”)，这成为当时拨乱反正的严重阻碍。

针对此种情况，1978 年 5 月 11 日，《光明日报》发表特约评论员文章《实践是检验真理的唯一标准》(见附录)，打破了当时禁锢人们精神的“两个凡是”，引起社会各方面的强烈反响，到 5 月底就被全国包括《人民日报》在内的 30 家报纸转载，影响很大，由此引发了一场具有深远意义的大讨论，在拨乱反正的历史关头起到了不可估量的作用。而自此后，特约评论员文章的文体形式被广泛采用，如 1978 年 6 月 24 日，《解放军报》发表的《马克思主义的一个最基本的原则》，就是一篇特约评论员文章①，该文系统地从理论上逐条批驳了对《实践是检验真理的唯一标准》一文提出的种种责难，后新华社播发了该文，《人民日报》、《光明日报》等报刊也予以了转载。

后来，全国大多数省、市、自治区新闻媒体都加入到这场大讨论中来。广泛而深入的大讨论，成为一次深刻的思想解放运动，新时期的新闻评论发生了显著的变化，“逐渐摆脱了帮风帮调，摒弃了大话空话，恢复了实事求是的评论传统”，“新闻评论也由为政治服务，向为社会服务回归”。②

20 世纪 80 年代的新闻评论，林放(原名赵超构，“林放”为笔名)的“未晚谈”不可忽略。自 1943 年成都《新民报》晚刊创刊，林放就开始撰写“未晚谈”。1946 年上海《新民晚报》创刊后，他先后任总编辑、副主笔、社长等职，并继续 “未晚谈”及其他评论栏目的撰写工作。尤其是 1981 年 11 月《新民晚报》复刊后，“未晚谈”在 1982 年复出，林放的杂文、评论文章大焕异彩，名篇《江东弟子今犹在》被《人民日报》等全国几十家报纸转载，一时“江

---

① 1979 年 10 月 20 日《人民日报》发表的《要弄清社会主义的生产目的》、1981 年 4 月 20 日《解放军报》发表的《四项基本原则不容违反——评电影文学剧本〈苦恋〉》等，都是特约评论员文章。

② 姜淮超：《新闻评论教程》，26 页，北京，中国政法大学出版社，2003。

东弟子”一词在报刊和社会上广为流传。他的关于如何办好言论的文章也很值得一看，如《动笔之前》一文中提到，小言论虽不强求像消息那样及时，但大体上不能失去时间性；而“及时”两个字，不是片面抢快，但要合乎时宜，从业务观点讲，即要求新鲜；另外，言论要有质量和数量上的保证，不能只强调质量，虽然言论不一定天天见报，但也不能一曝十寒，半个月才露脸一次。

江东弟子今犹在①

一个直接参与迫害彭德怀同志的“头头”名叫刘汉如，他在干了这些罪恶勾当之后，居然还能一帆风顺，混进党内，并且被选拔到一个厂的科研所长的岗位上去，这是多么危险啊。让我们听一听他当年辱骂彭总时的嚎叫吧：

“对你这样的就得武斗！”

“你要翻案我马上就敲死你！”

“你老实点，别说你，刘少奇、邓小平不老实我照样可以揍他！”

“老混蛋！你活着有什么用？要活埋你！”

就是这个刘汉如，他杀气腾腾地一边嚎叫，一边殴打我们的开国元勋。那是怎么样一个世界啊！“男儿有泪不轻弹”，彭总是不会轻易落泪的，但是我们读到这节新闻时，却禁不住为彭总流泪了。

我们当然要向前看，对一般受骗上当的同志不宜算细账。但是像刘汉如这样的选择派头头，能说他是一般的上当受骗的无辜者？正如人民日报编者按指出的：“这类人物在‘文革’中学得一套善于窥测政治风向、玩弄手段、伪装进步的本领，有被某些同志选拔为接班人的可能。”

危险就在这里。这种摇身一变，混进党内，藏龙卧虎，伺机重来的难道只有刘汉如一个人吗？让我们记住他那些辱骂彭总的恶言恶语，好教我们保持一个清醒的头脑。

记得前一阵子，报刊上竞相刊登杜牧和王安石的《乌江亭》诗。杜说：“江东弟子多才俊，卷土重来未可知。”王说不然：“江东弟子今犹虽在，肯为君王卷土来？”两种说法是相反的，但是两人都肯定江东弟子如今犹在，而且还多“才俊”，这一点是相同的。至于会不会卷土重来，那就不能说得太死。

问题在于我们清醒不清醒。如果我们糊里糊涂地把一批江东子弟提拔为接班人，那么十年之后不就是一个卷土重来的局面吗？要是这种事能引起我们的警惕，有预防措施，那才能保证他们不至于卷土重来啊。

（《新民晚报》1982 年 3 月 29 日）

---

① 朱大路主编：《杂文 300 篇》，99～100 页，上海，文汇出版社，1998。

该文发表于1982年3月29日《新民晚报》，虽只短短七八百字，却可谓铿锵有力、充满锐气。一个当年直接参与迫害彭德怀的造反头头，不仅混入党内，还被选拔到一个厂的科研所长的岗位上。赵超构为国为民而感到忧心忡忡。"'江东子弟多才俊，卷土重来未可知。'问题在于我们清醒不清醒。如果我们糊里糊涂地把一批江东子弟提拔为接班人，那么十年之后不就是一个卷土重来的局面吗?"给全社会敲响了警钟！这篇最早提出同类问题的文章发表后，反响极为强烈，叫好声不绝于耳。但报社同时多次接到恐吓电话。

现在，我国的报刊评论随着改革开放的大好局面和新闻业的长足发展而获得了快速发展，评论的认识、表态、深化、引导、协调等功能得到了强化，题材范围得到扩大，内容涉及政治、经济、法律等诸多方面。如《人民日报》便开辟了"社论"、"人民论坛"(前身是"每周论坛")、"今日谈"、"快语"、"长话短说"、"市场随笔"、"法治论苑"、"思想论坛"等多个内容各异、功能各异的栏目。

而随着以党报为龙头的报业系统中行业报、都市报、晚报的异军突起，新闻评论的格局也发生了变化，"与政治相关的新闻评论主要集中在党报党刊上，而经济新闻评论主要集中在经济类报刊上，法制新闻评论主要集中在法制类报刊上"[①]等。评论的品格变得以理服人，而不是以势压人，评论的品种也在原有基础上增多，"尤其是专栏评论开始在国内报纸上得以快速发展"，而且"无论何种报刊，几乎都辟有专栏，有些报刊的常设评论专栏有六七个。专栏评论一般均署名发表，一大批专栏评论家脱颖而出，十分活跃。专栏评论的活跃，改变了新闻评论的一味严肃，板着面孔说话的风格，增添了亲近、活泼的面孔"。[②] 行业报如《法制日报》的"法制论坛"、"政法杂谈"、"热点冷谈"，《经济日报》的"星期话题"，都市报如《深圳特区报》的"群言"、"特区晨语"，晚报如《羊城晚报》的"街谈巷议"，等等，都是很有影响的专栏了。

二、广播评论

1. 作为报刊和通讯社传声筒时期的广播评论

中国最早的广播电台出现在1923年到1924年间，内容基本上以音乐、商情为主，主要是外商为其在华销售广播器材而创设的。

"而初期的广播新闻评论，并没有在写作和选材上着意体现广播特色，而且多是播发通讯社或报刊的文字评论。广播在这里只是通讯社或报刊的传声筒，其与其他评论的区别仅仅只是传播的媒介不同而已。"[③]我党早期的广播评论即是如此。1940年12月30日开始播音的我党第一座广播电台延安"新华之声"，最初播发的评论就完全是报刊、通讯

①② 姜淮超：《新闻评论教程》，26、183页，北京，中国政法大学出版社，2003。

③ 姜淮超：《新闻评论教程》，183页，北京，中国政法大学出版社，2003。

社评论如《新中华报》、《解放》周刊、《解放日报》和新华社的重要社论——1942年9月12日起，陕北新华广播电台连续四天反复播出新华社社论《人民解放军大举反攻》。

1945年秋天，延安台在停播两年后恢复播音，仍然是播发文字稿，特别是根据形势需要，播发毛泽东为新华社撰写的多篇评论，如播发毛泽东同志的《中原我军占领南阳》、《东北我军全线进攻，辽西蒋军五个军被我军包围击溃》等军事新闻述评文章。

到解放战争时期，广播言论有了诸多进步。"1946年5月，新华社语言广播组扩大为语言广播部，在增办的新闻节目中开设'广播评论'节目，除广播报纸、通讯社的言论外，也编写或改写部分评论，它标志着我国的广播评论开始进入起步阶段。"①同时期的陕北新华广播电台尤其在广播评论的口语化方面也做出了实质性的努力，它在自己的工作细则中明确规定"要用普通话的口语，句子要短，用字用词要力求念起来一听就懂，并要注意音韵优美与响亮"②，并"按口语化的要求撰写或改编评论"③。且看陕北新华广播电台在1947年5月8日播出的社论《评蟠龙大捷》：

评蟠龙大捷④

四月十四日我西北人民解放军歼灭胡军一三五旅之后，我们早就指出：不管胡宗南此后继续进攻或者转为防御，他的凶焰从此下降，西北战局已经到了转折点。十四日之后，西北人民解放军接着于十九日在永坪地区进攻胡军，歼敌千余。当时我陈赓将军所部的人民解放军，在晋南三角地区大展威力，光复了许多城市。胡宗南在西北战场既然劳而无功，后方又着实吃紧起来，对于自己的行动曾踌躇了一番，但是蒋介石急迫需要吗啡针来不断刺激士气。在这个要求之下，胡军于四月二十六日凑出了九个半旅，由蟠龙经瓦窑堡向绥德、米脂窜犯，要打通延榆公路，与邓宝珊会师，并把人民解放军赶过黄河东岸去。蟠龙是胡军重要据点，是一个补给的总站口。胡宗南把主力第一师的一六七旅旅部和四九九团留守该地，加上一个保安总队与各部的后方，有七千余人之多。胡宗南又叫邓宝珊军及其在榆林的二十八旅由北面进犯，占领响水、波罗、西岔，并向米脂、葭县窜进，答应要与邓宝珊会师。当胡军主力由蟠龙地区向绥德前进时，人民解放军在山头上看着他们蹒跚通过，每个兵背着武器、工作器具、背包和九天干粮，穿的是露出背脊和屁股的烂棉衣，笨重和褴褛得像狗熊一样。专挑没有道路的黄土高山爬上爬下，天气也好像故意与胡宗南作对，在胡军前

---

① 胡文龙主编：《中国新闻评论发展研究》，362页，北京，中国人民大学出版社，2002。

② 赵玉明著：《中国广播电视史文集》，325页，北京，中国广播电视出版社，1993。

③ 参看王振业，李舒：《新闻评论与电子媒介》，101页，北京，中国广播电视出版社，2004。

④ 选自北京广播学院新闻系编：《延安(陕北)新华广播电台广播稿选》，79～81页，北京，中国广播电视出版社，1985。

进时下了一场透雨，弄得胡军个个滚得像落汤鸡，跌得像泥菩萨。胡军走了一个星期，五月二日到了绥德。人民解放军的主力却吃得饱饱的睡得足足的，也在五月二日这一天把蟠龙包围了起来。胡军主力听得后方危急，米脂也不去了，黄河边上也不去了，像热锅上的蚂蚁在绥德周围转了三天。就在这三天里，人民解放军打下了蟠龙。于是胡军主力与守备部队都像触电似的受到震动。守备部队个个自危，对于工事失掉了信心，埋怨胡宗南把守备兵力放少了。如果蟠龙那样的据点都很容易就打开了，那么现在胡宗南所按下的据点每个只有一团或一营的兵力，谁知道哪一天会轮到自己倒霉呢？主力部队武装大游行了好几次，每次游行都有一部胡军被消灭。这次游行路特别远，背得特别重，走得特别苦，不游还罢，一游把个蟠龙游掉了。粮食只带九天已经完全吃光，抢粮又抢不到多少。蟠龙打掉了之后，眼看着要饿饭。震动最大的还是胡宗南自己：他对记者吹过牛说，五月里要在绥德接见他们；他对邓宝珊吹过牛说，要与他会师；他对蒋介石吹过牛说，自己是怎样怎样的打胜仗。现在怎么办呢？三条计策：一条是做好汉做到底，继续北进打通延榆；一条是留兵守住绥德，主力向南回头；再有一条也是最没有面子的一条，最泄气的一条，就是不守绥德全部回窜。人民解放军五月四日夜解放了蟠龙，胡宗南决了策，采取了最泄气的一条，叫他的九个半旅不守绥德，五日起全部回窜。把兴高采烈准备会师的邓宝珊吊在半空中，上不得上，下不得下，但是这一场戏还没有完结，好戏还在后头。一方面人民解放军在青化砭把胡宗南派来的援军附了坦克的八十四旅打得冒雨乘夜南窜，现在正穷追逃敌，迫近延安城郊；另一方面胡军主力正饿着肚子战战兢兢的爬回蟠龙，他们是否能吃得到西安运来的军粮，还在未知之数。西北战局的发展完全证明我们的论断，胡军凶焰是在下降，胡宗南的指挥无能使这个下降来得更快、更剧烈、更富于戏剧性。赋以打油诗云：

胡蛮胡蛮不中用，
延榆公路打不通，
丢了蟠龙丢绥德，
一趟游行两头空！
官兵六千当俘虏，
九个半旅像狗熊，
害得榆林邓宝珊，
不上不下半空中。

这则评论不仅语词通俗，而且读来朗朗上口，体现了口语表达的特点，达到了便于口说耳听的要求。尤其是文中的打油诗立即在陕北军民中传开了，不管有文化的还是没文化的，几乎人人都能一字不差地背诵。

这时期毛泽东也亲自撰写和修改过不少重要的广播言论稿件，例如，淮海战役第二阶段时，国民党军队黄维兵团被我军包围在宿县，为劝其投降，毛泽东于1948年11月27日以中国人民解放军总部名义，先后写了《人民解放军总部向黄维兵团的广播讲话》等广播讲话稿，并由陕北广播电台反复播出，及时配合了我军在前线的作战，对于分化瓦解被围敌军，起了积极的作用。

新中国成立初期，我国广播业进行改造整合后，全部实现了国营，建起了各级人民广播电台，但"广播事业基础薄弱，业务建设相对薄弱，曾一度依赖报纸和通讯社的稿件。在发展方向方面以发布新闻、进行社会教育以及文化娱乐作为重点。言论采用报刊的稿件，且数量较报刊为少……1956年7月，第四次全国广播工作会议在北京举行，会议的召开促进了广播事业的发展与改革，会议确定了'广播电台应该有自己的评论，对各种问题发表意见、进行批评或提出建议'的方针。一些电台开设固定的评论节目，如《时事讲话》、《国际时事》等，针对国内、国际重大问题，根据广播特点，进行通俗的阐述和评论，除时事之外，也讲政策，谈生产，说生活，内容不断丰富"。①

但这种良好的工作局面不久即遭破坏：1967年1月，中共中央发出通知，决定地方人民广播电台一律停止自办节目，每天转播中央人民广播电台的节目，而中央台是按照"两报一刊"的腔调说话，全国的广播其实都成为一个腔调，毫无生机和活力可言。

2. 以"珠江模式"的形成为标志的广播改革后的广播评论

令人欣喜的是，"文革"终于结束。随着党的十一届三中全会的召开，我们迎来了改革开放的好时机，广播事业得以较快发展，广播评论真正开始"自己走路"和"走自己的路"：1979年4月26日，中央人民广播电台在"全国联播"节目中播出署名为"本台评论员郭平"的文章《改善中越关系的根本办法》(评论组供稿)，成为改革开放后中央人民广播电台播出的第一篇广播评论。

在1980年第二届全国好新闻评选中，首次增设了评论项目，广播评论也榜上有名：中央人民广播电台广播评论《决不允许有"特殊公民"》(1980年10月17日)获奖，湖北人民广播电台的广播评论《从田埂的变化看政策的威力》(1980年7月11日)也入围，"这标志着广播评论作为一种独立的评论样式，开始得到新闻界的认可"。②

决不允许有"特殊公民"③

在国家机关工作人员中，有少数人搞特权。所谓特权，就是政治上、经济上在法律和制度之外的权力。这种现象早已引起广大干部和群众的强烈不满。

① 姜淮超：《新闻评论教程》，23页，北京，中国政法大学出版社，2003。

② 涂光晋：《广播电视评论学》，44页，北京，新华出版社，1998。

③ 中央人民广播电台地方记者管理中心编：《足迹：中央人民广播电台地方记者获奖新闻作品选》，525页，北京，中国国际广播出版社，2000。

刚刚闭幕的五届人大三次会议强调指出："绝不允许有任何'特殊公民'，逍遥于法律和纪律之外。"这反映了人民群众的意见和愿望。

我们共产党的干部为什么不能搞特权而要反对搞特权呢？从根本上说，搞特权同共产党的性质是不相容的，同我国的社会主义制度也是不相容的。共产党人的神圣职责，就是为无产阶级和广大被压迫被剥削人民的彻底解放，为实现社会主义、共产主义而奋斗。共产党员应当吃苦在前、享受在后，全心全意地为人民服务，搞特权是党性原则所不允许的，和共产党员的光荣称号是格格不入的。马克思主义的国家学说告诉我们，在社会主义制度下，国家公职人员是人民的公仆，应当勤勤恳恳地为人民谋利益，而不应当享受任何特权。

近年来，由于党中央三令五申，特权现象同过去一些年相比，有所克服，逐渐好转。但是，这种歪风现在还没有完全刹住，大家仍然可以看到那么一些"特殊公民"。

这些"特殊公民"，有的利用职权为自己的衣食住行获取制度规定之外的特殊待遇；有的不择手段地为家属亲友的升学、就业、晋级、出国等谋求特殊照顾；有的自己目无法纪，还包庇甚至纵容子女违法乱纪，蛮横无理地干涉公安、司法机关的工作，企图依仗权势徇私枉法。有的地区、有的单位，还有那么几个官不大、权不小、惹不起、管不了的"小霸王"，他们把一再敲响的警钟当成耳边风，继续为非作歹，闹得很不像样子。"特殊公民"搞特权，损害党的威信，危害社会主义民主和法制，影响人民群众的积极性，妨碍社会主义建设的发展，广大干部、群众对特权现象议论纷纷，提出批评是完全应该的。

为什么现在还会存在特权现象呢？从本质上讲，搞特权是剥削阶级的一种恶习。在历史上，特权是随着私有制和阶级的产生而出现的；剥削阶级把持国家机器，既是特权的享受者又是特权的维护者。在我国长达几千年的封建社会里，形成了封建地主阶级的种种特权，并且实际上一直延续到解放前夕。解放以后，我们打碎了旧的国家机器，进行了一系列重大的改革，但是对于旧中国留下的封建主义残余影响，并没有系统地加以清除，不少具体制度上还残留旧的痕迹。现在，少数人搞特权，追求政治、经济上的法律和制度之外的权力，就是封建主义残余影响的表现。

特权现象的根源是很深的。因此，反对特权就不能不是一场长期的严肃的斗争。实践证明：克服特权，要解决思想问题，但更重要的是要从制度上解决问题。就是说，一方面要加强对干部的思想教育，特别要注意肃清封建思想残余。我们的干部，特别是高级干部，有责任带头遵纪守法，带头同那些违法乱纪、徇私枉法、相互包庇等恶劣行为作坚决的斗争；更重要的一方面，是要改革和完善保障人民民主权利的各项制度，保证公民在法律和制度面前人人平等，党员在党章和党纪面前人人平等，保证群众和党员能够有效地监督干部。一句话，只有实现政治制度的民主化、法制化，特权问题才有可能彻底解决。

领导中国人民推翻了“三座大山”的中国共产党，一定能够根除特权。

这篇文章在中央人民广播电台广播评论“新闻和报纸摘要”节目播出，语言简洁、富于音感，体现了广播稿的特点，且主题重大、议论形象，播出后反响强烈，是广播评论乃至中央台广播节目第一次在全国评奖中获奖，可谓20世纪80年代广播评论的代表作，分别被收入《1980年好新闻》、《中国八十年代广播评论100篇》等书中，并被多个新闻院校列为范文。

广播评论毅然走出自己的路，根据广播自身的特点来写作、制作和播发评论是在1986年到1987年间，以“珠江模式”的形成为标志的广播改革后。随之，“听众是广播的主人”这一适应广播规律的理念深入人心，各种体现广播特色的广播运作模式和节目形式如评论员文章、本台短评、广播说话、录音评论等不断出现，广播新闻评论也“渐渐开始摆脱‘单调、呆板缺乏生气’的情况，无论是从选材上，还是稿件的撰写风格、表现形式上都力求接近听众，贴近生活”[①]，既对报纸新闻评论有所借鉴，同时也有了自己的特色，通俗平易、声情并茂，“一大批广播评论作品甚至被各大报纸转载，或被国内外各大通讯社所转发，‘本台评论’和‘本台评论员文章’开始成为与报纸社论、评论员文章具有同样权威性和影响力的重要评论体裁。”[②]

其中的录音评论，特色最为显著。“录音评论一般是将报道与评论交织在一起，播出时既可以有播音员或主持人播音，也可以播放当事人或现场有关人员的谈话录音及相关音响等，而评论性语言大多出自播音员或主持人之口。如果将此种评论形式与报刊中的评论形式相比照，可以说，录音评论就相当于报刊上的新闻述评。”[③]1988年，录音评论的形式已为许多电台所实践，在1998年“中国广播奖”评选中获一等奖的《村民自治是我国民主政治的伟大创造》(安徽人民广播电台1998年12月18日播出)、获奖评论《大瓷盘为什么走俏?》(新疆人民广播电台1988年12月10日播出)，等等，都是这一年的代表作。

1994年10月1日开播的《新闻纵横》在中央人民广播电台评论发展史上，是浓墨重彩的一笔，该节目是一个述评形式的广播评论节目，每天一期，三次被中宣部和中国记协评为全国十佳名专栏，它紧跟新闻热点，深入分析社会现象，突出舆论监督的力量，是全国最早开设的广播电视舆论监督性专栏之一，在社会上具有广泛的影响力和认可度，曾制作播出《江苏打假》、《霸州枪击案》、《小良现象》、《对黄淑荣的精神病调查》等一批在社会上引起强烈反响的节目。

---

① 姜淮超：《新闻评论教程》，184页，北京，中国政法大学出版社，2003。

② 胡文龙主编：《中国新闻评论发展研究》，364页，北京，中国人民大学出版社，2002。

③ 姜淮超：《新闻评论教程》，26～27页，北京，中国政法大学出版社，2003。

总之，随着广播媒介新闻本位的回归，随着广播新闻节目由事实性信息向意见性信息的转化，即使面对具有深厚传统、受众面广的报刊评论，势头强劲、影响力巨大的电视评论，以及极富开放性与互动性的网络评论，广播评论仍在媒体评论中占有一席之地，并拥有继续生长的空间。

三、电视评论

1. 照搬报刊、广播新闻评论模式的时期

我国 1958 年开始有电视台，这就是当时的北京电视台，今天的中央电视台的前身。至 1961 年，又先后建成开播 19 座省市级电视台。但到 1963 年，全国仅留了 8 座省市级电视台，其余均停办。而“文革”时期电视台的数量虽有所增加，但在内容上只是“两报一刊”的腔调的翻版，“成为宣传文革的传声筒”，根本谈不上有自己的声音。

总之，由于处在起步初期，电视尚无富有特色的评论节目，主要由记者、编辑沿袭报刊、广播评论的模式写出文字评论稿，再出播音员播读稿件图像，或者是播音员播读评论稿件时配合一些画面。

2. 发挥电视媒介自身传播特点的电视新闻评论时期

20 世纪 80 年代开始，电视逐渐在我国城乡得到普及，电视的广泛使用使之成为新闻传播的重要工具。电视有时也由播音员口播报刊上的新闻评论，但此种方式一般只限于对重要社论、评论员文章和短评的播出，更多的情况是电视台组织自己的本台评论、短评、编后语、电视访谈、问题探讨等评论形式。

1980 年 7 月 12 日，中央电视台第一次采用新闻节目主持人主持的栏目《观察与思考》开播，这标志着我国电视探索有电视传播特性的新闻评论的开始，标志着中国的电视新闻评论从此步入独立发展阶段。这一栏目由于有了电视自身传播特性的一定体现，引起了观众的广泛注意，但仍显得说教味过浓，离观众还有一段距离。直到 1988 年中央电视台重建评论组，将《观察与思考》与《社会瞭望》合并，栏目名称改为《观察思考》，由原来的七个主持人轮流主持改为由肖晓琳担任固定的节目主持人，每期节目 20 分钟(后改为 15 分钟)，在每周日晚上固定时间播出，以正面宣传为主，对新闻事件夹叙夹议，阐明立场和观点，这时这种不同于报刊评论和广播评论的新型电视新闻评论——电视述评才完成了确定自身形象的任务。

为了更好地发挥新闻评论的舆论引导功能，1988 年 7 月中央电视台组建评论组，1993 年又在原新闻评论组的基础上成立了新闻评论部，下设 6 个组，开始了中国电视新闻评论的飞跃式发展。

首先是中央台《焦点访谈》节目的出现。1994 年 4 月 1 日，在《观察思考》及《东方时空·焦点时刻》基础上开播的这个述评节目，将中国的电视评论类节目推向了一个新的阶段，它比过去此类节目有“更强烈的时效性、更生动的纪实手法、更多样的评析方式、更自觉的喉舌(包括政府和群众的喉舌)意识、更大的舆论监督力度”,同时,又“以在中央电视台黄金时段播出的特殊位置,以每天一期的高频率,以关注全国乃至全世界的大视野”,每日一个焦点(或话题),在电视传播中形成前所未有的舆论强势。

由于这种对新闻信息进行综合性深度加工的评论类节目最能体现电视台的节目质量和社会影响力,从中央到地方的各级各类电视台相继推出此类节目。如中央台的《新闻调查》深度报道节目、《实话实说》谈话节目;地方台里江苏电视台的《大写真》(1994 年开播)、北京电视台的《今日话题》(1995 年《TVB 夜话》改版)……这一“大家族”对当代中国新闻评论的发展起到巨大的推动作用。

总之,相继推出的《东方时空》、《焦点访谈》、《实话实说》等栏目都成了中国电视新闻节目的精品栏目。它们也就是有的学者所说的最能显示电视评论特色的图像评论,与电视评论的另一种类型——口播评论相比,此种评论形式多是将报道与评论结合在一起,可以认为是报刊上的新闻述评转换到电视媒体上而产生的新的评论形式,当中的图像作用十分重要,成为报道事实、展示具体情景的最佳手段,给人很强的直观感受,同时,伴有现场录音和播音员的解说,更能给观众留下深刻印象。

第四节　从传统媒体评论到网络评论

有研究表明,无线电广播的听众达到 5000 万用了 38 年,电视的观众达到 5000 万用了 13 年,而互联网的用户达到 5000 万只用了不到 5 年时间。因为在信息传播方面,因特网集文字、图片、图表、动画、声频及视频于一体,构成多媒体传播方式,尤其在速度、广度以及开放性、交互性等方面,更具有传统媒体无可比拟的优势。而随着社会功能的日益拓展,互联网的社会影响亦日益加深,1998 年 5 月,在联合国新闻委员会年会上,互联网被正式承认为“第四媒体”。

第四媒体的崛起,“预示着传统的大众传播时代的终结和后大众传播时代或曰网络传播时代的到来”①,而“中国大陆‘第四媒体’新闻传播业的启动与中国互联网事业对公众的开放几乎在同一时空维度发生”②,这样,在传统媒体新闻评论之后,我国网络新闻评论开始兴起、发展。

一、网络评论概说

何谓网络新闻评论?“网络新闻评论是以互联网为载体,针对新近发生的新闻或变

---

①② 张海鹰,滕谦编著:《网络传播概论》,1、97 页,上海,复旦大学出版社,2001。

动的事实，利用文字、链接、图片、影音等手段，发表的宣传性、意见性的主体化信息。”[①]

确实，与大众传播一样，网络传播也包含着事实性信息和意见性信息，网络评论属于网络传播中的意见性信息。不同的是，在网络传播中，媒介对社会舆论的相对垄断被打破，信息传播途径的多样化促进了信息获取能力和信息表达权力的平等，而且网络的匿名性使言论的发表者获得了更高的安全感，这样，除了媒体言论之外，通过电子邮件、论坛（讨论组、公告牌）、个人网页等表达的大众言论遍布网络。

二、我国网络新闻评论的兴起、发展与我国网络媒体的兴起、发展相始终

1. 报纸、广播、电视传统媒体的网络版或网站时期

1995 年 5 月 17 日，中国邮电部宣布向公众开放互联网服务。中国网络新闻的传播实践也从此开始呈现出一个明显的特点，即：中国网络新闻传播发展的初始阶段是中国传统媒体尝试使用网络手段的时期，发展速度比较迟缓，运作的水准也比较低，仅仅限于把自己平面媒体的内容全部或部分搬到网上。作为我国较早推出网络版的中央级新闻单位《人民日报》（1997 年 1 月 1 日正式推出网络版），当时也只不过是将《人民日报》的纸质媒体的内容搬到网上而已。下图即为《人民日报》网络版创始时的形态[②]，所有内容加在一起，也仅有一屏。

不言而喻，这时候的网络新闻评论也就只能是传统媒体新闻评论的网络照搬而已，在舆论引导等方面并不能发挥自己的传播优势。但毕竟有了开始，有了新闻评论的又一种承载形态。

2. 以“新浪网”为代表的商业性 ICP（互联网内容供应商）加入竞争的时期

随着计算机硬件和软件技术的飞速发展，互联网络的即时性、丰富性、开放性、交互性和畅通性愈益显现，越来越多的人们为网络所吸引。尤其是网络新闻，它的发展速度之快，信息量之大，覆盖面之广，影响力之深，使传统媒体只能望其项背。

1998 年 12 月 1 日，脱胎于商业网站的新浪网（www. sina. com）宣告成立并致力于新闻产品，这成为中国网络新闻发展的又一个具有里程碑意义的时期的开始。而新浪网主打新闻取得成功，促使其他一些商业网站如网易（www. netease. com）、亿唐（www. etang. com）等在新闻投入上加大力度，“商业网站新闻成为这一阶段的亮点”。这些商业网站开发的与新闻内容配合的软件尤其成为其经营特色，如新浪开发的“新浪点点通”和网易开发的“我的网易”。

---

① 殷俊等编著：《媒介新闻评论学》，439 页，成都，四川大学出版社，2005。

② 张海鹰，滕谦编著：《网络传播概论》，99 页，上海，复旦大学出版社，2001。

图 1-1　1997 年 1 月 1 日《人民日报》网络版创刊

网络以自己极强的互动性，为公众的言论自由和表达自由提供了前所未有的空间，这一方面刺激了受众的表现欲，活跃了言论气氛；另一方面，也是对传统新闻的极大丰富和发展。

3．传统媒体加快与网络融合，以商业化模式运作的“新 ICP”时期

商业网站新闻的成功，刺激了传统媒体更快、更好地与网络融合，并在实际操作中借鉴商业网站的一些成功经验，传统媒体不论在上网的数量上，还是在网络节目制作、经营的质量上如多媒体技术的操作、内容的定时更新、与读者的网络交互性联系及网络动态数据查询功能的开发等方面，都成为我国网络新闻新的亮点。

而且由于传统媒体有着商业性网站无法比拟的得天独厚的优势，如能提供原创和独家内容的新闻采访权；一支训练有素、经验丰富的采编队伍；极具号召力和人气的经营多年的知名品牌；丰富的新闻资源；强大的自我推介能力和低成本的市场营销渠道；强有力的广告组织、代理与网络发布；良好的政府关系乃至政府的大力扶持①，等等，此时的具有传统媒体背景的网站发展势头相当迅猛，甚至盖过红极一时的商业性网站，如中央级新闻单位网站“人民网”（《人民日报》网站）、“中国之声网”（《中国国际广播电台》网站）、“央视网”（《中央电视台》网站），地方主流媒体为背景、当地政府大力支持的省市一级新闻网站“千龙新闻网”（北京市）、“东方网”（上海市）、“南方网”（广东省）、“北方网”（天津市），以及地市一级新闻网站“舜网”（《济南日报》）、“龙虎网”（《南京日报》）、“大洋网”（《广州日报》）。在意见性信息的传播方面也发挥出极大的影响力，如“人民网”的《人民时评》、

---

① 张海鹰，滕谦编著：《网络传播概论》，112～115 页，上海，复旦大学出版社，2001。

“东方网”的《今日眉批》、“千龙网”的《千龙时评》都成为网络评论品牌栏目，网络新闻评论正在逐渐走向专业化。

这样，类似于广播电视管理体制的“三级办广电”这个核心，即中央政府，省、自治区和直辖市以及地市一级政府开办广播电视机构并对其进行管理，这个阶段的新闻网站的开设和管理也出现类似的机制，只不过“三级办广电”是政府全资投入、全面管理，而新闻网站走“政府搭台、企业唱戏”的路子，采取商业化的运营模式。

时至今日，社会发展日新月异，信息爆炸让人应接不暇，人们不仅要知道事实，更需要了解不同的观点和看法，以决定自己的态度和行为。新闻评论异彩纷呈、诸体兼备，以书面文字的逻辑推理见长的报刊评论、以有声语言的表情达意见长的广播评论、以影像声音的视听兼备见长的电视评论，以及综合文字、图片、声音、影像等各种传播手段于一身的网络评论，各展所长、互动互补、共铸合力，构成对我们所处的这个世界新闻事实和现象的意见性信息，引导着我们形成对这个世界的理性的、正确的认知和意见、态度和行为。

在了解了新闻评论发展历史的基础上（当然，随着媒介的进一步发展和社会需求的变化，新闻评论体裁、样式会随之变化、发展），作为整体的新闻评论的特征、功能、分类及各类新闻评论的策划、制作、传播，是我们进一步学习的内容。

本章小结

本章从文体发展的角度重点讲述了我国新闻评论的历史源流。通过本章的学习，使学生了解我国新闻评论的历史源流，把握我国新闻评论文体既非“天外来客”，也不是“舶来之品”，而是深深植根于我国悠久的论说文、政论文传统之中，从古代论说文到近代报刊言论，从政论、从时评到新闻评论，从报刊评论到广播电视评论，从传统媒体评论到网络评论，历史发展脉络十分清晰，而且每一发展阶段都有自己杰出的代表人物和代表作品，这些都是通过本章的学习所要掌握的。

本章自测题

一、单项选择题

1. 虽然还是不够完备，但（　　）毕竟开了我国论说文写作的先河。

　A.《孟子》　　C.《论语》　　B.《墨子》　　D.《荀子》

2. 我国的论说文在(　　)时期就已相当繁盛。

A. 春秋　　C. 商周　　B. 战国　　D. 西汉

3. (　　)一文毛泽东评价"全文切中事理","是西汉一代最好的政论"。

A.《治安策》　　C.《过秦论》

B.《论六国要旨》　　D.《谏逐客书》

4. 国人第一篇公开谈论现代报纸的文章是(　　)。

A.《论日报渐行于中土》　　C.《论中国自设西文日报之利》

B.《论各省会城宜设新报馆》　　D.《论报馆有益于国事》

二、多项选择题

1. 下面关于《循环日报》说法正确的是(　　)。

A. 是第一批中国人自办的报纸中,历史最长的报纸

B. 是"中国人自办日报之成功最早的一家"

C. 是第一批中国人自办的报纸中,影响最大的报纸

D.《循环日报》的政论性突出,言论系统宣传强中攘外,变法自强的改良主义思想,一时成为全国言论中心,"国有大事,士林皆重其所出"

E. 在《中外纪闻》栏目中,几乎每期刊登论说一篇,有时两三篇,政论性突出

2. "时务文体"的特点有(　　)

A. 平易畅达　　B. 时杂以俚语、韵语及外国语法

C. 纵笔所至,略不检束　　D. 条理清晰,笔锋常带感情

E. 号为"新文体"

3. 19 世纪末,与《时务报》遥相呼应、紧密配合的维新派政论报刊还有(　　)。

A. 天津的《国闻报》　　B. 长沙的《湘报》

C. 澳门的《知新报》　　D. 横滨的《清议报》

E. 东京的《民报》

4. "民报"《发刊词》中,首次提出了(　　)的政治纲领。

A. 民族主义　　B. 民权主义

C. 民生主义　　D. "三民主义"

E. 民有主义

三、判断题

1. 在我国报刊发展史上,《循环日报》开文人论证的先河。　　(　　)

2.《申报》是十年内战期间中国最有影响的报纸。　　(　　)

3. 蒋介石于 1934 年亲自下令军统特务年暗杀了《申报》主编胡政之。　　(　　)

4. 王韬主张的变法,是"渐变",而不是"速变",他为《循环日报》取名"循环"二字,也

是寓有从落后到进步的“渐进循环”不断进化的意思。（　　）

5. 20世纪30年代努力办成“一种站在时代前面的副刊”是《自由谈》。（　　）

四、简答题

1. 试述新闻评论在我国新闻事业中的地位和发展前景。

2. 为什么说新闻评论是近代报纸发展到一定阶段的产物？

3. 改革开放后我国新闻评论的发展有何特点？

4. 试比较“人民网”《人民时评》和“东方网”《今日眉批》的网络评论，各有什么特点？你更喜欢哪一类？为什么？

单元实训

实训一

找最近一个星期左右的不同媒体的新闻评论，比较它们传播意见性信息的异同。

实训二

下文是新华社陕北1947年5月13日电对蟠龙大捷的一篇新闻报道，试与陕北新华广播电台在1947年5月8日播出的社论《评蟠龙大捷》作一比较。

记蟠龙大捷

林　朗

人民战士们焦急地度过了两天的连绵阴雨，2日黄昏刮起了西北风，大家都高兴地迅速完成了一切战斗准备，眼前群众所遭受蒋胡军蹂躏的悲惨景象，使得每一个人的血都在沸腾。

3日，在晨光熹微的薄雾中，以蟠龙为中心的10里圆周内的群山上，同时响起稠密的枪声。在这几十个高低不一的山头上，山腰间和山坡旁，筑有敌人无数强固工事与防御点。在沟洼小道里，蜂窝似的密布着敌人的宿营穴。经过半小时激烈枪炮互射，西北人民解放军某部就迅速夺取了蒋胡军几个较低的阵地，立即进入敌人筑好的工事。敌人慌忙跑到高山的工事里，不敢露头地用轻重机枪拼命盲目扫射，用山炮、迫击炮轰击。炮弹都落在远处的山上，扬起了一阵阵灰土。敌人在尽情地浪费着美国人的弹药。

不久两架飞机低飞来助战了，用机枪疯狂低飞扫射。人民解放军某部立即加以射击，其中一架马上着火向南降落，另一架慌张地逃去。从此“蒋机”再不敢低飞了。

下午3时半，激烈的争夺战开始了。大家的情绪和努力都关注到蟠龙东1 000米的积牧峁。这是一架最高的山，占领了它就可以俯瞰一切，控制一切。

敌人最强大的工事就在这里。

首先人民炮手开始准确射击，一颗颗炮弹都正好落在敌人的工事里。一六七旅四九九团二营五连连长被击中毙命了，全连马上慌乱起来；于是敌人急调四连来换防。又经过一阵连续的轰击，使山头上烟雾弥天。这时候，步兵群勇敢地跑上1 000米的高处，10分钟就接近了敌人的外壕工事，立即投掷手榴弹，冲过6尺宽、7尺深的外壕圈，冲过铁丝网，进入敌人机枪掩体和单人壕；最后举起明晃晃的刺刀解决了战斗。二十几个活着的敌人放下了武器，六十几具尸体或坐或仰或俯地留在工事里，还有十几个受伤的敌人在呻吟。被俘者苦痛地申述"我们被强迫的，没办法啦！"有一个以布裹头的俘虏，从干粮袋中取出锅饼请解放军战士们吃，大家都谢绝了。因为这个饼是向老百姓抢来的面粉，烧了老百姓的窗门，随后又把老百姓的锅打烂了。

记者巡视占有整个山头的复杂的强固的工事，想到它曾经花费了蒋胡军20多天的经营，而人民解放军在一小时内就占领了。为着据守它，蒋胡军一个连已作了无谓牺牲；而人民解放军只付出十几名伤亡的代价。满山上到处都是老百姓的门板、树木、锅盖、衣服、粮食和麦草，有些锅里煮着的牛肉、羊肉还冒着热气，而满山遍野正丢着牛羊的皮和骨头。可是农民们这时候正为着没有牛耕种而哭泣，无数的小羊正为着没有母羊哺乳而嗥叫！这一切使人想到蒋介石就是瘟疫，它象征着死亡和毁灭。我西北人民解放军正与其他解放军兄弟军队，为了扑灭这股瘟疫而光荣地战斗着。积牧峁占领后，人民武装从此握着优势。

黄昏过去了，将圆的月亮爬上山头。这时攻占阵地的某部有功的战士退下去休息，而由另一部来执行新的攻击任务。他们都是年轻、英武、整齐的队列，擦肩而过，互相微笑地打着招呼："同志，我们的任务完成了，你们快拿下那个寨子吧！""放心吧，没问题。"

这时每个人都紧张地严肃地执行自己的任务：工兵扫清地雷，炮兵观察阵地，电话员架设电线，卫生员急救伤员，炊事员送水送饭……延安游击队，永坪游击队拿着步枪手榴弹热情地赶来参战，担架队员小心翼翼地抬着伤员。但大部分还在休息，悠闲地抽着纸烟。附近村庄中的群众，纷纷自动来作工事与平毁敌人工事。他们亲热地对战士说："你们要好好保护自己。"

一切都准备好了，新的行动又告开始，指挥员坚毅地命令："活捉旅长李昆岗，收复蟠龙镇。"

又经过一天一夜的激烈战斗，所有山头和工事都被人民解放军占领了，只余西面一个小峁子上的敌人还在绝望地抗拒。黄昏时分，冲锋号响了。人民勇士从东、西、南的各个山头上，以排山倒海之势冲向蟠龙镇。掩护的炮声和机枪火力响成一片，不久战士的呼喊声又盖过了枪炮声。这时候，蟠龙镇上的蒋胡

军慌乱极了，他们一群一群地从街上逃进屋里，又从屋里逃向上沟，爬进窑洞，但是马上又从窑洞里爬到街上……这时候，有十几个人结成一群拼命向北奔逃，解放军某指挥员大喊“抓住他们！”原来这就是旅长李昆岗及其高级指挥人员，他们不敢逃向南面30华里的青化砭，而选择相距80里的瓦窑堡。就是这些被俘的高级军官，昨天还依靠它坚固工事顽强抵抗，可是现在只有无可奈何地被活捉了。

在皎洁的月光下，记者进入破碎了的蟠龙，见到成群结队的戴着宽大皮前沿军帽，穿美式汉奸军服的蒋胡军俘虏，由伙夫、马夫陪送至解放军营地。千余匹骡马被从各个马房里牵出，驮上了缴获的武器。街上房子里堆着面粉、军服、鞋、盐和纸烟，蒋胡军9个旅的服装和给养从此都完了。

蟠龙过去是一个热闹的市镇，如今被蒋介石的魔手迅速毁灭了。全街只见到两个老太婆，他们招呼记者进去喝水，恳切地说：“你们来了就好了！”

（新华社陕北1947年5月13日电）

第二章　新闻评论的特征

学习目的

1. 掌握新闻评论的基本特征
2. 掌握广播评论的个性特征
3. 掌握电视评论的个性特征
4. 掌握网络评论的个性特征

核心能力

1. 培养对不同新闻评论的特征甄别意识
2. 培养对不同新闻评论文体的鉴赏能力
3. 培养对不同新闻评论文体的写作能力

在各种新闻体裁中，新闻评论的比重较小，但地位很重要。成熟的新闻媒体，都把评论写作当作媒体的核心内容。我国的媒体也一向重视言论的作用，党的著名政论家胡乔木曾经说道："评论是报纸的灵魂，是报纸的主要声音，没有评论就不算是报纸。"

举凡各类具有新闻价值的论说文，不拘长短，不论署名与否，均可称为新闻评论。它是媒体解释世界、评判事物、申明观点、表达态度的最主要的形式，是媒体意志的集中体现，代表了媒体的世界观和价值取向。

在新闻传播领域，新闻评论体裁作为一种新闻意见性的表达方式，最常用的分类方式是按照媒体类别进行分类，主要分为：报纸评论、广播电视评论、网络评论和手机评论等。

在本章的四个小节中，我们将对新闻评论的基本特征、广播评论的个性特征、电视评论的个性特征和网络评论的个性特征进行探讨。

第一节　新闻评论的基本特征

这一节中，我们将主要围绕新闻评论的观点、新闻评论的表达和新闻评论的思维方式来进行讨论。

在传统媒体中，新闻评论一直被看作媒体表达思想、引导舆论的旗帜。新闻评论具有强烈的思辨色彩，这既是媒体性质所使然，也是广大受众的普遍要求。要写好新闻评论，就要使立论有高度，观点明确，一语中的。理要讲得理直气壮，发人深省；形式方面，语言要浅显明白，生动有趣。只有这样，才能收到好的传播效果。此外，要重视思维方式的锤炼。

一、评论观点要有高度、有深度、有力度

随着时代的发展、社会的前进、民主程度的提高，人们的观念已呈现多元化倾向，除了关注政治、经济现象外，还把关注的目光投向了教育、就业、治安、法律、道德等社会问题上。所以评论也要以变应变，不但要抓“大”，即围绕某一时期的宣传重点，结合党和国家的大政方针，联系当地的实际情况，撰写出针对性和指导性较强的新闻评论，有的放矢地为当地的政治、经济建设工作营造良好的舆论氛围；也要抓“小”，即眼睛向下，将笔触伸向与当地老百姓紧密相关的教育、就业、治安、法律、道德等方面，努力做好“三贴近”文章，引导人们去明辨是非，评判得失，弘扬正气，鞭挞丑恶，为净化社会环境，提高文明程度，打造和谐社会而摇旗呐喊。

1. 立论要站得高，看得远

人民时评：究竟什么样的人能当“管干部的干部”？

在日前召开的全国组织系统深化拓展“讲党性、重品行、作表率”活动中，中共中央政治局委员、中央书记处书记、中组部部长李源潮指出，全国组织系统要按照胡锦涛总书记提出的要求，以加强党性修养、改进干部作风为重点，深化拓展“讲党性、重品行、作表率”活动，努力建设党性强、作风好的模范部门和过硬队伍，更好地围绕中心、服务大局。他同时指出，组织部是党的重要机关，不讲党性就会失去原则性、失去方向性。党性不强的干部不能当组织工作干部。(人民网)

笔者注意到，尽管这是组织系统内部的会议，工作性和专业性很强，但李源潮的这段论述在网上有很高的转载率。笔者理解，一是，这段论述言简意赅，尤

其是“党性不强的干部不能当组织工作干部”的表态，体现了这位组织部长的鲜明个性和一贯风格；二是，组织部门是“敏感部门”、“要害部门”，组织工作干部被称为“管党员的干部、管干部的干部”。人民群众对党风和干部作风高度关注，对组织部门和组工干部也寄予厚望。

什么样的人能当组织工作干部？归纳起来就是“三个过硬”：党性坚强、政治过硬；知人善任、能力过硬；公道正派、作风过硬。中组部从2008年开始，利用三年时间，在全国组织系统开展“讲党性、重品行、作表率，树组工干部新形象”活动，使组织工作落实到更好地为党和国家工作大局服务，更好地为党员干部和各类人才服务，更好地为人民群众服务。

“讲党性”是党员干部的基本政治素质。而且，要求干部“讲党性”，“管干部的干部”首先要讲党性。这是再明白不过的道理，也是一以贯之的要求。那么，为什么现在又要重提“讲党性”？李源潮尖锐地指出，现在有些干部中存在一种偏向，好像讲党性过时了、讲党性吃不开、讲党性是空话，此风在党员干部中不可长，尤其在组织工作干部中不可长。党员干部不讲党性，入党干什么？组织部是党的重要机关，不讲党性就会失去原则性、失去方向性。

那么，组织工作干部讲党性又体现在哪些方面？一是政治立场的坚定性。坚决贯彻中央指示精神，在思想上、行动上与党中央保持高度一致，保证中央意图在组织工作中得到实现；二是服务大局的自觉性。始终坚持党的组织工作为党和国家工作大局服务，自觉在大局下行动；三是组织工作的原则性。坚持公道正派、任人唯贤，反对拉帮结派、任人唯亲；四是改革创新的敏锐性。敏于发现新情况，善于破解新难题，以改革创新的精神推进组织工作；五是抵制歪风邪气的战斗性。不信邪，不怕得罪人，勇于同不正之风作坚决斗争。

在很多人看来，组织部“管帽子”、“权力大”，殊不知，“权力大”的另一面是责任也大。组织工作与人民群众的利益息息相关。选好一个干部，能带动一方发展；配好一个班子，能造福一方百姓。反之，配差一个班子，就会耽搁一方发展；用错一个干部，就会贻害一方百姓。所以，人民满意不满意，应该成为检验组织工作成效的根本标准。组织工作让党满意，归根到底也是为了让人民满意。

据中组部2007年干部选拔任用工作问卷调查，对干部选拔任用工作表示满意的为11.8％，基本满意的为57.8％，不满意的为14.5％。这说明干部选拔工作要让人民满意还有大量工作要做。

“善治人者，能自治者也。”组织部门是管干部的职能部门，管好自己是管好干部的前提。吏治的腐败是危害最烈的腐败。组工干部出问题，对党的事业、党的形象的危害会更严重。正因为如此，组织工作干部必须做到“讲党性、重品行、作表率”，必须做到“三个过硬”，这样才能为党和人民掌好组织权、用好组织权。

（人民网 2009 年 3 月 5 日）

优秀的新闻评论，就是要站在全局高度，发挥匕首和投枪的作用，审时度势，切中要害，在恰当的时间以恰当的方式把某些问题、隐患揭示出来，引起社会关注，形成舆论合力，促成问题的解决或隐患的排除。这样，评论的战斗作用和影响力就能得到较好的发挥。

2. 观点要有深度和力度

愿全国与地方“两会”都牛起来

管住钱，就管住了大半个政府。如果代表委员们在全国“两会”召开前两周，就能拿到 2008 年的财政决算和今年的财政预算详表，或者国家发改委提前公开四万亿“救市”资金的来龙去脉，今年的全国“两会”，本有机会成为中国公共财政改革乃至政治改革的重大突破口。

律师严义明 1 月初向发改委递交《政府信息公开申请书》以来，从“不属于我委信息公开范围”，到“大家对于 4 万亿元资金去向的关注是合理的，我们对信息的公布也是完全放开的”，发改委两度回应的不同取向，让民众领教了公开钱袋子的艰难。人大财经委副主任贺铿接受采访时，传达出本届人代会不讨论 4 万亿投资的信息，更是为财政史之“惊心动魄”，做了意味深长的注脚。

但是毫无疑问，中国已站上一场公共财政革命的门槛。能否顺利跨过这个槛，取决于纳税人及其直接间接的代理者——人大代表与政协委员们——能否挺身而出，尽力推动这一进程。政协委员提案大多关注四万亿，人代会发言人李肇星也表示 4 万亿将列入年度预算，全国“两会”对民众关心的回应，看起来并不那么消极，昔日只存在于纸面上的权利，正在几方互动中，显出进取的迹象。

这种迹象，在地方人代会上或表现得更为明显。翻开广州本地纸媒，去年的决算、今年的预算，几个重要部门的数据，都详细列举，会上厚厚的预决算资料，使代表们可以更方便、更全面地将政府的袖里乾坤，摊在阳光下，一笔笔地算、一笔笔地质询与审议。曾经的秘密预算，一张纸预算，已经进化到如此公开而且如此通俗的境界。

更有进者，在河南焦作市，为了克服因会期太短、代表来不及仔细阅读和消化财政报告的难题，人大要求财政部门提前提供预算材料，以供代表们充分研究，从而能在人代会上真正有效地审议和表决；在上海闵行区，人大根据预算实施结果，对上一年的情况做评估，再以此为根据，审议和表决下一年的政府预算

资金安排；在温岭的民主恳谈会上出现的人大代表提预算修正案的权利，也在一些区级人代会上逐渐落地……

地方人大的这些改革，有些出自当地一把手追求长治久安的政治抉择；有的起自财政部门手捧巨额资金的“烫手山芋”，得找条大家都服气的分钱正路；也有来自当地公民对实现纳税人权利的持久努力。九九归一，无不指向“最高国家权力机关”真身的坐实。

是的，这些努力还只是试点，带有很强的试验性和偶然性，甚至可能半路夭折。案例要上升为样本，样本再推展为制度行于全国，还要一个漫长的过程。但不容轻视的是，这些地方“两会”，确实已开得热热闹闹，真真切切，不乏力道，对中国最根本的政治制度的改进，做了多种多样的探索。从公开竞选、质询、审议到罢免，从大会自由发言、设立“专委”、定期接待选民到设置闭会期间照常运作的人大“财经小组”，都说明更多沉睡的权利正在醒来，更大的制度空间正在被激活。

以这样一个整体来看，年复一年的“两会”，蕴涵着从权利到权力，又从权力回归权利的全部政治过程。在这个过程的每个环节上，地方“两会”几乎都已经有所革新。在全国两会也在努力求变的背景下，这些发自基层的革新，或将逐渐融入全国“两会”，从而助力“全国最高权力机关”与“政治协商会议”更彻底地变革。让现代政治文明，在这片饱经沧桑的土地上，早日卓然挺立。

（南方周末 作者：戴志勇 2009 年 3 月 4 日）

南方周末的评论向来以犀利和深刻著称，本篇评论，笔者紧密围绕正在进行中的两会热点，以地方人大做出的努力来警示全国“两会”的改革，“让现代政治文明，在这片饱经沧桑的土地上，早日卓然挺立”，发人深省。

二、评论要讲究表达艺术，有理、有据、有情

1. 新闻评论表现的是主观倾向，但是表达必须客观，坚持以理服人

众所周知，两岸关系一直是敏感话题。因而，对台广播十分重视评论工作，在论述口径、基调把握和说理方法等方面十分讲究，尽可能接近目标受众的接受习惯，达到入耳、入脑、入心的效果。

2000 年 5 月，民进党赢得台湾地区选举，陈水扁走马上任。上任不久，他就频频放出两岸关系“缓和”、“乐观”的信息，渲染太平景象，中央电台及时发出快评，分析陈水扁粉饰太平的真实目的。评论开头以三位大陆学者的看法做客观叙述，提出“暗潮汹涌”、“危机出现”和“没有宁日”的基本判断。

在归纳专家观点时，主持人做了三点倾向性叙述：一是大陆方面对民进党上台的反

应，即民进党虽然在选举中获胜，但并不意味着大陆会对台独行为妥协；二是台湾地区新领导人在“5·20”讲话中，对“一个中国”这个根本性问题采取模糊、回避的说法，引起大陆方面强烈关注；三是陈水扁执政以来，处处表现出倒退的迹象，如反复强调“一个中国”只是“议题”，不是前提，甚至连“九二共识”都加以否认。说到这儿，可以得出结论了。

但主持人却引而不发，再次请出专家回答陈水扁渲染太平景象的目的。通过层层剥笋式的揭露，主持人才在最后发表议论：

台湾新当局之所以造出两岸关系缓和的假象，说到底，无非是指望在不接受“一个中国”原则的情况下与大陆打交道，进而造成“两岸是两个国家”的口实。这个如意算盘是行不通的。大陆方面对两岸关系的立场是非常明确的，也就是说，只有在台湾新领导人真正接受“一个中国”的原则的时候，两岸关系才谈得上得到真正的改善。

这篇政治性极强的评论，由于说理的方式客观、平实、透彻，有理、有据、有情，听起来没有火药味，也容易被台湾听众接受。把说理的调门儿降下来，由客观平缓逐步过渡到主观，避免主观结论的生硬推导，是优秀评论的必备素质。

2. 新闻评论要求议叙结合紧密，说理层次清晰

不能自说自话，要始终关注受众的所思所想，力求顺乎受众的理解思路，适应受众的接受能力、接受习惯和实际需求。

井口：吃人的虎口

（导语）多年来，在我们的新闻中经常报道农村机井吃人事件，不知有多少生命丧身在这深不见底的井口中。看着一次次令人揪心的救援场面，人们在深思：为什么这样的悲剧不断重复，难道这真是一个不治之症？

（画外）今年5月21日早上7点左右，济南市历城区遥墙镇张越家村一位村民不慎掉进麦田机井中，接到报警后，济南市消防支队5中队8名队员火速赶到现场实施救援。

（字幕：5月21日，济南市遥墙镇张越家村）

（现场）

（画外）井口十分狭窄，直径只有30厘米，落井老人被卡在井下10米左右的位置。救援指挥人员首先采取第一方案，派一名身材瘦小的战士头朝下倒挂着顺入井中，用绳子拴住老人。但由于老人在井内卡得很紧，消防战士四次下井都没有成功。指挥人员之后采取第二套救援方案，动用挖掘机，在机井南侧斜挖出10米深的救援通道，4名消防队员进入底部，凿开井壁，把老人从井内拖了出来。这时已是下午1点50分，救援已经进行了6个多小时。可就在这最后关头，意外发生了。

（现场）塌方

(画外)由于地质原因,救援作业面突然坍塌,将正在实施救援的消防队员埋在了土堆里,两名消防队员被挖掘机带出土堆,另外两名消防队员不幸被埋牺牲。

(音效+字幕:惨剧不断发生)

(画外)济南的这次机井救援付出了三条生命。而类似的悲剧却在重复发生。5月21日之后,我们在新闻中又报道了7起落井事故。

(救援现场)

(字幕:6月25日,德州市黄河涯镇蔡庄村)

6月25日中午,德州市黄河涯镇蔡庄村一名37岁的农妇落入机井,消防人员根据以往井底救人的经验,先用绳套和救援钩尝试营救,当地政府也调来两台挖掘机挖下去5米多深,消防战士再用绳子和钩子进行施救,但没能将她救活;

(字幕:7月2日,泰安市东平县李架子村)

7月2日,泰安市东平县大柳镇李架子村52岁的李某落入机井,当地消防部门先是挖掘,多次试用绳索和钩子将落井者救出,但未能挽救李某的生命;

(字幕:8月28日,菏泽单县孙溜镇王英村)

8月28日下午两点半,菏泽单县孙溜镇王英村一位49岁的农村妇女掉进30米深的机井中,卡在11米深处,救援人员用消防钩没有成功后,只好调来挖掘机和铲车,一节节把井管挖开,经过8个小时,落井妇女被救了上来,但还是由于被困时间太长,不幸身亡。

(音效+字幕:救援方法面面观)

(画外)令人感叹的是,一旦发生落井事故,每次救援,几乎都是在重放同样的镜头。消防队员采取几乎完全一样的救援方案:

(同期)德州消防支队特勤中队中队长范道永:

“第一个方案使用钩子尽量钩住衣服把他拉上来是最快最节省的方法,如果这个方案不能奏效,我们就用挖掘机,采用笨办法一点一点挖开,现在只能这样,两套方案同时进行吧。”

(画外)我们注意到,每次事故发生后,当地政府都会动用大量人力物力,不惜一切代价去营救人命。但悲剧却总在不断重演。难道就没有有效的救援方法吗?这样的落井难题能否解决呢?其实简单的救援方式在民间很早就有,只是没有普及推广。

(字幕)12月8日 潍坊寿光市西毕家村

(画外)2008年12月8日下午1点多,在潍坊寿光,又有一名10岁男孩落入40米深的机井中。当地部门的救援方式仍然是采用两台挖掘机往外挖土。晚上8点半,挖掘到15米左右的时候,挖掘工作几乎陷入停顿,因为两侧土壤

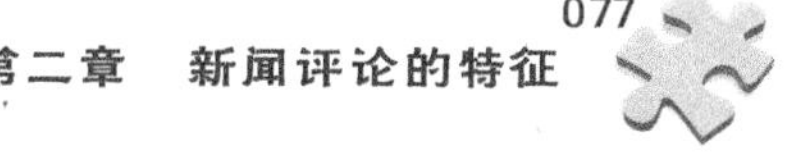

松软,很容易发生坍塌。

(同期)潍坊寿光市侯镇派出所所长李东风:

“直着往下挖,有一定危险性,大型机械正在往这调集,不管什么费用,目的就是把这孩子救上来。”

(画外)为了让更多的人出主意救孩子,我台5次打断正常节目对这次救援进行直播。很多观众看了电视后打电话提供救援思路。晚上10点30分左右,淄博张店一位叫赵长生的农民带着自己发明的救捞工具来到了寿光现场,并立即投入救援。

(现场)简易方式救援现场

(画外)结果,20多分钟时间,就把小男孩从机井中捞了出来。

(现场救出)一起使劲,一二三……

(画外)因在井里停留时间太长,肌体衰竭,第二天凌晨,小男孩在医院经抢救无效死亡。虽然结果还是令人遗憾,但赵长生的这个发明还是给机井救援带来了希望。这种救援工具的原理其实很简单,在钢管上按个摄像头,把管子从落井者的正面放下去,用机关打开下面的伸缩杆,正好挂住落井者的裆部,用力往上拉,顺利的话20分钟就能把人救出,相比于挖掘机10个小时挖掘15米的效率来说,省力省时,方便多了。

(同期)淄博救援专家赵长生:

“我就是看了电视上,人掉机井里,动用挖掘机,一台不行两台,两台不行三台。救援的时间很长。像今天这个井,正常的情况下,30多米深,20分钟左右就能把人救起。”

(画外)当然有了类似简易的工具救援,只能算是亡羊补牢。事故发生了,营救只是一种手段,至于救上来是死是活,谁也不敢保证。比营救更重要的是提前防范,使类似的悲剧不再发生。

(音效+字幕:井口为何成虎口?)

(画外)这一口口本应造福乡亲百姓的机井,为何成了一处处吃人的虎口?带着这个问题,我们来到了济宁市嘉祥县高庙村调查。

(记者李杨)大家看这口井啊,井口没有井盖,井口和地面基本是平的,井口周围也没有什么警示标志和防护措施,当周围的庄稼和杂草都长起来了,人们将很难发现这里还藏着一口机井。像这样的井,高庙村就有16口。

(同期)济宁嘉祥县疃里镇高庙村村民崔金福:

“没盖盖的井很多很多,不光这口井没盖,整个镇里的井都没井盖,不信你溜溜挨个看看这些井。”

(同期)济宁嘉祥县疃里镇高庙村村民高阳:

“俺也有孩子，小孩大了会跑了，万一家里都下地干活的时候，家里没人看着他，就得把他带到地里来。带到地里来一眼看不住跑到这里来（井边），大人都很担心这个事。”

（画外）机井为农村灌溉提供了必需的水源，对农业生产功不可没。因此过去多年，各地都在农田中大打机井。目前我省每年大约新增5万眼机井，加上每年淘汰的3万眼，全省有机井100万眼，其中有20多万眼机井属于没有任何遮挡的开口井，存在很大的安全隐患。据消防部门的调查结果，2004年到2007年三年间，每年全省发生坠井事故不下20起。

（音效＋字幕：亡羊补牢靠预防）

（画外）但是在德州市夏津县我们却看到了另外一番景象。这里的机井不光加上井盖，而且上了锁，编上号，还给每眼机井配了一位专门看管的“井长”。

（同期）德州市夏津县义合庄“井长”王化顺：

“这样加了井盖，浇完水就锁上，一个是平时这个井也破坏不了，掉东西也掉不进去，防止小孩掉进去，比较方便安全。”

（画外）夏津县从2006年6月份实行井长负责制以来，近三年时间没有发生一起落井伤亡事故。之所以这样做也是有血的教训。2006年之前，夏津县共有机井9000多眼分布在田间地头，虽然水利部门有规定，要求在每口机井的上方都要建立一个机井房，并且派两个人进行专门的管理，然而在实际操作的过程中别说派两个人专门管理，就是给机井加个盖都很难实现。

（同期）德州市夏津县后屯村支书赵俊勇：

“谁出钱，谁用这个井谁交钱不行吗？你给他敛钱他不交，我没这个钱，要不要这个井盖都行，你怎么管？要是有人掉进去怎么办？有人掉进去，我的孩子掉不进去，我的孩子掉进去不用任何人管，他这样说你怎么办？”

（画外）但是面对一次次机井伤人事件，水利部门算了一笔明白账：

（同期）德州市夏津县水利局局长王家国：

“如果人掉到15米深的井里，政府知道了肯定要不惜一切代价救人，用三台挖掘机挖土，工作面要开占一亩多地挖下去才能保证不塌方，3 700多方土，经过倒几倒，价格就得4万块钱，挖完之后还要填上，也不是简单的事，也要花25 000元，再加上挖掘机的托运费、庄稼补偿费，怎么也需要10万块钱。花这10万元还不一定能把人救活。这10万元我如果装成井盖，一个井盖120元，如果一个小孩掉进去，这个损失如果咱做井盖，可以使成千口井都能避免这个事的发生。”

（画外）道理如此简单，方法如此可行，经济负担不重，又为什么在相当多的地方没有推开呢？原水利厅总工程师戴同霞认为，问题的症结之一在于农村机

井的产权不清，管理混乱。放任管理的结果，直接造成“有人用、没人管”的现状。尤其是在机井报废之后，很少有人再对它回填、封堵，以致于惨祸时有发生。

（同期）山东省水利厅原总工程师戴同霞：

“这些坠井事件暴露出我们对机井管理的漏洞，文件倒是有，但是督察不力，所以应该掀起大规模的查纠活动，发现问题坚决处理绝不姑息。”

（画外）据记者从山东省水利厅了解，早在1981年，我省就制定了农村机井管理办法，2004年6月9日，在淄博幼童落井57个小时才救出来之后，省水利厅又紧急下发了《关于加强机井管理的通知》，要求对农村机井管理严格落实“谁投资、谁使用、谁负责”的办法。但是有了管理制度，问题照样没有根治，戴同霞认为，这里的症结在于，没有明晰的处罚措施。

（同期）山东省水利厅原总工程师戴同霞：

“我建议从法律的高度来认识这个问题，对废弃机井的管理应该从部门的文件上升为地方的法规，用法律的力量来制止今后再发生类似的事件。”

（画外）俗话说，冤有头、债有主。不管怎么说，当初打井的时候，这些机井都是有主人的。可是我们发现，在多年来发生的多起落井事故中，从来没有看到一位受害者家属拿起法律的武器，追究机井主人或者管理者的法律责任和赔偿诉求，这一现象值得我们深思。

（编后）面对散落在各地农村的20万个张着口的机井，看到一个个生命在机井里丧身，我们确实不能掉以轻心了。现在的关键是，各级党委、政府应该引起足够的重视，受害者家属也要有自我保护的法律意识。

（山东电视台，2008年12月11日）

这篇电视评论以2008年5月21日发生的一起机井救援事件为由头，以2008年发生的多次类似事件为例证，通过在山东各地的全面采访，由点到面，由浅入深，算账对比，层层推进，揭示了解决落井问题既要亡羊补牢、寻求新技术，又要防患于未然，从法制上杜绝，对解决落井难题有实际启示意义。这其中，事实的选择和运用，始终服务于论点的需要和论述的方向，使观点表达清晰晓畅。

三、新闻评论的思维方式要严谨

新闻评论作为一种认识活动及其结果的有效率的表达，它所使用的思维方式是概念、判断、推理。它是这样思考的，也是这样表达的。不仅表现在认识主体（作者）与对象（新闻事件）之间的关系是一种判断的关系，也表现在文章所涉及的不同对象之间的关系，是由判断联结起来的确定性关系，而不是靠人的联想联结起来的不确定性关系。

新闻评论不同于杂文，杂文可以用自由的联想思维和多样化的表达，突破了形式逻辑对认识路径的确定性约束，启迪人以普遍联系的观点更开阔地认识事物，但是杂文一般来说并不明确地论证，也往往并不明确地表达认识的结果。因此它往往不能满足普通受众对于新闻事件的认识性期待。

而新闻评论需要的都是逻辑思维，它们得出的结论也是确定性的，以概念、判断、推理为核心进行逻辑思考。思维方式在新闻评论中对应的是论证方式，演绎、归纳、类比等逻辑方法不一而足。

一个胡小燕，无法承载两亿农民工的期待

2008年1月21日下午，在广东省十一届人大一次会议上，经过无记名投票，佛山新明珠建陶工业有限公司的四川打工妹胡小燕当选为全国人大代表。我国第一位农民工全国人大代表就此宣告诞生。

2008年3月7日上午，在十一届全国人大一次会议上，在北京人民大会堂广东厅，面对共和国总理，面对广东代表团的全体代表，代表全国两亿农民工，胡小燕略带紧张地履行着光荣使命：（录音）“我的建议分别是收入、治安、社会参与、职业技能培训、文化娱乐、劳动保障六个方面。收入是农民最关心的问题，远离家乡出外打工就是为了挣钱养家糊口。现在很多农民工认为他们的收入增长不如社会经济增长及物价上涨的程度……”

那一刻，胡小燕心里充满了自豪感和使命感。也就是从那一刻起，一直默默无闻的胡小燕变成了头顶光环的政治明星。华闻在线对国内外140多家主流媒体，50余家重要博客、论坛进行的全程监测显示：“两会”期间，关于胡小燕的报道每天保持在77条到244条之间；而通过谷歌搜索含有关键词“胡小燕”的新闻则达近五万条。国家最高权力机关中首次出现包括胡小燕在内的三位农民工代表，社会各界一片赞扬之声，舆论普遍认为：农民工当选全国人大代表，让农民工堂堂正正走进国家权力机关，这是人民代表大会制度的本质要求，是社会主义民主的重要体现，也是我国政治民主的巨大进步！温家宝总理就指出：（录音）“单是这三名就代表着历史上的一个重大飞跃，是代表着社会走向更加公正。”

大会结束，从北京回到佛山三水，胡小燕马上变回一个原来的她。她的职务是成品车间副主任，每天要带着五百多名同事忙忙碌碌，日复一日。（录音）“我们是成品的最后把关车间，我主要是负责产品的质量验收。一般日常的就是早7点起床，8点上班，12点下班；下午2点上班，6点下班。我小孩还在家里，两个都在四川。”

日夜操劳，打工挣钱，养家糊口……胡小燕还是那个普普通通的外来工，尽管她心里明白，自己已经不再是原来那个普普通通的外来工了。

只是这个时候的胡小燕并没有预料到，头顶的光环很快就变成了“紧箍咒”。2008年3月20日，胡小燕通过媒体公布了自己的手机号码及QQ号，以更好履行人大代表的职能。社会各界一片喝彩，盛赞“人大代表向社会公布自己的联系方式，是一个极富责任感的举动”。然而，就是这个举动，很快把胡小燕卷入了一个巨大的旋涡：就在手机号码公开的当晚，很多陌生电话和短信接踵而来，直到凌晨三点胡小燕都无法睡觉。随后的日子，胡小燕每天都会接到上千个电话和上千条短信，当月手机话费飙升到1 400元，占了工资的一大半。最多的一天邮箱里有2 088封邮件……

胡小燕说，她接到的电话，多数是求助性质。有要求协助讨薪的，有恳求帮忙签劳动合同的，有求助安排子女入学的……(录音)“有一个号码连续三天给我发信息，让我帮他找工作，说你帮我找到工作，就是我亲妈妈。这样的话都说出来了。”

是继续接电话还是不接电话，成了胡小燕的两难选择：接了，不能帮人家解决问题，人家骂她是摆设、不做实事；不接，有人说她摆架子、耍姿态。胡小燕犹豫再三，无奈之中还是更换了新的手机号码，无数的谩骂、质疑随之铺天盖地而来。

其实，胡小燕选择更换新号码，并不仅仅是因为电话和短信的应接不暇，更主要的是她面对农民工求助时的无能为力：(录音)“许多事情不是小燕这个人大代表所能独立承担和解决的。”

潮水一般涌来的求助电话和短信让胡小燕应接不暇且无能为力。胡小燕的困境让我们不能不思考，她能够扮演一个救世主吗？

比如说，给胡小燕配车配电话配工作人员，配办公室配电脑，划拨专门经费让她奔走于神州大地，让一个胡小燕为两亿农民工奔走呼号。但是，哪怕如此，一个胡小燕一年又能解决几个人的问题呢？更何况，从一个需要养家糊口的生产线上的农民工，摇身一变成为一个职业的政治家，蜕变为新官僚的可能性也许会成为新的社会忧虑。

又比如说，让更多的胡小燕成为全国人大代表。2007年，我国的农民工人数已达2.26亿，而在十一届全国人大代表中，农民工代表只有3人，按比例计算的话，就是平均每个产生于农民工中的全国人大代表要代表六七千万农民工。众所周知，讨薪、工伤、社保、子女入学……农民工需要维权和帮助的事情实在太多太多，而且许多问题都非常地尖锐复杂。指望三个人或者三十个人就能全面代表两亿多人的庞大群体，发出这个群体的全部呼声，显然是不现实的。

也许正是因为如此，中国社科院农村发展研究所研究员党国英认为：农民工人大代表的标志意义大于实际意义。温家宝总理在今年的全国人代会上也强调，农民工代表的数量还不够。(录音)“今年有了三名(代表)，数量还不够，因为他们有两亿人，他们为了国家建设做出了巨大贡献。”

在庄严的全国人民代表大会上，两亿农民工需要有自己的代言人，需要有自己的利益代表，这是毫无疑问的；从无到有，正是社会进步的结果。但是，如果农民工人大代表仅仅具有标志意义或者象征意义，这种社会进步也会仅仅是象征性的进步，而不是实质性的进步。占全国人口总数六分之一的农民工群体在国家的最高权力机构里的地位，还是存在着被边缘化的现实危险。

有专家直言，拓宽农民工诉求渠道、改变农民工群体的命运，绝不是靠增加几个农民工界别代表的名额就能实现的。佛山科技学院社会学教授张喜平说：(录音)“在目前来说，(胡小燕的当选)还仅仅是迈出了第一步。接下来，给农民工代表提出了一个新的课题，就是他们怎样在参政议政过程中，真正站在农民工的立场上，表达农民工的基本利益诉求。所以，农民工身份的完全转变和农民工真正融入到我们的社会中间，这才是农民工代表所要实现的一个真正目标。”

事实上，一个胡小燕，不够；十个胡小燕，也不够！如果人大代表仅仅只是代表自身阶层的利益，而置农民工利益而不顾，如果农民工维权机制和社会福利机制不完善，即使再增加几个农民工代表名额，或许他们的命运也只能是“胡小燕第二”。胡小燕今天的困境，就是他们明天的困境。

从根本上说，农民工真正需要的不是增加多少个农民工代表名额，而是有更多代表能为农民工的利益说话。如果有更多的代表可以淡化自身的阶层和职业界别意识，关心社会各阶层的共同利益；如果更多的人大代表能为农民工仗义执言、为农民工排忧解难；如果农民工的社会地位能够提高，他们的诉求渠道能够更加畅通，尽管一个胡小燕还是远远不够，但是他们的眉头至少可以舒展一些，两亿农民工的喜怒哀乐也会因为有更多的人大代表在乎和关注而成为国家最高权力机构的重要表情。

两亿多农民工经济和生活境况的根本改变，关键还在于各级党委政府的切实努力。通过有效措施提高农民工的社会地位，承认他们为城市发展做出的巨大贡献，让他们也能够共享城市经济发展的丰硕成果。我们已经看到，越来越多的城市在想方设法解决农民工的社会保障、医疗保险以及子女入学问题。我们相信，只有农民工的境遇得到根本改善，胡小燕才能够真正走出她的困境。温家宝总理在十一届全国人大一次会议上曾经对胡小燕承诺：(录音)“梦总能实现，你提的这么多好的建议会一条条办成的，但需要有个过程，需要时间，农民工的生活也会越来越好！”

(佛山广播电台，2008年4月25日)

这是一篇第十九届中国新闻奖的获奖广播评论，作品选取了独到的角度，在充分肯定胡小燕等农民工当选全国人大代表的社会意义的同时，也对因胡小燕被迫换号而引起的“风波”做出了客观冷静的分析阐释，引起了大众对如何从根本上提高农民工社会地位的深层思考。不仅说理充分，脉络清晰，还及时引导了社会舆论，取得了良好的社会效果。

圆明园兽首买不买回价值不大，不能成全了强盗逻辑！

关于拍卖圆明园鼠首和兔首两件文物的新闻非常多，据说估计拍卖价约为一亿港元，照这价码咱们把故宫卖了还不能买下整个法国？这完全是个混蛋逻辑，你抢了我的东西，还让我来买，这种流氓规则，一个强国是无法接受的。

说实话，这12个铜兽首也算不得什么国宝级文物，是晚清修园子时，委托意大利设计并在意铸造而成。看一下兽首的外形设计，是与中国传统形象有很大的差别，价值与西方同期的铜塑像相当而已。说白了就是清朝一个喷水池的喷嘴，比它价值高的流失文物成千上万都有，也没见几个人重视。我是很不赞成通过赎买来弄回这些东西的！新闻上说，中国流失海外的文物有一千多万件，比自己馆藏的还要多。但是政府只是空口说有所有权，没有实际行动。我们平民百姓没有必要这么上劲了，有钱盖几所好学校，改善一下煤矿的安全环境更重要。

当然任何文物对我们都是宝贝，可钱有限，只好人为地分轻重缓急。其中书画、墓葬文物较为“贵重”，因为里面含载的历史文化信息更多些，对历史研究帮助更大。玩器类的只能向后排。最贵重的是书籍，因为古时候编书，尤其是官方修书都是人手誊写的，一般影本不会超过一个巴掌数。这些东西爱好者不太好找理由买，对方知道你是要里面信息的，不是买来供到水晶座上打个灯鉴赏的，所以只能国家谈判。这种谈判就跟我们想购买高科技的商业谈判类似了。不是对方自己国内其他情况逼急了、谈生意时顺带谈一下文物，或者你这边尽量表现得“我也不是非常急着需要它”的时候，人家宁可烂在自己库房里也不卖你，反正烂了自己也不亏。国家就只能磨啊磨啊，慢慢谈价格，所以文物回归的资金支持主要花在这一块。说一句大不敬的话，49年后，特别是十年浩劫不知道砸碎了多少所谓的比这更有价值的无价之宝。

中国人这么高调地买这几个兽头，外国人在看笑话：本来不值钱，愣让中国人炒成天价。卖主高兴，拍卖公司更高兴。究其原因恐怕有以下两点：

第一，个人觉得现在被国外炒作得太过了，甚至觉得拍卖公司抓住了中国人的心理，故意高价，昨天看电视说最初发现的那件价格远没这么高。为了达到最大的利益，卖方、买房、中间商，买通了所谓的专家及媒体，鼓吹、忽悠了财大气粗(当然文化修养也很粗俗)的国企领导,数千万公帑于一掷,请回个铜疙瘩供奉起来,殊不知被人捉了凯子。不过最后还是老百姓埋单,花的不是官员的钱,只要折腾起来,官员就可以从中收取好处费,商人就可以得到利益。所以,利益来自折腾。

第二,我们很多"愤青"都有着幼稚的民族主义倾向,爱国民族主义者认为它是国耻,是尊严,是国宝。我认为它就是个铜圪瘩,值多少钱要问问收废品的老汉。一亿元,大家还是算算可以在贫困地区可以建造多少"希望小学"。象征意义,与实际上国家的强大比较,如何?

(天涯社区 天涯杂谈 2009 年 2 月 25 日)

高调提出"圆明园兽首买不买回价值不大,不能成全了强盗逻辑!",并用两条强有力的理由来支撑,"商人的利益"以及"象征意义究竟值不值",中间穿插演绎和类比手法,归纳得出结论,"不能被规则牵着鼻子走"。

第二节　广播评论的个性特征

广播评论是从报刊评论沿袭而来,它在报道形式、体裁等方面与报刊评论有诸多相同之处,但同时,由于广播评论是属于广播这一传播媒介的评论,它在传播规律、传播特点上受其影响,具有自己的个性特点,下面将从语言和表达两个方面加以阐释。

一、广播评论的语言特点

1. 短小精练

与报刊评论相比,广播评论篇幅短小、内容精练、语言直白。广播与报刊不同,报刊读者可以选择性阅读。由于广播的"线性传播结果",使得听众只能依照节目顺序收听,因此只有做到短小精练,才能在有限的时间内吸引听众。同时,由于新闻评论自身所具有的抽象性特点,决定了它被受众所理解会具有一定的困难程度,如果篇幅过长,会产生不好的传播效果。因此,大多数广播评论篇幅都不会太长。

本台短评:过好"我们的节日"

春节、清明、端午、中秋是我们中华民族的传统节日,寄予了中国人的美好期盼。今年国家已正式将这些传统节日确立为法定节假日,彰显了国家对传统节日及其所蕴涵的民族文化的尊重和弘扬。

日前,中央文明办专门下发了《关于组织开展中秋节"我们的节日"专题文

化活动的通知》，要求各地在中秋节期间开展丰富多彩的群众性文化活动，使人民群众在欢乐祥和的节日氛围中，弘扬民族优秀传统文化，培育民族情感和爱国情怀，加强社会主义核心价值体系建设。昨天下午，雨山区鹊桥社区举办的深受社区居民欢迎的“喜迎中秋佳节”广场文艺演出就是贯彻中央文明办通知精神的具体实践。

在今年中秋节即将到来之际，我们希望有更多的单位和社区开展以“中华经典诵读，赏月文艺表演，中秋风俗日”等为主要内容的群众性文化活动，过好“我们的节日”。

（马鞍山广播网　作者：乔德明 2009 年 3 月 26 日）

几句话，倡导过好我们的节日，明白晓畅。“短”并不意味着言之无物，而是要“短而有物”。篇幅和形式上短，但内容上不能太过单薄，否则会使它的内容和思想打折扣，那么这篇评论的意义也就不大了。因此，广播评论应当力求做到短小而精悍、言简意赅。

2. 通俗易懂

广播评论不仅要做到“短而有物”，还要“短而易懂”。由于广播的受众范围较广，广播评论应该考虑各种阶层、背景的听众；另外，由于广播的传播特点，需要广播评论通俗化，把较为抽象的道理讲得通俗易懂。因此，广播评论的内容要做到“浅”。这里所谓的“浅”并不是真的指不需要在评论的深度上下工夫，而是指要深入浅出、浅显易懂，尽量用浅显的表述表达深刻的含义。

中央人民广播电台短评：全面掌握政策

中央人民广播电台今天播发短评，题目是：《全面掌握政策》。短评说，近一个时期以来，各地、各部门认真贯彻落实中央关于处理和解决“法轮功”问题的方针、政策，依法打击和孤立了李洪志及其极少数死心塌地的追随者，团结、教育、转化和解脱了绝大多数“法轮功”练习者，取得了同“法轮功”斗争的重大胜利。

总的说来，各地、各部门对中央的方针、政策理解是全面准确的，工作是认真负责的，取得的效果也是良好的。但也有一些单位、一些同志对“法轮功”非法组织本质和严重社会危害缺乏深刻认识，在处理和解决“法轮功”问题中只注意强调了教育、团结和解脱的一面，却忽视、放松了对极少数骨干分子的依纪依法处理。

中央关于处理和解决“法轮功”问题的政策是，坚定地团结、教育、解脱绝大多数，孤立和依法打击李洪志等极少数，核心是正确区分和处理两类不同性质的矛盾，是宽严结合的有机整体。“宽”就是要团结、教育、解脱大多数，绝不丢下一个可以争取的人；“严”就是要依法打击和孤立极少数，绝不姑息“法轮功”非法组织死心塌地的骨干分子。在实际工作中，我们要全面、准确地把握“宽”和“严”的政策界限。必须看到，带有邪教色彩的“法轮功”具有极大的欺骗性，中毒很深的人在短时间内难以自拔，别有用心的人更是不可能轻而易举就洗心革面，加上“法轮功”背后的经济利益等因素，他们不可能很快就放弃抗拒和挣扎，而是不断利用各种机会、采取各种手段与我们对抗。对这些人就不是一般的转化问题，而是要他们交代问题，争取宽大处理，有的还要依法予以惩处。对这些人如失之过宽，不利于维护社会政治稳定，不利于保护广大人民群众的利益，不利于彻底解决“法轮功”问题。

需要指出的是，至今仍有一些单位、一些同志，对“法轮功”的极大危害性认识不足，没有真正从讲政治的高度悉心体察“法轮功”组织和我们争夺群众、争夺阵地的严峻事实。建议这些同志再认真读一读党中央的一系列文件，进一步提高认识，更加全面准确地贯彻中央政策。

（中央电视台 摘自新浪网新闻频道 1999 年 9 月 16 日）

对于彻底解决“法轮功”问题，全面掌握政策很关键，并要把政策说明白，说透彻，还要不失力度，对于广播评论的语言要求不低。

由于评论自身所具有的逻辑性和一定程度的抽象性，决定了对于靠听觉来获取信息的广播媒介来说需要将这种逻辑和抽象进行一定的“化解”。尽量不要设置太多层次的逻辑，同时可以运用多种评论所采用的说理方式，结合实例进行通俗化的解释，以便于听众理解并接受。

3. 语言生动、口语化

广播评论大都选择与百姓生活息息相关的新闻事件为内容，这需要广播评论在语言上活泼生动、贴近百姓，使听众听起来亲切、风趣，乐于接受。一般来讲，评论的语言大都严谨、理性、犀利、鲜明，通过对论点和论据的合理组合从而造成一种夺人的气势，从语言上“征服”别人。

本台短评：创建全国文明城，广大市民是主体

环境是城市的容貌，绿化是城市的外衣，市民的素质则是城市的灵魂，决定着城市的精神风貌，决定着城市的文明程度。创建文明城市的主体是全体市民，只有广大市民都参与到创建活动中，在活动中提高文明素质，整个城市的文明程度才会得到提升，创建全国文明城市才会有最广泛的基础和保障。

马鞍山人历来就有见义勇为，助人为乐，礼貌谦让，勤劳敬业，自强不息，重

德贵义，热心助人的好传统，涌现出跨省献血救产妇的出租车司机黄辉、无偿献血状元傅强等一批又一批先进人物。但我们也非常痛心地看到，在我们身边少数人的身上还有随地吐痰、乱扔垃圾、乱贴乱画、闯红灯、宰客、破坏公物等不文明行为，损害了城市的形象。试想，一人一天乱吐一口痰，一人一天乱扔一袋垃圾，一人一天乱穿一次马路……乘上数百万，地上将会是何等脏乱差？交通将会是何等混乱？相反，如果每个市民的文明素质都能提高一小步，那么我们城市的文明状况就会提高一大步。

“勿以善小而不为、勿以恶小而为之”，每一个热爱自己城市的马鞍山人都要坚持从我做起、从现在做起、从点滴做起，讲文明、讲进取、讲品位，不断超越自我、提升自我，以自己的文明素养为马鞍山增添光彩。在参与中不断提升和丰富城市精神的内涵，弘扬马鞍山人勤劳勇敢、乐善好施、见义勇为等良好风尚，自觉摒弃不文明的陋习，提高学习创新能力，增强创业创造才能，形成高尚的道德修养，养成文明的生活习惯，培养健康的生活情趣，塑造一流的社会风气和市民素质。

广大市民既是创建工作的主体，更是评判文明成果和享受文明生活的主体。作为这个城市的主人，每一个市民都应该充分认识到，自己就是城市的一个“窗口”、一张“名片”、一个“品牌”，时刻不忘提高自身文明素质，共同推动马鞍山的发展，共同建设马鞍山的文明。

（马鞍山广播网　作者：芮发金 2009 年 3 月 26 日）

“试想，一人一天乱吐一口痰，一人一天乱扔一袋垃圾，一人一天乱穿一次马路……”“以自己的文明素养为马鞍山增添光彩”等日常化语言的应用，使得短评浅显易懂，充满生活化气息。

广播的受众，比起平面媒体受众，群体相对庞杂，且文化程度高低不一，如果使用大量的书面词汇，可能会对受众的理解造成困难和阻碍，因此广播评论的用语要尽量通俗和口语化，少用晦涩、难解的书面词汇，用浅显的语言同样能够达到以理服人的效果。

二、广播评论的表达特点

除语言上的短小精悍、通俗易懂、生动化、口语化特点之外，广播评论还应该注重形式上的“软”和结构上的事理结合、虚实相间。

1. 广播评论“软”着陆

“软”绝不是指缺乏立场和观点的模棱两可，而是指针对广播媒介的传播特点，加入适当的“情理”成分。因为评论大都是说理、论证，意在表明观点，以此影响或改变他人对事件的看法，因此，在一定程度上讲，暗含说服别人的意味，如果不注意评论的口气或是方式，很可能会造成那些和此看法持相反意见人的逆反。

所以，广播评论应当尽量避免用生硬、强大，带有宣传性质的口气，而是要多注重、讲求传播的策略、方法和方式，在说理的同时适当的加入“软性”成分，增强广播评论的亲切性和感染力。《新闻瞭望》就是极好的一例：

荣获首届中国新闻名专栏奖的安徽人民广播电台新闻评论性栏目《新闻瞭望》的定位是：“追踪社会热点，评论天下大事，剖析是非曲直、反映社情民意。”《新闻瞭望》节目突破广播的旧有模式，不设专一的主持人，不用播音员，而由每位记者采、编、制、播合一，突破了写和读“两张皮”的现象，评论主体部分，由记者亲自说出，从而实现了写作者与播音者的两者合一。在这个过程中，记者有意无意间强化了评说的感觉，不论激昂还是沉稳，都不同于播音腔，更像生活中的朋友或师长，在发表观点，娓娓而谈，进而突出了广播口语化的特点，可听性更强。更为重要的是其中的声音元素相对丰富，如大气的栏目曲，带有背景音响、介绍稿件重点的小片化，各色口音的主体评论，摆脱了以往广播评论播音员声音一气到底的单一、纯粹声音语言的单调，节目整体性、品牌感更加突出，收听效果也更加突出。①

谈话体评论、录音评论、现场直播评论的出现，使广播以声传情的特点在广播评论里越发显示出奇妙的作用。实践证明，讲究“软”的表现形式，有利于“硬”的道理的传播。因为，用亲切通俗的语言，诚恳的语调，把道理讲透了，听众更愿意听、更容易接受。

2. 结构上的事理结合、虚实相间

广播评论为听觉设计布局，因此应坚持少而精的原则，要求论点切中要害，论据“以一当十”；表达切合听众思绪，适当分解论点，组成前后相依的说理结构，论述力求事理结合，虚实相间。

2003 年 10 月，厦门大学王小如教授带着她的科研团队整体搬迁到青岛，引发“南雁北飞”的话题。青岛人民广播电台制作了评论《从“南雁北飞”看人才流动新模式》。记者援引在“海洋一所”的见闻和王小如的表态，说明王小如一行确已“南雁北飞”。如果叙述到此为止，人们会误以为王小如的行动只不过是新一轮人才争夺战中的“跳槽”而已，跟改革开放初期的“孔雀东南飞”没有多少差别，这样，评论便少了新意。而立论是要在“人才流动新模式”上做文章，这才是论述的走向，于是循着这一走向又提供了进一步的事实：王小如还要继续指导厦门大学的科研项目。这样，评论对象——人才“柔性流动”的含义便浮出水面。接着，评论对王小如团队所代表的人才流动模式的特点进行高度概括，这是在打破部门所有制前提下，实现人尽其才、合理配置的“柔性流动”，是对“不求所

---

① 参阅：http://www.ah.xinhuanet.com/jdyl/2004-09/13/content_2859592.htm。

有，但求所用”新的人才观的有益探索。①

人类迈进21世纪，信息的倍增及其来源的多样化，对寻求发展的人们来说，既是财富又是负担。当人们厌烦越来越大的信息量时，对信息源自然提出要求：

一是要具有媒体的个性化，这种个性化越突出，就越是方便受众选择；二是要客观报道与主观评价相结合。

而广播评论无疑是最能体现个性化特征和客观、主观结合的形式之一，恰当处理好语言和表达之间的关系，广播评论就一定能更好地发挥它的优势。

第三节　电视评论的个性特征

电视新闻评论与报纸、杂志、广播新闻评论同样具有新闻性、思辨性等共同特点。但同时，电视评论还具有自己的个性特征。

一、电视评论不同于报刊评论的特性

1. 直接性、参与性

与纸质媒体不同，电视由于自身的媒介特征，在传播信息方面具有得天独厚的优势。它可以充分利用音响、解说词、同期声、字幕、画面等电视媒介丰富的传播符号，将新闻事件全面、直观地传递给受众，使受众在短时间内调动思维，参与其中。

2. 时效性、思想性

电视可以日夜24小时不间断播出，对最新发生的新闻事件做及时的报道、评论。这就决定了电视评论具有很强的时效性。对新近发生的新闻事件和社会现象做出实事求是的分析和全面深入的评价，阐明媒体观点立场，使电视评论具有鲜明的思想性。

3. 贴近性

电视评论的选题大都是群众所关心的新闻事件、社会热点，现场参与观众也都为普通老百姓，拉近了与普通大众的距离。也正因为如此，电视评论与报刊评论不同，它更注重语言的通俗易懂，思辨的深入浅出，而报刊评论往往更加注重逻辑性和思辨性。

寻找新动力

主持人：下一周全国“两会”就要召开，按惯例，之前人们总要分析猜测，今年“两会”关键词和提出今年最关注的事情是什么呢，其实今年大家都猜得出一

---

① 参阅：http://219.149.28.34/function/forum/viewthread.php? tid=1986&page=1&authorid=16。

些最重要的内容，比如促进经济、扩大内需、保障就业，当然还有反腐、医改、食品安全等，在本周答案出来了，有大家猜到的，但也有出乎预料，可是又在情理之中的，本周中共中央政治局，专门召开会议讨论政府工作报告，这次会议明确提出，今年要全面实施促进经济平稳较快发展的一揽子计划，接下来请注意四个“大”，大规模增加政府投资，大范围实施调整振兴产业规划，大力推进自主创新，大幅度提高社会保障水平。面对这“四大”，我们该如何解读，哪一个大，又是出乎预料，却又在情理之中呢，《新闻周刊》本周视点，关注这提前公布的答案。

短片一　明确我们的方向

金融危机，世界各国都在被一个“难”所困扰；金融危机，也正在考验着各国政府的应对能力和智慧。事实上，每一个国家的民众也都在问着相同的问题，那就是，谁会率先走出这场危机？

2009 年，我们希望我们的国家能在这场全球性危机中赢得先机。

“这次国际金融危机对我们的影响是深刻的，特别是去年四季度以来，下行的压力确实比较大。从我国国情看，我们正处在加快推进工业化的阶段，城镇化、工业化对各方面的需求潜力是非常大的。我们的金融体系整体上是健康的，所以我们的发展基本面没有改变。今年我们提出了增长 8%的目标，应该说是有条件、有可能的，也是有信心实现的。”国家发展改革委副主任刘铁男说。

本周四，国家统计局发布数据，2008 年，中国的国内生产总值超过 30 万亿元，GDP 比上年增长 9%，大大高于世界经济 3.4%的平均增速。2009 年，在世界许多国家经济出现负增长的情况下，中国给自己提出的经济增长目标却是——力保 8%！

同样在本周，中央政治局也在全国“两会”之前召开了一次非常重要的会议，会议强调，2009 年将是进入新世纪以来我国经济发展最为困难的一年。经济能否保持平稳较快增长？一系列措施能否真正拉动内需？结构调整能否顺利实现？一个又一个重要的改革能不能取得突破？为生存而战的企业，在劳务市场上苦苦寻求机会的劳动者，2009 年，中国再次进入了一个不进则退的历史关键时期。

本周，对于今年的政府工作，中央政治局会议明确提出：要全面实施促进经济平稳较快发展的一揽子计划，大规模增加政府投资，大范围实施调整振兴产业规划，大力推进自主创新，大幅度提高社会保障水平。此外，扩大消费需求、促进农民增收、推进结构调整、保障和改善民生、维护社会和谐稳定等，也都被确定为今年政府工作的重点。

去年 11 月，国家发改委宣布今后两年中大体需要 4 万亿投资；今年 1 月，国家出台十大产业振兴计划，汽车行业、钢铁行业振兴规划出台；本周的中共中央

政治局会议中，又提出了四个“大”：大规模增加政府投资，大范围实施调整振兴产业规划，大力推进自主创新，大幅度提高社会保障水平。

回头看，面对这场严重的世界金融危机，中国政府从去年 11 月，不到 20 天的时间迅速框定 4 万亿投资方向；到今年年初，在短短一个半月内连续推出十项产业振兴计划；再到本周，中央政治局会议对 2009 年经济和社会发展做出明确部署，三个多月的时间，中国应对此次金融危机的方法、措施、目标和原则，已经非常清晰。

主持人：在这四个大当中，毫无疑问，大幅度提高社会保障水平，是之前大家没想到，但之后又觉得在情理之中的，之所以之前大家没太想到，是因为在经济危机前提下，扩大内需、刺激经济、保障就业，好像更着急、更当前、更眼下，而提高社会保障水平，是一个中长期的任务，重要——但会立即加大气力吗？本周答案是肯定的，但为什么又说答案出来之后，大家又觉得是情理之中，说远一点的吧，当年罗斯福新政就因为建立了社保制度，使美国人在大萧条中保持了乐观的心态，从而最终战胜了困难，恢复了经济。当然，这只是一个带有历史感的联想。

（新闻周刊官方网站 仅节选短片一 2009 年 3 月 2 日）

“两会”之前人们总要分析猜测今年最关注的事情，围绕中共中央政治局政府工作报告提出的全面实施促进经济平稳较快发展的一揽子计划，我们该如何解读，本篇电视评论可谓紧扣热点，贴近生活，并不乏思想性。

二、电视评论不同于广播评论的特性

1. 视听结合、声画互补

与报纸评论和广播评论相比，电视新闻评论得利于电视这一媒体，充分运用电视传播的符号，通过画面、字幕直接作用于观众的视觉，通过音响、解说、评论性语言作用于观众的听觉。传播符号的多样性，使得电视新闻评论不同于报纸通过文字、图片，单作用于视觉，也不同于广播通过音响、语言，单作用于听觉。而是把视觉的文字、画面和听觉的声音有机结合在一起。

通过对画面和文字的“看”，使观众对静态的新闻空间和动态的新闻发展了然于心，获得最直接的感受；通过对音响、评论语言的“听”，便于观众对于新闻事件的发展做出清晰的认识和评价。视觉与听觉的结合消除了观众对新闻事件的不确定性，声话互补加强了对新闻事件的认识，从而产生“1+1>2”的传播效果。

央视《焦点访谈》节目："彩票预测"的陷阱

随着网络的日益普及，一些不法分子开始利用这一新兴形式进行诈骗。一家名为"彩票预测中心"的网站号称，只要成为该网站会员，就能保证中奖。他们的骗术让不少人上当受骗。

32岁的王女士是受害者之一。今年6月，她无意间发现了这个"彩票预测中心"网站。由于该网站宣称只要成为会员肯定能中奖，她抱着试一试的心态汇去了680元，从此掉进了该网站编织的陷阱。在付出36 680元后，她最终也没拿到所谓的"中奖号码"。这时，王女士才意识到自己被骗了。

记者曾多次试图见面采访该网站工作人员，但都遭到拒绝。记者调查该网站的所谓"工商注册编号"等资料，发现这些信息都是假的。

专家分析，目前存在大量类似的"彩票预测中心"，它们正是利用彩民迫切想发财的心理进行诈骗。记者在中国互联网违法与不良信息举报中心了解到，目前网络诈骗的案件类型和数量开始呈现逐年增加的趋势。2006年以前网络诈骗的举报仅占总举报量的5%，而2006年仅上半年，有关网络诈骗的举报电话就增加了一倍，占举报电话的12%左右。

越来越多的网络诈骗不仅侵害网民利益，还破坏了人和人之间的信任关系，对整个互联网产业也是一种伤害。有关人士呼吁采取积极措施，对此进行整顿与监管。

[详细内容]

演播室主持人 敬一丹：人们一旦买彩票就开始了期待，就希望得到某种预测，希望能有好运气。那么喜欢买彩票的朋友可能注意到了，现在在网上有不少专营彩票预测的网站，它们说自己是科学的、权威的，做出这样的承诺：说是保证中奖率为80%到90%。这让不少彩民动了心、掏了钱。那么交了钱的彩民真的能如愿中奖吗？这些网站到底是一些什么样的网站呢？

【解说】 今年32岁的王女士，平常喜欢买彩票。今年6月，她在上网的时候无意中发现了一个叫彩票预测中心的网站。按照网站的说法，只要成为该网站会员，就能拿到网站专家预测的彩票号码，并且保证中奖。抱着试一试的态度，王女士按照网上所提供的账号，汇去了680元后，网站给她提供了一个登陆账号和密码。按照王女士的要求，记者通过网络QQ采访了她。

(记者采访王女士)

(电话采访某彩票预测中心)(略)

【解说】 那么这些害怕见记者的人到底有些什么不可告人的秘密呢？记者决定按照网站所留的地址前往调查，却又发现一个很有意思的现象，网上许多彩票预测中心所留的地址都和北京市新街口南大街46号有关。

记者：这里是北京市新街口的南大街。在很多彩票预测中心的网站上，我们都看到了新街口南大街46号这样的地址。那么这个地方到底是个什么样的单位？它又和各种彩票预测中心有着什么样的关系呢？今天我们来到了这里，发现这里其实是福彩中心的摇奖大厅。

记者：你们有没有预测中心这样的机构？

邸凯 北京市福利彩票发行中心福彩摇奖大厅工作人员：没有，我们这儿绝对不会有这种机构。我想可能是有的机构或个人打着福彩中心的旗号，利用我们这个地址，可能为了博取彩民的信任吧。

【解说】 记者经过查找，发现位于新街口的几家网站地址都不存在。看来根据网站所留的地址是很难找到这些预测中心了。记者试图通过电话号码来确定网站的位置。经查询114，确定这些电话号码都属于铁通公司。

（电话采访中国铁通集团有限公司客服人员）（略）

【解说】 一号通是虚拟电话，看起来像固定电话，却可以绑定在任意的手机和座机上，要想通过这些电话也是不可能找到这些彩票预测中心的。那么这些神秘的网站到底是怎么回事呢？记者注意到，在很多彩票预测中心的网站上，还公布着自己的工商注册编号，有的甚至还在网上出具了自己的工商营业执照。通过这些信息是否可以获取这些神秘网站的更多信息呢？记者到北京市工商局西城分局进行了查询。

江伟勤 北京市工商行政管理局西城分局监督科科长：我们从工商注册登记注册号的排序规则上来看，这个编号是虚假的。

【解说】 这些神秘的网站，如此煞费苦心地编造假信息、假地址，它的真面目到底是什么呢？这些网站真的能够像它们宣称的那样可以预测中奖彩票号码吗？

王柏泉 中国福利彩票发行管理中心副主任：彩票从本质上说是一种幸运游戏，它的开奖号码都是随机产生的，根本无规律可言，所以根本无法预测。

王薛红 北京大学中国公益彩票事业研究所执行所长：电脑彩票，因为它是机器摇奖，那么机器摇奖它不是人为控制的，就是它有它的随机性，这种随机性并不是说我预测就能预测出来的，而且每一次的随机它跟上一次的中奖号都没有什么关系。

【解说】 从科学上讲，彩票根本无法精确预测，而这些网站却以“专家预测、保证中奖”的承诺来诱惑彩民们交钱，这显然是骗人的。前面提到的王女士在交给网站36 680元钱后，开始意识到这原本就是一场骗局。她立即打网站电话，试图把钱要回来，电话却怎么也打不通了。

何易 中国福利彩票发行管理中心宣传部主任：就是一步一步，从小到大地诱使你往里投钱，最后当你发现你投的钱可能会被骗的时候，你再打电话就找不着人了。

【解说】 目前有许多彩民像王女士一样因此而受骗。在中国福利彩票发行管理中心，记者了解到，这类投诉电话占了投诉电话总量的50%以上。每天中心都会接到全国各地受骗彩民打来的举报电话。(记者与何易的对话 略)

【解说】 其实，这些诈骗者所编制的陷阱并不是完美无缺，反而是漏洞百出。您看这个网站所展示的中国福彩中心的"受权书"，不仅错别字连篇，而它所表明的有效期限是"20015"年，居然是将近两万年以后。而对于这份营业执照，不仅出现了闻所未闻的"国内合资"的说法，而且这个章居然连行政区划也没有，可为什么这些并不高明的骗术却让不少彩民身陷其中呢?

王薛红：迫切想发财，而且想一搏，就是我要搏一次，反正就几百块钱，所以这样一旦交了第一次之后，他觉得第二次，我前面已经损失了，我再不交好像有点可惜了，其实就是有一种翻本儿的心理在起作用。

何易：这些被骗者也应该自己有点警惕性，因为如果骗人的人他如果能够给你提供号码的话，他为什么自己不去赚这笔钱?

李家明 中国互联网违法与不良信息举报中心主任：从我们(2004年)开通举报中心以来，到现在我们最新的统计(网络诈骗)是34 987件，这里面诈骗的类型很多了。这其中网上手机诈骗、银行诈骗、购物诈骗，当然还有一大部分是彩票诈骗。

【解说】 记者在中国互联网违法与不良信息举报中心了解到，目前网络诈骗的案件数量开始呈现逐年递增的趋势。2006年以前，网络诈骗的举报仅占总举报量的5%，而2006年仅上半年，有关网络诈骗的举报电话就增加了一倍，占举报电话的12%左右。越来越多的网络诈骗所带来的不良后果不容忽视。

李家明：(网络诈骗)是一种对互联网公信度的最大伤害。网上有诈骗，人们就觉得在网上进行各种事情不安全。你比如说现在国外的电子商务发展得比我们快得多。中国为什么现在还没有真正形成一个和市场匹配的这么一个规模，就是人们觉得在网上不安全，所以对于我们互联网产业的发展都会产生不良影响。

演播室主持人 敬一丹：记者的采访，让我们感觉到我们面对着这样的情景：一面是互联网快速的发展，到今年6月30号，我国互联网用户人数已经达到了1.23亿，这让人欣喜；一面是网络的隐蔽性、虚拟性也同时让骗子们发现了新的行骗途径，这让人担忧。那在一喜一忧之中如何面对网络诈骗造成的陷阱和漏洞？如何保障网民的利益？发展中的互联网在期待着。

(中央电视台《焦点访谈》转载自中彩网 2006年7月25日)

上面这篇央视《焦点访谈》其中一期的节目，无论是从内容还是视角上都带有电视评论极为鲜明的特色。在选题上结合当时的热点话题“网络诈骗”，结合实例与分析，分别从多方面进行表述和论证。拉家常式的采访、叙述，灵活、生动，从叙述的具体事件入手展开分析，以小见大，自然引申出要论证的主题。

同时，文章中选取多个不同身份的“发言人”，有受害者，专家，政府工作人员等，通过记者分别与他们对话，同时将采访对话与现场解说穿插结合，采访与调查相结合，述评客观、清晰，加强了论证的说服力，流程化的论证过程，更利于观众对整个事件的认知。

此外，作为“现场评论者”的主持人适时地对事件全程进行画龙点睛的评述，从中提炼深刻思想，引导观众思考。

2. 形象化论证、立体化整合

由于电视是声画一体的形象化传播，因此，电视新闻评论成为一种“形象化论证”。这也是它和报刊、广播评论的一个重要区别。电视新闻评论将抽象的论述性语言与形象的电视画面语言相结合，用具体的画面形象，逻辑清晰、通畅精辟的论述语言作为论据，使其在道理上说服人，在画面上感染人，在感情上打动人，使观众更好地接受和理解评论的内容。

“最牛大专女生”曹晓洁做客中央电视台《实话实说》节目

图 2-1　曹晓洁做客中央电视台“实话实说”节目（右一为主持人和晶、左一为被媒体称之为“卖猪肉”的研究生小施）

“最牛大专女生”曹晓洁在被国内各大报纸连篇累牍的报道，以及各大网站汗牛充栋的转载后，再次受到了来自中央电视台等主流媒体的关注与肯定。继2月17日，她应邀做客CCTV-12频道《心理访谈》节目后，2月22日，她再次走进中央电视台，成为CCTV-1频道《实话实说》节目的主嘉宾，与主持人畅谈求职经历，与大学生分享学习心得。

本期的《实话实说》节目，邀请了两位近期受到媒体广泛关注的大学生代表。第一位代表是毕业于华南理工大学工业设计专业的研究生小施，她应聘了一家食品公司的销售管理职位，但因为面试过程中切身体验了几天站柜台卖猪肉的经历，从而被媒体报道为“研究生卖猪肉”，从而引起了各方面的极大争议；第二位代表就是曹晓洁，这位仅仅大专毕业目前还尚在读自考本科的学生，却因为英语、日语和软件技术三方面的优势，被Infosys、富士通、IBM三家跨国公司录用，从而被媒体和广大网友誉为“史上最牛大专女生”。

作为第一位出场的嘉宾，“卖猪肉”的研究生小施，并非观众想象当中的固化形象，而是一位美女，而且是一位能言善辩、非常爱笑的美女，这使得她非常具有亲和力。她对自己求职经历的短短描述，以及对媒体误读的澄清，在得到专家、媒体以及台下观众的理解的同时，却也对她的选择表示不能理解。按照现场的媒体代表、《工人日报》要闻部主任石述思先生的观点，小施作为一所名牌大学的毕业生，一位工业设计专业的研究生，这种人才在国内还是比较稀缺的，理论上来说，小施应该在专业方面有所作为，并因而在跨国公司找到一份很好的白领工作，但她没有，而是因为目前就业形势的严峻，或者是因为所谓的“十万年薪”，最终选择了一家民营企业的销售岗位。因此，虽然她选择了一份自己很喜欢的工作，对个人来说是一种不错的选择，但她的这种选择事实无疑是高等教育资源的浪费，也无疑反映了我们高等教育人才培养体系的失败。

较之第一位嘉宾，曹晓洁的出场让大家有了更多的期待。当大屏幕VCR介绍到曹晓洁已经被三家跨国公司同时录用时，得到了主持人、嘉宾以及台下的观众——一群来自中科院研究生院的研究生们热烈的掌声。

在主持人和晶的引导下，曹晓洁介绍了自己的求职经历。随后，曹晓洁的学姐殷乐琴讲述了自己对她的认识，还在大一的时候，学校举办了印度软件工程班，由印度外教全程英语教学，全部课程均为软件技术类课程，那时他们班上只有一个女生，就是曹晓洁，而更令大家印象深刻的是，恰恰是曹晓洁最快的适应了外教的“印度式英语”，并成为印度外教的助手，帮助全班同学一起学习英语口语和软件技术。

曹晓洁的老师黄新忠则认为，曹晓洁的成功主要由两个因素构成，即是“自信”和“机遇”。所谓“自信”，黄老师认为是曹晓洁个性中包含了独立、坚强、不服输的一面，更重要的是在大学里面通过参加社团活动而形成的开朗、外向、善于与人合作的一面，这种自信使得曹晓洁从来不因为自己是一所民办高校的大专生而自卑，反而使得她更加积极向上。黄老师认为，曹晓洁成功的另一个因

素就是“机遇”，这包括她在大一时就恰逢学院开办印度软件工程班，使得曹晓洁能够接受到全环境的外语教育和全方面的软件技术训练，在大二的时候，曹晓洁又幸运地赶上了学院与IBM公司共同举办IBM先锋服务外包人才实训基地，使得她有机遇零距离感受企业运营，接受仿真式项目实训，从而完成自己从一个大学生到企业员工的无缝衔接和华丽转身。

访谈过程中，主持人还电话连线了远在上海的IBM公司资深服务外包专家屈中华先生。他认为IBM之所以选中曹晓洁，其一是因为她具备了服务外包所需的英语、日语和软件开发等基本技能，其二是因为她身上的那种积极向上的愿望以及愿意与人合作的品质。他认为这些恰恰是跨国公司衡量一个应届毕业生的重要标准。

曹晓洁的故事，不仅打动了主持人与观众，也打动了阅人无数的专家与媒体代表。作为人力资源专家，清华大学中国管理研究中心孙虹钢教授认为曹晓洁现象说明了职业教育的成功之处和民办教育的核心竞争力之所在——就是以市场为导向，培养企业急需的实用型人才，从而实现高质量的学生就业。

当主持人问道今天的两位主嘉宾谁更能给台下的观众带来启发时，一位中科院研究生院的研一学生，争着表达了自己的观点。他认为较之小施，曹晓洁的故事让他更受启发。他说，虽然自己现在已经是研一的学生，但反思自己的大学生活，基本上是被浪费掉了，而自己后来选择继续考研，恰恰是为了躲避形势严峻的就业，缓解自身的就业压力。

不知不觉中，长达2个多小时的节目录制过程，就在轻松愉快的交流与碰撞之间悄然过去了。当主持人和晶让两位专家和媒体代表对当晚的两位主嘉宾进行一句话点评时，孙虹钢断言小施会在两年内离开那家给她开出“十万年薪”的民营企业，并希望她有机会可以先到跨国公司锻炼几年再跳槽到民营企业；对于曹晓洁，孙虹钢同时希望她能看到自己的优势，逐步提升，在跨国公司一路走好。

（先锋新闻网 2009年2月26日）

传统的报刊新闻评论可以说是编辑、记者的“一家之言”，而电视则为不同声音提供了对话平台，对言论进行立体化整合。电视新闻评论发挥了电视现场感的优势，使电视评论员、专家、主持人、观众进行不同立场、不同身份的言论交锋和碰撞，甚至利用热线电话、手机短信、互联网，对论证进行立体化整合。

3. 生动、真实，现场感染力强

电视新闻区别于报纸、广播新闻的另一个特点就是：电视新闻的记者可以在新闻事件发生的同时，尽快赶到现场，对事件发生的过程进行跟踪拍摄和报道，将新闻现场发生的一切通过画面全面、准确、及时地传递给观众。这一点对电视评论来讲也是至关重要的。因为生动、真实的现场报道能够在第一时间给人们的视觉、听觉以及思想造成强烈的冲击和震撼,现场感越强的东西越能打动观众,从而首先在画面上就能赢得观众的信任。

[新闻周刊]视点:2009制度推进年?(2009年1月10日)

主持人:在2008和2009年交接班的那几个小时里头,我相信很多人都一样,接到了很多手机短信,内容各不相同,但却集中反映了一种心理状态,对悲喜交集的2008终要过去的一种非常复杂感受和对进入2009,希望能够平静一些的渴望。但是愿望是美好的,而2009会像人们期待的那样平静吗?似乎现在看来还依然是个问号。2009年是新中国成立60周年,中美建交30周年,中法建交45周年,五四运动90周年等大事件的纪念年份,还是"十一五"的关键之年,尤其是在金融危机下,人们期待的转折之年。经济、政治、社会、外交,挑战一个接着一个,但是如果说到人们最关心的生活,恐怕保经济增长、保就业,就成了真正与每个人息息相关的头等大事儿。一方面是农民工返乡后还能回到城市当中去吗?还有活儿干吗?另一方面,今年要毕业的600多万大学毕业生,加上去年毕业还没找着工作的大学毕业生,就业的问题又将如何?在这一系列挑战面前,我们能不能建立起真正的机制,让2009年成为制度改革之年呢?《新闻周刊》本周视点,透过就业看制度改革。

就业

民工子弟学校　学生

学生:因为我爸爸搞装潢的,现在没生意,我妈妈是家政公司的,现在也没人请了,也没什么事干,就想回家。不知道(明年来不来),我不知道。想(来)。

学生:我自己是想拿好成绩单再回去。这样好一点,能给爷爷看一下成绩。

这里是杭州的一所农民工子弟学校,临近春节,大多数孩子都要和父母一起回家,与以往不同的是,今年,这里很多孩子和父母回家后,可能就不再回来了。

小孩:我妈妈说如果老家的学校收我,我就去。(为什么要走呢?)我妈没有跟我说。不想。

小孩:我妈妈跟我说在杭州生活不下去了。那天她(妈妈)从厂里回来,我在写作业,她说现在我们没工资了,然后我就问为什么没工资,妈妈就说是金融危机搞的。

孩子们还不知道什么叫金融危机,他们闪烁的泪光中还带有一丝对父母的埋怨和不解,但是,对于那些城市务工者来说,工厂的关闭,意味着他们只能有

一种选择，那就是回到自己的老家。

人事部副部长　尹蔚民：进入10月份以来，随着国际经济形势的变化，对我国的就业局势也产生了影响，影响主要表现在部分企业，特别是劳动密集型的中小企业，有一部分出现了关闭、停产或者半停产的情况，造成部分人员失业。所以目前的就业局势还是严峻的，而且这种影响还在进一步发展。

中国社科院人口与劳动经济研究所副所长　张车伟：这一次应该说更重要的是影响那些流动就业的，尤其是从农村到城市务工的这些农民工的影响，我觉得受这种经济的波动的影响是最大的。

众所周知，农民工这支“劳动大军”，在推动中国现代化进程中发挥了巨大作用，已成为了中国产业工人的重要组成部分。然而，此次国际金融危机，受影响最大的劳动密集型企业也正是农民工集中的地方。不久前，国家统计局对四川、河南、安徽、湖北、湖南五个劳动力大省进行了快速调查，得出的数据是提前返乡的农民工占整个外出农民工总量的5%～7%。农业部根据固定观察点最近对10个省市的数据调查，得出农民工提前返乡量占农民工总量的6.5%。

中国社科院拉美研究所所长　郑秉文：我们现在平常学界用的数据，流动人口，包括农民工大概两亿，两亿的话要是6%的话，那应该是一千几百万了，如果要不是6%，你比如7%、8%、9%、10%，那恐怕就近2000万左右了。

人力资源和社会保障部副部长　张小建：进入10月份以后，出现了三个变化值得注意：一是城镇新增就业人数增速下降。前9个月每个月的平均增速是9%。进入10月份，新增就业的增速是8%，这也是最近几年来第一次出现了连续增长后的增速下降。二是企业的用工需求出现下滑。我们对84个城市劳动力市场职业供求信息调查显示，第三季度以后的用工需求下降了5.5%，这也是多年来在第三季度持续增长用工需求的情况下第一次出现下滑。三是企业现有的岗位流失严重，据我们重点监测显示，第三季度我们监测这些企业有一半企业存在岗位流失的情况，而且岗位流失增减相抵，就是新增加的岗位和流失的岗位增减相抵，出现了负数。

金融风暴，火车上大量返乡的农民工，怎么能创造条件让他们重新回到城市，这恐怕是2009年最棘手最需要解决的问题。

除农民工外，2009年另一个需要关注的就业群体就是毕业的大学生。2009年，大学毕业生将在2008年的基础上增加50万，达到610万人。如何妥善解决好他们的就业，对2009年经济社会的全局发展具有至关重要的意义。2009年，对中国来说肯定又会充满了各种考验。

主持人：最近一段日子，一些日子并不好过的企业又开始承担起更多的社会责任，公开表态争取不裁员、少裁员，比如浙江企业就发出倡议书，力争不裁员，不减薪。这样的行为很温暖、很感人，在短期内也很重要。如同大灾到来之后的人们的捐款捐物，是爱心，是温暖，也起到救急的作用。但如果从长期来看，输血不如造血，让企业所有的包袱都由它自己来扛的话，估计过一段时间，很多的企业就纷纷被拖垮，那我们又该怎么办呢？危机不会来了之后待一小会儿就走，也不会来了一次之后就永远不来了。如何变短期爱心为长期的机制？如何为企业减负，用社会保障来分担？就是这个冬天我们必须要回答的问题。

（中间为政策穿插和专家解读等 略）

主持人：在过去的2008年，中国经历了很多，也有很多好的种子出现了，并且在快速地生长，那么，2009年，如同解决不能就业人群的社会保障一样，我们都需要这种生长演变成一种更长期、更系统的制度成果，这样才能真正成为下一步发展的重要动力，比如2008年，我们提出了问政于民、问需于民、问计于民。那么，2009年我们就要回答怎么问政于民，怎么问需于民，怎么问计于民，怎么问的问题很重要，这就需要一种制度建设。再比如2008年，我们提出了老百姓要有知情权、表达权、参与权、监督权，那么，2009年我们就要回答怎么更好的在制度层面上去保障这样的权利。毫无疑问，经过2008年之后，我们对2009期待更多，答案会是什么呢？

（《新闻周刊》官方网站2009年2月19日）

这档节目，除了选取民工子弟学校学生作为采访对象之外，还有人事部副部长、中国社科院人口与劳动经济研究所副所长等的解读，再配以电视新闻记者的现场解说和评论，晓之以理，动之以情。画面和语言双管齐下，形成强大的说服攻势。

此外，电视评论由于自身所具有的强大的“宣传攻势”，决定了它在论证某一观点时势必会掌握更多、更全的论据与说理方式，充分发挥电视媒介的优势，形式上更为丰富和多样，全方位、立体化、多角度的论证是区别于报刊评论和广播评论的显著特点和优势之一。

对于电视评论来讲，一般要求做到有述有评、述评结合，充分发挥电视媒介的传播特点，结合生动、真实的画面来获取形象、可信的论述证据，从而更好地为论证目的服务。

综上，无论是广播评论还是电视评论，区别于平面纸质媒体的一个显著特点就是可以充分利用各种音响或画面，让广播电视评论节省对于环境、气氛等方面的叙述、描写，使事实更清楚、明白的展现在受众面前，评论更生动、感人。

第四节　网络评论的个性特征

对于网络评论的定义，现在有各种各样的说法，丁法章教授在《新闻评论教程》中，将它定义为“网友就当日重要新闻在网上发布的个人署名言论”。王兴华教授在《新闻评论

学》中将它定义为"网络媒介编辑就最近重要的新闻，在新闻网页上所设的观点、论点、评论等言论专栏中发表或者发布的署名评论"。金梦玉教授在《网络新闻实务》中这样认为，"网络评论就是在网络媒介上就新闻事件或者当前事态发表的评价性意见"。

结合时代的发展，在参考了多位学者的定义后，可以取长补短给网络评论下这样的定义，即：以互联网为传播载体，针对新近发生的新闻事实的报道。利用文字、链接、图片、影像等手段，发表的宣传性和意见性的主体化的信息。当今社会正处于转型期，呈现出思想多样性、文化多元性、价值多元化的客观趋势，而网络评论最能适应并反映出这种趋势的传播形式。

网络媒体是指通过计算机网络传播信息的文化载体，又被称为继报刊、广播、电视等传统媒体之后新兴的"第四媒体"。简单地说网络媒体就是在网络上运作的媒体，是互联网应用于媒介或信息传播的产物。作为媒介或媒体机构，网络媒体具有新闻传播、传播舆论、商业广告、休闲娱乐等多种功能。国内比较成功的网络媒体有新华网、人民网、东方网、新浪网和搜狐网等。

从新闻传播的角度看，网络媒体作为一种新媒体，既是对传统媒体的一种继承，又有属于自身的许多新特点，其特性一直处于发展、丰富之中。在信息数字化的今天，它以速度快、时效性强，信息量大、内容丰富，传播范围广，可检索、易复制，强大的多媒体功能和开放的交互性等独特特征，打破了传统的地缘政治、地缘经济、地缘文化的概念，形成了以信息为主的跨国界、跨文化、跨语言的全新虚拟空间。网络媒体将随着技术的进步而不断发展。

关注网络评论的个性特征要从了解网络评论兴起的背景和网络评论的现状开始。

一、网络评论兴起的背景及现状

1. 网络评论兴起的背景

首先，从社会需要的角度看，信息化社会新闻信息需求急速增长，信息形态、媒介传播方式都发生了改变，受众不仅需要新闻信息，也需要对新闻的解读，从新闻中寻求观点解释。新闻评论具有传播、引导和监督、协调、阐释等功能，成为媒体传播舆论的重要载体。由于网络媒体的交互性给予了人们更多的言论发表的主动权，网络评论是目前最为开放、意见表达最为自由的媒体评论，而且网络已经成为很多人生活中不可缺少的一部分。

其次，从思想背景的角度来看，网络评论由"灌输"舆论转向了尊重受众自由发表舆论，受众的个性化主动传播地位不断提高，成为网络评论的积极参与者。如今，留言板、博客、论坛等多种受众网络评论方式正在逐步兴起。

最后，从技术发展的角度来看，网络技术的数据库、超链接、互动功能的不断完善，大

大延伸了传统媒体的服务功能，随着多媒体技术的进步，也大大扩展了网络评论的参与方式。现在，网络评论的繁荣正是技术进步的体现，也呼唤具有直接鲜明指导意义的网络新闻评论的诞生。

2. 网络评论的现状

中国网络媒体的发展从20世纪90年代中期起步，在“网络版”、“电子版”的初级阶段，网络媒体普遍关注的是新闻量的增加。经过五六年的发展，到新世纪交替之际，互联网成为中国重要的传媒形态。互联网具有的传播速度快，覆盖范围广泛，高度的开放性和交互性等特点，已经成为信息交流、文化传播和进行社会经济活动的重要载体。

因此，随着网络媒介以及网络新闻的发展，中国网络媒体发展成为一个独立、成熟的媒体，其中一个重要标志就是有了网络评论的快速兴起。网络评论经历了从无到有，从少到多，从单一性到多样化，并正走向成熟化、专业化的历程。如今，为了吸引更多的注意力和点击率，众多网站推出了评论品牌，如人民网的《人民时评》、新华网的《新华视点》、搜狐网的《在线时评》、千龙网的《千龙时评》等，网络新闻评论正在发挥积极的舆论引导作用。

传媒对于评论的重视是与生俱来的，作为网络互动的重要手段，评论在网络上更多的是反映出受众的思想行为和价值取向。这种评论大大增强了受众对新闻事件和热点话题的关注，丰富了新闻内涵，使新闻表现得更加生动活泼。中国网络媒体幸运地拥有一群积极地关注现实生活的网民，随着网络评论的持续发展，更多网友会加入到网络评论的队伍，为网络评论注入新的活力。例如，华南虎照片事件就引发了网友积极参与，开展了一场关于新闻真实性的争论，影响深远。

二、网络评论的个性特征

1. 网络评论具有意见传达的快捷性

由于网络技术的发展，使得新闻信息的发布比较简单，传播的时间迅速，片刻之间的操作，信息就能迅速传播给受众，没有时间和空间的限制。所以，网络评论注重时效性，一方面要求对新闻事件或者话题即时形成舆论并快速传播；另一方面又要不断挖掘旧闻中的新意义和思考。

网络媒体在时效方面相对于传统媒体具有得天独厚的优势，滚动的新闻、及时的更新使网络新闻实现了同步不间断的传播。所以新闻评论也要及时跟进体现“早、新、快”，并且针对过去发生的事件，多角度挖掘出对当前形势有教育和借鉴意义的评论。

2009年2月23日，在法国首都巴黎的巴黎大皇宫，法国佳士得拍卖行拍卖进行中。法国佳士得拍卖行举行的“伊夫·圣洛朗与皮埃尔·贝尔热珍藏”专

场拍卖会于2月23日至25日举行。(新华社/路透)消息传出,网评如潮。

以下为新华网评页面截图。(2009年2月25日)

各方声音

我们是为了赌气，还是想要回文物
追索流失文物尚待民族实现伟大复兴
追索流失兽首，别怠慢手头国宝
追索流失文物中国不必单干
讨要国宝的意义更在于珍视历史
谁是兽首的合法占有人

更多精彩内容请关注新华网评论频道

24岁的云南玉溪男子李荞明因盗伐林木被刑拘,进入昆明市晋宁县公安局看守所后于2月8日受伤住进医院,4天后死亡。警方解释说,他是在与同监室的狱友玩"躲猫猫"(后更正为"瞎子摸鱼")游戏时,因为蒙着眼被狱友普某踢打后撞到墙壁受伤,不治而亡。

事件发生后,网评如潮。以下为新华网评页面截图。(2009年02月23日)

延伸阅读

政府坦然面对质疑，不要躲猫猫
躲猫猫的真相，为何如此难求
如何保证不跟公众"躲猫猫"
"躲猫猫"调查与信任缺失
如今谁在"躲猫猫"?
"躲猫猫"事件，人大代表何在?
躲猫猫的深层追问才刚刚开始

网民调查与"躲猫猫"一样似儿戏
请网民查"躲猫猫"真相是进步吗
真相不能"躲猫猫"
调查"躲猫猫":网上舆情还得网下平息
"躲猫猫"调查也在"躲猫猫"?
"躲猫猫"调查团发现真相了吗?
"躲猫猫"调查不能承受之重
"躲猫猫"调查离事件真相有多远
有公众参与的"躲猫猫"才无猫腻
官员财产申报亮相 谁还在"躲猫猫"

以下为光明网,光明观察页面截图:

· 刘永涛：网民调查“躲猫猫”真相的警示意义 2009-02-23 11:05:00

· 祝威：真是“躲猫猫”，也难辞其咎 2009-02-23 10:58:32

· 徐迅雷：如今谁在“躲猫猫”？ 2009-02-23 10:51:27

2. 网络评论具有典型的交互性传播特征

在网络媒体的传播过程中，网络评论的受众除了能够在极大范围内选择自己需要的信息，还可以参与新闻话题的讨论和传播，并且及时有效地反馈，这也是网络媒体评论的优势所在。

其中比较盛行的网络论坛就是发挥网络互动功能、增强网民参与意识、了解社会民情、加强舆论引导的重要手段，也是网络评论的重要形式。因此，网民通过网络媒体了解新闻，并通过媒体了解及其对新闻事件的看法。反之，网络媒体通过网民了解民众对新闻事件或者社会热点话题的看法以及人们思想动态等。这样就实现了受众和网络媒体之间的积极互动。

同时，通过互动式评论，使个体受众通过参与调查和讨论获知了社会其他成员的态度和意见，在一定程度上容易形成网络上的公众舆论，能够产生巨大的社会舆论引导力量，表达民众的声音。

例如，中国宁波网《对话》时评专栏，邀冯骥才与网友就旧城文化遗产保护开发“对话”。一个半小时直播中，近 5 000 人次参与，评论发帖 400 多条，访问量达到 6 万人次。这充分反映出媒体和网民的互动，以及双方对文化遗产保护开发的关注和浓厚兴趣。

3. 网络评论具有主观能动性和开放性

网络受众多是以中青年为主，他们受过良好的教育，具有一定的思考判断能力，常常会主动上网搜索自己需要和感兴趣的信息，并且积极参加话题的讨论。

例如，周正龙炮制出假华南虎照仅 10 天，陕西省林业厅就迫不及待地于 2007 年 10 月 12 日召开新闻发布会，公布了周正龙拍摄的虎照。很快，就有网友质疑照片的真实性。有的网友以极其专业的、点滴入微的分析，指出了照片的种种疑点，乃至明确地点出了已被今天证实的是用年画拍摄的要害。此后，便有更多的网友加入了打假的行列，在网上形成了巨大的舆论力量，假虎照顿时成了过街老鼠。

2008 年 6 月 29 日，陕西省政府新闻办正式公布：“华南虎照片”是周正龙造假。根据陕西省政府公布的调查结果，证实华南虎照片确是人为造假拍摄。6 月 28 日，涉嫌诈骗犯罪的周正龙已被公安机关提请检察机关批准逮捕，折腾了长达九个月的“华南虎照”事件终于尘埃落定。

然而网络评论就在事件告一段落之时又活跃起来。

周正龙是不是"一个人在战斗"

6月29日上午，陕西省政府新闻办通报了"华南虎照片事件"调查处理情况。宣布农民周正龙拍摄的"华南虎"照片是一个用老虎画拍摄的假虎照。周正龙造假，涉嫌诈骗罪，已被提请批准逮捕。13名责任人受到行政处理。

事实上，"周老虎"等于"纸老虎"早已不被称之为新闻，而是公众的一致看法。人们更想知道的是，这样一部"年度大戏"会揭开一个怎样的幕后故事？从制片人到编导主创等一干人等最终又会受到怎样的责任追究？

令人大跌眼镜的是，热演大半年之久的大戏，竟被调查为："虎照造假事件系周一人所为，没有发现公职人员和其他村民参与造假的事实"。用一句时髦的话说，虎照造假事件，完全是周正龙一个人在战斗。而包括从县政府到林业部门的所有人，都是上当受骗者，都是事件中的受害者，他们和全国人民一样都被周正龙愚弄了。

13人受到行政处理的原因是"在华南虎照片事件中违反有关规定和行政工作纪律与程序"。如此大而虚乏的理由，大概意思应该是要他们"为受骗而承担责任"。因此除一人被行政开除，两人被行政撤职外，其他皆为诫勉、警告、记过之类的虚罚。

我们就要疑惑了：周正龙一个陕西农民，何以单枪匹马轻松斗败一整套的政府官僚系统，并且让虎照事件"纸包火"大半年而不漏？如果只是周正龙一个人在战斗，他何以消解"千夫所指"于无形，何以让历来起效迅速的自上而下的权力问责体系，俯首低头"倾情陪演"长达大半年之久？何况，在舆论掀起持续"打虎风暴"之后，当地政府部门的表现也与一个上当受骗者的身份太不符合了。哪有这样的受骗者，被人骗了，不去追查骗子的诈骗行径，反而拼命去维护骗子的名誉？

说到诈骗，究竟是周正龙要诈骗两万块钱？还是有人要诈骗"闻华南虎啸"的保护区名号和旅游区招牌呢？比照片造假更可怕的是权力造假。此一事件中真正欺骗全国人民的，也许恰恰是别有用心的政府部门和官员。现在的所谓调查处理，应该成为另一场追问风波的开始。

（新华网评 转载自《长江日报》，作者舒圣祥 2008年06月30日）

"虎照"真相揭开后的新期待

陕西"华南虎事件"终于有了一个令人较为满意的结果。

随着真相到来的，是对相关造假人员的严惩——始作俑者周正龙除退还陕西省林业厅颁发的2万元奖金，还因涉嫌诈骗犯罪被批捕；"虎照"事件涉及的13名官员受到处理。

这份迟来的公正，让人们在对“华南虎事件”似乎绝望而又几近淡忘之时，重新看到了希望。

最终为虎照盖棺论定的不是网友发布的《老虎卧瀑图》年画照片，也不是某网站公布的民间机构的鉴定报告，而是由陕西省监察机关责成公安机关经过2个多月的调查取证，从根本上推翻了周正龙拍摄活体野生华南虎真实性的基础。

这种通过严肃的司法程序和科学的调查手段揭开虎照疑云的方式，是对网络民意的尊重，也是对政府公信力的重塑。

一般来说，像华南虎照这种专业性、集团性的造假行为，如果没有政府和司法部门的介入，很难彻底揭开其黑幕。在旷日持久的“华南虎事件”中，造假者之所以在大量事实面前，仍然左支右绌地混淆视听，正是因为没有一个足够权威的声音正本清源，以正视听。在虎照不断被质疑的过程中，“挺虎派”们不了了之的鸵鸟政策，愈发激起网民对真相的诉求和对有关部门公信力的质疑，使得自己陷入更为被动的地位。这一切说明，面对公共事件，政府的应对不仅左右着事件的发展走向，更决定着事件的社会影响。

而与陕西“华南虎事件”如出一辙的湖南“疑似华南虎事件”，则在短短6天时间就查得水落石出，正是源于国家林业局及湖南有关部门“维护社会诚信，如实通报，不怕亮丑”的积极态度；源于鉴定专家不辱使命，实事求是的工作作风。最终，湖南有关部门轻松化解了一场信任危机，成为最大的赢家。

任何时代都生长谎言，都可能被谎言和无知一时遮蔽。但只要决策者有顺应民意、秉公执法的胸襟和决心，有直面问题、敢于负责的勇气和底气，就能够赢得广大公众的信赖和支持。而从民主管理国家、民主监督政务的角度讲，各级政府以积极的态度对待公众质疑，以明确的行动维护社会正义，更是民主政治建设的必然要求。由此观之，“华南虎事件”迟到的处理，依然值得喝彩。

一张虎照折射出很多人的丑，但同时也在我们面前竖起一面镜子。陕西省政府表示，将就此事件在全省干部中开展机关作风整顿教育活动。但愿这种活动能够推而广之，以期提升各级政府官员依法行政的法律意识和推进政治民主进程，构建越来越透明、高效、负责的政府。

（新华网评 转自人民日报，作者苏显龙 2008年06月30日）

正是存在这样活跃而理性的网民，无论是利用信息还是对新闻进行评论，都是轻松自由而有主观能动性的，利用网络发表评论没有限制，而且在利用新闻动机上网民具有完全的自主权利，传播者和受众之间形成一种平等自由的传受关系。

网民受众所具有的开放性，对新闻信息的思考和判断，破除了对媒体的迷信，能够通过讨论对其真实性和权威性进行评估。比如在BBS论坛上，一个话题可以引发成千上万

人的关注和讨论，并且各类观点精彩纷呈，极大地开阔了人们的思路，也为传统媒体提供了评论写作的新视角。

4. 网络评论意见表达多样化

网络信息的丰富多彩和无限性，决定了网络评论的话题广泛而分散，几乎涵盖了所有领域。例如，新浪网的新浪论坛分为娱乐、科技、情感、财经、文化艺术等多个论坛，而且每个论坛还有子论坛，每位网友都能够从中找到自己感兴趣的话题加入探讨的行列。

网络的特征也决定了网络评论意见表达的多样化。网友不仅可以对感兴趣的话题采取发帖、回帖的方式发起或参与讨论，还可以对网络直播的事件、人物访问进行实时跟进，与支持人、受访人物进行在线交流。同时，网络评论的主动性与开放性提供了网友各抒己见、针锋相对的机会，这也在很大程度上体现了网络评论意见表达多样化这一大特征。

2009 年 2 月 28 日，是中国互联网具有特殊意义的日子。这一天下午 2 时许，温家宝总理在百忙之中来到中国政府网、新华网，走进访谈直播间，亲自上网，与海内外网民在线交流，回答网民提问。网民被深深感动了——这种亲民、自信与坦诚，勾勒出总理的胸襟，折射出今日中国开放、民主、海纳百川的胸怀。

这充分体现了网络媒体表达意见多样化的特征。

另外，网络评论意见表达的多样化也让“人肉搜索”这一网络评论的产物备受争议。2009 年 1 月 18 日，《徐州市计算机信息系统安全保护条例》经省十一届人大常委会第七次会议通过，该条例对计算机安全等级管理、保护措施、禁止性的行为、法律责任等，做出了详尽规定，特别是对近来社会广泛关注的“人肉搜索”明确“说不”，引发了一系列网评波澜。而从一些就该问题发表的网评中，我们又能强烈地感受到其表达意见多样化的特征。

网评：“人肉搜索”是一把双刃剑

12 月 18 日上午，北京市朝阳区人民法院对有“网络暴力第一案”之称的王菲诉三网站案做出一审判决，“北飞的候鸟”非经营性网站和北京凌云互动信息技术有限公司网站被判侵权，海南天涯在线网络科技有限公司获免责。值得关注的是，朝阳区法院民一庭庭长陈晓东在接受记者采访时称：“法院不是全盘否定‘人肉搜索’，法院只是不支持侵犯他人合法权益的‘人肉搜索’。”（见 2008 年 12 月 22 日《中国青年报》）这一判例，无疑具有典型的警示意义，也说明“人肉搜索”是一把双刃剑。

所谓“人肉搜索”，就是指更多地利用人工参与来提纯搜索引擎提供的信息的一种机制，或曰以互联网为媒介，一人提问、八方回应，查找某人身份、追寻某事真相的网民运动。时下，对“人肉搜索”存在正反两方针锋相对的观点：一方认为它不仅可以在最短时间内揭露一些事件背后的真相，而且拓宽了人们获取信息的途径，充分发动了人际网络的力量，将互联网“互助、分享”的精神发扬光大；反对一方认为，未经授权公开资料是对隐私权赤裸裸地侵犯，而人肉搜索的参与者们有成长为网络暴民的趋势。实际上，正反双方的意见都有道理，只不过一方强调了其积极作用，一方强调了其消极作用而已。笔者则认为，对“人肉搜索”不能做简单的取舍，需要的是搜索者和网民把握好底线，强化网络监督和法律的规范。

“人肉搜索”的正面作用不可否定。百度、谷歌等网络搜索引擎无疑具有强大的功能，能够高效快速地搜索到网民所需要的大量信息，但搜索引擎的人工智能并不完善，且很难甄别刻意的、修饰过的信息。“人肉搜索”通过动员更多的网民人工参与，能够尽快获取搜索引擎无法提供的相关信息，它可以使犯罪分子原形毕露，使交通肇事逃逸者无法遁形，让无良官员的劣迹暴露于阳光之下……深圳市海事局党组书记林嘉祥、浙江省台州市路桥地税局干部皮宗其猥亵小女孩两桩丑闻发生后，通过“人肉搜索”很快提供了详细信息，他们遭遇了网民道德围剿，受到所在单位严肃处理。被网友称为“史上最牛房产局长”的南京江宁区房产局局长周久耕，因为在会议上一番“查处降价房地产商”言论，立即遭到“人肉搜索”，其抽天价烟、戴名牌表、开凯迪拉克、表弟是房地产商、儿子开装饰材料公司等信息很快曝光，纪委也介入调查。这些说明，“人肉搜索”是不可或缺的舆论监督。

“人肉搜索”的负面效应不可忽视。仅以北京王菲状告“北飞的候鸟”等三家网站侵犯个人隐私权案件为例。尽管王菲背离社会道德标准搞“婚外情”、导致妻子跳楼自杀受到法院批评和舆论谴责，但由于“人肉搜索”把王菲的家庭住址、工作单位及第三者东某的个人信息逐渐在网上被披露，并受到网民谩骂、攻击，部分网民还到王菲父母住宅进行骚扰、在门口刷写、张贴“逼死贤妻”、“血债血偿”标语，所在单位将其辞退，因此法院判决其中两家网站侵权，并判令删除相关文章、图片，做出道歉、赔偿。对一审判决，被告方律师准备要上诉，因此这一案件还不是终审判决，但“人肉搜索”及网络如何避免侵犯个人隐私权的问题，已经不能不引起网民的警醒了。

“人肉搜索”作为一种“网络通缉令”，通过剥茧抽丝的方法，使网民人人可以成为福尔摩斯，但它经常同个人隐私相关连，也很容易触涉法律和道德底线。因此，对他人隐私搜索及网上披露须审慎行事，而网络监督的强化同样不可或缺，“人肉搜索第一案”无疑告诉了我们这一点。

（人民网观点频道 转自湖南红网，作者侯文学 2008 年 12 月 26 日）

这篇网络评论显示了新闻网站宣传报道的较高水平。首先，它的标题——“人肉搜

索”是一把双刃剑，生动形象，既起到敲响警钟的作用，又留有思考的空间，能够激发网民的阅读兴趣。其次，它的主题具有重要的现实意义，也非常切合当下人肉搜索盛行的局面。再次，它叙议结合，用案例引入正题，正反论证，最后得出结论，“对他人隐私搜索及网上披露须审慎行事，而网络监督的强化同样不可或缺，‘人肉搜索第一案’无疑告诉了我们这一点”。文章语言流畅生动，引人深思。

禁止人肉搜索徐州为谁冒进

1月18日，《徐州市计算机信息系统安全保护条例》经省十一届人大常委会第七次会议通过，该条例对计算机安全等级管理、保护措施、禁止性的行为、法律责任等，做出了详尽规定，特别是对近来社会广泛关注的“人肉搜索”，明确“说不”。

面对徐州这一立法规定，怔忡失语良久。在我看来，徐州这一立法动作很可能是一次地方立法权的蹈险之举。《立法法》固然赋予了地方立法机构的立法权，但并非没有限定。《立法法》除规定地方立法不得同宪法、法律、行政法规相抵触之外，还明确规定了立法的“地方性原则”，即“为执行法律、行政法规的规定，需要根据本行政区域的实际情况作具体规定的事项”与“属于地方性事务需要制定地方性法规的事项”。但徐州立法“人肉搜索”之类，不为执行上位法规而来，“人肉搜索”本身亦非地方性事务。《立法法》自然也规定国家尚未制定法规的，地方可以先制定地方性法规。但这亦需在不违背地方性原则之下。更重要的是，作为一种基本的法律精神，有关公民人身自由、政治权利、财产安全及国家主权、基本制度等事项，必须由中央统一立法。谁能说，人肉搜索不是一种关于公民自由、权利的事项？

徐州立法禁止“人肉搜索”，按照有关负责人的说法，是因为根据国家民法、行政法、刑法的规定，个人隐私受法律保护。他表示，个人隐私就是关于个人的有关信息，包括个人或家庭财产及构成，收入状况，住所，任职单位的待遇，等等。然而事实上，这些立法依据恰恰是法律的模糊地带。我国相关法律规定了个人隐私受保护，但仍只是一种原则性规定，不具有现实操作性。直到现在，仍没有一部个人信息法规出台。那么，徐州何时获得了对个人隐私及信息进行法律解释的权力，并据此制定法规？何况，作为法治精神的一部分，官员信息乃必要的公共事务。在许多国家，作为官员隐私权的界定，其标准内涵都有别于普通民众，徐州又如何将它们混为一谈？

徐州立法禁止“人肉搜索”，有违《立法法》原则，是对立法权以及公民权利的僭越，因此有必要对其合法性进行审查。而在另一方面，也有必要追问的是，徐州轻举立法，到底是在为谁“冒进”？应当看到，“人肉搜索”已成为中国特色的公民监督方式，其成例已有不少。日前网民自发"人肉搜索公约"也表示其目的在于"惩恶扬善"。然而，徐州混淆处于公共的官员信息与处于隐私的公民信息，无疑是对这种监督方式的生硬拒绝。对此多数网民也都认为，徐州这一立法很可能是以对公民权利的限制，来形成对权力阶层的"保护"。因为"最害怕人肉搜索的当然是贪官"。虑及一段时间以来对"人肉搜索"进行限制性立法的消息不断传出，徐州此举也疑似一次舆情试探。

"人肉搜索"或许并不是一个纯洁的天使，但这却也不是视之为恶魔的理由。对其进行立法本身无可厚非，但相关部门要做的不是简单而生硬地一禁而之，不是以立法的形式蹈险，而需要以更大的智慧与勇气来平衡权益与舆情。

（新华网 转自《长江日报》，作者杨耕身 2009 年 01 月 21 日）

这是紧跟徐州立法之后发表的一篇时评，开篇直捣正题，"在我看来，徐州这一立法动作很可能是一次地方立法权的蹈险之举"，接着用例证加以解释。下文进一步分析立法的不合理，列举了两方面，"在许多国家，作为官员隐私权的界定，其标准内涵都有别于普通民众，徐州又如何将它们混为一谈？"，"虑及一段时间以来对'人肉搜索'进行限制性立法的消息不断传出，徐州此举也疑似一次舆情试探"，最后回到论题，"相关部门要做的不是简单而生硬地一禁而之，不是以立法的形式蹈险，而需要以更大的智慧与勇气来平衡权益与舆情"。说理严密，环环相扣，论证有力。

另外，网络媒体的特征之一就是具有海量的信息，并且采用超链接的形式，将同一主题的新闻评论链接起来，对某一个热门话题形成强势传播，组成融新闻、评论一体的立体化评论。网络评论充分满足了网民表现自己、寻找关注点的欲望，为现实社会提供了前所未有的舆论多元化的空间，并且通过超文本链接进行互动，便于对新闻事件或话题迅速汇集多元意见。当然，提倡多元化思考并不是让新闻媒体放弃自己的价值主张，而是收集网友的多元化意见，在综合把握事实的基础上，提出与时代精神相符的同步价值判断。

但是，由于网络评论交流的匿名性，容易造成网络虚拟空间的不确定性，难以核对评论的真实性，净化网络环境成为网络评论发展过程中必须解决的问题，否则将会滋生错误的舆论，对社会造成不良的影响。因此，加强网络立法成为一项紧迫的任务。例如，2002 年 5 月，杭州德加社区在网上设立论坛，命名为"网上道德评议庭"，居民们可以上网随时对身边不文明行为进行评判。

时至今日，人们越来越明白，任何"客观报道"都裹挟着观点，与其遮遮掩掩，还不如让它亮明立场，使之成为与事件并存的另一种"客观"，接受公众的检验。只要坚持以科学的、富有前瞻性的眼光观察社会，发表真知灼见，为受众提供多个视角，帮助建立人生坐标，促进社会朝着健康、和谐、文明的方向发展，新闻评论一定会大有用武之地。

本章小结

在这个章节中，我们不仅了解到新闻评论的基本特点，评论观点要有高度、有深度、有力度；评论形式上讲究表达艺术，有理、有据、有情；思维方式要严谨等，还分析了广播评论、电视评论和网络评论的特点，系统地学习了不同形式的新闻评论所具有的个性化特征。

广播评论的语言短小精练、通俗易懂、语言生动、口语化，还注重形式上的“软”和结构上的事理结合、虚实相间。与广播评论类似，电视评论也具有直接性、参与性、时效性、思想性、贴近性等特征，由于电视媒介的传播方式和传播特性，决定了电视新闻评论还具有视听结合、声画互补；形象化论证、立体化整合；生动、真实，现场感染力强等特征。网络作为一种新兴媒体，具有传统媒体所不具备的特征，意见传达的快捷性；双向互动性；网络传播的个体受众具有主观能动性和开放性；网络评论意见表达多样化。

本章自测题

一、单项选择题

1. 新闻评论的政治性决定了它要尽可能从思想、政策、理论的高度提出问题、分析问题和解决问题，而不应局限于（　　）。

A. 就实务虚　　C. 就事论理　　B. 就事明理　　D. 就事论事

2. 通过形象说明一定的道理，表达作者的感情，可以增强新闻评论的（　　）。

A. 政治性　　C. 穿透力　　B. 感染力　　D. 针对性

二、多项选择题

1. 新闻评论的基本特征在于（　　）。

A. 评论观点要有高度、有深度、有力度

B. 评论形式上讲究表达艺术，有理、有据、有情

C. 新闻评论的思维方式要严谨

D. 在事件发生的第一时间表态

E. 预测事物的发展进程

2. 下列选项不符合广播新闻评论特征的是（　　）。

A. 短小精练　　B. 深刻严谨

C. 通俗易懂　　D. 语言生动、口语化

E. 双向互动

3. 下列选项符合电视新闻评论个性特征的是(　　)。

A. 视听结合、声画互补　　B. 形象化论证、立体化整合

C. 直接性、参与性　　D. 主动性、开放性

E. 生动、真实、现场感染力强

4. 网络新闻评论的个性特征主要体现在(　　)。

A. 意见传达快捷性　　B. 交互性

C. 主体能动性　　D. 意见表达多样化

E. 开发性

5. 有关网络评论,下列哪些选项是正确的?(　　)

A. 网络评论的兴起从社会需要、思想背景、技术发展的角度来看都是必然的

B. 网络评论要注重时效性就是要对新闻事件或话题形成舆论并快速传播

C. 网络评论的传播者与受众之间的传受关系是平等自由的

D. 网络评论的匿名性有可能滋生错误的舆论

E. 网络评论丰富了新闻内涵,因此比报纸评论要更胜一筹

三、判断题

1. 电视评论要适当突出“视”这一侧面,绝不意味着视觉语言可以取代听觉语言,或者论述语言无足轻重。(　　)

2. 电视的优势在于具有声音和画面两种符号,口播评论因缺少丰富的画面而处于劣势,将被逐渐淘汰。(　　)

3. 录像评论对题材的依赖远比口播评论大得多,对题材的选择也严格得多。(　　)

4. 电视评论用声音和画面“双线传播”,这意味着将两条线平起平坐地处理,就可以有效避免声画“两张皮”现象。(　　)

5. 新闻评论的时效性在于事件发生的第一时间马上表态。(　　)

6. 新闻评论表现的是主观倾向,因此它是无客观性可言的。(　　)

7. 广播评论要做到“短而有物、短而易懂”。(　　)

8. 和新闻类的其他体裁比较,新闻评论的突出特点在于它的政治性。(　　)

四、简答题

1. 简述报刊、广播、电视、网络新闻评论的文体风格和各自优缺点。

2. 简述广播评论个性的发展方向。

3. 新闻评论写作中,如何做到立论准确?

单元实训

实训一

分析论坛评论《一天背后的八年》的写作特点。(字数：800字左右)

一天背后的八年

作者：刘仰东

60年前的8月15日，日本天皇以广播“终战诏书”的形式，宣布无条件投降。这是中国抗战赢得胜利的日子。消息传来，举国欢腾！全中国用“今夜无人入睡”来形容，并不为过。60年后，84岁的史超老人(时任抗大教员)回忆起当天的情景时说：“陕北满山遍野生长着白桦树，‘八一五’之夜整个陕北成了桦树火把的海洋。”60年前，袁鹰在速写《从黑夜到天明》中，这样描述上海霞飞路的“八一五”之夜：“俄罗斯人，犹太人，中国人，全成堆地堆到马路上来了，年轻的年老的男女握着手，拥抱着……光耀的电炬照着一群群欢喜的疯狂的人们，每个吃食店、酒吧间、咖啡馆都挤满了人。”

人们深知，不论用什么样的语言来形容这一天，“八一五”绝不是一个从天而降的喜庆日，在不眠、畅饮、狂欢和喜极而泣的背后，是8年乃至14年数千个日夜艰苦卓绝的抗战。

这8年，是浴血的8年。在整个抗日战争中，中国军民伤亡总数达3 581.9万人。除了300多万倒在疆场上的将士，还有2 000多万无辜平民惨死在日军的屠杀和轰炸中，失去了本不该失去的生命。从另一个意义上看，活着的人们所做出的牺牲，同样是巨大的。抗战期间，无数家庭或背井离乡、颠沛流离，或在敌占区备受煎熬、度日如年。数百家工厂和数十所高校也经历了大规模的“流亡”，从沿海沿江地区长途迁移到内地，有的是一迁再迁。在整个抗战中，中国财产损失不计其数。8年之后欢庆胜利的场面，是用骨岳血渊及其他有形和无形的牺牲所换来的。而胜利背后的牺牲，更应当为后人所铭记。

这8年，是奋战的8年。中华民族是一个爱好和平的民族，同时也是一个不屈不挠的民族。各界和各阶层的民众以各种方式奋战在各条战线。无论是在前方还是在后方，也无论面对多么凶恶的敌人和多么险恶的环境，中华民族始终同仇敌忾，以空前的凝聚力为了民族的独立和自由而奋斗着。当年杨虎城将军面对史沫特莱“中国有强大的实力抗击日本吗?”的提问，作了这样的回答：“谁能从理论上解答这个问题？我认为中国的力量不在飞机和坦克，日本拥有更多的飞机和坦克。我们的力量就在于我们懂得我们必须抗日。这不是单纯的物质力量问题，它需要我们面对现实，有坚强意志，只要我们有坚定的意志，我们就有力量抗战。"8年抗战的结局，充分印证了杨将军的预见性。

这8年，是贡献的8年。当时的中国，是一个大国也是一个弱国。论军事实力，中国明显不及美、英、苏等国；但在世界反法西斯战争中，中国的贡献极其巨大。自"卢沟桥事变"以来，中国战场始终牵制着100万左右的日本陆军主力。抗战8年，中国军队以牺牲300万人的代价，歼灭日军150多万人。日本直至1945年投降时，在海外的侵略军共352万人，其中向中国投降的日军约128万人，这个数字超过了东南亚和太平洋各岛日军的总和。正是中国军队持久而顽强的奋战，毁灭了日本法西斯称霸世界的侵略梦想。也正因为中国对世界反法西斯战争做出了如此巨大的贡献，战后才赢得了应有的国际地位，成为联合国的四大发起成员国之一和安理会五个常任理事国之一。

八载抗战，一朝胜利，世世代代都要纪念。纪念的目的，在于不忘历史，更在于面向未来，因为从某种意义上说，历史永远是指向未来的。

（《人民日报·人民论坛》2005年8月15日）

实训二

阅读《南方周末》这则评论，请以与本文相反的立场写一篇评论。

"国宝"丢了，还要丢脸？

作者：刘梦雄

假"华南虎照"、假"化龙石"事件余波未了，内地又爆出一桩惊世造假案：身兼"中华抢救海外文物专项基金"收藏顾问的蔡铭超近日现身，承认他就是以逾三亿元天价，从佳士得巴黎拍卖会投得铜鼠首与兔首的"神秘买家"，但他声称，不会向佳士得支付分毫。蔡某还以"英雄"的口吻表白："当时我想，每一位中国人在那个时刻都会站出来的，只不过是给了我这个机会，我也只是尽了自己责任"云云。

诚然，圆明园鼠、兔首铜像是一百多年前被英法联军抢掠去的中国国宝，希望国宝回归故国的动机完全正义，不过追讨国宝必须遵循程序正义，即应遵守法律及联合国有关文物方面的法规和国际惯例。其实中国政府已对佳士得的拍卖提出了谴责，蔡某不但不杯葛，反而以电话参与拍卖并出到三亿天价炒高鼠兔首铜像已是自相矛盾，再来宣布不付钱，将"假投"合理化，正义化，这一拙劣做法，令中国的诚信形象继三聚氰胺奶品事件后，再次在国际社会遭到沉重一击。"中国人不讲契约精神"的指摘，其破坏远远超过鼠兔首铜像的得失。

有内地网民声言："本来就是我们的东西，他们通过非常手段拿走的，我们通过非常手段拿回理所当然。"真是不知所云。蔡某"假投"根本就没有"拿回"，

你不付钱佳士得照样可以将鼠兔首铜像卖给第二高价的竞投者，不成交也可以照旧摆回贝尔热家中，“假投”徒然损害中国国际形象！另外，所谓“对付强盗用非常手法”的说辞更为荒谬，巴黎卢浮宫、伦敦大英博物馆、纽约大都会博物馆都存有被盗被抢之中国国宝，难道我们都要派人去偷去抢不成？无论什么理由，无赖就是无赖，不可能戴顶爱国的光环就成了英雄。

（《南方周末》2009 年 3 月 4 日）

第三章　新闻评论的类型

学习目的

1. 了解新闻评论的几种形式
2. 掌握不同类型评论的特点
3. 熟悉新闻评论写作要求

核心能力

1. 对不同类型评论的辨别分析能力
2. 培养学生新闻评论的写作能力

在日益激烈的社会竞争中，媒体由早期的"卖新闻"转而"卖观点"，新闻评论受到广泛的重视，评论的内容取向、表现形式也逐渐多样化。我国早期的新闻评论分类主要是基于报刊评论而形成的，随着广播、电视和网络的繁荣，也出现了更多带有媒体特点的特殊评论样式。

第一节　报刊评论的形式

报刊评论是指报纸媒体所发表的各种评论形式的总称。它是针对现实生活中重大问题、新闻事件直接发表意见、阐明观点、表明态度的一种以说理为主的论说文体。

报刊评论，从评论论述的内容来分类，可分为政治评论、经济评论、体育评论、国际评论、社会评论、文化评论、教育评论和军事评论等；从评论论述的方式来分类，可分为解释型、表扬型、庆祝型、批驳型、建议型和纪念型等；从评论的体裁来分类，有社论、评论员文章、短论、编者按、述评、时评等。第三种分类方式是我们新闻工作中最常使用到的，以下从这一角度详细分析。

一、社论

1. 社论的定义

社论是报刊评论中最重要的一部分，是报纸的旗帜，体现了报纸的舆论导向，具有很强的政治性、政策性、权威性和指导性，代表编辑部对重大新闻时事、政策、问题的发言，阐明了报纸的观点、立场和主张，文风庄重、严谨、朴实和鲜明。“甘惜分在《新闻学大辞典》一书中对社论的定义作了进一步补充：(社论)集中反映并传播一定政党、社会政治集团或社会群众团体对当前重大事件和迫切问题的立场、观点、主张……政党机关报的社论一般代表同级党组织的意见。”①

以《人民日报》社论为代表的党报社论，更是以其对党和国家方针、政策的深入解读和分析，凸显其权威性。例如，2005年12月30日《人民日报》社论文章《扎实推进社会主义新农村建设》，指出：推进社会主义新农村建设，必须确立统筹城乡发展的思想，加快建立以工促农、以城带乡的长效机制，切实注意工作方法，充分发挥农村基层党组织的领导核心作用……这些论断在当时起到了释疑解惑的作用，有助于人们理解中央的相关政策。

2. 社论的写作要求

报纸进入“厚报时代”，言论版也得到扩充，作为报社主打招牌的社论也在发展中不断完善。总结历史，我们对新时期社论的写作提出如下要求：

第一，选题上，做到舆论导向与贴近群众的统一。

社论代表了报纸的立场，需要提炼政治和思想上的鲜明观点，做好舆论引导，与此同时还要贴近实际、贴近生活、贴近群众。

第二，形式上，做到深入分析与言简意赅的统一。

社论因为其选题的重大，往往运用较长篇幅来深入分析和阐述。长期以来，社论大都以长篇大论的面孔出现，体现报纸评论的重要性。随着人们生活节奏的加快，要求评论也要趋于精炼，社论要做到言简意赅。首先是长话短说，精简复杂冗长的句子；其次是内容要具体生动贴切，避免空洞无趣的坐而论道；最后，语言简洁明了，舍弃辞藻的堆砌。

第三，文风上，做到严肃庄重与个性文采的统一。

社论文风上要严肃而庄重，但不是板起脸来说话。风格就是作者思想和写作思想在文章中的构思、表现手法、语言运用上所展示的艺术特色和创作个性。根据社论题材选择的需要，社论可以写成不同的风格，但是一定要写得平易近人，可读性强些。

---

① 刘大保：《社论写作》，6页，北京，中国广播电视出版社，2000。

同一个世界　同一个梦想
——热烈祝贺第29届夏季奥林匹克运动会开幕

今夜，当五星红旗、五环旗在国家体育场冉冉升起，奥林匹克运动的宏伟篇章将翻开崭新一页。

今夜，当奥林匹克会歌在万众瞩目中悠扬奏响，奥林匹克理想在古老的中华大地激情飞扬。

今夜，当第29届奥运会的圣火燃亮北京的星空，人类文明的长河再次汇入来自东方的泉流。

奥林匹克运动第一次将盛典的舞台，搭建在这东方的沃土。13亿中国人第一次在自己的家园，唱响团结、友谊、和平的奥运之歌。从雅典到北京，欢乐依旧，激情依旧，梦想依旧，而世界将有所不同。

北京欢迎你，魅力迸发的奥林匹克！北京欢迎你，四海五洲的老友新朋！

现代奥林匹克运动走过的这一个世纪，是人类历史上最跌宕辉煌的章节。过去100年间，人们经历了世界大战的炮火硝烟，经历了冷战的封锁对峙，也分享着航空航天、移动通信、电视、互联网等新发明带来的伟大变革，打开了宇宙探索的广阔视野。自人类文明诞生以来，没有哪一个世纪的灾难和悲剧，如此频繁深重；也没有哪一个世纪的奋争和进步，如此激动人心。

一个多世纪以来，奥运会从一个侧面记录了人类文明拾级而上的进程。与坎坷激荡的世界历史紧密相随，现代奥运会承载着人类的共同理想，成为当今世界无与伦比的文化现象和文明载体。摒弃异见和分歧，奥林匹克圣火照亮人类共同前进的道路，推动着世界体育运动的发展，折射出不同文化交流了解的热望。五环旗下，不同国家、不同信仰、不同肤色、不同种族的人们，为了共同的梦想会聚在同一条跑道上。

中国是奥林匹克运动的坚定追随者。从奥林匹亚山到万里长城，圣火辉映着文明传播与沟通的征程，见证了一个古老民族融入世界潮流的步履。

一个世纪前，有识之士"中国什么时候能举办奥运"的殷殷期盼中，我们领略过它的渴望；76年前，刘长春孑然一身代表中国参加奥运会的孤独步履里，我们听到过它的足音；29年前，改革开放的中国重返国际奥林匹克大家庭的积极努力中，我们体会到它的决心；15年前，蒙特卡洛申奥失利后"坚定不移地走向世界"的含泪誓言里，我们感受过它的坚强。今天，历史悠久的奥林匹克与源远流长的东方文明交融会聚，绿色奥运、科技奥运、人文奥运，13亿中国人用实际行动，为奥林匹克注入了属于自己的梦想。

奥运会来到拥有世界五分之一人口的中国，意义非凡。这是世界对中国的信任，也是中国对世界的奉献。中国重返奥林匹克大家庭的30年，正与当代中

国波澜壮阔的发展进程相契合。这30年里，中华民族打开国门走向世界，世界张开臂膀拥抱中国。2008年北京奥运会，树起了中国30年改革开放的新界标，熔铸了世界对一个发展中大国的新期许。虽然世界上不同地方的人们在不同的问题上有不同看法，但绝大多数人相信，中国发展离不开世界，世界繁荣稳定也离不开中国；绝大多数人坚信，奥运会在北京举办，"将给中国和世界留下独一无二的宝贵遗产"。

俯仰百年，人们越来越深切地认识到，在这个越来越"小"的星球上，我们有着共同的命运。世界变得比历史上的任何时候更加密不可分。奥运会不仅是各国运动员实现光荣和梦想的舞台，也是世界各国人民增进了解、加深友谊的平台。奥林匹克的旗帜，让不同文化百花齐放、和谐共荣：非洲草原浸透阳光的奔跑、桑巴足球华丽唯美的舞步、威猛剽悍的拳击举重、修身养性的柔道……在这个大家庭里，金牌的争夺从来不是最重要的目标，世界各国文化的相互交流、相互借鉴，才是最值得珍惜的精神遗产。诚恳迎接不同文化的交流交汇，以平常心面对多种文化的精彩纷呈，政治尊重、文化多样和价值包容，同样是奥林匹克精神的体现。

7年筹办，中国人民以最大的热情，鼎力托举起当今世界规模最大的体育盛会；7年践诺，古老中华尽最大的努力，精心酝酿这全人类共叙友情、共享和平的节日盛典。

今夜，大幕将启。同一个世界，同一个梦想，16天里，我们将一起分享奥林匹克的魅力和欢乐；五环旗下，我们将尽情演绎"更快、更高、更强"的体育精神，共同奏响"团结、友谊、和平"的伟大乐章。

中国人民，世界人民，这是我们的共同时刻。

（《人民日报》2008年8月8日社论）

2008年北京奥运会是中华儿女百年奥运梦圆的盛会，这篇社论写在奥运会开幕式前，为这一人类的盛会奏响了序曲。文章以奥运精神"同一个世界 同一个梦想"为基调，首先，运用三个排比句展开论述，庄重大气而又热情洋溢。其次，作者围绕奥林匹克运动的历史变迁、奥林匹克来到中国的意义和奥林匹克精神的内核进行了精彩的论证，从历史和现实的角度，证明这一次盛会，将是中国人民、世界人民共奏的伟大乐章。全篇社论言简意赅，文风大气活泼，读来意犹未尽，值得我们学习。

二、评论员文章

1. 评论员文章的定义

评论员文章是媒体内部仅次于社论的高规格评论，多论述国内外重要问题和行业、部门、地区的重要问题。作为“次重量级”评论，它在选题上更加广泛，论述上更加集中、深入，表达上更加自由，风格上也更加轻松活泼。评论员文章包括署名和不署名两类，运用起来更加灵活方便，此外，特约评论员文章和观察家评论也可纳入其中。

以《人民日报》“任仲平”署名评论员文章为例。比如获中国新闻奖的作品《在全面建设小康社会中充分发挥先锋模范作用》、《论孔繁森的时代意义》、《筑起我们新的长城——论抗击非典的伟大精神》等，虽然每篇多在6000字左右，但条理清晰、结构分明，既表述严谨又生动活泼。武汉大学新闻学院强月新教授以任仲平文章为分析对象，指出“任仲平文章将党报的政治性、思想性和新闻性融为一体，以其独特的风格成为新闻评论的一道靓丽的风景线。”[①]当然，这也要归功于《人民日报》所拥有的优秀评论员队伍，他们以“任仲平”为名，所写文章选题广泛，意义深刻，深受读者好评。

这一刻，我们的心被震撼

5月19日，全国和各驻外机构下半旗为四川汶川特大地震中的罹难者志哀。14时28分起，全国人民默哀三分钟，汽车、火车、舰船、警报笛声齐鸣。这一刻，从党和国家领导人，到每一位普通群众，13亿人的心紧紧地贴在了一起。静立、俯首，各族同胞共同完成庄重的仪式，共同表达真切的怀念。这一刻，山河呜咽、全民肃穆，时间在这一刻驻足，我们的心被持久地震撼。这一刻，中华民族空前地团结在一起。

我们沉重地悼念罹难者，这将在共和国的历史上留下不朽的一页。汶川特大地震灾害，使许许多多的普通家庭遭遇了不幸，给我们留下了太多苦难的记忆。为在自然灾害中的罹难者设立哀悼日，在新中国的历史上是第一次，体现了党和政府对人民群众生命的尊重与关爱真情，体现了中华民族不屈不挠团结奋斗的崇高精神。

我们沉重地悼念罹难者，是我们追忆情感的真诚表达和寄托。面对每一个罹难者，我们的心情无比悲痛。对死者的缅怀，是广大人民群众共同的心声。悼念罹难者，表达我们的追思，这不仅是中华民族的传统习俗，也是我们内心深处真挚情感的自然流露。这一刻，人们泪流满面，内心涌动着人性的情怀与爱国的真心。

我们沉重地悼念罹难者，激励着我们积极面对人生，倍加珍惜生命。面对突如其来的自然灾害，面对那一个个鲜活的生命被特大地震瞬间吞噬，我们感到的是生命的宝贵，体验到的是生命的无价。无论是那些与死神抗争的被困群众，还

---

① 陈栋：《新闻评论从“意见平台”到“公民素质”——“新世纪第二届新闻评论高层论坛”综述》，载《今传媒》，2006(5)。

是那些拼力冲锋在灾区一线的救灾人员，他们都是尊重生命、爱护生命的典范。在这场气壮山河的大抢救中，人性的光辉处处闪耀，生命的赞歌不断唱响。

我们沉重地悼念罹难者，将使我们变得更加坚强。悼念仪式结束后，天安门广场上成千上万人久久地不肯离去，他们振臂高呼"中国加油、中国万岁"。高昂的声音，传达出了我们民族坚定的意志。当前，抗震救灾仍处在刻不容缓的紧要关头，还有很多任务等待着我们去完成。对罹难者最好的悼念，就是要化悲痛为力量，振作精神，团结奋战。我们要继续努力，做好充分准备，帮助灾区人民渡过难关，重建美好的家园。

在这震撼人心的时刻，我们伸张对生命的尊重，表达坚强的意志和信念，使我们崇高的价值理念得以弘扬，使我们的精神世界得以洗礼。经历了这震撼人心的时刻，中华民族将更加成熟和团结，意志将变得更加顽强和坚定。我们坚信，万众一心、众志成城的中华民族将会克服一切艰难险阻，迎来辉煌美好的明天！

（《光明日报》2008 年 5 月 20 日）

2. 评论员文章的写作要求

不管是《人民日报》的"任仲平"评论员文章，还是上述《光明日报》评论员对全国哀悼日的解读，我们看到，优秀的评论员文章在写作上要求：

1. 题材更加宽泛，可以是对党和政府政策提出具体方向和重点的解读，也可以是对现实生活或者实际工作做出评价，还可以是灵活针对社会思想倾向问题的评论，针砭时弊。

2. 集中论述，小角度切入，具有较高的权威性。

3. 风格多样化，既有严肃庄重的风格，也有尖锐活泼的风格，赋予评论员文章更多新鲜自由的色彩。

三、短论

1. 短论的定义

短论，短小而精悍的评论。它开门见山、简洁明了，抓住一点进行扼要分析。短评有两种形式，一是配合新闻报道而刊出，对文章中的思想、观点表达编辑部的态度；二是独立发表，针对社会上某种思潮、现象和问题发言。

2. 短论的写作要求

短评的优势是"短、新、活"，因此短评的写作也要基于上述要求。

第一，短小，就是指篇幅短小，语言精练。短论比长论有优势，用简短的句子就勾勒出基本的事实，迅速抓住事物的本质。因此，短论一般看门见山，直截了当，便于刊发，具有时效性。

第二，新鲜，是指时效性强，思想新奇，角度特别。由于短论有时配合新闻刊发，要求既源于新闻基本事实，又要高于新闻，深入挖掘其意义和价值，或者从一个全新的角度去评论，给读者以回味和启发。

第三，活泼，即形式活泼，风格多样。短论形式不拘一格，不论是体裁结构、分析说理还是语言风格，都可以灵活多样，既观点深刻，又留给读者思考的余地。

爱国热情与国家利益

一位名人说过，"爱国心是人类最高的道德"。古往今来，人们可以用无数故事证明这人类"最高的道德"的崇高。令人感动的不是这种"道德"的结果，而是这样的"道德"往往蕴藏于普通人的心灵、勃发于国家民族的特殊时机。在这个春天，面对纷纷扰扰的世界，亿万中国人民表达爱国主义的澎湃激情，让我们又一次为这样的道德而震撼。

为了民族尊严、民族利益，表达人民的意志，这种"民气"非常可贵。但要使它发挥作用，要让这种"人类最高的道德"转化为一种推动社会进步的力量，我们还必须让"爱国心"落在实处，让"民气"转化为民智、民力，使它为国家富强、人民幸福发挥真正的作用。也就是说，要有爱国的激情，还要有大国理性。

热情与理性并不矛盾。在法律的框架下，在道德的范畴内，以国家和民族的核心利益为着眼点，合法有序地表达，就是理性。这种"理性"反映了一种履行公民责任的担当。作为个人，我们有表达爱国热情的权利；作为公民，我们有以大局为重、理性爱国的责任。这种"理性"也体现了一种以国家利益为重的眼界：只有以国家利益作为根本，我们的爱国之心，才能起到实实在在的作用。

爱国主义不是抽象的，它是具体和务实的，是和中华民族与国家的根本利益紧紧联系在一起的。在当今形势下，中国的核心利益和根本利益就是繁荣和统一，是发展中国，让中国变得更加强大。从这个意义上讲，以实际行动保持大局稳定，促进经济发展，成功举办奥运，就是对各种遏制中国、抹黑中国行径的最好回应，更是爱国主义最为具体生动的体现。

古老的中国曾经历经坎坷，直到上个世纪中叶，我们才从长久处于国家分裂与抵抗外侮的艰苦磨难中迎来了新生。经历了30年改革开放，在坚定不移地走向世界之后，中国将一个充满活力的崭新形象，呈现给世界。我们应该意识到，中国，已经不是往日意义上的那个中国。作为世界公认的大国，我们的心态理当更加开放、包容、理性、自信，以国家核心利益为重，激情加理性才是我们表达爱国热情的正确态度。

（《人民日报》2008 年 4 月 21 日）

以上短评立意新颖，具有较强的时效性，对问题的分析入木三分，对爱国热情如何理

性表达进行了探讨。本文以爱国为话题，深入分析爱国之心可贵，但需要落到实处。面对国际社会对中国的人权非难，民间的爱国热情形成又一个高潮，如何正确引导爱国热情转化为大国理性，文章进行了深刻的讨论，最后得出结论，激情加理性才是爱国的正确态度。全篇短小精悍，文字简洁，开门见山地提出问题，然后层层深入论证，提出了建设性的建议，引人深思。

四、编者按

1. 编者按的定义

编者按是一种依附于新闻报道和其他文稿的简短编者评论，通过画龙点睛的评论、批注或者说明的文字，发挥说明提示、建议点题或者针砭时弊的作用。编者按一般言简意赅、点到为止，讲究舆论分寸。编者按一般可分为：

第一，说明性按语。用于说明有关情况、交代有关背景、介绍作者身份等，以帮助读者更好地理解报道的内容。

第二，议论性按语。用于揭示文章的中心主题，以加深读者的理解；或者借题发挥、引申出深刻的意义，展现编者意见。

2. 编者按的写作要求

编者按依具体位置，还可以分为文前按语、文中按语和编后等。在写作时，要根据具体情况来选择合适的表达形式。在语言上，要注意有感而发的抒情和议论，或者运用建议性的文字。一般都是点到为止，文字精练。在写作手法上，不必拘泥于普通新闻的写实手法，可以借助文学的各种表现手法，用散文、抒情的笔法来灵活地表达态度和意见。

> **编者按：**
>
> “圆明园铜兽首拍卖”已经超出了文物范畴，演变为一起媒体事件。在情绪日趋激昂的情景下，我们更需要倾听多样的声音。两位评论者的观点未必完全正确，但作为一家之言，则具有参考的价值。
>
> （《新京报》2009 年 2 月 26 日）

编者按的篇幅很短，往往寥寥数语就解释一个现象，或者揭示一个问题，或者点明一个事件的意义。在这篇说明性文前按语中，介绍了当期报纸所刊发的两篇评论文章的社会背景，这样的铺垫让读者阅读起来不至于显得突兀。

五、述评

1. 述评的定义

新闻述评是新闻评论的一种边缘体裁，既报道新闻事实，又对新闻事实进行评论，达到述评融合的境界。述评既要对新闻事实进行叙述交代，使受众了解有关事件本身的信息，又要对所叙述的事件加以议论、分析，表明作者对新闻事实的刊发。

2. 述评的写作要求

述评虽然是夹叙夹议，叙议结合，但“叙”与“议”的地位却并不相同，“叙”是为“议”服务的，“议”才是“叙”的目的。[①]

新闻述评：猝死背后

现在，我们已不忍心过多地谴责因为泡网吧而丧失性命的学生了，毕竟，一条鲜活的生命就这样悄然逝去。然而，在猝死网吧的背后，有些现象不得不让人反思。

对网吧的管理不到位，可能是青少年成天泡在网吧的客观原因。尽管我们有明文规定，网吧不得通宵营业，但在利益面前，网吧老板是不会主动遵守的。事实上，从2002年“蓝极速”事件后，管理部门就下决心整顿网吧行业的不规范行为。

但网络不同于其他，一味强行喊打可能适得其反。而且，也找不到充分的理由让青少年远离网络，这与社会的发展相悖。因而，需要我们对当前的网络文化进行反思，以“疏”来代替“堵”，将网络文化导向一个健康的市场，做成健康的产业。

谁都知道，绝大部分泡在网吧里的青少年根本就是在疯狂地玩着网络游戏。反观国外，网络多数是用来提供搜索帮助，或者是作为信息交流的平台。虽然它们也有网游产业，但对青少年有着相当严格的限制。可是，我们的网络，最大的市场蛋糕由网游产业所把持，结果就是，一方面成就了网络公司的巨大利润，另一方面让青少年患上了“网瘾”。

这种变异的网络文化无疑令人担忧。网络的本身不是要成为精神的麻醉剂，网吧更不是要成为剥夺网民生命的场所，如何归还网络的本义，将网络文化引向健康的轨道，是一个值得深思的问题。

（《广州日报》2007年3月10日）

这则评论从青少年猝死网吧事件出发，看到造成这一事件的原因不仅仅是网吧管理的不到位，以及在网络游戏的大肆侵占下，我们应该思考的“疏”胜于“堵”的网络文化发展趋向。述评是由事明理，新闻事实的价值通过作者的叙议过程中揭示出来。由于叙议结合，新闻述评写作上更加灵活，风格上也不拘一格。

---

① 杨新敏：《新闻评论学》，217页，苏州，苏州大学出版社，2007。

六、时评

1. 时评的定义

时评广义上指时事评论，以其短小精悍、具体深刻、批判尖锐的风格，吸引广大受众参与到公共事务的管理中来，实现对公众知晓权和话语权的双重满足。如今国内外报刊争相效仿，纷纷设立各类时评专栏，密切配合新近发生的各种新闻事件和时事问题发表评论。

时评作为新闻媒体上一道最亮丽的风景线，为新闻评论注入了无限的生机和活力。例如，北京的《中国青年报》的《冰点时评》、《南方都市报》的《时评》、《北京晚报》的《新闻点点评》、《新快报》的《有网天天上》等。如今时评已成为各报抢占读者市场、树立"社会公器"形象的法宝。

2. 时评的写作要求

时评的写作要求主要表现为：

第一，选题上要表现问题的时新性

反映问题的新鲜及时是时评要体现时效性的首要要求，特别是新近发生的事实往往成为时评评论的对象。许多报纸的时政评论栏目与新闻同步，以《南方都市报》为例，其新闻和评论的时间差基本控制在一两天之内。每天基本上都有一篇言论，其评论对象是同期本报的新闻，使新闻与评论互相深化，互相延伸，加重报道的分量，真正做到新闻和评论的同步。时评的目的不在于穿透历史的深远，而是对社会进行实时监测，及时地发出自己的声音。例如2008年的雪灾事件中，《南方都市报》与日常新闻报道同期刊登的还有大量的时评，如：《面对异常天气的思考》、《极端天气考验国民精神》、《雪灾中的生命韧性》等，鼓舞人民战胜雪灾的坚定决心。

第二，观点要尖锐深刻

在时评的文章中，支持什么、反对什么要一目了然，观点明确深刻。批判是时评存在的意义所在，直截了当地说出真相，面对真问题，说出自己真实的良心判断，这是时评这一特有的文体所承载的使命。相反，不痛不痒、缠上一层又一层裹脚布的"时评"，戴着镣铐舞蹈的"时评"，常常失去了时评的本来面目，变成可有可无的东西。针对这样的问题，叶匡政的《时评，正在成为一种脑残文体》，可谓向当下的时评热潮投了一颗巨石。

时评，正在成为一种脑残文体

不知猴年马月，报纸不约而同地开始青睐上了时评。不论芝麻点大的新闻，还是荒诞不经的话题，只要被时评盯上了，立马起了蝴蝶效应，一传十，十传百，下个时辰可能就成了所谓社会热点。比如前些日子关于老师送礼、宋丹丹上不上春晚等这些争论，都属于这类不靠谱的时评惹出的风流韵事，把一个鸡毛蒜皮的小事愣是给拔高到某个无聊的境界，弄得媒体上到处都在唠叨，似乎不说出一个子丑寅卯来，它们绝不善罢甘休。

这类时评来得快，去得也快，等你勉为其难刚想瞅它两眼时，它们却像海潮般退得无影无踪了。于是日子就变成了一个热点，接着一个热点，除了留给读者满头的雾水，和一两声百无聊赖的叹息，其实啥也未曾剩下。只是浪费了那些印新闻的好纸，白白地被这类面目可憎的文字糟蹋了一回。好在读者们对这类文字都选择性失明，根本没心思瞧它，所以人们也就任它自生自灭去了。

这类时评还有一个特征，就是味如嚼蜡，不仅语言枯燥，观点亦是人云亦云，只不过张嘴说了点能放在台面上的瞎话。他们似乎学了点屠龙术，拿的却是一把水果刀，逮了几只蜥蜴就以为是真龙了，脸上是露出了不屑的表情，文字中的媚骨却处处可见。他们自以为是思想者或请命者，其实神经比很多网民都要脆弱得多，喉咙也早已丧失了呐喊的功能。他们有点像红颜薄命的林黛玉，腹中明明只有点花谢花飞的忧怨情怀，摆出的却是心系社稷苍生的道学家的谱儿。明明是能够载舟的大江大水，时评家只学会了用它来煮粥。

这类时评家看起来像是会咬人的狼狗，实际上骨子里都是些叭儿狗。他们把鲁迅常常挂在嘴边，却连一点讽刺、夸张、反讽、幽默的劲儿也没学会，倒成了鲁迅笔下那只“比主人更厉害的狗”，或“脖子挂着一个小铃铎，作为知识阶级的徽章”的山羊，装出了一副爱憎分明的样子，其实只是一群圆滑世故、见怪不怪、假情假意的文字老油条。他们非常清楚什么能说，什么不能说；什么当说，什么不当说。他们写作的目的，似乎就是为了让民众忽略那些利益攸关的大事，领着人们忘记那些主流话语中被省略掉的内容。黑夜给了时评家一双黑色的眼睛，他们只用它来翻翻白眼。低头写作是需要勇气的，同样抬头呐喊也要有底气，可惜的是这两样气他们全没沾上。于是，他们成为了这个时代的时评家，一笔好字被电脑废了，一手好文章给时评废了。①

第三，篇幅短小精悍，语言轻松活泼

时评一般就事论事展开论证，选题的范围明确，角度较小，不需要长篇大论地进行论证说明，反而言简意赅更容易出彩。此外，时评没有社论的严肃性，更多反映地是受众的声音和意见，语言也倾向于活泼生动、喜闻乐见。

“华南虎事件”让谁蒙羞

一场沸沸扬扬热闹了几个月的“全民打虎”闹剧，因为一张“年画老虎”惊现

---

① 叶匡政：《时评，正在成为一种脑残文体》，《南方周末》，2008-11-19。

网上，至此似乎该画上句号了。

遗憾的是，揭开“华南虎事件”本不怎么神秘的面纱的，并非媒体“千呼万唤始不出”的权威机构的鉴定，也非有关部门的调查结论，更非“拍虎英雄”本人的良心发现——只要将“年画老虎”和周正龙公开的照片中的老虎虎纹对比，不要说普通百姓，就连有关专家与年画印制厂商也表示“有99%的概率是同一只老虎”。更有趣的是，现在连开始的“挺虎派”也直言“虎照为假”了。

从这场闹剧的开始，就有很多人认为穷追虎照的真假是小题大做——为什么那么多弄虚作假的事没人管，而一个荒诞不经的造假却招致如此轰轰烈烈的穷追猛打？

其实公众之所以对“华南虎事件”反映如此强烈，究其根源绝不在于事件本身，而在于有媒体指出事件背后暗藏的利益：镇坪县将借虎势虎威大力开发旅游资源，而国家将斥巨资在140平方公里的镇坪小县建立一个华南虎自然保护区，这对地方来说绝对是一件名利双收的好事。镇坪县领导发展地方经济的热情似可理解，但当虎照被普遍质疑的时候，有关部门及专家表现出来的欲盖弥彰和漏洞百出的“不专业”表现，更加激起网民打破沙锅问到底的决心……

在诚信缺失成为我国社会一大公害，人们相互间的交流和沟通变得日益困难时，仅凭着几张数码照片，开几场新闻发布会已不足以“服众”。要让越来越“不好糊弄”的公众相信真相，除了老实虚心的态度，还要有求真务实的精神。与陕西当地有的政府官员、学者等急于为华南虎照片的真实性盖棺定论的“作为”相比，权威杂志《科学》公布虎照时用了《“平面”老虎？》，标题的“不作为”就显得让人肃然起敬。这两种求证真相的观念和方法上的差异，值得深思。

与有的地方官员的急功近利相比，国家林业局的态度也值得我们尊敬。他们首先没有想当然地对照片真伪进行表态，而是组织专家赴当地进行野生华南虎资源状况专项调查。同时肯定了公众对陕西华南虎问题的关注，“表明了社会生态文明意识的进一步提高，体现了人们对野生动物的关爱和对野生动物保护事业的关心”。

公众质疑的初衷无疑是善意的。但当他们无法从正常渠道获取真相的时候，就只能在网上掀起一场“全民打虎”运动。与网民的“冲动”相比，法学硕士郝劲松以司法途径追查“真相”更具标志性意义。道理很简单：包括知情权在内的公民权利从来都不是从天而降的，而是要通过合法的途径去争取。用法律的手段而不是向政府机关“讨说法”的做法，更彰显了法治时代公民在解决公共问题时所应该表现出来的素质和理性。

“华南虎事件”似乎水落石出，但随后的追问似不该止步。如果造假仅属于个人行为，那么造假者已涉嫌骗取国家财产，是否应当承担相应的法律责任？

更严重的是，如果造假行为是有人授意、指使或合谋，那么公众期待的是，更多的真相大白于天下……

（《人民日报》2007 年 11 月 21 日人民时评）

这是一篇紧密结合热点新闻时事的新闻评论，作者以犀利的笔触层层剖析“华南虎事件”的利益关系，文章具有时效性和现实性的特征。首先，在选题上就已经吸引了读者的目光，跳出热闹的“打虎”事件，探究其背后的责任主体。其次，它行文流畅，抽丝剥茧步步深入，由诚信的缺失看到公民权的理性申诉再到对结果的追问。最后，文章在短小的篇幅中表达了作者的意见性评论，爱憎分明、余味深长，富有强烈的感染力。

第二节　广播评论的特殊形式

广播评论是以声音符号为手段传播内容的评论。早期广播评论沿袭了报刊评论的形式，对应报刊社论、评论员文章的是广播的台论、本台评论员文章。在长期的实践中，广播评论又依照本身的媒介特性，进一步创造出了一些独特的广播评论形式，比如谈话体评论、评论员评论、音响评论等。

一、谈话体评论

谈话体评论是指用谈话的方式，对新闻事件进行分析，并发表评论的一种广播评论形式。谈话体评论以谈话、聊天的形式，在平等交流的基础上，对事物发表意见、交流观点。谈话体评论是听说合一、地位平等的评论形式。谈话是它的基础，听说平等是它的本质，二者紧密结合。

1. 谈话体评论的内核——“类交流”

谈话体广播评论，这种为听而产生的评论形式，姓“谈”不姓“写”。“谈”，是连接评论者与听众的核心环节，“谈”，也是区别于广播评论和报刊评论的关键所在。谈话者同谈话对象之间不仅是“我说你听”或“我说你们听”的关系，而且存在着谈话者征询、征求说话对象意见，双方交换情况和交流看法的关系。同样借助广播媒体围绕说理而呈现出来的谈话体评论，区别于其他任何评论形式的地方也在于评论者同广播听众之间的交流上。[①] 受制于广播条件，谈话体评论与听众的交流只能是间接的、非即时的，可谓“类交流”，但这也很大程度上改变了广播听众被动收听的局面。

---

① 吴曼莉：《浅析谈话体广播评论的基本特征》，载《攀登》，2007(6)。

广播稿：不能鼓了腰包，秃了山包

听众朋友，这两年，有的林区的有些村民，靠一把斧子两只手，钻山沟，毁林致富，发木头财，吃现成饭。这种杀鸡取卵的做法实在不可取。

林区群众中，有这样一句顺口溜："要想快快富，进山砍松树"。乍一听，生财有道，细细一想，却不是个正道儿。常言道：靠山吃山。问题是怎么个吃法。吃山首先要养山，只吃不养，只能坐吃山空。农谚讲得好："山上松柏青，胜过拣黄金。山上没有林，有地不养人。"大自然的惩罚是无情的，就说今年吧，卓尼和临潭的一些地区遭受暴雨、洪水袭击，庄稼被冲，房倒屋塌，给当地群众的生命财产造成了严重的损失，这和大面积森林被毁、植被遭到破坏直接有关。现实告诉我们，只抓"财宝"就会伤了"绿宝"。秃了山包，到头来腰包也鼓不起来。

毁林致富也是国家法律不允许的。前不久，临潭、卓尼两县依法处理了几起毁林案件，毁林者分别受到没收木材、罚款、行政拘留、判刑等处罚。这不，吃亏的还是自己。

致富路有千万条，靠毁林致富，既不正当，也不长久，何必偏走这条路呢？

（甘肃甘南人民广播电台，朱玉林，1987年12月23日）

在此篇评论中，很好地体现出广播评论口语的活力，"山上松柏青，胜过拣黄金。山上没有林，有地不养人"。这样极富表现力的语言的运用无疑为这篇评论增色不少，而且读起来亲切、生动、活泼，避免了刻板僵硬的说教风格。与其他媒介的评论相比，广播评论更讲求语言上的浅显、通俗和生动。广播评论主要靠"听觉"取胜，具有稍纵即逝、不易留存的特点，因此广播评论要想取得好的传播效果，就应当尽力做到表述简洁、明快，通俗易懂，努力拉近与听众的距离，让人易听也爱听。

2. 谈话体评论的表现方式

（1）对话式

对话式广播谈话中，通常是两个主持人（多为一男一女）采用"你问我答""你唱我和"的方式探讨交流。这种形式气氛比较活跃，可以调动听众思维，让听众仿佛也置身对话之中。与此同时，这也对主持人提出了要求，在语言风格上个性色彩要突出，两个人之间是对话而不是分角色读稿等。比如曾获中国新闻奖广播评论类一等奖的《补上市场意识这一课》，男女主持人你一言我一语，将论题逐步深入。

（2）戏剧式

戏剧式广播评论，是对话体评论的衍生形式。通过安排虚拟戏剧场景和人物对话来完成广播评论，类似将广播剧的因素与评论的要素相结合。这类节目有珠江台的《一盅两件》、天津台的《三言两语》、保定台的《老保定一家》等。《老保定一家》就曾制作了一期《中小学生应当减负》的节目，整道节目以老保定和妻子、女儿之间的家庭对话展开，用正反两方面的观点冲突，来完成对中心论点的论证。

戏剧式的评论给广播评论带来了一股清新之风。它们通过虚拟的人物对话，对社会上百姓关注的热点、难点问题进行评说，抨击、鞭挞社会不良现象，讴歌好事新风，展现时代风貌，是广播发挥优势，增强可听性和影响力的成功尝试。

(3) 论辩式

论辩式谈话往往是两人以上参与探讨论辩，一般是主持人先拟定谈话评论的对象或主题，然后邀请嘉宾或听众参与到节目中即席讨论。通过主持人的主持、补充、解释，嘉宾听众的参与、分析、争论，将论辩引入高潮。

中央人民广播电台的《新闻观潮》栏目就是这类节目的代表。节目自开播以来，以新颖的节目形式，犀利的风格，受到了业内人士和广大听众的好评，吸引了大批的忠实听众，听众评价《新闻观潮》是一道过瘾的新闻大餐，听众参与率始终位居全频率前茅。《新闻观潮》的成功经验可以概括为以下方面：

第一，评论内容的时新与广泛。全方位讨论热点新闻事件以及热点话题，每天站立时代潮头，透视新闻是非，感受心灵的碰撞和思想的火花。做到当天新闻，一网打尽，不拘一格，亦正亦谐。每天的新闻点评，涵盖国际国内，包括财经、生活、科技甚至花边新闻，包罗万象，天马行空。评论中画龙点睛，有话则长，无话则短，大多数以蜻蜓点水，点到为止，剑走偏锋。

第二，形式风格的灵活与亲和。主持人穿针引线、抛砖引玉，嘉宾深度分析、精当点评，三言两语，深入浅出。热线电话、手机短信、网上评论，多渠道并举使听众全程参与，让每一位听者都能畅所欲言。敢于在新闻评论节目中尝试直播，谈话聊天的状态让嘉宾和主持人都以轻松个性化的形象出现并以平民化视点解读、评点新闻，为这档评论性节目赋予了极强的贴近感，形成了平易亲和，犀利热辣的评论特点。[①]

二、评论员评论

传统的广播评论是由记者写好稿件，由主持人、播音员朗读的。随着广播评论的不断发展，目前更多的是评论员评论，即由评论员自己撰稿，自己播报的广播评论形式。

评论员评论做到写播合一，由评论员以第一人称出现，直接播报自己撰写的评论，将评论的内容、表达方式、播报方式统一起来，有助于增强评论的效果，充分发挥了广播“以声传情”的作用。具体细分，评论员评论还可分为在演播室的评论和在新闻现场评论。较之新闻现场的即景评论，演播室的评论留给了评论员酝酿准备的时间，思维上更加严谨，评论说理上也更加缜密。

---

① 中国广播网：《新闻观潮》节目介绍，http://www.cnr.cn/wcm/china/plb/t20040723_152807.html。

以《老梁说天下》为例，这是一档由中央台特约评论员老梁（梁弘达）对一周以来的大事包括政治、经济、社会、文化等各个方面进行点评的节目。老梁的评论犀利尖锐，寓庄于谐，观点独特，深受听众的好评。总结其之所以为广大听众喜爱的原因大致有以下几个方面：思维敏捷，口齿伶俐，评论一气呵成；知识渊博广泛，引经据典准确；平民化风格，讲真话、实话、老百姓的话。虽然评论中的个人观点值得商榷，但其一层层剥洋葱式的摆事实讲道理的论证方式，让人不得不信服。即使有时语言尖锐，甚至有点刻薄，但绝不是简单扣帽子。

又到一年风雪时

我们去年这个时候南方很多地方发生非常严重的冰冻雨雪灾害，可以说在历史上也很罕见。这个冰冻灾害已经过去一年了，中国有句老话叫前事不忘后事之师。如果我们不能从这次的自然灾害中总结出经验教训，那我们很可能会让这样的灾害伤痛重演。

这些年来西方国家对一些自然灾害做出了一个结论，当这个自然灾害发生以后呢，这个自然灾害带来的危害，我们假如把它定量的设为1的话，到后来我们会发现，如果你的预警机制，各方面的机制做的很完备的话，很可能这个灾害会降低到0.8，甚至0.5，但是如果你这个预警机制不完善，那么这个定量危害假如是1的话，到最后这个危害可能扩展为1.5，2甚至3。那么也就是说对灾害事前的预警，在救灾过程中采取科学合理的措施，对于降低自然灾害给人类带来的危害是至关重要的。因此我们非常有必要对过去发生的灾害做深入细致的总结。以前有个西方哲人说，无论是大规模的自然灾害，还是社会灾害，包括战争之类的，都会换来人类的成长进步。我们付出了那么大的代价，不可能没有收获。西方人觉得“危机”这个词非常好，有危险就有机会。不仅可以降低灾害的危害程度，你还能从这个当中挖掘到一些壮大自身实力，整个社会前进的动力这种潜在的力量。

我们从去年雨雪冰冻灾害得到的最直接的教训就是预警机制的建立，它不仅仅是我们怎么去调配全国的物资，集中力量进行防寒救灾，很重要的一点就是一旦出现灾害的时候我们怎么去面对处理，尤其是对信息的处理。这一点说实话我们很多地方政府严重缺乏这方面的经验。你比方说这个我们各级政府，每一级政府都有调配手里物资的权力。但是超越常规调配比较大的物资，乃至向周边兄弟省份，兄弟政府来调动物资，那么我们政府是不是有这样的权力呢，其实我们政府在非常状态下，有这样的权力和能力，但是我们很多政府在这种情况下启动这样的权力和能力反应比较迟钝。我们有层层信息上报制度，但是呢这种上报制度往往信息传递比较慢。等到上级政府，尤其是中央政府了解了所有的情况之后再发挥中央政府集中救灾能力的时候往往已经错过了最佳的救灾时机，这是一个惨痛的教训。很多地方政府在灾情不明显的时候瞒报漏报，不把它当一回事情，结果延误了最佳的时机。今年五月一号我们国家颁布了一个《政府信息公开条例》，这个条例就规定了在一些重大的事情面前政府应该把事情详细向社会公布，不能瞒报，不能保留，要让更多的人们了解到灾情到底怎么样，这样反而在一定程度上遏制了谣言的产生与传播。

另外就是对于自然规律的认识上我们很多地方政府说实在的不怎么听专家的，不尊重自然规律盲目行事。这时候我们要听取有经验的专家的意见。而不是我们有的干部一拍脑袋：没事儿，这事儿我们加强人力物力，人定胜天。说实在的我们对自然规律要有起码的尊重，要有一定的科学常识，而在这一点上有一些地方领导做的不够。再另外的我们指挥集中救灾的一些部委在反应上也比较慢，也没有做到在最佳时机做出最佳判断。或者有些部门在工作意见上不统一，有的时候互相指责对方有什么责任。而在那时候有一些部门有一些不恰当的在打嘴仗。我认为这些都是我们在去年抗击冰冻雨雪灾害中非常值得总结的。

那么今年来看啊，各个地方大风降温的时候我们的政府的表现要比去年好多了。我但愿能让这种情况形成一种长效的机制，就让它固定下来，可是到现在为止呢，我还没有看到来自权威部门关于去年防治雨雪冰冻灾害的权威总结，当然去年还有一个更大的自然灾害——汶川地震。可能这些都需要我们相关部门用最快的时间，经过扎实的总结，把这个经验出台，这个不仅仅是对老百姓进行灾害的教育，同时也是对各个部门建立预警机制提供一个完善完备的科学参考资料。

我们中国之声今天用了一天的时间从不同的角度来回顾过去、报道现在、展望未来，其实也正是立足于站在历史巨人的肩膀上能够看得更远，让我们把对过去的经验教训转化成我们未来前行宝贵的财富，这样我们也没有白白的受那些损失。

（中国之声《老梁说天下》，2008年12月6日）

这一期的《老梁说天下》说的是又到风雪时，我们该从去年的冰冻灾害中学到什么。“前事不忘后事之师”，引出我们要总结灾害中的经验教训。

评论员的说理，要避免坐而论道。老梁也为我们摆事实讲道理，从西方国家对灾害的评估体系和危险中有机会说明我们应该要建立相应的预警机制。在此基础上，老梁又逐步地延展开来，分析我们在信息处理中要及时公开透明以及对自然规律的敬畏与尊重。选题的把握切合了时弊，而论证的展开通过风趣幽默的语言加评论员缜密思维的理性分析，让听众也不得不服。

当然，评论员评论的背后，虽然往往是一个团队共同协作发挥合力的结果，但其中主要的亮点还是评论员的个人魅力，这也对评论员的个人素质提出了更高要求。

三、音响评论

音响评论，是指用现场音响、音响资料、评论性语言等手段作为内容的广播评论形式。音响评论中充分运用现场音响，增强了现场感，有助于交代背景，渲染气氛。这一手段是传统的报刊评论不具备的，合理恰当地运用音响，使广播评论别具魅力。

新疆台获奖评论《大瓷盘为什么走俏?》中引入两段谈话录音：

> 特别是一尺二的、一尺四的、一尺六的汤盘、平盘，还有鱼盘，都比去年销售得好。拿一尺二、一尺四两种盘子来说，去年只卖了200多个，今年一下子卖出5 000多个。就说60多元一个的大盘，去年只卖掉两个，今年一下子增到192个。
>
> ……
>
> 其实，我们中盘、小盘并不缺。主要是现在上面有规定，不让(用公款)大吃大喝。可有些单位既想吃喝，又怕违反规定。可是大瓷盘即使装得再多，也算一盘。这样他们也好交代，我们也合算，所以我们也多买了一些大盘。
>
> (新疆人民广播电台，史林杰，1988年12月30日)

以上两段谈话录音，说明了大瓷盘走俏的情况和背后的原因，揭露了公款吃喝的歪风。正是在此基础上，评论引出观点“刹住吃喝风需要动真格，否则加大瓷盘的尺寸、变着法子搞吃喝就难免了”。评论中的谈话录音在这里比作者转述更有力，也更让人信服。

广播评论中音响的运用已经非常普遍，有的是作为论题的“由头”出现，比如音响评论《决不许亵渎英雄，歪曲历史》中，以一段网络录音为开头，对网络恶搞红色经典和英雄人物的社会现象进行了深入的评论，发人深省；有的是作为重要的论据出现，比如《大瓷盘为什么走俏?》。

成功的音响评论中，音响一定是评论内容不可或缺的一部分。如果为音响而音响，或者脱离论点单纯追求音响本身的表现效果，如清晰度、完整性，那就可能反而冲淡论点，分散听众的注意力。[①] 此外，音响只是现场或事实的部分再现，还需要用论据的语言表述揭示音响内在的意义，从而深化论点。

一条新地铁的三大效应

> 10月7号，“十一”黄金周的最后一天，地铁5号线开通试运营。这是北京

① 王振业：《广播电视新闻评论》，208页，北京，中国传媒大学出版社，1997。

市第五条轨道交通线路，也是第一条贯穿南北的交通大动脉。开通仪式之后，各大车站人山人海，各次列车趟趟爆满。期盼已久的沿线居民把乘坐地铁5号线当作黄金周里最后的旅游项目，也把它看作今后解决出行难题的希望所在。5号线的宣传海报也自我比喻为“开往春天的地铁”。综合来看，新地铁的开通至少带来了三大效应。

最直观可见的当属市民出行的“提速效应”，它让人们看到了摆脱交通拥堵的希望。

随着机动车保有量的急剧增加，交通拥堵接踵而至。以地铁5号线经过的大型社区天通苑为例，短短两公里的路程堵上半个小时到1个小时是常有的事，天通苑也因此有了“添堵苑”的别名。5号线串起东城、崇文等老城区和昌平、朝阳、丰台等地的新兴居住区，它的提速作用体现在两个方面：对于没有私家车、依靠公共交通出行的人们来说，从最边缘的天通苑到城市核心区东单，乘坐地铁只要短短35分钟，上班、回家不再是缓慢而痛苦的经历。一位家住在天通苑的先生在国贸上班，他说出了饱受堵车之苦的人们的共同心声：

（音响）

记者：您在什么地方上班？

市民：在国贸。

记者：那您要怎么走呢？

市民：嗯，坐公交车，倒13号线，再倒公交车。

记者：等于说，就是要倒三趟车。大概得用时多少？

市民：将近两个小时。

记者：那这回呢？

市民：应该是比过去快多了。

地铁的高速度也吸引了一大批有车一族，使他们放弃开车，加入“地铁族”，从而减少地面交通流量，使得地面交通变得快捷起来。一位每天往返于天通苑以北和刘家窑之间的市民算了一笔时间和经济账，明确表示今后主要以地铁作为代步工具。

（音响）

以前我都是开车，从我家到刘家窑上班，堵车堵得特厉害，原来两个小时，我每天5点多就得出家门，今天是6点半出家门，50分钟就到单位了，到那儿很稳稳当当，还有富余。

和这位先生有着同样想法的人不在少数。地铁对有车族的吸引，可以从5号线最北端、本市第一个换乘停车场的火爆场景看出端倪。停车场的管理员说，停车场启用三天来，停放的车辆每天都在增长：

（音响）

第一天是70台车，然后第二天呢186台车，今天9点半之前全满了，259台车全满了。

路面车辆的减量和地铁乘客的增量，使得交通整体速度在提升。在黄金周过后的第一个工作日的早高峰，曾经天天占据北京拥堵黑名单的立汤路天通苑路段破天荒地没有出现堵车现象。北京市公交总队一位天天在此执勤的警官说：

（音响）

警官：这儿经常堵，以前像星期一啊，第一天上班，肯定是堵车的。

记者：那您看今天这出奇的好我觉得，您看。

警官：啊是，肯定是有影响啊，这缓解地面交通啊。其实坐5号线很方便的，快啊，不堵车啊，也经济实惠啊，肯定的。

北京市交管局后来发布的一周交通情况通报也显示：地铁5号线开通后，立汤路的交通流量下降了70%。地铁使天通苑、回龙观等城市边缘区的居民从此步入出行快车道。

地铁5号线带来的第二大效应，是便捷的交通改变了城市核心地区和边缘地带的二元分割状况，将远郊区纳入了城市的整体发展格局。

王先生家住在城北的大屯，远在南城宋家庄的海鲜市场对他来说犹如"君住长江头，我住长江尾"，要去买只螃蟹简直是不敢想象的奢侈。但是地铁开通后不久，王先生的身影就出现在了海鲜市场上：

（音响）

（背景音——顾客：这螃蟹多少钱一斤啊？

商贩：这儿看看大哥，20块钱一斤的。）

王先生：早就听说这个地方价格比较便宜，这不现在也正好是吃螃蟹季节吗，就过来看看。

记者：过去来过吗？

王先生：过去没来过。这主要是因为不太方便，我们家呢在北边住，如果要坐公交车得倒好几趟。5号线开通了，今天坐了一下，也就半个多小时就到这边来了，而且这个车上环境也比较好，坐着比较舒适。

地铁引来了商业和文化设施，地铁也使得人们的生活触角伸向更远的地方。北京商业经济学会秘书长赖洋从商业的角度指出，地铁交通模式的引进，使传统的商圈概念有了新的外延空间：

（音响）

过去我们提商圈，是按照呢人行的辐射的距离，是三公里商圈五公里商圈，而随着轨道交通延展，更多的人衡量远近不再是以直线的距离来测算的，而是以交通的通行时间来计算的，这必然带来商圈辐射的范围啊直线延伸得很远。

正如加拿大社会学家马歇尔·麦克卢汉所说的，铁路的投入使用并不在于火车上运输的货物，它是人的延伸。一条地铁的开通，它的作用并不局限于交通，更重要的是它改变了人们的交流方式和生活方式，它使得天通苑、回龙观、宋家庄等地的居住区不再因为路途遥远交通拥堵，成为居民生活上的“睡城”，文化上的“荒漠”，不再游离于整个城市的发展格局之外，从而成为城市不可分割的一部分。

地铁5号线的第三大效应，是让市民切实感受到了政府决策中民生的重要和民意的分量，感受到了奥运交通规划的前瞻视角和惠民意识。

北京一直在着力实施公交优先战略，而力度之大、步伐之快，更是因为最近几年的奥运筹备工作得以体现。

对于天通苑社区的居民来说，地铁5号线的重要意义不仅在于它穿越其中，更在于政府在听取民意之后，更改设计图纸，在1800米的距离之间又增设了一座车站。8000人的签名，换来了政府数千万的追加投资，更换来了30万居民的便利出行。民意之重，民生之重，可见一斑。

5号线穿越奥运场馆区，它和其他在建或者拟建的地铁线路，共同构成了奥运交通规划的重要组成部分。在5号线的开通仪式上，北京市交通委副主任刘小明郑重宣布了北京地铁发展的宏伟蓝图：

（音响）

北京将进一步加快轨道交通的建设，使得到2010年达到运营里程近300公里，2012年达到420公里，2015年建成561公里的“三环四横五纵七放射”的轨道交通网络。

北京的地铁规划和建设因为奥运筹备而提速，但是它跨越了奥运会并着眼于更远的未来，政府更注重的是它们在“后奥运时代”的实际功用。奥运交通规划正在一天天由美好的图纸变成一条条实实在在的地铁线路，一座座美观实用的地铁车站。北京正在形成网络的轨道交通是“百年大计”，它绝不仅仅是为了奥运会这场举世瞩目的体育盛事，它更多地是在改变一座城市的出行条件，为生活在这座城市的普通民众带来真正可感可见的实惠。

（北京人民广播电台交通广播，谢先进，2007年10月7日）

节目围绕北京轨道交通当年的热点事件“地铁五号线的开通”，分析它对百姓生活、社会经济带来的多方面影响。首先，论证过程中观点明确，直接提出了地铁的三大效应“提速效应”、“经济效应”和“惠民效应”。其次，充分运用广播音响的作用，引入普通市民、交警、商业经济学会秘书长、交通委副主任等的采访录音，让真实的再现使这类正面

宣传稿更有说服力。音响的运用要适时恰当才能更好为说理论证服务，本期节目可以说生动地展现了这点。

与平面纸质媒体不同，广播评论更重要的是要掌握好说理的方式和抽象程度，要在注重逻辑的同时，充分调动各种手段和表现形式，为听众和观众创造理解抽象内容的条件，完成一定程度上的化抽象为具体，便于听众更好的理解和接受。这也是充分认识和运用广播媒介的特性为评论增色的有效手段。

第三节　电视评论的特殊形式

电视新闻评论综合运用视听结合的多种感官传导符号，为公共意见、观点的表达构建了一个活跃的平台。1980 年我国的第一个电视评论性栏目《观察与思考》开播，它代表了我们对合乎电视特点的新闻评论之路的探索，而今电视评论确实也形成了一个表现形式多样的"大家庭"。

一、口播评论

播音员、主持人、记者用口头播报的形式对新闻事件进行评论的形式。适用于"本台评论员文章"、"编者的话"、"编后"等。口播评论往往配合画面、图像、字幕等，声画结合、图文并茂。

1996 年中央电视台《东方时空》的子栏目《面对面》开口播评论的先河。进入到 21 世纪，随着"民生新闻"栏目在各大电视台的异军突起，新闻节目主持人在新闻串联词中的简短点评开始广受观众好评。比如《南京零距离》中，主持人孟非对社会新闻的点评就受到观众的喜爱。2003 年 6 月 15 日的《南京零距离》报道了一条新闻：一位大学教师对工商银行多收贷款利息不满，交涉无果，一怒之下到该行开了一百张一元的存折以报复银行。新闻之后，主持人说："大凡事出有因，我们要在这个'因'上下工夫。"一句话表明了媒体的态度，站在维护群众利益的立场上，但对该储户的报复行为显然是不赞成的。①

此外，凤凰卫视的《有报天天读》和中央电视台经济频道的《马斌读报》等栏目，在将报纸新闻搬到电视荧屏的同时，也会在其中穿插主持人对新闻事件的评价。以 2009 年 1 月 7 日的《马斌读报》为例。对"医院实习生'打杂'"的新闻，马斌发表了自己的看法："其实，提高实践技术的方法有很多，就像你学习跳舞不一定非要舞伴一样，提高医术也可以多动动脑筋，没必要非把急需治疗的病人当成小白鼠，只要用心，打杂一样能学到真本事！"节目结

---

① 严义英：《电视新闻评论的两极走向》，载《中国记者》，2004(10)。

束时，照例是对当日末条新闻以“打油诗”的方式评价：“工厂转产搬机器，简单工种也赢利。人多之处难钓鱼，商机从来奇中觅。”这也成为了该节目吸引观众的一大亮点。

二、谈话评论

由主持人（记者）、评论员等电视工作人员与嘉宾或现场观众，在演播室或其他场景，就新闻事件进行分析、评价，交流观点。谈话评论搭建了一个平等交流的平台，各种观点、意见在此碰撞争鸣，一方面，激发了观众的参与性，提高了节目的收视率；另一方面，观众也可以得到思想上的启发。在讲述和评价时，往往配有相关的电视画面和字幕，使谈话更有针对性。

这类节目中，新闻事实往往仅作为谈话的由头。从“评事”走向“论理”，主要由主持人与嘉宾、现场观众对经过报道的新闻事实中最引人注目、最具探讨空间的议题的讨论来解读、分析与评论。其观点与态度的表达，重在通过理性的剖析，相对于新闻依托式评论节目的“用事实说话”而言，此类节目偏重“用观点说话”。因此，这是主观色彩最为浓厚的一种电视新闻评论范式，理性的语言逻辑取代感性的影像成为最重要的表达手段。代表栏目有中央电视台新闻频道的《新闻会客厅》、《央视论坛》、凤凰卫视的《时事辩论会》等。①

人肉搜索的“罪”与“罚”

李小萌：如果你爱一个人，就把他放到人肉搜索上，那样马上你可以了解他；如果你恨一个人，也可以把他放到人肉搜索上，那样他马上可以体会地狱是什么滋味，现在越来越多的虚拟世界的问题要接受现实世界的检验，就在十几天以前，一位人大代表提出，要通过法律的形式来约束人肉搜索，来了解一下相关的新闻。

（相关新闻介绍）

本期《新闻会客厅》争论话题：人肉搜索的“罪”与“罚”。

李小萌：欢迎来到《新闻会客厅》。今天我们就要探讨这样一个一直处在风口浪尖上的话题，网络上的人肉搜索究竟该不该管，又该怎么管，介绍一下请到的四位嘉宾。

两位互联网行业的从业者：网络营销策划人杨秀宇、天涯网市场总监刘大浪；两位观点针锋相对的媒体评论员：海南大学法学院副教授王琳、资深媒体人王志安。

① 黄继峰：《电视新闻评论节目的主要范式与理念革新》，载《现代视听》，2008(7)。

李小萌：志安，知道你最近刚作了一篇文章，对人肉搜索有非常鲜明的观点，先把你的观点亮出来。

王志安：我觉得人肉搜索最近一段时间大家讨论得比较多，有很多人都认为，人肉搜索只是现代网络过程中一项技术，不应该针对这项技术本身再附加法律去管理，实际上就是关于个人隐私的保护已经有法律了，就不应该再针对人肉搜索再进行特别的法律管制了。比如说它就相当于一把刀，这把刀既可以切菜，又可以杀人，但是我们不能说凡是拿刀的人，我们都要进行法律制裁。

李小萌：对于人肉搜索该不该管，你的态度是什么？

王志安：该管。

李小萌：怎么个管法？

王志安：我觉得实际上应该对发起人肉搜索这种行为要进行法律限制，人肉搜索首先是要有人，有人在网络上发起针对第三人的信息的征集令或者通缉令，然后有人根据这个通缉令或者这个信息征集令补充我们每个人知道这个信息，我觉得发起者这种行为有明显的违背法律的嫌疑。

李小萌：你把人肉搜索是什么解释了一下，但你的观点是说限制性地使用的话是说干脆不能用，还是说根据不同的情况甄别，然后再看怎么对待它？

王志安：如果把前面针对第三人的信息征集令这个拿掉之后，其实人肉搜索就不存在了，它就变成我们普通的网上的信息搜寻，比如说百度、Google一样的，就是它所搜的信息都是网络上既定的，既有的，人肉搜索是有人先发起征集，然后很多人是通过网下信息去补充。

李小萌：刚才志安其实举了一个例子，他说有人把人肉搜索比喻成一把刀，对刀该不该管，还是对使刀的人怎么管法，其实这个比喻就是我身边的王琳先生提出来的，把你的观点拿出来。

王琳：我认为人肉搜索没有原罪，就像志安兄刚才讲到的，人肉搜索就像一把刀，不管它是刀或者志安兄把它上升为枪的高度，我们都不能说拿枪的人或者拿枪的行为是有罪的，而我们只能说拿枪杀人是有罪的，所以如果要谈到人肉搜索“入刑”，我想“入刑”的应该是故意杀人的行为，而不是拿枪的行为。

王志安：没错，是这样的，但是我们会想，为什么大多数国家不允许每个人自由持有枪械呢？如果我们只针对拿枪杀人这种行为，就是可以让每个人都可以自由持有枪械，问题就是枪杀人太容易了，而刀杀人就不像枪杀人那么容易。我们再把这个结论往前推一步，比如导弹或者原子弹，这种大规模杀伤性武器，在国际上实际上每个国家都在严格控制，包括美国，美国虽然说允许公民自由持有枪械，但美国也是在国际上最不遗余力推行禁止销售大规模杀伤性武器的国家，为什么说不能每个人自由地拥有大规模杀伤性武器呢？其实本质原因，你说我们制定一部法律，比如你只有持有了大规模杀伤性武器，杀人的时候才犯法，不是太容易造成大规模的伤害了。

李小萌：限制武器是为了保证多数人的人身安全，你觉得限制人肉搜索是为了保护什么，维护什么？

王志安：我觉得应该是保护普通公民的个人隐私，我觉得就是这个。

李小萌：王琳，那你的意思是说个人隐私可以不用保护，所以人肉搜索可以不去限制吗？

王琳：不是，个人隐私固然要保护，但是网民在人肉搜索过程当中所固有的表达自由，更是公民的基本人权之一，也要同等保护。

李小萌：隐私跟表达自由之间是互相协调的还是有矛盾冲突的？

王琳：它们有相互一致的地方，也会产生冲突。

王志安：什么时候产生冲突？

王琳：我们可以把人肉搜索分成几个部分，第一个部分，就像志安兄刚才所讲的，其实人肉搜索只是有一个发起人肉搜索令的人号召一批网友加入到人肉搜索的过程当中，而他们采取的方式可能有如下几种，第一种，利用传统的网络搜索的技术，百度、Google搜索在网上已经存在的信息，我认为这部分人肉搜索是根本不涉及到任何“入刑”的问题。第二部分，像志安兄刚才又举了例子，可能在网民发起人肉搜索帖之后，他会号召一些被搜索的目标周围的人群，利用网下的现实社会当中的一些关系来搜索他的个人隐私，这个要区别看待，并不一定所有的在网下被搜索目标的人肉搜索的行为都是会侵犯公民个人隐私的，有很多时候他也许不侵犯。

（部分摘选自中央电视台《新闻会客厅》2008年9月19日）

节目开篇，主持人引用了网络上流传广泛的一句话“如果你爱一个人，就把他放到人肉搜索上……”把观众的注意力马上吸引过来，再加上相关新闻的介绍，展开当期的评论话题来探讨“人肉搜索”这一网络热点。邀请的嘉宾既有熟悉网络的从业者又有观点鲜明的媒体人，这样也为后面多侧面的精彩辩论打下了基础。从“人肉搜索”是否该用法律形式来约束入手，主持人引导嘉宾亮出自己的观点，并有意促成嘉宾观点的交锋，这种恰当适时的介入，使理性智慧的语言光芒不断闪现。

三、电视述评

即以主持人（记者）口述性语言为串联，结合画面、音响、字幕等手法，进行夹叙夹议的综合性的电视评论形式。它以画面图像为基础，以叙述性评论为主线。通过画面、音响等电视手段将观众带入新闻现场，在阐述事实的基础上，夹叙夹议，引出观点、表明立

场，既生动形象，又具有感染力、说服力，是最能体现电视传播特性、发挥电视传播优势的电视评论形式。

此类节目形式的代表有中央电视台综合频道的《新闻调查》、《焦点访谈》等，将观点和态度寓于事实之中，融感性认识与理性思考为一体。这样“集约化”的方式放大新闻传播的报道和评论两大功能，实现了报道与言论并举。同样是关于“人肉搜索”的一期节目，《新闻调查》的《一只猫的离奇死亡》就与《新闻会客厅》的《人肉搜索的“罪”与“罚”》完全不同。

一只猫的离奇死亡

演播室：两个月前当一个穿着高跟鞋的女子踩死猫的全过程在网络上以视频和图片的方式出现的时候，引起了数万网民强烈的义愤和声讨。因为受害的是一只猫，目前没有任何法律可以援引保护，所以网民们自发组织起来，通过搜索隐情的方式在网络上展开了空前的寻找，在6天时间中，他们从茫茫人海里锁定了踩猫者、光碟的拍摄人和被怀疑的幕后策划者。但是，两个月过去了，这三位当事人始终没有在媒体上公开露面过。一只猫死去了，但是人类行为背后的动机究竟是什么？是仇恨？是利益？是欲望？所有的猜测远没有停止。4月初，我们前往虐猫事件的发生地并且见到了三位当事人，我们试图通过采访来接近虐猫事件的真相。

……

【解说】 不到6天的时间，被怀疑和虐猫事件相关的杭州的gainmas，萝北县医院的药剂师王某，和萝北县电视台的李某被网友通过一种在网上称作“人肉搜索”的方式从茫茫人海中找出，其效率之高可能不亚于警方的速度。3月8日和15日，贩卖光盘的李某和踩猫女王某分别在网上登出检讨书，此后便消失在媒体的视线中。在事发将近两个月时间里，三位当事人始终没有在任何媒体上就此事公开表态。他们为什么会参与这件事？他们是什么样的人？

【解说】 2006年4月，《新闻调查》记者来到黑龙江的萝北。这个4月初的东北小城，依然雪花纷飞。我们首先来到了王某所在的萝北县人民医院。她的同事一开始都不相信她们认识的王某会做这样的事。

……

网友 小青：我一开始的确很恨她，我现在冷静下来，觉得她很可怜。

记者：你为什么觉得她可怜？

网友 追尾巴的猫：如果一个人，她的想法、她的精神已经压抑到需要用这样极端的方式来发泄的话，而且只有用这样的方式才能得到满足的话，这个人不可怜吗？

记者：你觉得她需要什么？

姚柏生(黑龙江萝北县医院 院长)：我觉得她需要释放，需要理解，应该有更多的人看到这一点，把从对动物的关爱来延伸到对人的关爱，如果人与人之间有了更深切的理解和关爱，会避免人与人之间产生更多的仇恨，也就避免了采取极端的方式发泄这些仇恨，那么也就避免了虐待小动物这样的事件发生。

……

【解说】 郭某告诉我们，在最初帮人注册踩踏网站的时候，他原本以为只是踩小鱼小虾，于是没有阻止。

记者：为什么呢？

郭某(Gainmas)：小鱼小虾这种东西，人是冷血动物嘛，它们只是一种象征性的东西，但是如果说你要踩死一个大动物，我是觉得太过于残忍。

记者：小鱼小虾不也是生命吗？

郭某(Gainmas)：确实是生命，因为本身我们每天吃的东西也有鸡、鸭、鱼肉，我当时并没有刻意去反对。

网友 小青：任何事情都是一步一步发展起来的，国外的 crush 网站都不踩小鱼小虾，人家只踩蔬菜水果或者踩衣服、踩无生命的东西，后来就渐渐地有人会觉得了踩蔬菜水果不过瘾了，我们踩鱼虾吧然后踩小鱼小虾，渐渐地又不过瘾了，那怎么办，我们踩老鼠踩青蛙吧，然后又不过瘾了，我们踩猫踩狗吧，但是猫狗它不会是一个终点，因为人的欲望是没有止境的，你很难说他哪天会不会又觉得踩猫狗不过瘾了，我们去踩什么什么吧。

记者：人性当中恶的成分在任何社会心态当中，任何一个人都存在。

……

【解说】 在网上许多网友采用了比较激进的言辞，对当事人的人格进行了攻击。舆论界也有一种评论认为，这个事件后来的发展是从虐猫变成了虐人。

……

记者串场：这里是萝北的名山岛，一只猫在这里死去，引起了前所未有的关注，当事人受到强烈的谴责他们甚至被称为之恶魔，并且为此失去了原有的生活，但是在调查中我们发现，其实他们是和我们一样的普通人，在虐猫事件中，他们所透露出来的对仇恨的宣泄、利益的驱动或者内心深处某种隐秘的欲望，也许在很多人的心里也都存在，猫死去了，但人的生活还要继续，该怎么样去化解仇恨，怎么样权衡利益，欲望满足的界限究竟在哪儿，这可能是每一个人都需要去面对的问题。

(中央电视台《新闻调查》2006 年 4 月 24 日)

对于电视评论来讲，要求做到有述有评、述评结合，充分发挥电视媒介的传播特点，

结合生动、真实的画面来获取形象、可信的论述证据，从而更好地为论证目的服务。以上选取的是节目中的部分片段，无论是从内容还是视角上都带有电视评论极为鲜明的特色。这篇评论在选题上聚焦当下网络的热点"人肉搜索"引爆的道德危机，选取了"虐猫事件"，从对这一事件的调查入手，多侧面还原真相展开论述。评论以"一只猫的离奇死亡"开篇，以调查带动我们对真相的认识与分析，引申出论证的主题并引发深层次的思考，虐猫的背后到底是少数人内心世界的宣泄还是每个人都可能存在的心灵残缺。

节目选取多个不同身份的"发言人"，有网友、虐猫者、医院院长、视频拍摄和传播者等，通过记者分别与他们对话，充分从不同侧面展现这一事件，同时将采访对话与解说穿插结合，采访与调查相结合，流程化的论证过程，述评客观、清晰、有条理，加强了论证的说服力，更利于观众对整个事件的认知。最后，以调查者身份出现的主持人适时地对事件全程进行画龙点睛的评述，从中提炼深刻思想，引导观众思考。

综上，电视评论区别于平面纸质媒体的一个显著特点就是可以充分利用各种音响或画面，让电视评论节省对于环境、气氛等方面的叙述、描写，使事实更清楚、明白的展现在受众面前，评论更生动、感人。随着电子技术的不断发展，会不断的创新，电视评论上升空间将会更大，这无疑会为新闻评论的发展带来新的变化和挑战。

第四节　网络评论的特殊形式

当今社会正处于信息化、网络化的时代，呈现出思想多样性、文化多元性、价值多元化的客观趋势，而网络评论是最能适应并反映出这种趋势的传播形式。网络评论形式多种多样，而且随着时代的发展，种类将越来越丰富，目前主要有网络媒体评论和网络媒体论坛两种形式。

一、网络媒体评论

网络评论，是传统新闻评论的翻版或者延续，即指网络媒体编辑就新近发生的新闻或变动的事实，在新闻网页上所设的言论专栏里发表或者发布的署名评论。这种形式的网络评论以 Web 网页传送评论文章，同传统媒体的评论相似，都是单向传递信息，用户只能被动地接受网页评论的观点。它在较大程度上保持了传统媒体的观点，是党报评论功能在网络上的延伸。其表现形式主要为以下三种：

1. 源于传统媒体的评论

这种评论与传统评论没有很大区别，不同的是传统评论的载体是纸质媒体，而这里是以电子文本的形式出现。例如，《南方日报》网络版的《方舟评论》，主要就是选取《南方日报》、《南方周末》、《南方都市报》等报刊的优秀评论。

2009年"两会"期间,"两会"代表提交了很多与民生经济相关的议题,其中也免不了有医改的内容。"两会"期间,有政协委员提出:"中国看病不算难,也不算贵,而是患者求医标准过高。"一层石激起千层浪。对此,《中国青年报》发表了一些比较客观的评论,下面就摘其网站的一篇评论进行讨论。

"所谓看病难看病贵,我走遍全世界,看病最不难是中国,看病最不贵是中国。"广州市政协委员、市卫生局副局长曾其毅接受媒体采访时说,在加拿大、美国等国家,医疗体制是互济共助式的,国家补贴多、市民都会买保险,雇主也会帮雇员买医疗保险,但在中国全靠老百姓自己承担,所以我国应建立良好的医保机制。(《南方都市报》2月19日)

曾其毅的言论一面世,即遭遇了网络上铺天盖地的板砖,质疑、讥讽直至谩骂,一些评论也直指"看病最不难最不贵"说法是价值观出了问题。确乎,目前国内的医疗服务状况尤其是医疗服务价格,几乎成了压在民众心头上的一块磐石,甚至令人窒息,这个背景下高谈"看病最不难最不贵",简直冒天下之大不韪。

但是,曾其毅委实犯了一个"爆炸性"错误吗?单单看"看病最不难最不贵",绝对是一个错误论调;而放在曾其毅全盘语境中,却未必谈得上是大谬。曾其毅所谓"看病最不贵"实际上是个"绝对量",而"看病最不难"是个"相对量"。从绝对数字上看,我国内地的挂号费要比香港低得多,也比美国、加拿大低得多,但是美国、加拿大有较高的国家补贴和较完善的医疗保险,医疗价格虽然远高于我国,最终落到患者头上的费用并不高;而我国的医疗价格虽然低于美、加国家,但看病全要自己掏钱,反倒难堪其负。所以,在医疗价格上,曾其毅从"绝对量"上说我国并不贵没有错误,虽然"最不贵"并不代表老百姓就看得起病——就如同曾其毅说"出不起不等于贵"。

相对来说,以美国政府补贴、个人保险、雇主保险的综合实力,对照国内几乎完全靠老百姓自己,从医疗状况的宏观上看难易程度也很明了。但是,宏观上的"看病最不难最不贵"并不代表老百姓"看病最不难最不贵",而是很难很贵,所以曾其毅呼吁"我国应该建立良好的共济互助体制,良好的医保机制"。

遗憾的是,一些媒体在报道这番言论的时候,模糊了曾其毅对"中国全靠老百姓自己承担"现状的不满,以及建立良好医保机制的呼吁,重点突出了"看病最不难最不贵"。一些人评判曾其毅的观点时,也被"看病最不难最不贵"强烈刺激了视线,根本来不及细看就破口大骂。如果说曾其毅此番言论的错误,笔者以为一个是"最"的肯定,一个是站在宏观层面进行了横向比较而没有站在市民立场直呼看病难看病贵,但或许,多角度的审视更利于查找我们医疗体制的

弊端。

质疑、批判大量涌现以及允许质疑和批判存在，是社会进步和社会文明的表征。但是批判必须保持足够的理性，维系整体的逻辑。攻其一点不及其余，既非理性批判，也非进步的标志，只能导致批判乱象。

看事情我们不能片面地看，要用辩证的观点一分为二地看。医改、看病问题始终是老百姓最为关心的民生问题之一。我们在看这个问题的时候也不能单一地去看它。除了医改问题外，还有房子问题、子女教育问题、养老问题，可以说中国老百姓确实承受着比较大的压力，所以一旦有什么不利于广大人民群众利益的观点一出来必然会遭到群起而攻之。评论由副局长的“看病不贵”入手，首先对这一引起媒体炒作和网络争论的事件概要说明，而后引入观点“攻其一点不及其余，只能导致批判乱象”。作者跳出对事件是非对错的争执，通过说理论证我们看问题该有的客观性与辩证态度。作为传统媒体评论的直接拷贝，这种形式的网络评论都延续着传统媒体评论的特点，论证严谨而科学。

2. 通过链接方式发表网友的评论

这种评论往往出现在新闻报道或者专题报道后，通过链接的方式进入，丰富了网络媒体的新闻报道内涵。例如，《人民网》的《今日话题》评论栏目后就设置了“我要留言”的板块，为网民各抒己见提供了舆论平台。

简少玉委员：“裸体做官”应引起反腐防腐工作的注意

官员公费出国考察，本意是让官员开阔眼界，转变思维，学习先进经验。但目前有些官员公费出国考察已经变异为公款旅游、购物、安排子女留学，甚至是部分贪官敛财或外逃的途径。虽属个案，但在一定程度上损害了党和国家的形象，造成了较为恶劣的社会影响和国际影响，同时也暴露了在干部队伍监管上仍然存在盲区和不足。3月8日，《人民网》记者就官员外逃、滞留不归问题采访了全国政协委员、福建省南平市人大常委会副主任简少玉。

“裸体做官”现象应当引起注意

记者：近来，官员因公出国考察滞留他国不归的现象时有发生，您认为主要原因是什么？

简少玉：我分析主要有四个方面的原因：一是一些党政机关和部门巧立名目。二是一人拥有多本因公或因私护照。三是一定级别的官员外逃比较突出。从外逃的主体上看，近些年来，中高级领导干部特别是厅级干部外逃比较突出。有关研究资料统计表明，出逃官员均具有相当的级别或权力。四是一批“裸体官员”的存在。“裸体官员”指官员一人在大陆，家庭其他成员定居海外。目前没有证据显示官员“裸体做官”与腐败有必然的关系，但这无疑是一个信号，官员“裸体”现象的存在，确实应当引起反腐防腐工作部门的注意。

加强监管是防止贪官外逃的首要之举

记者：每次只要一有官员外逃、滞留不归的新闻都会引起读者广泛关注，您觉得我们该从哪些方面着手防止这种情况的再发生？

简少玉：下步我们一定应加强和改进公职人员，尤其是一定级别的官员出入境管理。对公职人员特别是对厅级干部出国考察应附加更为严格的审批条件，建立预警机制和工作机制，通过统计、分析和研究腐败分子外逃或资产转移的情况，掌握贪官外逃的信息和动态，制定预防措施，是防止贪官外逃的首要之举。要建立和完善党员领导干部配偶子女移居海外的报告和备案制度。我提议，要根据党员领导干部重大事项报告制度的有关规定，党员干部有义务将配偶子女移居海外并申请“绿卡”的情况向组织报告，故意隐瞒不报的，应当给予党纪政纪处分。同时，要建立官员配偶子女出国留学、定居报告和备案制度。

然后要认真执行《护照法》以及护照管理的有关规定，严格规范护照审批、签发和管理。坚决杜绝和严厉禁止一人拥有多本外交护照、公务护照（因公护照）或多本普通护照（因私护照）。发证机关及其工作人员违反规定，用虚假身份或姓名为公职人员或其他人员审批发放护照，属于伪造或变造护照的行为，构成伪造证件罪，应当依法承担刑事责任，如有受贿、滥用职权、玩忽职守、徇私舞弊等其他犯罪行为，还应当数罪并罚。

还要建立快速有效的边控体系。通过出入境检查截获外逃贪官是防止贪官外逃的最后屏障，也是当前预防贪官外逃的主要手段。为了有效防堵外逃贪官于国门之内，必须建立起一个简便、高效的边控审批、协调机制，使相关部门的边控请求能在最短的时间内到达出入境管理部门。

防止贪官外逃，国际合作不可少

记者：防止官员外逃、滞留不归，一个看似很简单的问题，没有国际的支持，也是很难将此项工作做好的，从国际合作上讲，您认为我们该做哪些工作？

简少玉：第一，加强国际间信息共享。

第二，加强反洗钱法制和工作机制建设。有效预防资产或资金非法外流，必须强化资产或资本跨境转移的监测与控制，切实防范资产向境外转移。特别是要健全和完善我国的反洗钱法律制度，强化资产或资本外流的监控，加强反洗钱国际合作。

第三，加强反腐败国际合作，遏制贪官外逃现象。

网友评论：

都明白，主要是制度的执行和打击力度 IP：60.217.239.★

基层工作人员工资低，外出学习培训都要自己出钱，如果高官外出也要自己出钱，他还会出国，还有钱外逃吗？如果外逃，那真正是有问题了。

IP：219.153.72.★

其实呀，在道上混的都明白，如何抵制贪污，但是他们也不想拆穿。IP：202.108.251.★

国家对反腐已动了不少脑筋，但是越反越多的腐败，让老百姓很有意见。什么空投会计人员啊，空投纪委书记啊，结果还是达不到期望。一个县有很多监督和打击腐败的机构，监察局、纪委、纠风办、审计局、检察院，本单位还有内审、纪检等。要怎么使这摊子人真正动起来。中央领导们还是在这方面下工夫为最好。IP：219.153.72.★

加强监管如同不停织网，总有漏网之鱼。要遏制腐败首先要切断行政官员手中的财务权，就是地方一切收入收归国库，地方财务费用由中央统一拨款。这部分款项比较容易监管。要形成的制度就是各部官员各司其职，不能越权处置。IP：60.217.239.★

（来源于人民网《中国共产党新闻》，记者郑光魁，2009年3月9日）

针对有官员"裸体做官"的现象，2009年"两会"期间，人民网就针对这个问题采访了全国政协委员、福建省南平市人大常委会副主任简少玉。首先，标题非常吸引人，《简少玉委员："裸体做官"应当引起反腐防腐工作的注意》，以新鲜名词和热点聚焦吸引网友的注意从而参与到评论中来，形成与网友的积极互动。对这一主题，网友对此发表了很多中肯的评论，也提出了一些很好的建议，虽然部分评论也比较尖锐，但这也真实地传递了网友的心声。

这类形式引发了媒体与网友的互动交流，但网友评论的内容往往鱼龙混杂，这就需要媒体及时地掌握舆论的动向，配发相应的报道与评论，设立舆论领袖等适时地引导舆论的正确走向。

3. 网络评论员或者特邀专家发表的评论

专家学者常常有独特的见解和观点，并在所从事的领域具有权威性和发言权。他们的观点常常能够开阔思路、深化思想，有更多的理论支持，具有一定的权威性，能够帮助网友把对新闻的感性认识上升到理性认识。现在有很多新闻或者门户网站都有专门的评论员。例如，新华网、人民网、南方周末、搜狐、网易等网站的专栏作者的评论就是专家评论的一种形式。

基于慈善事业的宗旨，弘扬利他主义价值观，在构建社会主义和谐社会的历史进程中，慈善事业起着十分重要的推动和支撑作用。国内外的经验告诉我们，发展慈善事业必须有良好的"人文关怀"的社会环境，这种环境的形成，需要有文化的承载和激励。于是，在经历了初创时期的"热闹"过后，在行政动员缺乏对慈善事业持久影响力的状况下，我们又如何去面对可持续发展的命题呢？答案只有一个：建构慈善文化，发展慈善文化。对于这个观点，新华网的评论专员徐学江发表了《为什么说慈善是一种文化》这篇评论文章。

为什么说慈善是一种文化

胡锦涛总书记12月5日在中华慈善代表大会上发表重要讲话，要求各级慈善机构充分发挥自身的优势，“积极传播慈善文化”。总书记在这里使用“慈善文化”这一概念，有助于使我们对慈善内涵的认识提高到一个更高的层次。

为什么说慈善是一种文化呢？

过去，我们往往更多地从经济和社会的角度来谈论慈善，来认识慈善事业的意义和重要性。如说慈善事业是社会保障的重要组成部分，它和社会保险、社会救助、社会福利相衔接构成覆盖我国城乡居民的社会保障体系，是对政府实施的社会福利和社会保障行为的必要补充。有的经济学家称慈善事业是“第三次分配”，只不过它是以道德、爱心为基础的一种分配机制，不同于按劳分配机制，也不同于通过税收进行再分配的机制。

这样认识慈善并不错，但不够全面、不够深刻。

慈善具有更深的意涵，它是一种文化。只有从文化的层面来认识慈善，我们才会认识到慈善的崇高与神圣。

慈善是通过扶贫济困、赈灾救援、安老助孤、支教助学、医疗救助等方式，使贫者、难者、患者、老者、残者、弱者得到物质(或经济)帮助，从而减轻他们的贫穷和苦痛，分享到人间温暖。但是所有这些捐钱捐物的慈善行为所展现的是人性的光明与纯洁。

说慈善展现了人性的光明和纯洁，是因为施善者是不求回报的，不抱期待的，超越亲缘的，与受善者之间是平等的，他们所追求的是一种人生境界：无私奉献。慈善传达的是人类的真诚，传播的是人间关爱、慈悲精神和人道主义。当一个社会乐善好施蔚成风气的时候，人们就会处处感到温暖、快乐和幸福。

说慈善是一种文化，还因为慈善虽与道德有联系，但比道德层次更高。道德有义务要求，如遵纪守法、团结友爱、敬业奉献等都是国家明文规定要每个公民都应该做到的。但慈善对人们并无义务要求。慈善行为完全是人们发自内心的、心甘情愿的、不受外界压力影响的行为。

慈善文化是社会文明程度的重要标志。深厚的慈善文化对社会良性运行、缩小贫富差距、缓和社会矛盾有重要作用。因而加强慈善文化建设是提升道德修养，促进精神文明建设，构建社会主义和谐社会所不可或缺的重要手段。

任何文化都是需要传播的，在传播中才能发扬光大。慈善文化也是需要传播的，尤其在现代慈善事业起步晚、发展滞后、人们慈善意识比较薄弱的我国现阶段。胡总书记要求各级慈善机构要发挥自己的优势，积极传播慈善文化，正

是从这样的现实出发提出来的。而且，慈善文化的传播不仅仅是各级慈善机构的责任。国内外的经验表明，慈善离不开媒体，慈善离不开社会公众的广泛参与。慈善事业的发展，全社会慈善意识、慈善风气的形成、引领和普及，都在很大程度上仰赖媒体舆论的支持。传播慈善文化，广大媒体工作者责无旁贷。

（新华网《新华网评》，作者徐学江，2008 年 12 月 9 日）

这篇网络评论显示了新闻网站宣传报道的高水平。首先，它的标题观点鲜明——以胡锦涛总书记在讲话中提出的“慈善文化”这一概念展开探讨“慈善是一种文化”。在文章开篇，作者用了设问“为什么慈善是一种文化”，既引出观点，又留有思考的空间，能够激发网民的阅读兴趣。其次，它的主题讨论慈善，具有重要的现实意义，切合我们在汶川地震捐助过程中的问题，充分发挥网络的优势，引发众多网民的思考。文章的论证观点清晰、层次分明，并延展到文化也是需要传播，进一步探讨媒体人在宣传慈善中担负的社会责任，让全文的分析落到实处，发人深省。

二、网络媒体论坛

网络媒体论坛，是网络媒体在互联网上为网民提供就新闻和社会问题发表和交换意见的场所，是在相互传递和交换信息的过程中形成的一种无形的用户交流载体。广义的网络论坛包括，邮件列表、在线聊天室、新闻组和 BBS 电子公告牌等。网络论坛制造了一种开放的信息传播环境，信息传播途径的多样化促进了网民的信息获取能力和言论表达权利的平等。同时网络论坛的匿名性保障了言论发表者的安全感。如今媒体不再是信息的垄断者，大众言论在网络传播中的地位得到了显著的提高。例如，新华网的论坛内容丰富多彩，包括发展论坛、时政论坛、国际论坛等等，还有一周热帖排行等。

网络论坛以其强大的互动性，吸引了天南海北的网民广泛参加讨论，在重大问题上往往能够形成强大的舆论的力量。在不同的论坛主题下，网民能够选择自己感兴趣的专区发表意见，或者单独开辟话题，还可以对他人的意见发表看法，这是一个跨越时空的虚拟空间。论坛的及时性和交互性使其更加具有网络时代的特点。例如，为文学爱好者开设的“天涯论坛”吸引了众多网民的目光。还有很多论坛形式的社区网站，例如“千龙社区”、“搜狐社区”等等。

改革开放以来，广大农村党员在农村改革和现代化建设中发挥了先锋模范作用，为农村改革、发展、稳定做出了积极贡献。但我们也应当看到，目前农村党员队伍还存在一定的问题，如有些农村党员政治素质不高，党的观念淡薄，发挥先锋模范作用不明显，“近亲繁殖”现象等。新华网论坛新华社区网友“北极台之恋”发表了《农村发展党员“近亲繁殖”现象应引起重视》这个帖子并得到广大网友的积极回应。

农村发展党员“近亲繁殖”现象应引起重视

作者：北极台之恋 于 2009-02-24 10:02:28.0 发表

近年来，笔者注意到，在农村发展党员工作中，一些村党支部出现了发展党员“近亲繁殖”现象。其具体表现为：一是有些党员干部家族观念、派系观念比较严重。在发展党员时，将目光对准与自己沾亲带故的人，而把与自己无亲无故的优秀青年排斥在外。二是有些农村党员干部以个人好恶为标准。在发展党员时，把平时对自己言听计从的“应声虫”作为发展对象，而对曾向自己提出过批评意见的，或者不顺从自己意思办事的人不加考虑。

农村发展党员搞“近亲繁殖”，究其原因有三个方面：一是发展党员程序不正规。少数村党支部书记为了巩固自己的地位，扩大个人势力，维护家族亲朋的小集团利益，以亲疏关系确定党员发展对象，使党员队伍成为清一色的“自己人”，或者“自己人”在党员队伍中占多数，往往在发展程序上“偷工减料”。二是少数农村党员干部政治素质低。一些农村党支部书记私心杂念重，嫉贤妒能，害怕“培养了苗子，失去了位子”，压制年轻有为的青年人入党，采取“拖、卡、压”等手段，将优秀分子拒之门外。三是农村党员教育管理比较薄弱。由于少数农村党组织疏于党员的教育管理，导致党员队伍整体素质下降。出于维护小集团利益的需要，部分党员抱成团伙，形成派系。

农村发展党员“近亲繁殖”现象，在农村具有一定的普遍性，其危害极大。一是败坏党的威信，影响党群、干群关系。发展党员是一项非常严肃的政治工作，是向党内补充新鲜血液，增强党的活力，壮大党员队伍的重要途径。新党员素质的高低、品德的优劣、能力的大小直接影响着党的战斗力。一些村党支部书记从自身利益出发，发展自己的家庭成员和近亲入党，明显背离了党的宗旨，严重影响党群、干群关系。二是使党的方针政策不能得到很好的贯彻执行。家族化、派系化现象较为严重的农村基层党组织，绞尽脑汁搞“家天下”，往往以党员大会集体研究通过为由，维护小集团利益，与广大群众争利，有时会做出与上级党组织对抗的行为。三是弱化了农村党支部的战斗堡垒作用。由于党员队伍素质不高，使党支部的战斗堡垒作用不能正常发挥，战斗力大大减弱，从而直接影响了农村基层组织建设和农村工作。

要防止发展党员中的“近亲繁殖”现象，应该从以下几个方面着手：一是要严格发展程序。在发展党员过程中，要始终按照《党章》规定的党员标准，加大对发展对象的考察把关力度，积极完善党员发展“两推一公示”制度，严格入党手续，严把“入口”关。二是加强对农村党员的教育培训。要进一步加强对农村党员特别是党支部书记的党性教育，使其牢记党的宗旨，遵守党的纪律，切实做到为党的事业选人用人。同时，组织农村党员学习《党章》和有关规定，坚定政

治立场，纯洁思想意识，提高素质，规范言行。三是加大责任追究力度。健全党员处理的有关制度，敞开党员队伍“出口”，对不符合发展条件而发展亲属党员的相关人员，一经发现，及时进行批评教育，情节严重的坚决清除出党。

农村发展党员工作是党组织的一项基础性工作，我们一定要高度重视农村发展党员“近亲繁殖”现象，切实防止基层党组织出现家族化、派系化倾向，巩固党在农村的执政地位，扩大党在农村的影响力，为推进社会主义和谐新农村建设提供坚强的组织保证。

第1条回复 作者：白鹿泉123 于 2009-02-24 10:09:00.0 发表

要高度重视农村发展党员“近亲繁殖”现象，切实防止基层党组织出现家族化、派系化倾向，巩固党在农村的执政地位，扩大党在农村的影响力，为推进社会主义和谐新农村建设提供坚强的组织保证。

第3条回复 作者：08年的第一场雪 于 2009-02-24 10:18:16.0 发表

发展党员一定要坚持“成熟一个发展一个的原则”，按照“保证质量、改善结构，坚持标准，慎重发展”的方针进行。

鼓励党员向身边的群众宣传我党的政策，把优秀的群众吸纳到党组织中，充实党的力量！

第4条回复 作者：安居平五路 于 2009-02-24 10:34:57.0 发表

这种现象在农村确实普遍存在，严重是弱化了农村党支部的战斗堡垒作用，阻碍了社会主义新农村的发展，需要引起足够重视！

第7条回复 作者：上善若水厚德载福 于 2009-02-24 10:59:57.0 发表

这个问题要引起重视，但也要辩证地看待党员“近亲繁殖”问题，不能一棒子打死，关键要看发展党员的质量，看是否得到绝大多数党员群众的认可，看是否有利于推动当地的工作。举个例子说，在华西村，吴仁宝发展他儿子入党，恐怕没人说这是“近期繁殖”。

农村党员普遍教育水平不高，政治素质和文化素质都有所欠缺。尤其是有些人有一种山高皇帝远的想法。在自己的地盘自己就是土皇帝，在一定范围内搞“家天下”，党员发展“近亲繁殖”的现象时有发生。这不利于我们农村的改革与发展。农业是基础，农村的政治、经济发展也是国家发展中十分重要的一环。做好农村党员建设，发挥农村党员的带头作用大大有利于农村的发展与进步。新华社区作为新华网的论坛，不少网友提出真知灼见，此文就是一例。其实论坛模式和前面的网友对新闻的评论模式异曲同工，都是网友针对一个问题发表自己的评论。论坛模式更加灵活，大大方便了人们对时事的评论，对问题的建议。

本 章 小 结

在这个章节中，我们了解到不同媒介新闻评论的多种类型，通过具体的案例分析了不同类型评论的特点和写作要求。随着技术的进步，我们的手机也成为一种新媒体，新闻评论的家族可谓又多一个成员。新闻评论的形式不断的变化和发展，还需要我们更多地在实践中探索和把握。

本章自测题

一、单项选择题

1. 最早以时评作为文体并以专栏命名的是(　　)。

A. 康有为　　B. 梁启超　　C. 狄楚青　　D. 王韬

2. 以下哪个节目中采用的是电视谈话体评论形式？(　　)

A.《有报天天读》　　B.《鲁豫有约》

C.《焦点访谈》　　D.《实话实说》

二、多项选择题

1. 下列选项中，哪些是对新闻述评的描述？(　　)

A. 是新闻评论的一种边缘体裁　　B. "叙""议"结合

C. "议"是"叙"的目的　　D. "叙"与"议"地位相同

2. 广播中的谈话体评论包括哪些形式？(　　)

A. 台论式　　B. 对话式　　C. 戏剧式　　D. 论辩式

3. 电视评论的特殊形式有哪些？(　　)

A. 口播评论　　B. 评论员评论　　C. 谈话评论　　D. 新闻述评

4. 关于网络媒体评论，主要表现形式有？(　　)

A. 源于传统媒体的评论　　B. 链接网友评论

C. 网络评论员评论　　D. 特邀专家评论

三、简答题

1. 简述社论的特点和写作要求。
2. 简述广播音响报道的特点和注意事项。
3. 简述电视述评与谈话评论的差别。

单元实训

实训一

分析央视《焦点访谈》的节目特色，并摘选其中一期节目，对其进论证特色进行分析？

实训二

1. 阅读以下新闻并联系相关报道，撰写一则报刊时评，要求观点明确深刻，论证条理清晰，逻辑严密，字数控制在1 000字左右。

> 今年，就业成为政府和社会关注的焦点问题。
>
> 有一组数据显示，今年610万新增大学毕业生加上历年积累的未就业大学生，共有700万以上大学生要求就业。
>
> 同时，由于受国际金融危机影响，大约2 000万农民工因经济不景气失去工作。
>
> “就业问题国家非常重视，政府工作报告提出中央财政拟投入420亿元资金解决就业，各级政府也都出台了一系列政策来促进就业，关键的问题是要抓好落实工作。”全国政协委员、劳动和社会保障部原副部长步正发在接受中国经济时报记者采访时表示，解决就业是目前的当务之急。

2. 请根据网络评论的特点，就“汶川大地震”“2009年‘两会’报道”等问题发表网络言论？字数不限。

第四章　新闻评论的功能

学习目的

认识和了解新闻的认识功能、表态功能、深化功能、引导功能、协调功能

核心能力

培养对新闻评论各种功能及其表现的认知能力

新闻评论对新闻事实既依附又超脱、既传播观点又传播事实，在上情下达，民情上传，传播知识，反映和组织舆论等方面有特殊作用，其功能具体表现为认识功能、表态功能、深化功能、引导功能和协调功能。其中有些功能是由新闻评论的自身特点所决定，比如认识功能、表态功能和深化功能；有些则是其社会功能，比如引导功能与协调功能，是由其所扮演的社会角色所决定的。

第一节　新闻评论的认识功能

新闻评论据事说理，容纳了大量的事实信息与观点信息，能够帮助人们辨别是非，去伪存真，解疑释惑，认识社会。人们考量一件事情，通常会思于前，行于后，遵循概念——判断——推理这样的逻辑顺序，只有当对认识对象有了认识，才会表态，因此新闻评论的认识功能可以看做是其表态功能和深化功能的基础。

一、解读新闻评论的认识功能

1. 传播学的角度

在现代社会进程中，人类进入了如阿尔文·托夫勒所言的向前大跃进的年代——信息革命或知识革命时期，我们“面临着深刻的社会动乱和不断的创新

和改组”，[①]政治、经济、文化方面的情况层出不穷，信息高度膨胀；媒介介入大众传播，现实环境拟态化，真实的世界在人们面前显得更加微妙。因此，人们急切的需求信息以减少自己对生活环境的不确定性。新闻传播活动为人类提供了两类信息：一类是由新闻报道传递的事实信息；另一类是由新闻评论提供的由事实衍生的观点信息。如果将新闻事件比喻成一所房子的话，新闻报道就好比推开门的人，只负责把门推开；而新闻评论则好比将你领进门并且负责把你带入房间的人，在由门口走进房间的过程中，它会明确地向你介绍有关房子的各种情况。

由于受众文化水平等各方面属性的不同，郭庆光教授认为：“在说服对象的文化水平和理解能力较低的场合，应该明示结论”、“在论题和论旨比较复杂的场合，明示结论比不下结论效果要好”。[②] 相对新闻报道而言，新闻评论会在变化的世界中，通过有针对性地、鲜明地提出观点来帮助人们认识眼前的现实情况。

2. 认识论的角度

人们认识世界，有感性认识和理性认识之分。感性认识基于对事物表象的认识；而理性认识会触及事物的本质。新闻评论包含了评论主体从对事物的感性认识开始，依据科学方法，对掌握的成千上万的信息“基因”进行排列组合，最后上升为理性认识这样一个认识过程。在此过程中，主体的“三观”以及知识结构会影响到认识的最后结果。因此，评论主体需具备广博的知识基础，敏捷的思维能力，求实的实地调查精神。据华中科技大学新闻评论团的调查，在新闻评论写作主体个性化和新闻评论形式多样化的同时，新闻评论作者队伍学者化和专业化趋势也愈发明显，“参与新闻评论写作的学者中，既有从事新闻教学和新闻研究的专家学者，也有从事人文社会科学研究的专家学者，还有从事自然科学研究的专家学者”。[③] 当这些评论主体思如泉涌之后，作品告成之时，通常会给受众一种醍醐灌顶之感，受众除了感受到作者雄浑的思辨之外，也可以从中学习到一些因观点明示而凸显的知识，比如新的政策信息、重要的历史常识等等。

3. 文体形式的角度

新闻评论属于论说范畴。论说在论述说理过程中，必须旁征博引，以确凿的知识、典故且辅以一定的技巧对论点加以论证，在论证中明晰事情的真相。晏子用“橘生淮南则为橘，生于淮北则为枳”驳倒了楚王对齐人的发难，维护了齐国的尊严。人们也可以从中知晓地理环境对农业生产的影响。触龙用历史事实和赵太后的所作所为相比照，点明统治者要位尊须有功，俸厚须有劳，在其位须谋其职，最终说服了赵太后。随着报刊的出现和发展，报刊成了人们阐明自己主张的意见场。《民报》与《新民丛报》的论战是我国新闻

---

① 转引自涂光晋：《广播电视评论学》，85 页，北京，新华出版社，1998。

② 郭庆光：《传播学教程》，206 页，北京，中国人民大学出版社，1999。

③ 赵振宇：《现代新闻评论》，39 页，武汉，武汉大学出版社，2005。

史中浓墨重彩的一笔，革命党和保皇派在论战过程中唇枪舌剑，向民众阐明了各自的政治纲领，民众知晓了三民主义，也为日后封建制度走向灭亡埋下了伏笔。1978年5月11日，《实践是检验真理的唯一标准》一刊发，便在全国范围内引起轰动。文章通过运用国内外大量例子和理论，论及实践是检验真理的唯一标准，“毛主席说：‘真理只有一个，而究竟谁发现了真理，不依靠主观的夸张，而依靠客观的实践。只有千百万人民的革命实践，才是检验真理的尺度。’(《新民主主义论》)‘真理的标准只能是社会的实践。’(《实践论》)这里说：‘只能’、‘才是’，就是说，标准只有一个，没有第二个”。批判“圣经上载的才是对的”这一错误的思想倾向，促成了全国范围内的思想大解放，实现了人们思维工作方式的转变。

二、新闻评论认识功能的表现

信息采集范围的扩大、信息生产速度加剧、媒介环境拟态化，这些都让人们踌躇于众多新闻事件面前。如果我们对于一些基本事实缺少正确的把握，就会被错误的观点牵着鼻子走，曲解新闻事件的真相，新闻传播的功能也会是负功能，这对于社会主义舆论是一种挑战，也是与“要用正确的舆论引导人”不符合。因此，传播一定量的事实信息和观点信息、传播事物背后的意义对于新闻评论来说是必要的。新闻评论的认识功能表现在以下方面：

1. 帮助人们发展地认识现实

新闻评论依托的新闻事件属于事实信息，据事明理过程中运用的论据大多亦然。在当今的新闻评论中，有很多新闻评论是通过转述新闻事件为由头的，在剖事析理行文过程中，有的会论及事物的本质与规律。只有抓住了事物的本质和规律，人们才能预测事物的发展趋势。

“5·12”汶川大地震给灾区人民带来了深重灾难，在救灾过程中，各种由地震衍生的灾难不断发生，余震不断，堰塞湖出现，给心有余悸的人们带来了新的恐慌。堰塞湖是什么？它能造成什么新的灾难？一般的人都不知道。传播这方面的信息，有利于减轻人们的恐慌。《唐山大地震》作者钱钢就写了评论《堰塞湖杀人猛于地震》。通过表述我国历史上因堰塞湖造成的灾难，传播了堰塞湖危害的相关知识，引起人们对“5·12”地震的堰塞湖形成足够认识，为抗震救灾提供了建议。

堰塞湖杀人猛于地震

八级大地震、频频强余震和大范围滑坡、泥石流叠加，使本次汶川地震具有极大破坏力。多条河流被截断，形成至少21个堰塞湖。湖面扩大，水位升高，一些地方的残破房屋，已经浸没在水中。抗震救灾总指挥部要求对堰塞湖情况

进行彻查。水利部、武警水电部队和四川省组成的专家组，正对高危风险的堰塞湖进行严密监测。

20世纪中国最大的一次地震堰塞湖溃决惨剧，发生在1933年。中国著名地震预报专家耿庆国先生，曾对该次灾害现场做过踏勘考察，撰有《“地震湖”的崩溃——一九三三年叠溪地震》一文。（见《二十世纪中国重灾百录》一书）

请注意“叠溪”这个地名。叠溪，是四川茂县的一个镇，也就在今天特大地震震区内。1933年8月25日15时50分30秒，叠溪发生7.5级大地震，震中烈度达到10度，叠溪镇毁于一旦。和本次汶川地震的情形一样，叠溪地震伴随巨大山崩，银瓶崖、大桥、叠溪三处崩下之岩石将岷江堵塞。地震发生11天后，高山峡谷中出现一片平湖。湖水随群山回旋绕曲，逶迤达25里，当时最宽之处约4里，称为大海子。

大震后第45天，即1933年10月9日下午7时许，因强余震触发，堰塞湖溃决。积水倾湖涌出，引起岸边陡峭崖壁猛烈垮塌，洪水怒涛汹涌，长驱直下，乱石飞崩，尘雾障天。

在耿庆国先生引述的史料中，令人震惊的有如下描述：

大水下午7时溃出，于9时到茂县，11时到威旧，夜半到汶川，次日上午3时到灌县……

这条史料显示，今天的汶川震区，历史上曾因地震堰塞湖溃决惨遭洪水扫荡。75年前的叠溪堰塞湖大溃决，证明地震次生灾害隐伏巨大危险。那次叠溪地震，主灾地震造成近7 000人死亡，而次生灾害堰塞湖溃决，使2万人丧生。仅在都江堰，就捞起尸体4 000具。

今天的四川震区，余震仍未停息，滑坡、泥石流仍在不时发生，降水仍多，20多个堰塞湖，如同多个定时炸弹。希望水利专家进一步查明险情，采取万全之策，疏导积水，确保灾区幸存者和救援人员的生命安全。

我曾在国家地震局的《中国减灾报》工作，总编辑即是耿庆国先生。他是一位把自己的生命完全献给中国地震预报事业的科学家，我在《唐山大地震》一书中，对他的研究多有记述。汶川地震发生后，我想起，在与耿先生共事的时候，常常听他和地震科学家们谈到“茂汶”这个地名。原来茂县和汶川，1958年曾合并为茂汶羌族自治县。这是中国地震科学家长期关注的地方。

对本次特大地震的深入探究，将假以时日。当前救灾形势险峻，堰塞湖“悬剑”在上，危机四伏，我引述叠溪地震史实，唯盼引起指挥者高度警觉！

（《南方都市报》2008年5月22日）

政治对人们的吃穿住行有着深刻的影响，一项新政策出台，如果人们出于对新政策不了解而在接受政策的时候畏首畏尾，这会影响到政策的贯彻。为了让干部和群众理解政策，宣传政策很是必要。党中央提出农村税费改革并要在地方落实该政策的时候，《河南日报》2001 年 4 月 6 日刊发评论《理解拥护支持参与——就农村税费改革与乡村干部拉家常》，对税费改革政策在地方的实施起到了很好的推动作用。

理解拥护支持参与——就农村税费改革与乡村干部拉家常

乡村干部同志们，你们已经知道，按照中央精神，省委、省政府已经决定，今年在全省全面推行农村税费改革。相信大家也已经知道了这项改革的主要内容。

据我们了解，对于这项旨在从根本上减轻农民负担的改革，农民朋友非常欢迎，广大乡村干部也是坚决拥护和支持的。在表示拥护、支持的同时，有的同志心中也有某些嘀咕和忧虑。其中最大的忧虑是：实行农村税费改革，取消乡统筹和农村教育集资等专门面向农民征收的行政事业性收费和政府性基金、集资后，乡村收支必然出现缺口，这个问题能否解决？如何解决？如果得不到很好的解决，将会影响到将来基层组织的正常运转和农村社会的稳定。

应该说这种担心和忧虑不是多余的。朱镕基总理在九届全国人大四次会议记者招待会上说，目前全国每年从农民那里要拿走 1 200 亿元甚至更多。税费改革后，除把现在收取的 300 亿元农业税提高到 500 亿元外，把乡统筹、村提留的 600 亿元和各种乱收费一律减掉，这样就会出现一个很大的收支缺口。就咱们河南省而言，农村税费改革前，许多乡村财力本来就有缺口。税费改革后，大多数地方将普遍地减少一些收入，会形成更大的收支缺口。今后随着事业的发展，还会有新发生的增支因素，如果收入没有别的增加，支出结构没有大的改变，基层财政困难的状况必将进一步加剧。有这种担心，说明大家已经认识到了这项改革的复杂性和艰巨性，也充分体现了大家的责任感和实事求是的精神。

但话又说回来，不改不行啊！你们在基层工作，应该深有体会。改革开放 20 年来，农村发生了翻天覆地的变化。但随着农产品供求关系的变化，近年来，农民增收越来越困难。另外，农民负担过重的问题，却又一直得不到根本解决。这已成为影响党群、干群关系，影响农村社会稳定的突出问题。如果不改变这种状况，久而久之，农村的矛盾就会越来越尖锐，我们党执政的基础就会受到削弱。现在，决定在农村进行税费改革，把农村分配关系纳入法制化轨道，从根本上减轻农民负担，是党中央、国务院的英明决策。我们应当把思想认识统一到党中央、国务院的决策上来，正确理解改革，真心拥护改革，积极参与改革，坚决支持改革。

其实，对于实行农村税费改革可能给乡村基层带来的困难，中央和省委、省

政府都已经考虑到了。中央已决定拿出200亿元资金，专项用于农村税费改革；省里也准备拿出一部分资金，加大转移支付力度；相信各市、县也会积极筹措资金，挤出一部分财力支持乡村。当然，这些钱仍然是不够用的。剩下的缺口，仍然需要我们积极想办法去弥补。

有些什么办法可用呢？我们认为至少有以下几条。

精简机构、压缩人员。乡镇政府机构庞大，财政供养人员过多，是农民负担重的一个重要原因，也是乡镇财力紧张的重要原因。目前全省2 145个乡镇，财政供养人员110万，平均每个乡镇超过500人，此外还有为数众多的村组干部。“食之者众，生之者寡”，自然难以为继。通过精简机构，清退各类临时聘用人员，裁减超编人员，减少村组干部的补贴人数，定能大大减轻财政压力。

精简和优化教师队伍。现在一些地方学校布局不尽合理，非在编人员过多。有必要采取措施，合理调整中小学布局，适当合并现有乡村学校，实现教育资源的优化配置。同时，严格核定编制和岗位，把不在编临时招聘人员和代课教师减下来。在确保农村义务教育稳定发展的基础上，要用好教育经费，节约教育经费。这是减轻财政压力、减轻农民负担的一项重要措施。

调整支出结构。解决乡村两级收支缺口，还要靠大家一起来精打细算，在减支上下工夫。这里的关键，是要坚持量入为出、量力而行的原则，处理好“吃饭”与“建设”的关系。用于“吃饭”的钱一定要能省则省，用于“建设”的钱一定要使用得当。对现有的支出结构，要按照公共财政的原则，进行必要的调整，不能再随意铺摊子、上项目。即便是公益事项，也要尊重农民的意愿，根据地方财力和农民的承受能力和接受程度来办。要坚决取消乡村两级招待费，刹住吃喝风，刹住滥购手机、配置小汽车等奢侈之风，最大限度地减少不合理开支。

加强财源建设。农村税费改革后，农民负担水平将保持较长时期的稳定，依靠农业税的征收增加财政收入的空间已十分有限。现实而有效的增收办法是，对农业和农村经济结构进行战略性调整，大力发展第二产业，积极发展第三产业，全面发展农村经济，改善农村税收结构，开辟新的财政来源。这是解决乡村财力匮乏、增强财政后劲的根本之法。

总之，在对待农村税费改革的问题上，我们既要算眼前账，也要算长远账；既要算财政收支平衡的经济账，也要算减轻农民负担、维护农村稳定的政治账。对弥补乡村两级财政缺口，逐步直至最终实现乡镇财政收支平衡，更应抱有信心。关键是要开动脑筋，抓好各项配套改革。只要肯开动脑筋、抓好各项改革配套措施的落实，办法总比困难多。乡村干部同志们，你们说，是吗？

（《河南日报》2001年4月6日）

作者以平易的口吻，对农村税费改革的必要性——农村税费改革有利于减轻农民朋友的负担、能缓和农村地区的矛盾——娓娓道来。并且阐释了中央对税费改革造成乡村收支缺口的应对政策,让对税费改革持有忧虑——税费改革会使乡村收支出现缺口——的干部一下子就释怀,一些干部看到此评论的时候也放下了思想包袱,积极正确的面对这项政策。该评论之所以能起到如此效果,不外乎从各个方面传递了新政策的信息,有分析——实施税费改革的原因,把干部对新政策的疑问正确的写了出来;有解决——在分析完之后,作者又有针对地提出了在接下来的时间段内能切实可行的对策,为干部落实政策提供了参考。评论不能只提出问题,也不能泛泛地解决。这篇评论在这方面做得很好。

新闻评论在一些宏观政策的解读方面比新闻报道效果要好就在于它是观点鲜明地提出了一些东西。在国企改革、经济结构调整、促进区域协调发展等问题上,新闻评论都起到了很好的作用,相关方面的例子在这里就不再列举。

2. 帮助人们联系地认识新闻事实

世界是一个联系的整体,在思考问题的时候,联系地认识事物,能对事物形成辩证地理解,挖掘事情的潜在意义。新闻评论不是就事论事,而是要让感性认识上升为理性认识,从多角度进行论证,传播立论的潜在意义。一些评论从小处着眼,讲述了一个大道理。

中央领导着简装能反映什么?一想,没有什么可挖掘的;二想,我党艰苦朴素作风的发扬;三想,党员的模范作用的体现。其实,上面几个推断都有道理。但是,这只是没有联系现实看待事情的表现。可是,2007 年 6 月 27 日,《光明日报》在第 5 版刊发的一篇评论却联系起当前的时代背景,是一篇脍炙人口、意义重大的评论。

中央领导着简装的表率意义

6 月 25 日晚收看中央电视台"新闻联播"时,眼前不禁一亮:胡锦涛总书记在中央党校发表重要讲话时,身着白色衬衣,而不是常见的深色西服。主席台上的其他中央领导同志,也无人穿西服、系领带,均着简装出席。从镜头里看到,所有与会者几乎都穿着简装。这一场面令人们备感亲切。

穿不穿西服,完全视场合而定,并没有一定之规。在一些重要会议、重要活动中,身着正装不仅是礼仪的需要,也是对别人的尊重,而在其他场合就不必太过强调了。中央领导同志的举动,就是从实际出发的一个表现。但近年来,有的地方有时过于强调礼仪,在一些场合一律要求着正装,结果不但给当事人造成了不便,也带来了很大浪费。比如,前些年有一个名词叫做"西服温度",指的是在一些场合(比如会议室、办公室)将空调温度设定在适合穿西服的温度。我不知道具体的温度是多少,但在炎热的夏季而穿西服,空调温度肯定须设置得很低了。它带来的直接结果就是增加了电力的消耗。我国是能源消耗大国,也

是一个能源匮乏的国家。节约能源，应该从每件小事抓起，从每个人做起。

党的“十六大”以来，中央提出科学发展观，高度重视节约能源资源。去年12月25日，胡锦涛总书记在主持中央政治局集体学习时强调，要“下最大决心、花最大气力抓好节约能源资源工作”。今年，国务院成立了由温家宝总理任组长的节能减排工作领导小组，推出一系列节能减排措施。中央领导同志身着简装出席会议，无疑对节能减排起到了表率作用。我们应以此为榜样，共同为节约能源努力。

（《光明日报》2007年6月27日）

此新闻评论联系节约能源这个大背景，谈了中央领导着简装的表率作用。什么表率作用？倡导全国人民节能减排的表率作用。正是评论主体用联系的眼光带着受众联系的看待事情，中央领导的良苦用心才为受众知晓。通过阅读这篇评论之后，有的民众感动于中央领导的表率，继而在现实生活中对中央的倡导身体力行。评论做到了“无声胜有声”，中央的节能减排政策也会在潜移默化中得到落实。

第二节　新闻评论的表态功能

新闻评论在论证过程中代表政府、媒体，个人有针对性地发表观点或看法，反对什么、批评什么、赞成什么、表扬什么，这些都要在行文中得到明确的体现。通过这种有形意见的传播，评论才能揭露事情的本质与特性、达到激浊扬清的效果，也可以这么说，正是新闻评论具有针对性地发表观点或看法才成就了新闻评论的表态功能。

一、解读新闻评论的表态功能

新闻评论的多种定义表明新闻评论的主体包括新闻媒体和个人。可能有的读者就会产生疑问了，党和政府的表态哪里去了？这个疑问有道理，但也容易解释。我国是社会主义国家，新闻传播事业是中国共产党领导下的事业，必须坚持党性原则。有些重要的新闻评论比如社论、评论员文章等是新闻媒体编辑部代表党和政府发言，从丁法章老师为社论的定义就可知晓，“社论是代表报社、刊物或通讯社编辑部（政党机关报代表同级党委）就当前国内外重大时间、事变或问题表明立场的指导性言论”。[1] 那些高规格的评论文章实际上是党和政府在表态。因此，新闻评论的表态仍然可以分为代表党和政府

① 丁法章：《新闻评论教程》，248页，上海，复旦大学出版社，2008。

表态、代表新闻媒体表态、代表作者个人表态。新闻评论的表态，必须要考虑到以下两点：

1. 表态不是空想

新闻评论必须考虑到伦理责任和伦理问题，不能无端地空想。新闻评论是一种有理性的论说形式，即使在评论写作个人特色愈发明显的今天，评论写作者也不能用个人情感驾驭理性思维，恣意地批评。否则，新闻评论的表态就会变成个人情感的发泄出口，评论的深化功能、引导功能、协调功能就只是空谈。只有那些通过实地调查研究，吃透了"两头"的、有理有据有节、整篇充满理性思辨色彩的新闻评论，其表态功能才会是促成评论引导功能的正因子，反之则会混淆舆论，对人们的实际生活与工作产生误导。这一点，老一辈新闻学家郭步陶就曾论述过，"评论是社会中公开的作品，对于国家政治、人心风俗等，都有极大的影响，在下笔时，须先自己警戒道：凡是妨害公安的言论、妨害人名誉的言论，妨害社会风气的言论，都是法律所不许的。能常记心中，那些一味漫骂，不负责任的空论，自然就写不出来了。又有一事可以说，而在法律上或道德上有所限制的，作评论的人，也不可不知道一二。例如诉讼评论，须在断案以后；文艺评论只能批评文艺，不能批评作此文艺的人，其他可以类推"。① 文艺评论针对文艺圈的问题、现象，定位是很准确的。《人民日报》文艺部2001年开设了一个"文艺点评"专栏，并以仲言的集体笔名连续发表了《高度重视文艺理论的引导作用》等一系列文艺短论。这些文章坚持以马克思主义思想为指导，坚持理论联系实际，针对当前文艺创作生产和文艺理论批评领域存在的某些混乱现象和亟待解决的问题发表见解和看法。这也告诉我们，新闻评论在表态的时候不能跨越定位的范围。

2. 表态的倾向性

新闻评论是主观反映客观的、有形意见的表达，会有很明显的倾向性，这种倾向性是新闻评论实现主流舆论引导的力量所在。如果新闻评论没有如此特性，反而去充当起一个"中庸先生"，那么它就没有必要存在了。我们要让新闻评论必须具有针对性和倾向性而又不影响新闻评论的价值和有效性。那怎么办呢？新闻评论主体阐述观点时要有责任意识，紧扣时代脉搏，以社会的主流价值观为大环境，用党和政府的政策为衡量标准，在面对异样的社会现象之时，能让这些"匕首"、"投枪"虽隔百步而能穿杨。中央人民广播电台于1993年4月8日播出的《拜金主义要不得》就是评论主体有感于当时盛行的物质崇拜、"过把瘾就死"思潮的产物，评论的作者把崇尚享受的思潮与艰苦奋斗、克勤克俭的民族美德、青少年的未成熟的心理、农民的生存状况分别比较，明确点明那种思潮背后的人格是病态的，提倡在通向小康的道路上我们应当擎起"艰苦奋斗"奋斗的旗帜。文章

---

① 转引自马少华：《新闻评论的伦理责任和伦理问题》，载《国际新闻界》，51页，2005(3)。

有破有立，在破立之间，新闻评论也完成了表态功能：在建设有中国特色社会主义征途中，人们要发扬艰苦奋斗的传统美德。在面对好的典型的时候，新闻评论能让典型的魅力感染受众。榜样的力量是无穷，怎样学习？学习什么？这也是一个问题。就如当年，汪洋湖同志的先进事迹在全国受到关注的时候，有的干部就只看到了汪洋湖廉洁的作风。不错，为一方执政者，两袖清风重要，更何况反腐倡廉也是我国政府一直关注的，领导干部同志看到也是合理的。2001 年 11 月 25 日《吉林日报》发表《干净 干事 出活——谈向汪洋湖同志学习什么》，此评论就为众多干部找到了学习的“本”——领导干部要讲作风建设、工作态度、为人民服务的能力。评论用一个设问句式标题就对到底该学习什么表态，并列结构的行文，把汪洋湖先进事迹的典型性勾勒了出来。文章号召“我们要像汪洋湖同志那样自省、自警、自律”，“仅仅做到了干净，虽然是必须的，但仍远远不够，还必须能够勤勤恳恳，兢兢业业为人民谋利益”。文章有的放矢，针对性很强对新时期的领导干部应该怎么做提出了建议。

受众在新闻评论的表态功能前应该怎样做？互联网让世界变成了“地球村”，国内受众通过互联网就能阅读国外媒体的新闻报道和新闻评论，但是，其中的有些评论由于受到意识形态的影响，其表态难免会有偏颇。因此，在阅读新闻评论的时候，“我们需要透过言论的表面去考察其有效性与价值，并致力于理解那些观点背后的观念和偏见”。[①] 2003 年，我国首次载人航天飞行圆满结束，《纽约时报》发表了题目为《中国进入太空》[②]的社论，该社论认为“但可以肯定的是中国的第一步不应该再点燃随着‘冷战’结束而结束的全球太空竞赛”，甚至认为“中国的太空计划看起来像是在美国和俄罗斯航天事业发展刺激下的产物，即是在渴望提高国家声望、让其他国家产生敬畏心理，刺激技术发展个促进高技术输出综合作用下的产物”。该评论观点偏激之处显然，其“司马昭之心”，国人皆知。此观点偏激的表态是对我国同一时期发表的新闻评论表态功能的挑战，我们在阅读类似评论时，不能被类似的观点所蒙骗。

二、新闻评论表态功能的表现

1. 代表党和政府表态

高规格的新闻评论阐释当前形式和党的方针、政策、及时传达党的指示精神，部署工作、对国内外重大政治时间和社会生活中具有代表性与方向性的事物代表党和政府表态，能体现党和政府的立场，对全局都有很好的指导作用。

2001 年，美国军用飞机闯入我国领空，并撞毁我军用飞机，事后，美国非但没有及时

---

① 转引自马少华：《新闻评论的伦理责任和伦理问题》，载《国际新闻界》，52 页，2005(3)。

② 转引自赵振宇：《现代新闻评论》，113 页，武汉，武汉大学出版社，2005。

道歉，反而狡辩，令国人为之愤怒。我国各大媒体集中报道了这一事件，有新闻报道，有新闻评论。作为中央军委机关报刊的《解放军报》于4月6日刊发了评论员文章——《中国主权不容侵犯》，对这一事件进行评论，让外媒听到了我编辑部的"声音"，听到了军方的"声音"，也又一次听到了我国政府的"声音"。

中国主权不容侵犯

美国军用侦察机撞毁我军用飞机事件，震惊了中国人民，震动了国际社会。江泽民主席就此发表谈话，外交部进行严正交涉，公布了事实真相，表明了我国政府的严正立场。全军指战员和武警部队官兵坚决拥护江主席的谈话，拥护我国政府就这一事件采取的措施。

美国军用侦察机制造的这起事件，是对中国主权和领空的严重侵犯，责任完全在美方。是美方飞机，无视国际法对飞越自由的规定，进入中国近海专属经济区的上覆空域进行侦察；是美方飞机，违反飞行规则，突然转向和撞击中方飞机，造成我机坠毁；是美方飞机，肇事后未经中方许可，非法闯入中国领空并降落中方机场。事实俱在，铁证如山。然而，美方不仅不向中方道歉，反而反咬一口，恶人先告状，对中方无端进行指责。对美国这种霸权主义的丑恶行径，我全军将士表示极大愤慨！

需要指出的是，美国军用侦察机侵犯中国主权和领空并非始于今日。多年来，美军飞机从未停止在我近海上空进行这种危险的挑衅活动。我们不禁要问美国那些至今抱着"冷战"思维不放的先生们，如果别国的军用飞机飞临夏威夷附近空域进行侦察，你们作何感想？你们能容忍这样的"国际惯例"和"飞越自由"吗？狡辩是徒劳的，唯一体面的方式，就是尊重事实，向中国政府和人民做出解释，向中方道歉，并承担全部责任。我们严正要求，美国必须停止在中国沿海空域的此类飞行，这样才能防止类似事件的再次发生，才有利于中美关系的发展。

江主席十分关心我坠毁飞机跳伞飞行员的安全，强调人是最可宝贵的，多次指示全力组织搜救活动。这充分体现了党和政府对人民军队的关爱。跳伞飞行员的安危也牵动了全军将士的心。我们心系南海，期盼我们的战友在各方的全力搜救下安全归来。

中国人民的感情不可侮，中国的主权不容侵犯。西方侵略者几百年来只要在东方的一个海岸上架起几尊大炮，就可以霸占一个国家的时代，已经一去不复返了。中国领土绝不是哪家军队随便溜达的"后花园"，中国领海绝不是哪家舰船随便游弋的"游泳池"，中国领空绝不是哪家军用飞机随便进出的"空中走廊"。以保卫祖国为己任的中国人民解放军，以国家的利益为利益，以国家的意

志为意志，时刻牢记党和人民赋予的神圣使命，坚决保卫国家主权和领土完整，捍卫国家领海、领空和海洋权益。

（《解放军报》2001 年 4 月 6 日）

在长不及 1 000 字的文章里，作者措辞威严，由撞机事件为由头，用古今事实比较论证，表示中国已经不再是弱小的国家。整篇评论义正词严，我国党政军态度表达得异常鲜明：美国必须为其作为"向中方道歉，并承担全部责任"，且必须停止在我国沿海空域的此类飞行，中国的主权不容侵犯。

2. 代表新闻媒体表态

新闻媒体天天面对新闻事件，在很多时候，新闻媒体"近水楼台先得月"，更是通过评论立独家之言，以便在观点市场中取得优势地位。在众多新闻评论中，有很多就是直接代表新闻媒体的发言，媒体通过对一种社会现象的表态，来引导社会舆论；通过明确赞成或反对的观点，达到引导人们行动的效果。

2007 年中国女足世界杯 1/4 决赛的赛场上，中国观众用嘘声对待赛场上的日本女足，对德国队却是报以喝彩。比赛结束时，日本女足举着"谢谢，中国"的条幅向观众鞠躬。事件充满了强烈的比对性。随后，该事件在社会上引起了热议。至于"喝彩"与"嘘声"的原因，大家都能想到：日本侵华的历史中国人民不会忘记，日本在战后的不自省更是让国人愤怒。可是，把政治与赛场绑在一起，妥当吗？2007 年第 18 届中国新闻奖获奖广播评论《和平的赛场需要更宽广的民族胸怀》的作者从奥运会的渊源开始探询，结合各专家学者的观点，认为不妥，表示"面对即将到来的 2008 北京奥运，我们需要更宽广的民族胸怀"。以下是根据录音材料整理的部分原文：

和平的赛场需要更宽广的民族胸怀

牢记历史，总结历史，是为了人类更好的发展，然而，当我们把牢记历史的民族情感转化成球场上的嘘声，这显然是与发展相违背的。其实，在国际赛场上，停止我们的嘘声并不代表忘记我们的历史，反而，是为了民族自身的发展，民族与民族间的发展尽了自己的一份力量。

人类对和平的祈愿贯穿了整个奥运历史，奥运会即将在北京举办，全世界的目光都集中在崛起的中国身上。中国也在向世界展示"同一个世界，同一个梦想"的和平期盼。

对中国人来说，作为一个正视历史，不忘却历史，但是更有宽广民族胸怀的大国国民，更应该树立正确的爱国主义观……去配合中国政府倡导的和平理念。

听众朋友，爱国主义的旗帜要高举，民族精神要发扬。但是，面对赛场上的国外和平使者，用喝倒彩的形式去表达自己的情感，我们认为这是狭隘的民族情绪的宣泄，绝不是爱国主义情怀的表达。我们真诚的希望，在今后，在国内外赛场上，在明年的奥运会上，我们的观众用掌声为国内外的运动员鼓励、喝彩。和平的赛场需要更广阔的民族胸怀，每位到中国比赛、参加奥运会的选手，都是我们的朋友，我们要让全世界记住北京奥运的掌声，记住中国的掌声。

（福建广播影视集团广播都市生活频率《都市早餐》栏目，作者唐征宇、刘凌燕、李晓晖，2007 年 9 月 23 日）

文章探究了观众如此举动的原因，也没有说国民素质低之类的空谈，而是循循善诱，在理解观众举动的同时，从民族利益的角度对这种举动加以判断，没有明确表态“对”或“错”，而是动之以情，晓之以理，安抚观众情绪的同时，对观众究竟应该怎么做才是更好地进行表态，告诉观众朋友：在赛场上，2008 北京奥运会上，我们要用宽广的民族胸怀来对待外国运动员。

3. 代表个人表态

即使是代表个人表态，也不是放任自流的，写相关的评论也不能像日常生活中说话一样，想说就说，这是由评论的舆论引导功能所决定的；也不能是事无巨细，见到什么说什么，因为评论自身也需具有价值。《科技日报》2006 年 2 月 21 日五版“显峰冷言”中，发表了张显峰的言论《“院士造‘院士’的反”值得喝彩吗？》，文章如下：

“院士造‘院士’的反”值得喝彩吗？

有一条别开生面的新闻，讲的是最近有一些中国科学院、中国工程院院士集体通过两院学部发出声明，表示辞去“中国管理科学院”的“院士”称号。媒体给了善意的解读，这些当初“稀里糊涂”上了“贼船”的院士俨然成了“捍卫科学尊严”的典范。甚至有评论者发出这样的喟叹：“可惜，没有多少人能像这些两院院士那样，对所谓‘称号’说不！”窃以为，过了。要说是“对所谓‘称号’说不”，在我看来实在是此一时彼一时之无奈选择也。既然事实证明是一个虚假的名头，骗人的把戏，稍有明智之人都会抹得一干二净。“贼船”上也就上了，下了大可不必冠以高尚的理由。

研究媒体报道的“上当经过”，我发现对方的骗术实在算不得高明。没有任何“繁琐”的程序，只要填一张表就能多一道“院士”的光环，这等便宜事岂是人人都可得？因此，很多人本着“院士是给我的一个荣誉称号……就填了个表接受了”的态度“顺水推舟”了。原来，这些堪称学界圭臬、人中精英的院士之所以上了“贼船”，无非是那个无须担什么责任的名头害的，“轻信”了他人的美言，转而变成了人家钩上的鱼饵。要说这等把戏应该是入不得这些学界名流的法眼的，稍加盘问也许就穿帮的，可偏偏就这样冠冕堂皇地诓了几十名院士。这也足以说明有些人很看重这个名，很在乎头顶那点光环。选择的出发点不是社会

精英所承担之责任，而是唯名唯利。因此，但凡有这等“好事”便迫不及待地搂来再说。我这般言论，绝不是要将这些“勇于回头”的院士打入“另册”。只是当下知识界浮躁之气，已然不可小觑。

这倒让我想起刚刚故去的王选院士，当年申报院士时他“满不在乎”，倒是老校长周培源“看不过去”，找到他让他报，说：“当院士的事，不是你个人的事，你一定要报。”后来他成了中国科学院院士、中国工程院院士、第三世界科学院院士。他却只喜欢“王选老师”的称呼。他衡量自己的标杆，是对国家的贡献；决定取舍的砝码，是国家利益。

相形之下，有多少人面对名利能坦然说一句：“院士”于我如浮云。

（《科技日报》2006 年 2 月 21 日）

评论以独特的角度介入新闻事件以及新闻事件背后的舆论。“无限风光在险峰”，评论表示有的舆论不尽如事实，并阐述了理由，在析理过程中，独辟蹊径，把矛头指向了社会中唯名唯利、学术氛围浮躁的现实，直接地表达了评论作者对新闻事件的看法。行文过程中“我”不止一次出现，使得评论代表个人表态的色彩更加浓厚。即使“我”在文中不断地出现，文章也是有理有据，没有尽“容个人情感的谩骂”之能事，而是理性居上，成了引导该新闻事件背后社会舆论的众多支流之一，起到了很好的社会效果。

《今日谈》中刊发的评论，言简意赅，诚如栏目的名称，今日事，今日谈，个中评论，一事一议，传达了评论作者个人对于诸多社会现象的看法与观点，以集中的形式，把分散于民间的舆论集中起来，汇集成大的舆论流，在社会上很有影响，这也是其持续至今的重要原因。

第三节　新闻评论的深化功能

何为“深化”？胡文龙教授在《据事说理的操作艺术》一文中认为“所谓深化，指的是由事实上升到理论，由现象深入到本质，由个别推及到一般，从而把干部和群众的思想认识提高到理论和政策的高度，并以此规范自身的行动。”[①]这个定义告诉我们：新闻评论依赖于新闻事实，但又不是新闻事实材料的简单堆砌，“如果只是一味的就事论事，未能在深化上下工夫，也就失去了配写的必要”[②]。它反而是要通过虚实结合、由此及彼、由个别到一般、由点到面的方式据事说理，让受众在知其然的同时也知其所以然，帮助人们从感性认识上升到理性认识，以获取对新闻事实本质和意义的认识。

---

① 胡文龙：《据事说理的操作艺术》，载《新闻与写作》，1994(11)。

② 胡文龙：《据事说理的操作艺术》，载《新闻与写作》，1994(11)。

一、解读新闻评论的深化功能

新闻评论的深化功能不是飞来石，而是由其自身的一些特性所决定，比如新闻评论自身必须要说理以及新闻评论所具有的思想性等都是影响因素。

1. 生于“理”长于“理”的论说形式所决定

何谓“理”？《韩非子·解老》中做出了解释，“理者，成物之文也。长短大小、方圆坚脆、轻重白黑之谓理”。“理”之地位如何？刘勰在《文心雕龙》中业已阐释“昔秦女嫁晋，从文衣之媵者，晋人贵媵而贱女；楚珠鬻郑，为熏桂之椟，郑人买椟而还珠；若文浮于理，末胜其本，则秦女楚珠，复在于兹矣”。这就告诉我们，行文要以理为本。“理”有何功用？我国自古就有一言兴邦，一言亡国之说。大义之言阐明正确的道理，小则能正确地指导人自身的行为，大则可以使一个国家兴盛，魏征于唐太宗就是一个很好的例子。奸佞之言说的是错误的道理，能迷惑人，让人迷途于前，进而误导人，让人做出错误的抉择，甚至能让一个国家灭亡，这样的例子在我国历史上屡见不鲜。说理的艺术为何？联系实际引经据典，在论证过程中阐明观点。苏秦口舌如簧，游说诸侯，步入仕途；诸葛亮凭一己之力，舌战群儒，最终打动了孙权。

新闻评论作为一种论说形式，生于“理”长于“理”，就实论虚、分析事情，明晰道理是它的根本任务，离开了揭矛盾、发议论、讲道理，它就和新闻报道无异，也就不能称其为新闻评论了。“理”是事物内部的固然联系，不辩不明。在新闻评论主体提论点、摆论据、运用不同方法分析事实信息，探究到事物内部的固然联系之时，观点信息就会渐渐显露出来，文中观点也才会深入人心。

2. 异于报道体裁的思想性所影响

新闻评论的思想性要求评论主体看待事物的时候，要有独特的角度、独特的认识，要有深度，说别人说不出的话，说别人说不好的话，甚至是在法律政策许可范围内说别人不敢说的话。新闻评论不是日常生活中的感言，随“事”随地都可以做感怀状，它所论述的客体是当前的重大问题、典型事件、一种新的社会现象等，当这些评论的作者接触到此类客体之时，客体自身具有的价值已经得到了判断，要不然，新闻报道不会选它们做报道对象，民间舆论也不会以它们为讨论对象，如果再按照新闻报道的角度去阐述，如果鹦鹉学舌于其他评论，那只会生产出“剩饭”，新闻评论的引导功能、协调功能就成了一句空话。很多好的新闻评论，正是作者站在理论和思想高度对其加以阐述的结晶。在深化主题的时候，立论能够配合当前的形式和迫切的任务，敢于正确对待新产生的实际矛盾和思想矛盾，具有针砭性，进而提出能行之有效的解决矛盾的方法；独特的视角切入，为受众提供了思考问题的新角度。正是新闻评论的思想性，所以新闻评论的深化功能才能最大程度发挥。

二、新闻评论能否深化的注意事项

新闻评论不是隔靴搔痒的工具，而是“匕首”、“投枪”，不仅力度要大，而且要准度度高。这就要求新闻评论在由一般到个别，由外及里，由此及彼深化阐述问题的时候，必须注意以下几点：

1. 论点是否正确。论点是整篇新闻评论的核心。新闻评论不是就事论事，而是依据事情阐述道理。在评论深化过程中，有的论点是要通过事物之间的某种联系来佐证，论点错误的话，就说明事物之间的那种联系不存在或者不正确，该评论就立不住脚，就会满盘皆输，新闻评论的深化过程也是功亏一篑。

2. 推理方式是否合理。新闻评论是要向人们说一个道理，怎么样把道理告诉给受众，就涉及具体的推理方式。由于新闻评论经常要由此及彼，由个别到一般，看到的是事物之间的共性。但是，事物之间也还存在具体的差别，在由个别到一般，由此及彼的时候，如果推理方式不科学或不正确，文章的论点也会不足以使人信服。

3. 论证是否透彻。在面对批评性报道时，析理透彻，就会有摧枯拉朽之攻势；在面对典型报道时，析理透彻，就会使典型借评论之势以理服人。如此论证之下的道理也会以鲜明的形象出现于人前，受众对此也会印象深刻。

4. 逻辑思维和形象思维是否结合。评论说的是道理，运用的思维方式主要是逻辑思维，受众往往无具象可感。形象思维却能让有些难以表明的道理具有可感性。在评论时，适当地运用形象思维，思维的缜密性和形象性结合起来，评论的说理也会富有理趣，这样会取得更好的传播效果。毛泽东同志的评论就是逻辑思维和形象思维适当结合的典型，就好比在《反对党八股》一文中，将空洞无物的长文章比喻成又长又臭的裹脚布，这就能让抽象的道理形象化，变得可感，评论的深化功能在潜移默化中得以完成。

三、新闻评论深化功能的意义

作为一种论说形式，新闻评论作者解剖事实、明晰道理都是为引导舆论，协调舆论做铺垫，新闻评论的深化功能在新闻评论功能链中具有重要的意义：

1. 新闻评论的深化功能是衔接认识功能、表态功能和引导功能、协调功能的桥梁。如果没有深化功能，其表态功能所表达的只是一种对于事实的判断，虽然有观点，但也只是感性认识下的“光杆儿司令”，文章也不会成为枝叶茂盛的大树；如果没有深化功能，新闻评论虽有针对性和倾向性，但由于没有令人信服的、经过佐证的观点，新闻评论的引导功能、协调功能也就无从说起。

2. 新闻评论的深化功能是衔接客观世界和主观世界的桥梁。这里说的客观世界，指的是新闻事实等新闻评论客体。主观世界指的则是评论作者的主观世界，包括作者的世界观、价值观和人生观，并在此基础上对新闻事实的价值判断。作者在写作过程中，通过虚实结合、由个别到一般、由表及里等方式，把新闻事实由事实信息转化为观点信息，给予人们在面对现实时以指导，帮助人们认识事实真相、明晓事实的原因、明晓谁是谁非，孰善孰恶、并预测将来的结果判断。就如在第二节中引用的广播评论《和平的赛场需要更宽广的民族胸怀》一样。该评论是 2007 年 9 月 23 日，福建广播都市生活频率在《都市早餐》中播出的。作者转述新闻事件之后，从历史角度讲述日本侵华给中华民族造成巨大灾难、奥运会是人类为了和平而举办等历史事实；从传播学角度点明奥运会事关国家形象。从不同角度，综合的联系的对新闻事件进行深化：不忘记历史并不代表在不适合的场合喝倒彩，向作为和平使者的运动员喝倒彩的行为是不对的。前瞻性地在 2008 年北京奥运会之前发出了预警信号：和平的赛场需要更广阔的民族胸怀。这对于规范人们在现场观看比赛时的行为有一定的指导作用。

四、新闻评论深化功能的表现

从上面胡文龙教授有关"何为深化"的阐述中我们能推断出新闻评论在深化新闻报道、深化受众认识、深化社会舆论等三个方面有着独特的作用，但由于深化受众的认识可以通过深化新闻报道和深化社会舆论来实现，为此，接下来只阐述深化新闻报道、深化社会舆论。

1. 深化新闻报道。新闻报道为受众提供的是事实材料，作者的观点隐藏其中，需要受众自己去解读，但由于受众知识结构层次等方面的差异，不同受众对于同一则新闻报道的解读也会不同，正如一千个读者有一千个哈姆雷特一样。而新闻评论则是由评论主体针对性鲜明地提出观点，使得新闻报道中的事实信息转化成了观点信息。在论述说理的过程中，新闻评论通常要由个别到一般，由此及彼进行观点论证，此间，评论主体会引用其他的事件、材料作为论据，受众在阅读新闻评论之时，可以阅读到新闻报道之外的事实信息，受众也会明白"类似的事情以前也有"、"虽然二者相类似，但还是有差别的"等，新闻评论也就无声地深化了新闻报道。我们以人民网刊登的有关九江塌桥事故的部分新闻报道为例子。人民网分别播发"交通部派出调查组赴广东坍塌九江大桥现场"、"九江大桥塌桥事故初步认定 4 辆汽车坠江 9 人失踪"、"九江大桥坍塌事故打捞工作存在较大困难"、"九江大桥被撞塌 张德江批示黄华华赴现场指挥"、"广东九江大桥坍塌事故原因初步查明"、"九江大桥设计曾获国家奖项"、"广东南海九江大桥坍塌：专家称重建设大桥需半年"等新闻报道。受众通过阅读这些新闻，就能大概知道九江大桥坍塌事故的原因、造成的损失、事故的处理调查、大桥重建等一系列的信息。2007 年 8 月 2 日，美国也

发生了大桥坍塌事故，人民网转发中国新闻社的“美国塌桥事故已有6人死亡 救援工作已经全面展开”对该事故进行报道。有心的受众在浏览信息的时候，可能会想到“哦，美国也出现了大桥坍塌事故。”但在海量信息世界中，普通受众对于信息之间的比较联系还是很少的，事情是什么就是什么？至于还有什么？可能有的受众也懒得去想。第18届中国新闻奖三等奖评论《大桥坍塌的中美调查之别》就是以上述两次坍塌事故为写作客体的。从题目就可以看出来评论作者是要写关于坍塌事故原因调查，再具体点就是事故原因调查的速度上的差别。

大桥坍塌的中美调查之别

中国塌桥，美国也塌桥；中国要调查原因，美国也调查原因；中国用的是火箭速度，美国用的是蜗牛速度。所以，中国想要“胜过”美国，看来是轻而易举的。

8月1日，美国明尼苏达州密西西比河桥梁发生结构性坍塌，可谓坍塌得一塌糊涂。除了布什视察塌桥现场、国会拨2.5亿美元重建桥梁之外，美国有关方面立刻进入调查。“调查人员警告说，调查坍塌原因的工作费时费力，可能需要长达18个月的时间。”(8月7日新华网)

长达18个月，还是在高科技帮助下的时间估计。他们动用直升机，配备高分辨率摄像器材，到现场展开仔细调查；用激光导引探测设备，绘制出大桥残骸的全方位图像；水下复原小组则使用水下摄像机来观测废墟的情况；利用计算机成像技术，在电脑上重构呈现灾难全过程的软件，当前的分析已经纳入了一整套数据，包括天气、经过汽车的数量和速度以及坍塌时桥梁上的建筑设备的重量……要是在无高科技的过去，“他们差不多得把坍塌桥梁的残骸拼装起来”。

美国塌桥一个半月前的6月15日凌晨，广东佛山九江大桥被一艘装载河沙的船撞了23号桥墩，大桥第23号、24号、25号三个桥墩倒塌，约有200米桥面坍塌，桥上4辆汽车(共有司乘人员7人)及2名大桥施工人员坠江。6月19日，九江大桥坍塌事故技术安全鉴定专家组成立，由10位“国内知名桥梁专家”组成，他们从全国奔到广东佛山，对塌桥事故进行鉴定。6月20日，也就是次日，他们召开了九江大桥技术评估通报会，正式公布了鉴定结果：九江大桥的设计和质量均没有问题！

弄“鉴定”的专家，通常擅长对“成果”的鉴定，比如这座桥梁竣工了，鉴定验收的专家组这么来个一天半天，看一看，瞧一瞧，说几句赞美的好话，拿一笔不菲的酬金，签字画押，愉快走人，邀请方与被邀请方都很高兴，这就是“双赢”。看来，这些专家们把“坍塌鉴定”和“竣工鉴定”当成同一码事了。九江大桥事故鉴定如此迅速如此神奇，评论家时寒冰对此有一句妙语："我们的专家用肉眼——这种天然的低成本、无污染的绿色工具，完成了鉴定的全过程。"鉴定有意无意玩"假"的，是比较容易的事。美国经济学家贝克认为造假有三大成本：直接成本、机会成本和处罚成本。那么，如果专家"造假"呢？或则不算造假但"认认真真走过场"，给出一个与常识背离的"结论"，其付出的仅仅是那三大"成本"吗？

这背后，主要还不是专家本身的问题，而是整个制度环境问题。官员能够方便操控专家，这才是真正可怕的问题。公共安全事故，涉及地方政府官员的形象，所以通常情况下当地官员对于"出事"的第一反应是"瞒住"。如今信息发布渠道越来越多，实在瞒不住，那也努力缩小坏影响，将"坏事"变成"好事"。官员利用专家、借专家之口为自己开脱责任，就是把"坏事"变成"好事"的重要管道。有了专家鉴定做挡箭牌，官员自己就能够关起门来"沾沾自喜"了。技术层面的专家与责任层面的官员如果结成"亚腐败共同体"，那么，各种事故就不可能真正找到原因，悲惨经历就不可能真正成为教训，今后类似的事故就可能一再出现。

从深层次看，我们无论在法律还是在道义上，都存在很大缺失。我国对建筑尤其是公共建筑的质量安全事故如何鉴定、处理，没有一部成熟的专门法律做出规定；现有的《中华人民共和国建筑法》并不陈旧，是从 1998 年 3 月 1 日起施行的，但这个"建筑法"应该称为"建筑施工法"，讲的是建筑工程的发包、承包、监理、管理之类的事，有关"建筑工程质量管理"的部分十分"原则"，对建筑工程使用期间"出事"后该怎么办没有什么规定。既然"无法"，那么，各地"无天"就成为现实了。

而在道义上，我们更没有形成强大的"耻感文化"，许多可耻的事情，不以为耻，反以为荣。20 世纪 60 年代，加拿大曾发生一座在建桥梁突然坍塌事故，直接原因是加拿大工学院设计错误所致。为铭记这一"耻辱"，该工学院买下断桥的全部废弃钢材，加工成戒指，每年学生毕业时，校方都要向毕业生赠送"耻辱戒指"。这样的行为，在我们这里简直是不可思议的。我们的习惯不是记住"耻辱"，而是忙于找到"替罪羊"，以尽快"扫"掉"耻辱"。

在这样的背景下，我们只有"官员"与"专家"，而没有真正的"调查人员"。美国这次塌桥后，调查人员计划"把坍塌桥梁的录像放大后逐帧观看"，既然我们没有"调查人员"，你能指望那些高地位的官员与高身份的专家去干"把坍塌桥梁的录像放大后逐帧观看"这样的繁琐之事吗？

（金羊网 2007 年 8 月 9 日）

《大桥坍塌的中美调查之别》一文的前四段讲述了两次事故在原因调查方面的具体

差别，形成了鲜明的对比色彩，为接下来的论述做了很好的铺垫。受众在看完之后，也会集中的掌握此前看新闻报道之外的信息可能会有如此感叹“这个角度挺新鲜的”，并促使自己继续阅读下去。后面几段探究了深层次的原因，为读者提供了新闻报道无法提供的、鲜明的观点信息，让受众更加充分地认识了塌桥事故。

该评论由此及彼，为写作找到了一个切入点——评论两次事故的原因调查；由表及里，通过对事故原因调查速度的差别：九江大桥事故原因是在事故几天后就进行了公布，评论家时寒冰对此有一句妙语：“我们的专家用肉眼——这种天然的低成本、无污染的绿色工具，完成了鉴定的全过程。”而美国的则要到18个月之后才公布。由此探究到深层次的原因——制度环境，缺少规范的法律、缺乏责任意识等等。本评论说到了新闻报道没有说的话，扩充了九江塌桥事故的信息链条，深化了受众对于九江大桥坍塌事故的认识，深化了此事故的新闻报道。

2. 深化社会舆论。新闻评论是在新闻事实的基础上对于新闻报道的深化，作者写作评论时切入角度的不同，后新闻报道的延续方向也会不同。众多的价值判断让受众从多个角度了解到新闻事实，但是，也让受众踌躇于前，条条道路通的就不是罗马了。比如对于刘禹锡故居改造，有的认为改造故居是文化价值的迷失，不应该花千万巨资对故居进行改造。而当地政府却是以改造故居带动当地经济发展的角度着手此事的，受众究竟是该听谁的，难免要犯迷糊。《扬子晚报》就此事情发表了题为“千万元改造是否‘亵渎’了刘禹锡”的评论，文章在提出疑问的时候，也进行层层分析，认为“只要科学利民，‘陋室’改造何疑之有”，并也提出了警示“翻‘陋室’史可知，如此改造失败居多”，受众看到如此评论，对此事也会心中有数。类似的情况也很多，在很多时候，人们认识事情的角度不同，新闻评论传播的观点信息也不一样，此时，就需要一些总结性发言式的新闻评论，让受众在纷繁的舆论面前有清楚的认识和理解，实际上有的新闻评论也起到了总结性发言的作用，该类新闻评论不仅深化了新闻报道，也深化了与新闻事实相关的其他评论，进而深化了社会舆论。

“拒签致死”事件在2007年引起了国人大讨论，新闻媒体也纷纷发表文章阐述此事件的全貌，发表对此事件的看法，一时之间，各路观点短兵相接，撞击之声不绝于耳，有的评论剑指医疗费用过高，有的直指僵硬的医疗制度、医生的道德等。《中国青年报》于2007年11月29日，在“青年话题”中刊发了《不要过度阐释“拒签致死”这个特例》。文章将各路不同的观点进行罗列，方便受众了解有关该事件的社会舆论。在罗列观点之外，作者还对每种观点进行分析。请看原文：

不要过度阐释“拒签致死”这个特例

网络让表达变得相对容易，加上利益失衡和社会断裂造成的对立情绪，使得当下舆论对某些大众话题有过度阐释的倾向，喜欢对一些个案进行无限发挥，将特例进行上纲上线的批判，动辄上升到制度层面和体制层次进行貌似“深刻”的反思，其实离题万里。正处于舆论焦点的“丈夫拒签字导致孕妇死亡”事件，就有这种过度阐释倾向。

尽管对孕妇和胎儿之死充满同情，对生死攸关的失败救助心生怒火，但不得不说，这是个特例。虽然医生眼睁睁地看着一个本可以救治的生命死在医院，这个场景让人难以接受，但医院在制度可以通融的范围内，确实尽力了——承诺减免费用，苦劝丈夫签字，请示上级领导，一次次采取手术外的急救手段。如果家属不在场，医院可以当做紧急情况处理立即手术，可家属在场并明确拒绝手术。要知道手术签字不仅意味着责任担当，更是患者对自己身份的主权体现。虽然“无签字就不能手术”导致了孕妇的死亡，但这个制度本身并没有错。

这是一个特例，特在匪夷所思的拒签上。医院已经承诺减免费用，并不厌其烦地告知了不动手术的严重性，病友甚至已经开始为他捐款——我想，一个有着起码理性、对爱人有着起码情感的人，这时都应签字同意手术，可那个偏执狂就是拒绝了。再完美的制度，也无法想象如此极端的情况，无法穷尽地考虑到生活现实所有的复杂冲突，也无法驯服失去理智的人。

可这些，却在反思中被忽视了。有人提及中国医疗费用过高，导致患者家属潜意识中对医院的手术治疗望而却步。医院不是承诺减免手术费用了吗，病友们不也在现场发起捐款了吗？即使费用昂贵，在妻子生命处于危急状态，也应该先签字手术啊！有人说到医患间的信任危机，如果不信任医生为何还把妻子送到医院？生命攸关之时，除了医生还能相信谁？有人严厉批评医院的官僚主义，把制度的某种刚性和原则性的规定阐释为官僚主义，这是对制度的无知。还有人谈起了中国社会的人际隔膜，可人际再隔膜，当那么多医生和病友苦口婆心地相劝相助时，就是一块坚冰也应被融化。

更多的人则把矛头指向了“签字才动手术”的制度和医生的道德。只能说，单纯从这起特例看，如果不需家属签字就能动手术，孕妇母子也许都能活命，可换到一般情形下，那将会导致更多的医疗纠纷和医权滥用。比如，在你拒绝手术的情况下，你的胆囊或肾被医生莫名其妙地割掉。作为事后的旁观者，我们可以假想“如果医生知道变通该多好啊”，可手术是一种高风险涉及人命的行为，必须有刚性的制度保障医患双方的权利。

如果观照一下现实，认真阅读新闻和分析当时的具体情境，推己及人地考虑具体问题，就不会以一种习惯性的偏见凭着情绪和想象发表议论。中国的医疗费用过高，有医患冲突，有信任危机，有人际隔膜，有贫富差距下的阶层断裂，医疗制度有问题，但具体到孕妇死亡这件事上，这些都并非直接原因。特例就是特例，偏执就是偏执，失常就是失常，你无法用一种普遍标准去度量和对号入

座地分析(依据最新报道,事件当事人并没有办理结婚手续,这就使得拒签一事变得更具特殊性)。

脱离事实本身的过度阐释,一来是打偏了目标,对解决具体问题毫无助益;二来会强化医生群体的对立情绪,加剧医患间冲突;三来会弱化社会的制度理性,舆论集中炮火去批判和问责一种遵守制度的行为,会让遵守制度的人无所适从。舆论整天呼吁着要建构这个制度要完善那个制度,这种吁求不能叶公好龙。我们不能只在制度被人践踏时才呼吁严守制度,源于制度的刚性带来某种伤害时,更考验着我们对制度的信仰;我们不仅只欣然接受制度良善的一面,有时也不得不承受制度刚性包含的点点弊端。

悲剧需要反思,两条人命的责任需要追究,但不能丢掉制度理性,不分青红皂白把医院和制度推出来群殴。

(《中国青年报》2007 年 11 月 29 日)

在该评论发表的前后,已经有新闻评论发表了对此新闻事件的看法,从不同的角度深化了“拒签致死”的新闻报道,引导受众从多个角度思考此新闻事件,一般都是“一边倒”的趋势,从制度的强势和弱势群体的弱势相比较,进而把矛头指向了处于强势地位的制度和医生的职业道德。文章把此类观点一一罗列,并同过合情合理的分析,驳斥了这些观点,做了总结性发言,并强调该新闻事件是特例,不要过度阐释。此观点一出,便从各种观点中异军突起,并成了对新闻事件的主流评价,很好的深化了与该新闻事件相关的社会舆论。在事情渐渐平息之后,《不要过度阐释“拒签致死”这个特例》的作者曹林撰文,认为“拒签致死考验社会的制度理性”,可谓是对此评论的呼应。

第四节　新闻评论的引导功能

马少华教授在《新闻评论的伦理责任和伦理问题》一文中认为“新闻评论既是观点的传播者,又是事实的传播者”。从上述论断可以看出,新闻评论是一种传播形式,是传媒组织信息生产链条中的一个重要环节,“新闻评论是媒介对社会进行控制和引导的一种有效的手段;引导也是新闻评论的一种重要的功能”。[1]

一、解读新闻评论的引导功能

新闻评论引导功能链条一端连接的是引导者,另外一端连接的是被引导者,这两种

---

① 涂光晋:《广播电视评论学》,106 页,北京,新华出版社,1998。

角色有主动和被动之异。党和政府、新闻媒介组织以及评论作者是引导者，而新闻评论的受众则是被引导者，但是，受众除了有被动的一面之外，在信息的选择方面也有主动性，他们会根据自己对外界的不确定程度来接触信息、理解信息，最后才选择信息，新闻评论的引导功能要得以最大程度的发挥，就必须注意以下几点：

1. 新闻评论引导者首先要考虑新闻评论的伦理责任和伦理问题，必须确保新闻评论舆论导向正确。至于为什么要确保新闻评论有正确的舆论导向，江泽民同志在1996年的时候就说过“舆论导向正确，是党和人民之福；舆论导向错误，是党和人民之祸”。正确的舆论导向与和谐的舆论氛围是促进社会发展的重要因素。当前，我国正在进行社会主义和谐社会建设，只有舆论导向正确了，才能在构建过程中间化解不断出现的矛盾。关于导向问题，我国新闻传播业界也有深刻的认识，我国资深的新闻工作者林放便认为，“报纸评论的作用与报纸其他题材一样，都是为了激浊扬清，宣传党的政策，起到对群众的组织、鼓舞、激励的作用，有时候不乏针砭时弊的内容，要揭露社会一些丑恶、消极的现象，目的是让群众分清是非，受到启迪。但是，这要求评论人要适当的掌握好分寸，不可不注意导向性问题，这就如同‘投鼠忌器’一样，要做到投鼠而不伤器”。[①]

世界时时刻刻都在发展和变化，有关的信息也在时刻更新，单靠个人力量是根本不可能去掌握海量信息的，在这种情况下，人们就只好求助大众传媒组织，久而久之，会出现如德弗勒“媒介依赖理论”中所言的“日常依赖”和“异常依赖”。特别是当重大新闻发生之后，人们心理会出现振荡，心灵会出现失衡，此时的受众常常急于从媒介获取信息，以减轻或消除因对外部世界不确定而产生的恐惧。如果新闻评论中的事实信息和观点信息不正确，轻者会混淆人们视听，重者会造成社会信息链失控，会进一步失衡受众本来就失衡了的心理，信息的本质也就变了，正如奈斯比特在《大趋势——改变我们生活的十个方向》中说的那样“失去控制和无组织的信息在信息社会里不再构成资源，相反，它成为信息工作者的敌人”。在这样的情况下，舆论氛围也会变得乱哄哄的，新闻评论的引导功能就只能成为乌托邦似的空想。所以，确保新闻评论舆论导向正确是必须的。同时要求在创作新闻评论的时候，引导者们要在政策和法律许可范围内行事、有足以对新闻事实进行价值判断的能力、有社会责任感。“发表任何消息或评论的人，应对其所发表的内容负完全的责任——除非在发表时已明白否认这种责任。”[②]这是由联合国新闻自由小组委员会制定的《国际新闻道德信条》。该观点的前半部分很正确，但是，其后半部分观点——“除非在发表时明白否认这种责任”——在现实中是行不通的，新闻评论不比影视文化创作，“如有雷同，实属巧合”似的免责牌子也只适合影视文化创作，不适合新闻评论。新闻传播是要求快求真求准地向受众传达信息，责任感是必须的，它是确保新闻评

---

① 薛中军：《新闻评论》，33页，上海，上海大学出版社，2003。

② 转引自马少华：《新闻评论的伦理与伦理责任》，载《国际新闻界》，2005(3)。

论正确的因素。

2. 新闻评论是在说理，其引导功能就是通过说理来实现的。墨子认为说理的目的就是要"明是非之分，审治乱之纪，明同异之处，察名实之理。处利害，决嫌疑"。为了实现引导功能，新闻评论在说理的过程中就要富有理趣，受众群越广，其引导功能就能发挥更大的作用。新闻评论的特性之一就是公众性，除了作为内参的极少数评论外，绝大多数新闻评论还是以广大群众为目标受众的，在面向群众说理时，不能板起面孔，而是要"短"、"浅"、"软"相结合，把道理说明白，说直接，说精当，要富有理趣。但是，文以载道，作为新闻评论意义的载体——新闻评论文章过于浅，不行，会给人头重脚轻的感觉，新闻评论内容要丰富而辩证，有厚度；过于软，不行，会使评论的理论色彩缺失，新闻评论要有一定的政策和理论色彩；过于短，也不行，五脏俱全的麻雀分量还是不重，毕竟要在有限的篇幅内包罗万象是很困难的。《今日谈》中刊发的评论很少就宏观理论进行论述，而是从一个点去窥探全貌。

二、新闻评论引导功能的表现

新闻评论的引导功能主要体现在以下三个方面：引导社会舆论、引导人们的思想、引导人们的行为。

1. 引导社会舆论。在不同的学科领域之中，舆论有不同的定义。"传统的政治学和舆论学认为，舆论是一种'社会合意'，它的产生是一个'问题出现→社会讨论→合意达成'的理性过程。"[①]我国传播学学者郭庆光教授认为，由于社会生活复杂多样，舆论的作用也不仅局限在政治学领域，在广泛意义上"舆论是一种社会控制的机制"。它包括了"意见酝酿阶段、意见表达阶段、获得多数阶段、形成舆论阶段"四个不同的阶段。[②] 正是因为社会生活复杂多样，和同一件事情相关的舆论的交集越多，往往越容易引起混乱，究竟什么才是正确的？受众自己也不是很清楚。此时，受众就会关注媒体的动态：新闻报道和新闻评论。新闻报道把观点隐藏于新闻材料中，采取的是潜移默化的传播方式，"潜移默化往往是一个比较长的传播过程，是通过传播的累计心理效应对受众产生影响的"。[③] 但由于信息更新速度加快、人们注意力也容易转移，一件事情引发的舆论也不会持续太长的时间。在这样的情况下，新闻报道在舆论引导方面就不如新闻评论了，原因就是在行文过程中，新闻评论旗帜鲜明地赞成什么、批评什么、提倡什么、反对什么，如此明示的观点会让人印象深刻。新闻评论在形成和引导舆论的过程中，它发挥着重大的

---

① 丁柏铨，王雄，董秦：《新闻舆论引导论》，37～39页，北京，中国社会科学出版社，2001。

② 郭庆光：《传播学教程》，219页，北京，中国人民大学出版社，1999。

③ 郑兴东：《受众心理与传媒引导》，249页，北京，新华出版社，2004。

作用。

2007 年年初，中央电视台某主播发表题为《请星巴克从故宫里出去》的博文，对故宫里的星巴克店发出抗议，认为此洋咖啡店居故宫一隅开展商业经营是对中国传统文化的糟蹋，帖子一发出，马上就在网上引起了热议。上海大学当代文化研究中心孙晓忠教授曾表示，“故宫里的星巴克”侵犯了中国文化的主体性，它入驻故宫已经不是商业经营层面上的问题，实际上宣告着全球性的消费文化对中国传统文化空间的挪用。也有专家认为，紫禁城应有包容“星巴克”的气度。2007 年 1 月 17 日，红网发表了评论——《别把商业经营“意识形态化”》，文章前面六段，作者简洁地对事件做了分析，并且引出自己的观点：不要把商业经营意识形态化。并且在后面三段对所提出的论点进行论证，为受众打开了一扇看待此事件的新窗口——洋咖啡店出现在故宫和故宫管理方的商业运作有关，从而明晰化了事情的本质，让受众对此新闻事件有了更深层次的认识，疏导了群众亢奋的情绪，很好地引导了舆论。

别把商业经营“意识形态化”

在故宫一角，知名咖啡店星巴克在这里开了 6 年。近日，央视英语主播芮成钢在博客发出抗议，认为“故宫里的星巴克”是对中国传统文化的糟蹋，要求星巴克从故宫搬出去。芮成钢告诉记者，博客贴出后，点击量陡增 50 万，许多网友表示支持。(1 月 16 日《新京报》)

央视主播、故宫、星巴克、中国传统文化这几个有分量的关键词组合在一起，立刻使“故宫里的星巴克”成为极具刺激性的公共话题，惹来无数口水，而矛头最终又指向让国人敏感无比的“中西文化冲突”。

问题真那么严重吗？游过故宫的人应该知道，所谓“故宫里的星巴克”，其实就是在偏居故宫一隅的“九卿房”中，摆了两张小圆桌、6 把椅子，还有一个小柜台。这样一个小得不能再小的洋咖啡店，和故宫里此起彼伏的中国商铺比起来，太微不足道了。有网友说得好，相较于追着游客兜售纪念品、食品饮料的商贩，“故宫里的星巴克”算比较克制了，不烦人，也不滋事，只静静待一边，等候有需求的消费者上门。

如果这样的小店都在“糟蹋中国传统文化”，那遍布北京乃至全国的数量众多、大规模经营的星巴克连锁店岂不立马要把我们的文化传统消弭于无形？事实上，星巴克店越开越多，我们的传统仍在，而且中餐店也不断漂洋过海，在欧美国家的中心地带扎根，也未见他们说“中华文化在糟蹋欧美传统”。

“天下本无事，庸人自扰之”，这句古语放在“故宫里的星巴克”事件上是比较恰当的，这家店主的本意无非是想赚钱，而故宫管理方引进之，也无非是想在故宫商业化运作上多一些国际化的成分，落脚点仍是经济效益。耐人寻味的

是，普通的商业经营形态被无限放大，最后与文化冲突挂钩，于是，“故宫里的星巴克”已经不是咖啡店了，而是西方文化霸权的象征与道具，不驱赶则“国无宁日”。

把商业经营“意识形态化”，然后对“故宫里的星巴克”展开批判，这在民族情绪上也许很解气，但会掩盖更为重要的问题。在我看来，“故宫里的星巴克”如果有问题，也只与文物保护这一命题有关——在故宫开设洋咖啡店，会不会有损故宫的协调性与整体规划。

如果星巴克店的存在真的妨碍故宫的保护，首先受谴责的也不应该是星巴克店，而应该是故宫管理方。故宫作为我国重点文物保护单位与世界文化遗产，对它的保护有极为严格的相关法规。很明显，就算星巴克店店主“心怀不轨”，如果没有故宫管理方允许，他怎么可能得逞？有意思的是，有报道说，星巴克店店主抱怨说，正是故宫管理方6年前的盛情邀请，他们才入驻故宫的。

真正值得关注的问题出来了，“故宫里的星巴克”只是故宫商业运作链条上的一个小环节，它的存在说明故宫被过度开发。因此，与其盘问星巴克店店主：你为什么会在故宫？不如质疑管理方及有关监管部门：你们为什么让包括星巴克店在内的这么多商店进入故宫？无视文物保护法规，把世界遗产当金字招牌，进行急功近利的开发，得到的只是短期利益，动摇的却是文化传承根基。在这方面，我们的教训太多了。

为了捍卫故宫的纯洁性，必须评估星巴克店以及其他众多中国商铺对故宫保护的不良影响，以确定是否要将他们请出故宫。如果哪一天“故宫里的星巴克”消失，我希望是因为它对故宫的保护存在威胁，而不是别的什么原因。要做到这一点很难，因为到目前为止，我们还没有有效办法杜绝有关方面把世界文化遗产当作谋利的工具，他们的趋利性才是“故宫里的星巴克”事件中的“罪魁祸首”。

（红网 2007 年 1 月 27 日）

纵观全文，文章充满了理性色彩，该新闻评论的引导舆论功能也是从两个方面体现：第一，故宫里的星巴克是不是真正地冲突了我国的传统文化？通过对新闻事件进行阐述和分析，作者认为不是的，表明了对于此事件的态度，就好比在炎热无比的时候突降的那场雨，让人们开始清醒。第二，在表明态度之后，作者也没纠缠于是不是中西方之间的文化冲突，而是笔锋一转，使观点显于山穷水复之境：故宫星巴克和故宫管理方分不开，如果不是故宫商业运作大前提的存在，洋咖啡店也不会出现世界文化遗产之内，事情的本质也渐渐地出现在受众的面前，能让受众在亢奋之时也多出几分理性，起到了疏导群众情绪之功。评论一经刊出，便被许多传统媒体转载，在社会上起到了共鸣效应，在大范围内间接地引导了社会舆论。

2. 引导人们的行为。新闻评论写作遵循着从概念到判断到推理的思维过程，其中的判断是"对事物之间的联系或关系进行定性的思维活动，它是在驾驭表象和概念进行分析的基础上产生的。在传播学中，判断意味着对思考的对象事物有所断定和做出结论，这是人们行为决策的基础"。[①] 新闻评论的表态功能是新闻评论主体对客体的认识和思考，它包括了对事物的判断，能让人们明晓真相，这样，人们在现实生活中对自己的行为规范有了一个参照标准。上文引用的《拜金主义要不得》一文，针对物质享受思潮盛行于社会这种怪风写的，通过作者的层层分析，群众能认识到那样的思潮是病态的，虽然富裕了，也还是要继续发扬艰苦奋斗的作风。比如，"5・12"汶川大地震发生后，中华民族的凝聚力空前强大，全国人民的爱国热情高涨，有为灾区人们捐款的；有为灾区捐物的；也有为灾区献血的。《潇湘晨报》发表了《明天，我们为地震灾区献血去》，就是新闻评论对人们行为引导的一个表现。

明天，我们为地震灾区献血去

从昨天到今天，泪已流，香已焚，款已捐，下午与几个同事谈到灾情时，我们约定明天献血去。互联网时代，灾后这焦急的救灾过程，让我们更加感知到生命的脆弱，更加认识到生命共同体的休戚与共。

科技的进步并没有葬送人性，相反让人性得到了更好的表达。互联网上，我们关注着来自灾区的每一个新闻，我们与倒塌的学校里的学生共痛楚，我们与久久联系不上受灾村镇的指挥员们共焦急，我们与网友们一起共商义举，灾难面前我们都成兄弟姐妹。生命不再是统计报表上的一个个数字，每个学生的呻吟，每个母亲的眼泪，都让我们不再是旁观者，我们的心痛着他们的痛。

我们无法置身事外。患难与共，不再是道德的高标，而是人性的体现。让我们搁置所有的争议，共同挽救濒危的生命吧。我相信这样的灾难血淋淋地呈现在世人面前，即便有过错者，也在良心上受到了处罚。往者不可谏，我们只希望所有的人从现在开始都奉献出爱，没有什么比生命再宝贵了，请为生命祈祷吧。

灾难就是灾难，救灾就是救灾，我们希望受灾者在最快的时间里能够接受到，哪怕一瓶水、一袋方便面的救助。因为这是一个信息，告诉那些灾难中的人们，他们不是一个人面对着这样的灾难。我们只是希望基于爱共同行动，救命的时间是有限的，反省的时间是无限的，让救急留给今天，让反省留给明天吧。我们对于生命有着认真的承诺，我们必须行动起来。

（《潇湘晨报》2008 年 5 月 14 日）

---

① 郭庆光：《传播学教程》，77 页，北京，中国人民大学出版社，1999。

文章自始至终，都是在呼吁和告诉人们怎么样去做，情感丰富，同时也富有理性。人们为灾区人们捐款捐物了，还应该做什么呢？文章给出了答案——在灾难面前我们不是旁观者，而是兄弟姐妹，应该为灾区人们奉献爱心。与此类似的还有“长沙晚报发表社论《苍生失血我担当》、西安晚报在灾后发表评论《期待灾难带动更多积极的国民变化》等，号召公民在灾后向灾区群众献血、捐款，奉献爱心，做好本职工作”。[①]

上文引用过的《和平的赛场需要更宽广的民族胸怀》，它通过判断观众在赛场为日本女足运动员的举动是不对的，我们要有更宽广的民族胸怀，对受众在现场观看 2008 年北京奥运会比赛时的行为有引导作用。

3. 引导人们的思想。我国正处在社会转型期，各种社会思潮涌动并相互撞击，人们的心理会受到一定的冲击，严重的会使人出现心理失衡，人们在思潮激荡面前需要重新定位自己的身份、寻求一个平衡点。此外，各种灾难事故也会给人的心理带来重创，在这样的情况下，人们内心的震荡也得在找到一个平衡点之后才能平息。比如，8.0 级的汶川大地震让国人震惊，特别是灾区那些劫后余生的人们，他们虽然生存了下来，但灾难给他们带来了深深的心理创伤，究竟灾后应该怎么样应对灾难，怎么样去重建设家园，他们会迷惑。2008 年 5 月 20 日《人民日报》第四版发表了社论，题为《悲痛中凝聚不屈的力量》。

悲痛中凝聚不屈的力量

当阳光再临大地，时针指向 2008 年 5 月 19 日 4 时 57 分 40 秒，天安门广场，鲜艳的五星红旗缓缓下降。

当笛声警报长鸣，13 亿中国人齐身肃立，低首默哀，历史定格在 2008 年 5 月 19 日 14 时 28 分。

这一刻，大江南北，长城内外，神州共悲；这一刻，山峦无语，江河呜咽，举国同哀！为四川汶川大地震中我们同胞失去的生命，为四川汶川大地震中我们同胞遭受的灾难……

这是中华人民共和国成立以来，第一次为严重自然灾害造成重大伤亡举行的全国性哀悼活动，也是第一次为自然灾害中罹难同胞降半旗志哀。

我们向遇难同胞致哀，向那些在黑暗中寂灭的生命致哀！截至 5 月 19 日 12 时，汶川大地震已造成 34 073 人遇难，而这冰冷的数字还在无情地增长。他们是父亲、母亲、儿女、兄妹，是我们血脉相连的骨肉同胞，是共和国无法割舍的挚爱。这份痛楚，将由 13 亿中国人共同承受；这份哀伤，将由中华民族一起分担。

---

① 周庆安：《新闻评论：大规模公共危机中的舆论导向——以四川汶川大地震后一周平面媒体为例》，载《新闻与写作》，2008(7)。

我们向遇难同胞致哀，向那些与死神不屈抗争的生命致敬！汶川大地震，是对脆弱生命的无情摧残，也是对生命意志的永恒见证。残垣断壁之下，多少生命依靠顽强的信念苦苦支撑，不管是否创造了生命奇迹，但他们都与死神搏斗过，与命运抗争过。他们的执著，他们的不屈，他们的坚韧，他们的渴望，都将作为人类的共同记忆，永远留存在我们的生命里。

我们向遇难同胞致哀，向那种生死瞬间的人间大爱致礼！山崩地裂，造成了狰狞恐怖的自然断裂，却也呈现了可歌可泣的挚爱真情。在灾难来临的瞬间，多少人将生的希望让给别人；在生与死的边缘，多少人将死的选择留给自己。让我们记住他们的爱，记住这些普通生命绽放出的温暖光辉，记住中华民族优秀儿女的精神境界。

人民高于一切，生命高于一切。一个文明进步的现代社会，一个以人为本的社会主义国家，一个全心全意为人民服务的执政党，必定把人的生命置于最高的价值地位。因为每一个公民都是国家的主人，失去任何一个生命，都是国家的损失，都是民族的哀伤。尊重生命，铭记苦难，将使一个国家在挫折中奋起，将让一个民族在磨难中前行。

7 天 7 夜，在以胡锦涛同志为总书记的党中央的坚强领导下，气壮山河的生死营救，感天动地的举国驰援，爱心涌动的无私奉献，激发了中国人民和衷共济、万众一心的民族精神，再现了我们民族在艰难困苦面前不屈不挠、团结奋斗的光荣传统。历史会证明，地震能摧毁一些东西，但它必将以另一种形式重塑。世界将看到，“一个能够出动十多万救援人员的国家，一个企业和私人捐款达到上百亿的国家，一个因争相献血、自愿抢救伤员而造成交通堵塞的国家，永远不会被打垮！”

救援还在继续，挑战仍在眼前。愿全民哀悼凝聚起抗震救灾、重建家园的顽强信念，用我们的不屈斗志和实际行动激励国人，告慰逝者——

“任何困难都难不倒英雄的中国人民！”

（《人民日报》2008 年 5 月 20 日）

文章以 2008 年 5 月 19 日我国为在地震中罹难的同胞降半旗志哀为由头，简单地概括了地震造成的伤亡情况，没有去说人们应该具体怎么样做，而是把重点放在了党和政府为抗震救灾做出的努力上，让人们看到了在灾难面前还有一个强大的国家可以依靠。“悲痛中凝聚不屈的力量”，就是这种不屈的力量，能缓减甚至消除地震给人们带来的心理创伤，从思想和精神方面为人们注射了一剂强心针，让人们有信心，有希望来进行抗震救灾以及灾后的重建。

第五节　新闻评论的协调功能

协调功能作为新闻评论的重要功能，不是无根的浮萍，也不是不可认识的，我们可以从以下三个角度对其进行简单的分析：

一、解读新闻评论的协调功能

1. 传播学的角度

新闻评论是媒介对社会进行控制和引导的一种有效手段，其协调功能与媒介在传播活动中的“议程设置功能”分不开。“议程设置功能”是美国传播学家麦库姆斯和肖对1968年美国总统选举期间，媒介有关选举的报道对选民的影响的总结，该观点成型于1972年。后又经过麦奎尔与温达尔等学者的深入研究和细化，该理论逐渐成熟。受众对事情的认知与媒介对该事情的报道程度成正比，也就是说媒介报道程度越大，受众对该事件的认识也越深。“议程设置功能”产生的社会效果“不是某家媒介的某次报道活动的短期效果，而是作为整体的大众传播具有较长时间跨度的一系列报道活动所产生的中长期的、综合的、宏观的社会效果”。[①] 从上述理论可以看出：媒介对新闻事件报道的热情会影响到受众对事情的认识。这是因为，在数量巨大、种类繁多的信息环境中，“传播媒介是从事‘环境再构成作业’的机构”。[②] 它在传播活动中处于把关人地位，媒介对现实的反映也不是“有闻必录”，而是会按照一定的标准进行取舍，并把信息传达给受众。受众对于现实世界的理解也不是现实的全貌，而是现实的一部分，媒介有何种发言，都会对受众产生深深的影响。

新闻评论作为新闻传播活动的一种表现，它也可以通过设置议程来营造新的意见环境，来达成其对社会的协调，在协调过程中，它能对舆论内部分子运动形成某种程度上的控制，以整合社会舆论。

2. 哲学的角度

哲学理论认为，事物在发展过程中有两种不同状态——量变和质变。量变是指事物在数量、形状等方面发生的变化，事物的本质不变。量变是质变的准备和前提。质变是指事物内在的固然的联系发生变化，带来的结果就是事物的本质随之发生变化。事物量变和质变的临界点就是“度”，事物量变到一定程度，就会发生质变。世界上的事物是普遍联系的，“度”不仅在哲学领域存在，“度”这一个概念在新闻传播社会效果中也可以应

①② 郭庆光:《传播学教程》，215页，北京，中国人民大学出版社，1999。

用，超过了“度”，舆论就会朝相反的方向发展，过犹不及。新闻评论的协调功能就是要协调“度”，以确保社会舆论是适当的、有积极作用的，进而达到以正确的舆论引导人的目的。

3. 我国所处的舆论环境

目前，我国舆论面临着严重的挑战，主要表现在以下几点：

（1）虚拟世界的舆论对现实世界的舆论的挑战。互联网为人们生活带来便捷的同时，也为人们增加了一种表达声音的渠道，相比较于报纸、电视和广播中的“声音”，人们在互联网中的表达更趋向于日常化，在虚拟的网络世界中，人们有言必说，有感必发，且富有感情色彩，其中有正确的观点，但也不乏一些不正确的言论。平民化和全球化的互联网资源，使得一篇帖子一经贴出便会有成千上万的人回应，人们在发表想法的同时也会受到别的观点的影响，可能一时之间，网络就会变得群情亢奋，这种亢奋也会蔓延到现实生活中来，促成虚拟世界舆论与现实世界舆论的交锋。

（2）国外声音的介入对我国舆论形成的挑战。第二世界大战后，西方发达国家利用国际广播电台，加强对外宣传力度。如，美国之音“第二世界大战结束后，主要进行反共宣传。以后逐渐将重点转为阐明美国政府的政策，宣传美国社会和美国生活方式……”[①]其标榜的是所谓的客观公正。由于历史文化传统间的差别，“美国化”的生活方式不适合我们；由于意识形态原因，我国的一些政策和“美国”所颁布的政策会存在差别，美国之音的此类宣传内容会影响到一些国人，会在一定程度上对我国的舆论环境造成影响。

（3）社会转型期各种不良情绪对社会舆论形成的挑战。随着经济体制的转换和改革的深化，我国社会中存在很多亟须解决的问题，如环境保护问题、物价问题、医疗改革和社会保障问题、下岗再就业问题等，各种社会矛盾和观念也随之出现，“各种社会矛盾和观念的冲突将加剧舆论多样态和不稳态的程度”。[②] 在这种情况面前，出于缺乏对外界不确定性程度的理解，人们便会迷茫、浮躁，社会舆论也往往带有情绪色彩。

（4）媒介对经济效益的一味追求和媚俗倾向对社会舆论形成的挑战。随着媒介组织开始自负盈亏地经营，受众即市场的观念深入媒介组织管理者心中，在一些新闻传播实践操作方面，有的媒介只重视到了经济效益，而没有注意到社会效益，功利性地迎合受众心理，受众需要什么，它们就传播什么；受众讨论什么，它们就刊登什么。“我们的报纸、我们的舆论却总是给人一种‘捉摸不定’的感觉。譬如，在一段时间内，报纸上就不断地宣传‘大款’们挥金如土的‘豪气’，杂志上不断报道‘大腕’们形形色色的敛财手段，影视、银幕上不断出现比西方‘阔佬’还要‘阔佬’的生活方式……大众传媒的‘倾斜’造成了社会热点的‘倾斜’，大众媒介的‘滑坡’造成了公民道德上的‘滑坡’，大众媒介的‘失衡’造

---

① 郑超然，程曼丽，王泰玄：《外国新闻传播史》，372页，北京，中国人民大学出版社，2000。

② 丁柏铨，王雄，董秦：《新闻舆论引导论》，18页，北京，中国社会科学出版社，2001。

成了人们心理上的'失衡'……"[①]从这段话可以看出来，社会舆论会在媒介的倾向报道之下在无形之中升温，不准确的舆论升温会带给人们以负面影响，这样的舆论需要适时降温。

为了让新闻评论的协调功能得到很好的发挥，我们还要明白一些注意事项：(1)新闻评论必须有正确的舆论导向，这点在第四节已有所论述，这里不再阐述。(2)为了能够帮助党和政府在实际工作中起到协调作用，这要求，新闻评论选取有代表性的新闻事件，"要注意平衡好各方面的关系，要坚决维护党的基本路线，坚持国家宪法的原则立场，抵制来自'左'或'右'的种种干扰，敢于并善于与种种违反路线和政策的偏差作斗争，旗帜鲜明地划清是非界限，端正方向，提出中肯的建议，以防止和制止偏差和失误的扩展"。[②]

二、新闻评论协调功能的表现

根据上面的阐述，我们可以把新闻评论的协调功能分为以下几个方面：协调社会舆论的"度"；协调党和政府的工作；协调社会各阶层利益，平衡社会心态。

1. 协调社会舆论的"度"

社会舆论的"度"包括社会舆论的发展方向及其作用于社会的程度。可以从如下角度来理解：(1)因价值取向标准和所受群体规范影响不同，写作主体分析事物的角度也会不同，写作角度的不同从源头上影响了社会舆论的发展方向；(2)媒介运营步入注意力经济时代，当某个媒体独家报道某一重大事件后，其他媒体也会随之跟进，从大范围内形成呼应之势，使新闻事件升温，形成关于某个新闻事件特定的舆论氛围；(3)社会舆论中蕴涵的思想和行为方式具有压倒性的效力，群体成员会通过改变思想或行为以随大流的方式避免群体压力。这也是社会舆论最终效用的体现。因此，我们可以通过辨析事件的性质和选取合理的切入角度来协调社会舆论的"度"，趋利避害。

新闻评论明示观点的特性及其写作主体日益学者化、专业化使得新闻评论在协调社会舆论的"度"方面有着得天独厚的优势，学者化、专业化的写作主体虽然人数还不是太多，但是他们通过辨析事件性质、选取合理的切入角度得来的意见"可以对'多数派'产生有力的影响，甚至可以改变群体已有的合意并推动新的合意的形成"。[③]

如上文引述的评论《不要过度阐释"拒签致死"这个特例》，该评论刊发之前，全国各媒介对此事件进行了跟踪报道，以向受众展示事件的最新进展。有的新闻媒介也通过评论开始发表对此事件的看法，评论都是一边倒的趋势，除了批还是批，有的批医院收费

---

① 丁柏铨，王雄，董秦：《新闻舆论引导论》，18页，北京，中国社会科学出版社，2001。

② 薛中军：《新闻评论》，142页，上海，上海大学出版社，2003。

③ 转引自郭庆光：《传播学教程》，224页，北京，中国人民大学出版社，1999。

贵；有的批制度。处于强势地位的医院和制度被说得一无是处，这对于社会的稳定和医疗制度改革是很不利的。《不要过度阐释“拒签致死”这个特例》这篇评论，通过题目就能看出来，作者对该新闻事件的表态：这是个特例，不要过度阐释。文章对之前舆论中存在的代表性观点进行了分析，下面我们来看一下部分原文：

> 有人提及中国医疗费用过高，导致患者家属潜意识中对医院的手术治疗望而却步。医院不是承诺减免手术费用了吗，病友们不也在现场发起捐款了吗？即使费用昂贵，在妻子生命处于危急状态，也应该先签字手术啊！有人说到医患间的信任危机，如果不信任医生为何还把妻子送到医院？生命攸关之时，除了医生还能相信谁？有人严厉批评医院的官僚主义，把制度的某种刚性和原则性的规定阐释为官僚主义，这是对制度的无知。还有人谈起了中国社会的人际隔膜，可人际再隔膜，当那么多医生和病友苦口婆心地相劝相助时，就是一块坚冰也应被融化。
>
> ……
>
> 更多的人则把矛头指向了“签字才动手术”的制度和医生的道德。只能说，单纯从这起特例看，如果不需家属签字就能动手术，孕妇母子也许都能活命，可换到一般情形下，那将会导致更多的医疗纠纷和医权滥用。比如，在你拒绝手术的情况下，你的胆囊或肾被医生莫名其妙地割掉。作为事后的旁观者，我们可以假想“如果医生知道变通该多好啊”，可手术是一种高风险涉及人命的行为，必须有刚性的制度保障医患双方的权利。
>
> ……
>
> 如果观照一下现实，认真阅读新闻和分析当时的具体情境，推己及人地考虑具体问题，就不会以一种习惯性的偏见凭着情绪和想象发表议论。中国的医疗费用过高，有医患冲突，有信任危机，有人际隔膜，有贫富差距下的阶层断裂，医疗制度有问题，但具体到孕妇死亡这件事上，这些都并非直接原因。特例就是特例，偏执就是偏执，失常就是失常，你无法用一种普遍标准去度量和对号入座地分析(依据最新报道，事件当事人并没有办理结婚手续，这就使得拒签一事变得更具特殊性)。
>
> (《中国青年报·冰点时评》，作者曹林，2007 年 11 月 29 日)

通过分析之后，作者在最后认为，悲剧需要反思，但总不能把制度作为批评的对象。这句定论性的话告诉我们，在社会转型期间，无尽地批评，不利于社会。许多博客赞赏“这是一篇洗脑的评论”、“是针对这一事件最好的、最有价值的评论”，该评论协调了社会舆论的度，“不要过度阐释这个特例”后来成为对这个事件的主流评价。

2. 配合党和政府的工作

党和政府的工作动态不仅需要新闻报道宣传，而且也需要新闻评论来宣传。“两会”在我国政治生活中居于重要地位，由于议题多等原因，一般人是却步于前，在一篇文章中，把具有代表性的议题集中起来告之民众，会很好地配合党和政府的工作。第十六届中国新闻奖三等奖获奖评论《关注着你的关注》就是一个很好的例子，以下是部分原文：

关注着你的关注

“你关注‘两会’吗？”

昨晚打车，我问司机师傅。“的哥”嘿嘿一笑，“原来根本不关注。可从前年开始，我们‘份钱’多少的问题也在北京‘两会’上讨论得很热烈以后，就开始留心了。你说怎能不呢？说的是咱自个儿的事呀！”

“你关注‘两会’吗？”

与朋友网上聊天，我又提出了问题。朋友马上回复：“当然关注啊！你难道没有注意到，近几年的‘两会’越来越务实、越来越具体了吗？像高校扩招的比例究竟应该是多少、高校毕业生的就业问题，民工工资拖欠问题，这些可都与我们的生活息息相关啊！”

……

之后在山西团驻地，巧遇郭凤莲代表，这位当年的“大寨铁姑娘”告诉我：“大寨这几年发展很快，全村人均总收入最保守的说达到了 4 500 元，60 岁以上的老人都有了养老金，日子过得很不错。可我还是要强调农民的医疗保障问题，还有许多农民看不起病啊！”

浏览一下“两会”代表委员们的议案提案题目，加大对农民土地种植补偿、建立长效安置帮教机制、遏止药价虚高、加强医药广告管理，甚至“新婚夫妇应该重视婚检”这样看似太过家常、实则关乎民生的问题和生活中的难题，都被一一列入，作为国家的大事，隆重地提上了议程。国家的发展大计与老百姓的民生凡事正越来越融合为一体，百姓的“小事”成为了国家的大事，国家的大事就是要研究解决老百姓的“小事”。

……

当国事与百姓小事相呼相应，当真诚信任与热切关注的浓浓情意在代表与人民间通畅流动时，我们国家的方针政策便会体现更多的民情民意，便会得到人民更多的理解与支持，我们的“两会”也便真正成为全国人民的“两会”。对于一个国家而言，这是怎样难得的一个良性循环。

……

（《经济日报》，作者许红洲，2005 年 3 月 4 日）

文章用轻松的笔调来行文，在行文过程中又不失时机地把"两会"的部分议题告诉给受众，让议题以集中的方式传播开去，便于受众知晓，这也是我国政府透明度的表现。受众在通过这篇评论之后，就会获取与"两会"有关的议程，也会根据自己感兴趣的议题去自觉地加深阅读，这样，党和政府的政策得到了宣传和普及，为政策的实施奠定了基础。

3. 协调社会各阶层的利益，平衡社会心态。在社会转型期，各种社会矛盾会随着存在于公共生活中的众多话题而来，社会各阶层在这些矛盾前会出现恐惧、不安的情绪，怎么样去协调社会各阶层的利益事关社会稳定。2007 年，猪肉价格普遍上涨，社会的弱势群体对这一变化感到不安，怎么样去渡过吃猪肉贵的难关，成了他们思索的问题。国家的态度和实际行动对于平衡弱势群体的心态至关重要，第十八届中国新闻奖二等奖获奖评论《始终想到"最低"处》就很好地解决了这一问题，文章通过以兰州市一位普通市民在这场猪肉涨价风潮中的经历为由头，简单地点明了当地政府的决定，以及国家发改委的决定，由点到面，由表及里进行深化。以下是部分原文：

始终想到"最低"处

……

低保低保，保的是最低的生活标准。但是物价一涨，有些最低的东西就"保"不住了。为了平抑肉价，政府为能繁母猪保险提供了保费补贴；为了让困难群众能在肉价涨了以后仍能吃得起肉，政府为低保对象增加了临时补贴。表面看起来，这一切好像只与钱有关。但是，政策能有如此鲜活的细节，却传达出了比钱更丰富的内涵，那就是党和政府一直把困难群体放在心上。

任何社会中，都有一些人难以照料自己；如果没有他人的关怀，他们就难以生存，更谈不上有尊严地生活。最低生活保障制度的建立，最低生活保障制度从城市到农村的延伸，最低生活保障标准的不断提高，从一个侧面表明，政府已经越来越主动地承担起了这种关怀的责任。

几年前，温家宝总理就说过："世界上大多数是贫困人口，如果你懂得了穷人的经济学，那么你就会懂得经济学当中许多重要的原理。"要懂得穷人经济学，首先要不歧视穷人，要最大限度地关注他们的生存方式和生活状态；而穷人要不被歧视，就要想尽一切办法让他们能够维持最起码的日常生活。这是一个问题的两个方面，也是一个程序的两个步骤。没有前者，后者就可能被当做"施舍"；没有后者，前者就可能被指为"矫情"。只有两者充分结合起来，才是真正的尊重，真正的体恤。

从最低工资标准到最低生活保障制度，从廉租住房到助学贷款，从农民种粮补贴到农村医疗合作，一系列针对穷人，针对弱势群体的政策，都是在尊重前提下的体恤，在体恤基础上的尊重。这一切，不仅改变了"最低阶层"的生活现

状，也深刻地改变了他们的生活心态。

群众利益是党的“最高利益”。始终想到“最低”处，始终看到“最低”处，让普通百姓和困难群体享受到政策阳光，享受到发展成果，就是维护党的“最高利益”，就是实现党的“最高利益”。

人都会将心比心。如果一个需要关怀的人得不到关怀，他周围的人也会感到一种莫名的灰心；同样，如果一个需要关怀的人得到了关怀，即使与这个人不直接相关的人，也会感受到一种真切的抚慰。对困难群体的关心，不仅温暖了困难群众，也将温暖他们的亲戚朋友，温暖他们周围所有的人。

（《人民日报》2007 年 9 月 17 日）

文章阐述了国家在涨价风潮中的政策和态度，情为民所系，利为民所谋，点明从最低工资标准到最低生活保障制度等关怀政策，是对群众的尊重，不是施舍，解除了有关群众以为吃低保就是失去自尊的顾虑。也让群众明白党和政府在关心着他们，这也可以减轻群众在涨价风潮前的恐慌。这篇评论很好地协调了社会各方的利益，平衡了社会心态。

本章小结

从传播学、认识论、文体形式等角度解读认识功能，认识功能包括帮助人们联系的、发展的认识事物。评论的表态功能与其针对性有关；新闻评论可以代表党和政府、新闻媒体、个人进行表态；新闻评论发挥表态功能时的注意事项、评论的针对性、倾向性与自身价值的关系以及受众在表态功能前应该怎样做。深化的定义，深化功能的影响因素，在新闻评论功能链条中的地位与意义，及其具体表现——深化新闻报道和深化社会舆论。新闻评论引导功能两个注意事项：考虑伦理责任、坚持正确的舆论导向；注重理趣，扩大受众群。引导功能的三种表现：引导社会舆论、引导人们的思想、引导人们的行为；理解评论协调功能的三个角度：传播学的角度、哲学的角度、我国所处的舆论环境。协调功能的注意事项，其具体表现：协调社会舆论的“度”；配合党和政府工作；协调社会各阶层利益，平衡社会心态。

本章自测题

一、单项选择题：

1. 新闻评论与新闻报道不同，其不同之处主要表现在（　　）。

A. 是否把观点鲜明地摆出来　　　　B. 是否在行文中运用议论

C. 是否表达作者的意图　　D. 篇幅不同

2. 阅读新闻评论时，如果遇到偏颇的观点，我们应该采取什么态度？（　　）

A. 拒绝　　B. 全盘接受

C. 批判性地接受　　D. 透过表面来考量观点背后的信息

3. 下面哪些规格的评论代表个人发言？（　　）

A. 署名的短评　　B. 评论员文章　　C. 不署名的短评　　D. 编者按

4. 新闻评论能代表个人发言，下列哪项是正确的做法？（　　）

A. 以个人情感驾驭写作　　B. 中规中矩，不敢创新

C. 考虑到评论的伦理责任，进行理性论说　　D. 消磨评论的针对性

5. 新闻评论的深化功能与下面哪项有关？（　　）

A. 群众性　　B. 新闻性　　C. 思想性　　D. 实用性

6. 下列哪项关于深化功能在新闻评论功能链条中地位表述得最准确？（　　）

A. 一个环节　　B. 衔接前后功能

C. 可有可无　　D. 是整个功能链条中的基础

7. 关于协调功能在实际中的运用，下列哪项是正确的？（　　）

A. 干涉党政机关处理事物

B. 放肆地炒作某一个社会热点

C. 宣传与国情不相符合的价值观

D. 适当地报道热点事件，帮助人们摆脱转型期间的困扰

8. 新闻评论协调功能在哲学上的依据。（　　）

A. 量变　　B. 形而上学

C. 静止地看问题　　D. 量变和质变相互作用的原理

9. 当一个新闻事件比较复杂的情况下，下列哪种做法是正确的？（　　）

A. 就只靠新闻报道报道事件

B. 采用新闻报道与新闻评论结合的办法

C. 只靠新闻评论

D. 观点杂陈

10. 新闻评论的表态功能和以下哪个选项有关？（　　）

A. 思想性　　B. 群众性　　C. 理趣　　D. 针对性

二、多项选择题

1. 本章主要讲述了新闻评论的哪些主要功能？（　　）

A. 认识功能　　B. 表态功能　　C. 引导功能　　D. 深化功能

E. 协调功能

2. 新闻评论的认识功能主要表现在哪些方面？（　　）

A. 帮助人们联系地看问题　　B. 帮助人们发展地看问题

C. 为受众提供了丰富的知识　　D. 帮助人们简单地看问题。

3. 在实践操作中,怎么发挥新闻评论的深化功能?(　　)

A. 论点正确　　B. 推理合理

C. 论证透彻　　D. 逻辑思维与形象思维适当结合

4. 新闻评论的引导功能体现在哪些方面?(　　)

A. 引导社会舆论　　B. 引导人们的思想

C. 引导人们的行为　　D. 引导人们看待事物的角度

5. 新闻评论在社会舆论中的作用包括(　　)。

A. 引导社会舆论　　B. 深化社会舆论

C. 协调舆论温度　　D. 放任自流

三、判断题:

1. 甲同学认为新闻评论一般是署作者的名,或者是由媒体编辑部写的,因此,新闻评论不代表党和政府表态。(　　)

2. 署名的评论员文章是代表个人表态。(　　)

3. 评论可以超出一定的范围,比如文艺评论就能写政治上的事情。(　　)

4. 所有类型的社论都是代表同级党政机关发言。(　　)

5. 新闻评论是说理,它所代表的是理性认识。新闻评论主体只依靠理性认识就能进行评论写作。(　　)

四、简答题

1. 如何认识新闻评论的协调功能?

2. 谈谈实地调查研究在新闻评论写作中的作用。

单元实训

实训一

请根据社会中的一件热点事件,写一篇800字左右的评论。

实训二

请分析该评论中具体体现了评论的哪些功能?

主动应对高成本时代的提前到来——未到尽头先调整

钱丽萍

劳动力价格上涨、贷款利率上调、原材料和能源价格上涨、环保费用上升、出口退税率下调……

近来，成本的抬高就像越勒越紧的紧箍咒一样，让不少企业头疼。

与此同时，随着人民币升值步伐的加快，出口产品在国际市场上的价格竞争优势正在不断削弱。

在成本与市场的双重挤压下，不少企业特别是处于产业链低端的外贸加工企业，以及高能耗、高污染和资源性产品出口企业，越来越感觉撑不住了。

我们的低成本优势这么快的下降，出乎很多人的意料。

能不能如过去一样，渡过宏观调控的难关，再现柳暗花明？很多企业在焦虑中期盼。

但密集传来的最新信息不断瓦解着这种希望：

人民币升值加快：5 月 24 日，人民币兑美元汇率中间价收报 7.6525。这已是人民币连续 4 个交易日创出汇改以来新高，同时意味着汇改以来人民币累计升值幅度已接近 5.98%；

5 月 21 日财政部宣布，为进一步控制高耗能、高污染和资源性产品出口，自 6 月 1 日起，我国将对 142 项商品加征出口关税；

早些时候，国家发改委官员透露，中国正紧密关注国际油价走势，将选择合适时机，实现国内成品油价格与国际市场接轨。

有专家曾估计，我们的低成本优势能维持到 2015 年左右。但众多的事实清晰地表明：中国企业的高成本时代已经提前到来了。目前企业所面临的困境，并不只是针对经济偏热的宏观调控造成的，而是高成本时代的必然结果。对此，企业要有清醒的认识，不能再抱住以往那种挺过紧缩就是胜利的经验不放。

当然，并不是所有企业都步履维艰。“两高两低”的先进产业，包括处于产业链中高端的先进制造业和现代服务业，依然高速增长。而且，由于同行业中低层次企业的萧条，反而强化了自身的竞争优势。比如“五小”企业的纷纷败北，扩大了同行业大企业的市场份额。说到底，高成本挤压的是高耗低效的粗放型增长企业。

很早以前，舆论就不停地警告：“粗放型增长方式已经快走到尽头了。”可是，在很多人听来就像是“狼来了”。一些高能耗、低产出的企业之所以迟迟不作调整，因为它日子还能过，还能赚钱。表面看它赚的是产品的钱，实质是附载其上的廉价劳动力和廉价资源的钱。而现在廉价的成本正在消失，赢利空间日渐狭小，粗放型增长的尽头真的到了。

这是一个严峻的现实，但我们没法改变这样的趋势。因为劳动力价格必将随着经济的发展而提高，有限的资源要持续支撑整个社会物质生产能力的迅速增长，通过提高价格在内的举措节约资源也是必然的。由此，任何地区单纯依

赖廉价劳动力和廉价资源获取的比较优势都不可能是持久的。20世纪六七十年代，日本曾经是全世界成本最低的生产制造中心。到了八九十年代，亚洲“四小龙”取代了日本成为制造中心。90年代到21世纪初，这一中心又转移到了中国。如今，曾经困扰过他们的高成本不适应症，又发生到了我们身上。

既然无法改变现实，唯一的选择就是调整自己来适应现实。调整已不仅仅是一种倡导，而是逼到墙根的选择。怎么调整？一个就是转变增长方式，通过管理创新、新技术运用、规模经济，节约企业成本；另一个就是依靠技术创新从成本优势转向技术优势。正如专家所指出的，节约和技术创新，将是未来几年企业的主旋律。

调整是个痛苦的过程，在一些产能过剩的行业，有的落后生产能力将不可避免地被淘汰出局。无论是日本还是亚洲“四小龙”，都是经过这种阵痛后，才完成了自身的调整转型。

其实，企业成本的抬高绝不是一天两天形成的，但过去更多地表现为渐变，就如“温水煮青蛙”。在此过程中，一些企业曾经还是有可能通过调整立足市场的，只是出于各种因素，比如怕承担投入的风险，缺乏融资的渠道，不愿被兼并整合，或者抱着侥幸的心理，人家能过我也能过，一次次错失了机会，直至走到尽头，想调整也无能为力了。

今天，企业成本的抬高已经不再是温火慢烧，而是急火快烧了。加大的火力，固然使一些企业生存环境日显窘迫，但假如能使温水中麻痹的青蛙警醒，在没到尽头时及早调整，倒也可算是祸兮福所倚。

当我们经过调整挺过难关、走出困境时，新的发展必将更加健康、更富活力、更具可持续性。

（《新华日报》，2007年6月1日）

第五章　新闻评论的策划

学习目的

1. 了解新闻评论策划是新闻评论发展的必然结果
2. 掌握新闻评论定位的策划
3. 掌握新闻评论选题的策划
4. 掌握新闻评论立意和说理的策划
5. 掌握新闻评论专栏的策划

核心能力

1. 培养新闻评论的策划意识
2. 培养对新闻评论整体风格的把握力
3. 培养对新闻评论细节的表现力

何谓策划？策划一词可追溯到汉朝，在《后汉书・隗嚣传》中有“是以功名终申，策画复得”，这里的“策画”即“策划”，有计划、打算之意。在《孙子・虚实》中有“故策之而知得失之计”。从古至今，以谋取胜的例子不胜枚举。当今社会，成功的必然在于运筹帷幄的头脑和成功的策划。哈佛企业管理丛书是这样定义“策划”的：“策划是一种程序，在本质上是一种运用脑力的理性行为，基本上所有策划都是关于未来事物，也就是说，策划是针对未来要发生的事情作当前的决策。”①

如今策划已经广泛融入各个学科，形成了几大类如市场策划、营销策划、广告策划、房地产策划、电影策划和节目策划等。新闻策划是近年来兴起的一个概念，过去人们对新闻策划的认识存在种种误解，认为新闻的真实性与策划的超前计划性是完全相悖的，真实是新闻的生命，而将策划与新闻联系起来则给人以制造新闻之感。其实新闻策划的本质是：“新闻报道的主体遵循新闻规律，

---

① 杨荣刚：《现代广告策划》，3页，北京，机械出版社，1989。

围绕一定的目标，对已占有的信息进行去粗取精、去伪存真、由此及彼、由表及里的分析和研究，发掘已知，预测未来，着眼实际，制定和实施相应的政策和策略，以求最佳效果的创造性的策划活动。"①新闻策划有别于制造新闻，它绝不是无中生有，而是为达到某种宣传效果而做的工作。在各大媒体以评论立言，求发展，搏生机的今天，对新闻评论的策划，显而易见，已经成为新闻策划中一个十分重要的组成部分。那么，新闻评论的策划工作又包括哪些呢？简单说来，新闻评论的策划既包括新闻评论专栏的定位、包装、整体风格等全局性、整体性的谋划，又包括对一篇新闻评论或一期新闻评论节目的构思、选题、立意和说理方法等一系列的具有前瞻性的指导。在本章的四个小节中，我们将对报纸评论、广播评论、电视评论和网络评论的策划进行探讨。

第一节　报纸评论的策划

在报纸、广播、电视三大媒体中，报纸的历史最为悠久。虽然不断受到广播、电视和网络的冲击，今天的报业不但没有消亡之势，反而在竞争中繁荣、创新。报纸新闻评论也素来具有很高的权威性。我国的报纸评论具有十分优秀的传统，暂且不计那些古代具有报纸评论特色的议论文体，早在国人办报活动兴起之时，评论就已经成为各家报社、各个政党宣扬自己见解、主张的主战场了。毛泽东的一生也与新闻评论结下了不解之缘。早在学生时代，毛泽东就主编湖南学生联合会机关报《湘江评论》，以研究、传播新思潮为己任。他一生也为报纸写了不少脍炙人口、战斗力十足的评论文章，如《中国的红色政权为什么能存在》、《丢掉幻想，准备斗争》、《别了，司徒雷登》、《"友谊"还是侵略》、《唯心史观的破产》等经典名篇。邓拓重视报纸的社论工作，他认为："一篇社论是一篇报纸的旗帜，其他形式的评论文章也都代表报纸的政治见解，因此报纸的评论工作应当看成是思想工作的主要表现形式之一。"②邓拓不仅亲自撰写和修改《人民日报》的评论，还为《北京晚报》开辟了《燕山夜话》的专栏，又与吴晗、廖沫沙共同执笔创建了《三家村札记》的专栏。

任意一篇评论、一个评论专栏的成功都离不开精心的策划。近年来发展势头迅猛的电视评论类节目的策划对报纸评论的策划起到了一定的启示作用。报纸评论要出精品，就必须充分挖掘、利用报纸优势，在读者的关注点、阅读喜好和习惯上下苦功，以树立良好的口碑，形成品牌效益，并扩大读者群，争夺更大的市场。这一节中，我们将主要围绕对突发事件、非突发事件和评论专栏的策划来进行讨论。

---

① 赵振宇：《新闻策划》，10页，武汉，武汉出版社，2000。

② 《邓拓文集》(第1卷)，289页，北京，北京出版社，1986。

一、应时而动，深度剖析——对突发事件的评论策划

报纸评论在时效性上与广播电视评论、网络评论相比处于劣势。一件突发事件发生后，我们往往能在很短的时间内通过收看电视、收听广播，及时获得信息，并有可能通过实况直播、时事评论在事件发生之时就关注到事件发生的过程，了解到突发事件背后的故事，包括它的缘由、有可能造成的影响等。但这并不能成为报纸评论“与世无争”，忽视策划的时间观念的理由。尽管报纸不可能像广播、电视、网络一样在第一时间里把最新消息、事情的最新进展传达到千家万户，但其评论可以做到应时而动，报纸评论人员可以争分夺秒地采集信息，研究背景，去粗取精，将最典型的事实用最震撼人心的笔触，最精炼的观点表达出来。而广播、电视和网络评论往往会为了抢先发布、忽略对事实的选择、对节目制作的精心策划。在实况直播、时事评论中，广播电视更倾向于用声音和画面为观众呈现事实，其解说和评论则会由于策划时间的紧迫而呈现出少而浅的特点，其大量的纪实无法满足受众想要深入了解、重点剖析的需求。报纸评论的权威性、专业性正好能弥补广播、电视评论述而不评和报纸自身时效性较弱的不足。报纸对突发事件的权威发布、专业点评恰恰就体现了其深度和厚度。应时而动、深度剖析是报纸评论克服其自身时效性不足，保持其较强解释力的有效途径。

“5·12”汶川大地震发生以来，国内各家报纸反应迅速，在不断跟进抗震救灾工作动态的同时，还纷纷发布灾难评论，不仅在情感上抚慰了受灾群众受伤的心灵，为全国人民提供了表达他们与灾区人民同舟共济的情感平台，还不断地满足了读者的期待，使报纸评论工作随着救灾工作的深入而愈见深度。《北京青年报》就在其头版开设了“汶川地震系列评论”，每天发布救灾评论，其中我们既能看到感人肺腑的文字，也能看到权威理性的评论文章。如《大灾面前的大国民》、《“韧”的精神》、《从灾难中找寻进步的方向》、《监管救灾款物就是要具体到“一块钱”》等。

而作为一份周报，《南方周末》也集中力量，推出了鞭辟入里，引人深思的评论文章。其中一篇由南方周末编辑部发出的评论《汶川震痛，痛出一个新中国》这样写道：

> ……
>
> 我们原本以为物质上的金汤之城，足以让我们长治久安。但大自然的灾害却不以人的意志为转移。既然山川可以瞬间崩裂，既然道路可以瞬间扭断，既然城镇可以瞬间毁灭，在大自然无边的力量面前，既然一切物质的力量都现出了原形，都那么脆弱，都那么不堪——我们过去对于物质力量的迷信，就不免显得幼稚可笑。
>
> ……
>
> 悲壮的牺牲应该让我们清醒，单纯的物质上的强大并不足恃。如果连生命

都无法保障，一切就都没有意义，物质上的强大就不过是沙滩上的建筑而已。

在泪眼之间，良知复苏；在废墟之上，人性挺立。大地震震掉了我们心灵的尘垢，震碎了我们日常的面具。不能等到埋到瓦砾下才去爱，每个人都是幸存者，每个人都值得爱。大地震让我们重新发现人本身，重新回到人本身。所有的冷漠，所有的骄矜，所有的轻狂，这时都不再时尚。我们彼此珍惜，我们携手同心。原来中国人并不丑陋，原来中国人可以这么友善，原来社会可以这么脉脉温情。

更重要的是，这一切是执政党和政府身体力行并积极倡导的结果。以国民的生命危机为国家的最高危机，以国民的生命尊严为国家的最高尊严，以整个国家的力量去拯救一个一个具体的生命，一个一个普通国民的生命。国家正以这样切实的行动，向自己的人民，向全世界兑现自己对于普世价值的承诺。

显而易见，这是一个拐点，执政理念全面刷新的拐点，中国全面融入现代文明的拐点。多难兴邦，拐点出现之迅速超出期待，于是，如一些网友所说，这次灾难中政府的表现没有让人民失望，人民的表现更是让政府动容。为了调动尽可能多的力量拯救生命，政府敞开了救灾的大门，民间力量争相进入，国际援助争相进入，媒体争相进入。一个开放的、透明的、全民参与的现代救援体制正在拔地而起。但它并没有给政府添乱，反而跟政府力量配合，形成了最大限度的合力。这个崭新的救灾体制，或将是未来中国公民社会的模本。

……

这是多好的转型契机。中国现代化这锅百年老汤，是到煮开的时候了。一个民族的百年悲情，是到升华的时候了。人们原本以为，以北京奥运会为标志，中国正在抵达历史三峡的出口；谁知，大自然提前给中国出了一道难题，而正如境外媒体评论的，中国人以高分通过了考试。汶川大地震与北京奥运会，一悲一喜，悲欣交集，中国能不能闯过去，我们这个古老民族能不能凤凰涅槃，否极泰来，关键就取决于我们当下的选择。而在这点上，此次抗震救灾无疑是成功的操练，应该可以奠定我们的信心和决心。

（《南方周末》2008年5月22日）

从“非典”到冰灾，再到汶川大地震，我国报纸在对突发事件、灾难事件的评论上，已经积累了不少宝贵的经验，既要动作迅速，又要突出深度，报纸评论就必须增强策划的时间观念，将追求深度始终如一地贯彻在评论策划理念当中。只有在“快”和“深”之间找到一个平衡点，将应时而动和深入剖析完美地结合起来，才能厚积薄发，迸发其特殊的力量和美感。

二、题材有大小，说理见深度——对非突发事件的评论策划

不言而喻，报纸评论聚焦突发重大事件，将立意放在高处是报纸评论追求深度的一个重要表现。但对于日常生活当中的常规事物，诸如会议、节日、纪念活动，或是看似毫不起眼的小事的评论，只要找准角度，说理落到实处，也能彰显报纸的“大家风范”。在这里，我们主要来讨论在对非突发事件（日常事件）的评论的策划，即从哪个角度入手，怎样说理才能深入浅出，生动活泼。

1. 小题大做

做好报纸评论，要抓深度，这既是报纸的使命，又是读者对报纸评论的期望。然而要避免无话可谈或者是泛泛而谈，就必须小题大做。这里的小题大做指的是找到体现大道理的小题材，在小切口上输以力透纸背的力度，体现其深度，使评论具有“精气神”。

如《中央领导着简装的表率意义》（见第四章）这篇获第十八届中国新闻奖的报纸评论。文章短小精悍，却很具战斗力；文风朴实，却不乏哲理。它要反映的是一个在能源匮乏，环境问题日益令人堪忧的时代，全社会应该共同节能减排的大主题，但文章没有长篇大论地讲大道理，也没有评论某一节能减排的环保工程。而是从小处着手，从中央领导同志着简装出席一个重要会议这一现象出发，挖掘其背后蕴涵的新闻价值和表率意义。文章深入浅出，亲切自然，很容易让人接受，使读者自觉地从我做起，从现在做起，亲身参与到节约能源的行列中去。

2. 凸显逻辑性、思辨性

报纸评论以逻辑性和思辨性见长，其说理的逻辑性和思辨性是它吸引高素质读者的一大法宝，但报纸评论的逻辑性和思辨性到底是促进精英文化形成，排斥通俗文化，有碍报纸风格平民化的阻碍，还是提升读者文化水平、思辨能力的助推器呢？在笔者看来，逻辑性和思辨性是必须植根于新闻评论说理中的两大元素，不管是报纸评论的说理，还是广播电视、网络评论的说理都应该体现出这两大元素，逻辑性、思辨性强的评论不但不会令文章变得晦涩难懂，反而能使道理更加具有信服力。而报纸评论以文字表达，就更应该有条有理，这既是报纸评论必须遵循的原则，也是它较其他形式评论的优势。

宝鸡爆管，不能把责任都推给庞贪官

据报道，在宝鸡，只要一谈爆管，不管是干部还是普通百姓，都会提起已被判刑的陕西省政协原副主席、宝鸡市委原书记庞家钰。正是由于庞家钰担任冯家山引水工程总指挥时的严重失职渎职，才埋下设计不达标、用料不合格的隐患，继而留下了这颗随时爆裂的“深水炸弹”。

当水管每爆裂一次人们就骂一次庞家钰时，笔者却觉得有点不对劲——单

单一个庞家钰，扛得起所有的责任吗？不错，庞家钰是总指挥，权倾一时，但我们喊了多少年依法治国，最后能以一句“绝对的人治”遮过去吗？把所有的问题都推到已入狱的贪官身上，是最容易的了，但问题是，除了庞家钰，难道别人就没有任何责任吗？一个耗资3亿多元的项目，当初有没有监督机制？我们在制度上不需要深刻反思吗？

但凡大工程上马，便是硕鼠们跃跃欲试之时，也正是需要认真防范监督之时，可为什么在工程开始建造之前，监督机制就先“豆腐渣”了呢？据说，这个当初在宝鸡堪称“天字号”的重大工程问题隐藏得并不深，1998年便有工程内部人士向记者举报，1999年刚建成的主管道便爆裂3次，而知情人的举报，长时间没有被重视……所有能够体现监督的通道，就这样被“摆平”了，而一些腐败分子却能边腐败边升迁，岂非咄咄怪事？

仔细审视每一个“豆腐渣”工程，似乎都有一个共性——监督机制的大堤首先“豆腐渣”化，所有的制度安排、程序部署、官员考核、民意诉求渠道，统统被滥权者轻松击破。这么多制度、监督链条，涉及这么多人，岂能把所有责任都推给已经入狱的庞家钰？因此，现在痛骂庞家钰的意义已经非常有限。

宝鸡“爆管事件”很容易让我们想到一个问题：为了应对经济危机，从中央到地方都公布了数以万亿计的巨额投资，一些大项目纷纷上马。这时，我们有足够的监督力量来防范一些官员肆意专权吗？我们能够监管工程质量、斩断那些试图“雁过拔毛”的手吗？据报道，中纪委与监察部牵头的24个调查组已经奉命出京，但在各地旺盛的投资冲动面前，调查组能否堵住所有的“跑冒滴漏”？

监督大堤坚固起来，工程大堤才不会溃坝。数以万亿元的投资项目，考验着我们的监督机制，唯有充分调动起公民监督、媒体监督、行政监督、纪检监督等各方面力量，才能避免“豆腐渣”工程继续出现。

（《齐鲁晚报》作者毕诗成2008年12月18日）

乍一看这篇评论的题目，有人可能要纳闷了，宝鸡自来水管在9年内爆了11次，难道大家怪这项“豆腐渣”工程的罪魁祸首——贪官庞家钰，还怪错了吗？但看完文章，我们便会觉得不能把责任都推给贪官是不无道理的。评论中，作者责问“豆腐渣”工程的监督机制，把问题归咎于监督力量的缺失，并联系到政府为应对经济危机而拨的巨款兴建各个项目的另一现实。其字里行间都渗透着冷静、理性的分析和逻辑、思辨的力量，令人信服。也让我们看到，重逻辑、思辨并不等于使文章隐晦难懂，远离群众。

3. 强化沟通作用，以情动人

过去报纸评论，尤其是社论主要是为了配合政府政策、指示而发的，上传下达的口气较重，往往容易使读者对其产生距离感。随着报纸对读者需求的日益关注和报纸评论形式的多样化，报纸评论也越来越注意它的桥梁沟通作用。转换评论视角，在说理中增加评论的情感因素，不但不会削减报纸的权威性、深刻性，还能拉近它和读者之间的距离，帮助它在群众中立言，并得到更广泛的理解，令道理“深刻”而不“生硬”。

光荣属于伟大的奥林匹克

燃烧了16天的奥运圣火，在国家体育场缓缓熄灭。放飞梦想的“鸟巢”，用不舍的温情点亮告别的夜晚，为第29届夏季奥林匹克运动会画上圆满的句号。

……

我们不愿告别，16个日日夜夜，我们尽情享受属于奥林匹克的欢乐和自豪。

博尔特百米潇洒飞越，菲尔普斯泳池狂揽八金，刘春红举重力拔山兮……奥运会上不断刷新的纪录，书写着人类超越自我、挑战极限的梦想。这里有力与美的展示，更有精神和意志的壮歌——它来自南非游泳独腿健儿的抗争，来自50岁的栾菊杰挺剑而起的勇气，来自印度、蒙古等国激荡人心的“零的突破”。“更快、更高、更强”，无数运动员的精彩表现，将体育精神带到一个新的高度，这是北京的光荣，更是奥林匹克的光荣。

我们不愿告别，16个日日夜夜，我们奏响团结、和平、友谊的北京乐章。

不同国度、不同民族、不同文化，五环旗下的伟大聚首，让我们看到人类携手未来的热切向往。当那些从索马里崎岖的砍柴小道上，从阿富汗、伊拉克战后动荡中跑来的健儿，共同站在了北京奥运会的赛场，当各国家和地区选手簇拥着冠军绕场向观众致谢，当热情的观众为所有选手欢迎加油，人们再次看到奥林匹克精神超越一切的力量。“同一个世界，同一个梦想”，北京奥运会展现了世界人民团结友谊的和谐图景，这是北京的光荣，更是奥林匹克的光荣。

我们不愿告别，16个日日夜夜，百年梦圆的中国与世界美好相遇。

带着举办一届“有特色、高水平”奥运会的庄严承诺，13亿人民以最大的努力和最大的热情，为人类搭建一座欢乐的舞台，也为中国打开一扇理解之门。中国从未以这样的角色走进世界的视野。竞赛场上，中国健儿以51枚金牌100枚奖牌的优异成绩和崭新风貌令世界瞩目；赛场内外，百万志愿者以他们的亲切微笑和周到服务令世人称颂。奥运的契机，让我们在30年改革开放之后，从容不迫地呈现一个更加开放自信的中国。绿色奥运、科技奥运、人文奥运，北京奥运会必将在中国现代化进程中产生深远的影响，这是北京的光荣，更是奥林匹克的光荣。

赛场的奋斗只是人类奋斗的一个缩影。正如《奥林匹克宪章》所言：“现代奥林匹克主义是一种生活哲学”。在这里，不仅有成绩、奖牌、冠军，也有汗水、泪水、艰辛；不仅有坚韧、顽强、奋斗，还有和平、自由、公正；不仅有对抗、竞争和

拼搏，更有理解、宽容和超越。在这个挑战日益严峻的世界，在我们这颗越来越小的星球，人类从未像今天这样需要相互理解、相互包容、相互合作，也从未像今天这样渴望分享奥林匹克的价值和精神，搭建团结友谊的桥梁。

请世界记住北京，记住这奥林匹克大家庭和谐相处的欢乐时光；也让北京感谢世界，感谢世界人民的共同努力，谱写了人类和平进步的美好篇章。

沸腾的"鸟巢"渐渐平静，心中的梦想仍在飞翔。今天，我们并未告别，带着激情、回忆和热望，让我们相约伦敦，期待4年以后的又一次欢聚，期待奥林匹克的新的荣光。

（《人民日报》社论 2008 年 8 月 24 日）

这篇社论以激情澎湃的笔调回顾、总结了北京奥运的辉煌历程和它为中国、为世界创造的精神财富，诠释了奥林匹克精神的荣光。文章摆脱了繁文缛节，其真情实意令人动容。

三、张扬个性，树立品牌——评论专栏的策划

我国新闻史上记录着不少评论专栏的辉煌，早在 20 世纪 20 年代，著名报人邹韬奋就在其主编的《生活》周刊上开设了"小言论"专栏，在当时颇有影响。新中国成立后的著名评论专栏有《北京晚报》的"燕山夜话"，上海《新民晚报》的"未晚谈"等。改革开放以来，专栏评论在经济转型和人们思想观念的转变上起到了重要作用，期间涌现的知名专栏有《人民日报》的"今日谈"、《羊城晚报》的"街谈巷议"等。而随着经济的不断发展、社会生活的不断丰富，评论专栏已经遍地生花，个人评论专栏的发展也引人注目，这一过程也见证了一批批杰出评论者的成长。评论专栏的策划重在彰显个性，其目的为其树立品牌效益。具体来说，可以落实到以下几点：

1. 定位要准确

评论专栏的定位要符合报纸的整体定位，其风格应该做到一脉相承。如果专栏评论与报纸整体风格大相径庭，格格不入，便会破坏报纸的整体效果，很有可能使其失去其原有的读者群，就更谈不上张扬个性，树立品牌了。目前，我国的评论专栏主要走多元化和专业化两条道路。前者是对于涉及面较广的综合性报纸而言的，这类报纸的评论内容、评论对象都趋于多元化，其参与评论的作者也比较广泛。而后者则多以某一领域专业问题为评论内容和对象，为其撰写评论的作者也多是这一领域的权威人士、著名学者。经济评论专栏、法治评论专栏等面向特定读者群的栏目就属于后者。

《人民论坛》是《人民日报》于 1994 年设立的评论专栏，多次蝉联中国新闻评论名专栏桂冠。作为综合性大报的名牌评论专栏，《人民论坛》选取社会生活中一些带有全局

性、代表性、倾向性的事件、问题和现象，及时准确地加以剖析、阐释、引导，既讲明道理，又发表议论，解疑释惑，情真意切，针砭时弊，激浊扬清，体现出一股生气、正气、锐气，涌动着一种社会舆论的正面力量。人民日报社社长王晨把《人民论坛》的风格概括为：主题鲜明、议论深刻、文风朴实、把握有度、作者广泛。《人民论坛》的文章，多用老百姓的话，说老百姓的事，讲真话、说实话。它的作者队伍来自各行各业、五湖四海。有的常年给论坛投稿；也有的第一次投稿，即被采用，可谓百花齐放，不拘一格，体现出专栏多元化的定位。

《每周法评》是《法制日报》最为重要的评论性专栏，它一贯坚持法制性、权威性，始终关注重大的立法、执法和司法事件，始终坚持由身份较为专业，观点较为到位、权威的专家学者担任栏目的作者。先后关注了“住房公积金”、“手机实名制”、“行政强制”等重大话题，从法制的角度，发表各种具有较强理论和现实指导意义的法治评论，总能在一定领域引起较大的社会关注。

2. 风格要突出

评论专栏的风格是由其定位决定的。无论是走精英路线，还是走平民路线，都必须具有鲜明的特色和风格，才能受人爱戴，树立品牌。目前，有不少报纸为了扩大读者群，都纷纷打出平民化、群言性的旗号，但其评论风格却给人以“挂羊头卖狗肉”之感。而真正的平民化是要以“三贴近”为基础，求“浅”而忌“薄”。

《你说话吧》是《长沙晚报》的一档评论专栏，它是与星辰再现网站、星沙之声联合主办，由网易论坛鼎力支持的一个具有广泛影响力的公众话语平台。栏目定位于“民声、民意、民智、民生”，其讨论的话题全部来自于受众。《你说话吧》突破了传统评论专栏模式，把平民百姓组织起来就某一话题进行现场讨论。它摒弃一家独挡的观念，鼓励不同意见的正面交锋，并用影像和文字记录下每一场现场交锋，然后将材料进行整理，把各方观点和由讨论迸发出的睿智的火花发表在《长沙晚报》上，供更多的读者进行深层次的思考。自 2006 年创办以来，就以“把清茶、论民生，越‘草根’越好，越贴近长沙越好，越能激起大家言论冲动越好”和“我们眼睛朝下，我们为民生说话”为宗旨，先后讨论了“谁解多胞胎之困”、“反昏官与反贪官同等重要”、“重修的古迹，你爱不爱”、“‘小病进社区’，能行得通吗?”等多个话题，并取得了很好的反响。

由案例我们可以得出，办好平民化的评论专栏，首先要扩大评论范围，转换评论视角。除此，还应该为普通百姓提供一个可供他们发言，为自己观点进行辩驳的平台。而《你说话吧》突出对乡人、乡事的讨论，又体现了评论专栏策划中应该予以重视的地方特色。在形式的创新和风格的凸显上，它都为报纸专栏评论的策划提供了一些可资借鉴的宝贵经验。

第二节　广播评论的策划

广播诞生于20世纪20年代的美国，1923年中国最早的广播电台是由外商在上海建成。1940年，中央人民广播电台——延安人民广播电台的创建标志着我国人民广播电台事业的正式诞生。在知识普及面不大，人民文化水平较低，电视又还未在我国大面积兴起的年代，广播在人们的日常生活当中扮演着十分重要的角色。它对象广泛，传播迅速，感染力强，能将最新发布的消息、政策以最快的速度传达给广大受众。由于电波覆盖面广，通俗平易，即使是交通闭塞的边缘山区的农民也能及时掌握到最新信息，领会政府政策号召。在一定时期内，广播既是人民了解世界、娱乐休闲的主要途径，也是政府传达精神、落实政策的重要手段。而评论也一直是广播表达思想，引导舆论的一面旗帜。随着广播业的发展，广播评论的形式和内容都在不断地丰富，广播评论的声音也在由一种声音转变为多种声音的个性表达。

然而，就目前新闻评论发展的势态而言，较报纸、电视评论的发展，我国的广播评论的发展还相对滞后。其问题主要在于：在深度上、影响上无法与报纸评论相媲美，而可视性的缺失又导致它只能对电视评论的蓬勃发展望其项背。导致这一尴尬局面的还有电台内部对评论节目的认识，很多广播从业人员都认为广播评论在报纸、电视评论和新兴的网络评论的夹击中间，很难做到在夹缝中求生存，更不用说参与激励竞争，取得一席之地。因此，他们把更多的精力放在动态消息、娱乐节目的改进和创新上。正是这样的内忧外患使广播评论失去了往日的重要地位，缺乏对广播评论自身特征和发展规律的了解，以及对创新的动力使我国广播评论遭遇到阻碍其健康发展的“瓶颈”。要打破这种局面，使广播评论重塑往日地位，并茁壮成长，就需要广播从业人员更多的关注和思考，针对广播的优势、劣势，广播评论的特点进行精心的策划。

在笔者看来，广播评论要做到出奇制胜，就必须要知己知彼，运用策划的力量来打造节目。而广播评论策划的重点则应该放在“大众化”、“时效性”、“时代性”、“轻便性”、“故事性”上。

一、风格“大众化”，促“参与”

广播评论大众化风格的形成，不但有赖于其评论语言的群众化和口语化，还有赖于听众对其节目的参与性。近年来，广播节目，尤其是广播休闲娱乐类栏目在向大众化转型，在提高听众参与积极性方面，做出了大胆的尝试，也取得了一定的成绩。但我们也看到那些参与到广播节目互动的人群比较单一，主要集中于学生和打工一族，他们的年龄更是高度集中。对于广播评论节目来说，塑造其大众化风格，促进其参与互动就更加困难了。单纯的奖金、礼品等激励因素是远远不够的。而要做到这一点，其根本是要激发各个阶层人群“发声”的欲望，将他们想要一吐为快的想法转化成现实，使他们真正参与到节目中，将广播评论打造成各方意见表达的“百家讲坛”。现在很多评论节目都在走“精英化”道路，将目标锁定教育程度高、职位高、收入高的“三高群体”。细分受众，做精品的理念是正确的，实际上这种路线也是传媒未来发展的一个不可逆转的趋势。但对于非专业化问题，过分强调这一理念其实是走入了一种误区。而广播之所以拥有这么多听众，更是由于它传播内容的通俗易懂。如果把握不好，很容易闹到个得不偿失的后果。因此，我们提倡广播评论风格大众化，重视听众的参与互动。一旦栏目定位于大众化风格，那么它的每期节目，每篇评论都要保持其风格的一贯性，从而形成品牌效益。我们不妨借鉴、研究中央人民广播电台《新闻观潮》的成功经验。

《新闻观潮》是中央人民广播电台新闻综合频率“中国之声”2004 年 1 月 1 日改版后推出的一档全新的直播评论节目。作为一档广播评论栏目，《新闻观潮》无论是在形式上，还是内容上都体现了新颖、互动的元素。《新闻观潮》追踪最热点的新闻事件，最抢眼的新闻人物，最引人关注的探讨与争鸣。它关注共同的，但倾听的是各方不同的声音。主持人穿针引线、嘉宾抛砖引玉，热线电话，手机短信，网上评论，多渠道并举，网友、听众同时全方位参与其中，尽可以围绕新闻七嘴八舌、各抒己见，畅所欲言，酣畅淋漓。每天站立潮头，透视新闻是非，感受心灵的碰撞和思想的火花。该节目以举重若轻的形式开辟了中央台另眼看新闻的新鲜节目样式。开播不到 4 个月，好评如潮。其间，《留学低龄现象面面观》、《春运特别节目：火车票为何如此难买》、《由密云灯会重大伤亡事故透视公共场合的安全问题》、《马加爵落网天涯海角》、《关注未成年人思想道德建设系列节目》等节目均收到很好的社会效果。尤其突出的是《新闻观潮》开播短短 100 天已经有了十分固定的听众群，该节目以其新闻敏感度极高的选题、颇具亲和力的主持风格以及以“贴近”听众为核心的策划理念深深吸引住了相当一批思想活跃、参与意识强的听众，听众互动参与性之强在“中国之声”所有节目中名列前茅。

二、迅速反应，变“快捷”为“时效”

广播的优势之一在于它的传播速度，其传播的迅速是报纸，甚至是电视无法企及的。一篇报纸评论的问世，需要经过评论人员精心创作、报纸排版、印刷、发行、投递等环节。尽管报纸的应刷技术在不断改进，其发行、投递的渠道也在不断完善，但对于广播评论以电波为载体“飞入寻常百姓家”的速度却只能望其项背。而一篇电视评论的诞生除了它的构思，声音、音响的录制、剪辑、合成要花费的时间外，还要对画面进行录制、编辑，对字幕、图表进行制作。因此，广播评论要紧紧抓住其快捷的特点。但“快捷”并不等于“时效”。广播评论的时效性还应包括对新闻事件的迅速反应，对热点的迅速追击，减小新闻

发生与发表评论之间不必要的时间浪费。如果占据着快捷的优势，而放弃对这一优势的利用和开发，必将把话语权拱手相让，导致在重大问题上的“失声”。在电视已经昂首阔步进入“直播时代”的今天，广播评论更应该应时而动，大力推进评论的直播化，尽量做到能直播的就直播，不仅通过电波直播，还要通过建立网络平台在网络上进行同步直播，这样一来，既把握了时效，又扩大了受众群。

2007年“两会”期间，中央人民广播电台在《全国新闻联播》和《新闻和报纸摘要》节目推出了全新评论节目——《两会时评》。《两会时评》以其惊人的时效性受到广泛好评。据有关统计，在2007年为期14天的“两会”期间，《两会时评》一共推出12期节目，几乎做到一天一评，一事一评。很多评论随新闻事件的发生而发出，评论深刻到位，抢先宣传“两会”成果和精神，做到真实意义上快速、时效地权威发布。例如，3月6日，在时任外交部部长李肇星的新闻发布会结束1小时20分钟后，6点30分准时开始的《全国新闻联播》节目中《两会时评》就以“高举和平发展合作的外交旗帜”为题对发布会进行点评。类似的例子还有很多，正是在制作评论时坚持时效性，才能做到领先一步，人无我有，才使《两会时评》在对“两会”报道评论节目扎堆的情况下，脱颖而出。[①]

三、把握“时代性”，求“深刻”

广播评论要紧握时代的脉搏。现在有很多人在看待广播节目时，认为广播无论在形式上，还是在内容上都十分陈旧。在这个强调视觉享受的时代，电视的地位不可撼动，迅速崛起的网络代表着媒体的未来，而广播早已是跟不上时代的脚步，只能“无可奈何花落去”了。不可否认，人们有这种想法在一定程度上是有其客观原因的，但正是这种想法直白地指出了广播节目，特别是广播评论节目中存在的问题。在广播评论的策划中，时代性必须成为其重点考虑的因素。在策划中体现时代性，指的是要体现时代的特点，这就要求广播评论的选题要具时代性，它的论点、论据和论证都要与时俱进。总的说来，就是要用党的政策来解释新现象，提出正确的新观点。而把握住了时代性，还意味着选题从狭义走向广义，把握住了当下的重大问题。对于党和人民的喉舌来讲，宣传党和政府的政策、方针是广播一直以来的责任，其权威性和人们对它们的熟悉性能使评论更具说服力，这也是体现时代性的一个主要方面。新现象、新问题、重大问题又往往是人们关注的热点。而正确的新观点、新声音一方面吸引人；另一方面也帮助了政府体察民情，完善政策和管理，从而受到党的欢迎和重视。这样的广播评论就会既有时代性，又有深度。

广播评论的论述也要具有时代气息，这种时代气息是将批判性、鼓动性、建设性和前

---

① 夏威：《从〈两会时评〉看广播评论节目的创新》，载《中国广播》，2007(5)。

瞻性相结合，体现出来的。如《召回“新政策”也是进步》就是这方面的典范[①]：

非典过后，上海市政府为保护广大百姓健康，出台一项新政策，宣布在2004年6月月底之前，将上海市营业面积低于50平方米的餐饮店全部关闭。这一消息一经传开，立即在社会上引起强烈反响。许多老百姓对于卫生管理部分的这番努力和苦心并不“领情”。人们纷纷借助各种渠道将反对意见反映到上海市政府和上海市卫生局，上海市政府收到人们的反馈意见后，也积极地进行走访，听取多方意见，于是在该项政策出台仅2个月后，取消了这一新规定，并紧锣密鼓地制订更为科学、更为完善的食品卫生政治行动计划。2003年10月3日，上海人民广播电台新闻频率针对这一事件制作播出了一篇名为《召回“新政策”也是进步》的新闻评论。评论作者听取了多方声音：“仅仅以面积大小定标准，从管理上看来太简单了。”“你必须很清楚地说明，为什么50平方米可以解决这个公共利益的问题。”“按照《行政许可法》，应有法律法规的规定，你卫生局没有权力提出新的要求。”对“新政策”缺乏调研，脱离实际进行了有力的论证，并指出“政府的每一项政策都难以做到完美无缺，正视政策存在的‘瑕疵’及时做出‘召回’行动，这是开明政府应有的胸怀”。该评论后来获得第十四届中国新闻奖一等奖。

《召回“新政策”也是进步》所体现出来的时代气息，不仅仅是对这个时代新问题的探讨，更是对新时代政府、人民观念转变的预言，它体现了政府以人为本，灵活处理问题、矛盾的姿态，也展现了人民表达心声，参与政府决策行动，在很大程度上也说明了中国将走向民主、和谐社会是大势所趋，不可逆转的。

我国著名的新闻工作者恽逸群曾说过广播评论要遵循“短”、“浅”、“软”的原则。那么，为什么我们今天要强调广播评论的“深刻”呢？这与恽老所强调的“浅”是否相悖呢？在这里，我们要认识到他强调的“浅”既浅显、平易，而绝非“肤浅”。而广播评论的目的在于深入问题，深刻地揭示问题，以浅显的笔调、语气把问题讲清楚，讲得令人信服。在《召回“新政策”也是进步》这篇评论中，我们看到出现在新时代的新问题是这样在民主精神中得以解决的，直接而又深刻地反映了公众的法制观念和政府决策参与性的加强，也清晰地反映了政府部门好心办错事，但能及时纠正具体做法的新气象，表现了“执政为民”的重大主题。可以说，其深刻性毫不亚于报纸评论。

四、突出“轻便性”，求“精炼”

策划强调“知己知彼”，任何策划活动的首要任务就是了解和分析自己和对手的优缺点，然后“以己之长，攻彼之短”。广播评论宜短忌长是由广播自身的特点决定。一方面，广播传播速度比报纸、电视快；另一方面，它传播的内容也有转瞬即逝的劣势。这就要求广播评论尽量做到轻便、精炼，杜绝“述”多余“评”，并且要把“评”落实到“实处”。但有些

---

① http://news.xinhuanet.com/zgjx/2007-08/17/content_6550042.htm。

记者总认为评论写得长才能说明问题，所以写起评论来就老犯长篇大论的毛病。其实广播评论的篇幅越长，就越容易引起听众注意力的分散，使听众听到头，没听到尾，或者抓不住评论要点。如果能一事一议或依附消息、通讯写短评，用小切口抓大主题，提炼语言和观点，广播评论便能轻装上阵，化劣势为优势。

上海人民广播电台《今日论坛》曾在1993年播出过一篇广播评论《“上帝”需要“保护神”》，针对消费者的权益屡遭侵犯的典型事例而发的议论，主要内容如下：

“上帝”需要“保护神”①

都说消费者是“上帝”，但“上帝”的处境也实在可怜：刚买的摩托车还未骑到家，就车轴断裂人摔伤；新买的热水袋第一次使用，就袋口断裂烫伤人；定购的“名牌”家具，是七零八落的冒牌货；老教授冲饮“乐口福”，吃出了数不清的细铁丝……在国际消费者权益保障日来临之前，看见这些触目惊心的事实，实在令人难以相信。

被号称为“上帝”的消费者，为什么会落得如此可怜？问题出在某些厂商根本没把消费者放在心上，视法律做儿戏。他们嘴上喊“上帝”，只不过是哄骗消费者从口袋里掏钱的一种手段，一旦伪劣商品出手，钞票到手，就死活不管了。

因此，“上帝”也需要“保护神”，这就是各地的消费者协会、消费报社，以及有关保护消费者权益的法律与条例。可喜的是，吃尽伪劣商品之苦的消费者正变得聪明起来，已经懂得运用舆论与法律两种武器来捍卫自己的合法权益。我们相信，在国际消费者权益保障日来临之际，受伪劣商品损害的消费者必须摆脱可怜的境遇，而变得扬眉吐气，心情舒畅！

五、增强“故事性”，求“生动”

凡事都要讲究策略，要使缺少可视性的广播评论“活”起来，必须突出它的可听性，而只有“生动”才能“搞活”广播评论。在叙事和说理上增强“故事性”是使广播评论生动起来的主要方法之一。但有人可能会疑惑，广播评论不是广播剧，也不是评书，怎么能使评论的就事论理与“故事性”相提并论呢？实际上，“故事性”的目的在于使它更加清新、活泼，而非将事实进行改造，使进一步文学化。那么怎样才能增强广播评论的“故事性”呢？依我看来，主要途径有以下三点：

1. 由事实引入话题

由事实引入话题是增强广播评论“故事性”的基本方法之一，同时，它也是广播评论

① 丁法章：《“上帝”需要“保护神”》，载上海人民广播电台《今日论坛》，1993。

最常用的策略。通过新鲜的事实引入话题,不仅能引起听众的注意,也能活跃听众思维,使他们更加投入地聆听,更加积极地思考,从而加强评论的感染力。除此以外,它还是帮助广大听众理解话题,使广播评论通俗化、平易化的有效途径。由事实引入话题,可配合消息、通讯、群众来信写评论,可以插入一些相关人员的录音采访,给听众以“如见其人,如闻其声”的感觉。

中央人民广播电台曾播出评论《拜金主义要不得》,被人们称赞“立意特别高,问题特别准,时机特别好”,这与评论找准新闻由头,由事实引入话题是分不开的,这篇评论的开头就列出了富人们各种炫富、斗富的举止和行为,令人瞠目结舌。

拜金主义要不得

在我们步步推进社会主义市场经济建设的时候,这样一个声音越来越清晰地回响在我们耳边:还是要讲艰苦奋斗,讲高尚的人生观、价值观,拜金主义、奢侈挥霍之风要不得。

改革开放使人们手里的钱多了,这是好事,可钱怎么花却大有学问。对占人口绝大多数的工农大众来说,从国民经济大局来看,“勤俭是咱们的传家宝”依然是最动听的旋律,可偏偏有人对此不以为然,于是人们看到一些奇怪的现象:

在杭州,有两个“大款”为了斗富,竟在众目睽睽之下,比赛烧人民币,每人烧掉2千多元而面不改色。

在长春,一家卡拉OK厅,一个富翁宣布:包下当晚所有的“点歌费”,另一位大亨立即声明:买下全市当天所有的鲜花:你不让我点歌,你也别想献花。

春节时,一个青年富豪仰望着纷纷落下的爆竹纸屑兴奋地流下热泪,因为他刚刚点燃的四个爆竹是用2千元人民币卷成的。

一位北京“大款”用2万元一桌的宴席招待广东“大款”竟遭到奚落,随后广东“大款”用6万元一桌回请,而北京这位“大款”竟“啪”地打开密码箱,甩出35万元说:今天这桌就照这个数!

至于某人身上的穿戴价值十几万,某人甩出2万元点一支卡拉OK,30万元一只的哈巴狗被“大款”们眼都不眨地牵上就走这类事,也时有所闻。

或许这般挥金如土的人并不多,但这类事所投下的阴影却在平民百姓中日益蔓延:豪华饭店吃不尽的高档宴席;婚丧嫁娶走不完的人流车队;160元一张的粉色“情人节”入场券一抢而光,10万元一件的进口大衣买者如云;100元一个的钥匙链卖得很火;18元一碗的日本面条餐馆竟高朋满座。可以说,拜金主义正越来越大胆地牵动人们的衣襟。在许多人那里,斗富、显阔,纵欲被称为“潇洒人生”、“过把瘾就死”;大款、大亨、大腕被当做崇拜的偶像;金钱、别墅、宠

物被看成辉煌人生的象征。

这种种现象已经不仅仅是个怎么花钱的问题，它鲜明地反映出一些人的价值观、道德观，这种奢靡之风正在污染着社会环境，污染着社会主义的人际关系。艰苦奋斗、克勤克俭是我们中华民族永远值得骄傲的美德。从“粒粒皆辛苦”的古训到周总理衬衫上的补丁，我们民族的文明史上一直闪烁着这种崇高节操的光彩。如今发展市场经济，我们依然必须清醒，人际关系绝不只是金钱交换，等价交换的原则绝不能移植到思想道德领域。物质与精神，永远是人类文明进步这架天平的两端，失去哪一端，社会都会出现倾斜。金钱我们需要，高尚的道德情操我们更要追求，艰苦的年代如此，发展市场经济的今天同样如此。如果让金钱的光环遮住了比它更美好的精神世界，人类文明将是残缺的，人格将是病态的。

还应该看到，奢靡之风给涉世未深的青少年带来的劣性刺激和心理影响是严重的。不少人比吃比穿比享受，就是不比工作、不比创造、不比贡献。东北的一位大学生说：过去觉得上大学光荣，现在，落榜的同学成了大款，作为大学生我很自卑。北京一位教师则急切地呼唤人们听一听中学生在唱什么：“世上只有钞票好，有钱的孩子像块宝。”这位教师实际上是在呼唤人们：青少年是我们的未来，警惕奢靡之风吹落了我们未来的精神风帆！

如果我们把目光从灯红酒绿的宴席移到农舍窑洞，警惕拜金主义的话题会变得更加沉重。改革开放给我们这个11亿人的大国带来了前所未有的变化，但现在还远非黄金铺地……人均国民生产总值的排名榜上，我们的座次远远排在第96位，光是在我国的中西部地区，就有2 700万农民仍在为温饱发愁，河北一个失学的孩子，天天在家扎扫帚，想凑够不过四五十元的学费；对比这些，那种千金散尽，挥霍无度的“潇洒”该有多么不协调。再进一步说，在党和政府千方百计解决这些困难的时候，大款、大亨、大腕们如果能从酒店歌厅转过身来，看看失学孩子求助的目光，看看农民们的满面尘土，把财富的支配与为国分忧、为民造福联系起来，向他们伸出手去，这才叫真正的潇洒和幸福。令人高兴的是，许多先富起来的人已经或正在这样做。

“艰苦奋斗”是一面鲜红的旗帜，在我们奔小康、奔四化的路上，让这面旗帜高高地飘扬！

（中央人民广播电台《新闻和报纸摘要》，记者胡占凡，1993年4月8日）

2. 讲究语言的艺术

广播能以情动人，这与它能凭借其语言艺术与听众有效沟通，制造人际交往，一对一交谈的情境是分不开的。我们一向提倡广播评论的语言要群众化、口语化，然而如果把广播评论的语言完全变成我们平常谈话所用的语言，又使评论显得重复、啰唆，还逃不了过分“下里巴人”，难登大雅之堂的嫌疑。

既要充分满足广播语言通俗、口语、明晰、浅显的艺术特征，又要使语言富有文采、形象、传神、风趣的艺术魅力，就必须以情动人，还可以借鉴杂文语言的风趣、幽默。时下正流行的“说新闻”，正是拉近主持人与受众之间距离的一种值得鼓励的尝试。因此，要增强广播评论的“故事性”，我们不妨借鉴“说新闻”和广播剧的成功经验。

南京经济台的《新闻演义》是一档评说性广播评论节目，主持人沈雷的语言通俗、平易，其评论口吻很具有说新闻，讲故事的味道，令人感觉十分生动而又亲切。他对时下许多官员出国，因自身素质低下而引发的令人啼笑皆非而又值得深思的问题做出了如下评论[①]：

> 走出国门溜达溜达现如今都已经是一件再寻常不过的事了。不仅那官员、企业家、文人、学者有出访的机会，就连咱普通人家的子女出国留学也不是一件难事啊。这出国的人多了，也有利于扩大交流合作，接受这新的事物。学习现代先进技术，增广见闻开阔视野。但这人上一百，形形色色啊，也无端生出一些尴尬来。不是吗？这有的人到了国外是仍然改不了那什么乱吐痰、乱扔垃圾这样一些不守公共秩序的事，忽视个体形象等毛病。以至于在一些公共场合人家老外还专门用中文做一个文明秩序的提示呢！虽然谈不上有损国格吧，却也使得咱们华夏儿女汗颜啦！
>
> ……
>
> 其实啊，除了这文化差异还有那好摆谱的陋习。这过去的封建官吏出巡要洒水净街，鸣锣开道，百姓跪迎。就这种喜欢摆官谱、官威的恶习至今还没革除干净呢！不是都有那县委书记下乡调研还得要那警车开道的事吗？就从这上级莅临要到辖区边界迎送来看，这到人家外国让人家少年迎接，女青年献花也就不足为奇了。可是他们怎么就不知道呢，这身在异乡为异客，比不得在咱们国内。在一个官本位没有市场的国度里这种要求可就显得荒唐可笑、不合时宜了。有道是入乡先随俗，咱甭管是官还是民，出国之前呢先了解一下人家的风俗礼仪，否则这丢人现眼是小事，损了国家尊严可就是大事了。

以上案例向我们充分展示了谈话式广播评论的语言魅力，其平易的语言听似与熟人聊家常，说故事，使听众轻松地进入聊天状态中，但听众从中听出的观点，领会的意义却并不浅。所以，如果说思想是评论的灵魂，那么语言便是评论的血液。

---

① 曹艳：《〈新闻演义〉开辟广播评论新视角》，2003-06-18。引自 http://www. zijin. net/blog/userl/267/archives/2005/1192. shtml。

3. 巧妙运用音响

广播剧之所以有吸引力，其原因不光在于它情节的跌宕起伏，其语言的恰到好处，还在于其音响能使听众身临其境，把他们引入故事发展的境界之中。广播评论中也有一种比较典型的形式——音响评论。音响可以调节声音的节奏和色彩，又是鲜活的论据或说理的补充。它利用现场音响、资料音响、受访者录音等音响资料突出现代感，烘托现场气氛，能有效地发挥广播评论的故事性，使广播评论更加生动，更加具有感染力和说服力。可以说音响是广播的一种特殊语言。

浙江广电集团"城市之声"的音响评论《决不许亵渎英雄，歪曲历史》[①]以网络恶搞红色经典、恶搞历史、恶搞英雄人物为题材，恰到好处地运用录音，对"恶搞"这一社会现象进行评论，其评论震撼人心，引人深思，获得第十七届中国新闻奖。评论以一段网络录音开头：

【录音】潘冬子：我爸说，民族唱法容易上春节晚会，我们唱民族唱法吧，听说刀郎一场演唱会能赚100万，那该多少钱啊？

春伢子：好，民族就民族，我们一起走穴，那能赚多少钱啊？

潘冬子：对，去年超女那么火，今年也轮到我们了！

由这段录音做开端，记者又列举了种种"恶搞"行为，引出现今令人忧虑的社会状况。

【解说】听众朋友，正在播放的是从网络上下载的恶搞红色经典短片《闪闪红星之潘冬子参赛记》片段。短片中，小英雄潘冬子变成了整日做梦挣大钱的少年，其母亲一心想参加"非常6+1"，只因为梦中情人是主持人李咏。近来，恶搞红色经典、恶搞英雄、恶搞历史成为一种时髦。一时间，"雷锋是因为帮人太多累死的"、"黄继光是摔倒了才堵枪眼的"、"董存瑞是因为被炸药包上的双面胶粘住了"、"狼牙山五壮士跳崖是假的"、"岳飞、文天祥不能算是民族英雄"等说法甚嚣尘上。搜索网络上所谓的"人品计算器"，雷锋的人品只有2分，岳飞的人品不如秦桧。更有甚者，有人要捕风捉影拍摄电影《雷锋的初恋女友》，《大众电影》竟刊登文章称没有人看见董存瑞托起炸药包的情景，董存瑞的英雄事迹是根据一些蛛丝马迹推测出来的。

恶搞，作为一种新的娱乐形式，本也无可厚非，然而任何娱乐都不能歪曲事实，都必须坚守道德和法律的底线。高尚的娱乐应该给人以健康向上的精神愉悦。如今流行的对红色经典、英雄人物、人文历史的戏说、恶搞，以颠覆历史、丑化英雄为乐事，是对民族精神的亵渎。

---

① 浙江广电集团城市之声，作者张勤、王新玲、陈建海、范少俊，2006年12月30日。

接着记者针对备具争议的电影《雷锋的初恋女友》，采访了雷锋生前所在连连长，72岁的虞仁昌老人。提起该电影，老人十分气愤。

【录音】“雷锋没有谈恋爱，不要说雷锋，像我这个二十七八岁当连长的，看到女同志都脸红，都没谈过恋爱，这个事没有的。”

【解说】所幸的是，该电影即将拍摄的消息一经公布，就遭到了雷锋生前17位战友的投诉抵制，严肃要求“导演要尊重真正的历史”，坚决反对“娱乐式游戏地对待雷锋”，该电影也被国家广电总局及时叫停。

随后记者又采访了董存瑞生前所在师副政委程抟久。

【录音】“对董存瑞这个连攻打隆化中学东北角的全部情况，我都知道，我看他用一只手托起炸药包，把导火线拉了冲着我们喊‘连长，冲啊!’”“我都愣了，连长喊了一声：‘董存瑞’，这一声喊得撕心裂肺啊!”“你们享受着这几十年的和平时代，享受着这么美好的生活，这是哪来的？你们现在享受的是以前他们牺牲的成果，你们好意思这么享受他们牺牲的成果吗？你们良心哪儿去了？”

【解说】屈原、岳飞、文天祥，承载着中华民族的民族精神，当代红色英雄是我们今天过上幸福生活的功臣，他们都是中华民族的脊梁，是中华民族最宝贵的精神财富。

……

【解说】沈阳军区《前进影视报》前主编刘国彬大校花了大量的心血，考证了董存瑞英雄事迹，维护了英雄的尊严。他对记者说：

【录音】“任何一个民族，都是有道德底线的，真善美，假丑恶历来是泾渭分明的。”“圣女贞德是法兰西民族的英雄形象，对她调侃就被视为违反道德的极端行为；在印度，圣雄甘地是一个民族英雄，老百姓对他指手画脚是犯法的；在美国，黑人领袖马丁·路德·金是反种族压迫的无畏战士，对他有不恭敬的言辞，也会受到美国民众的痛斥。我们自己的民族英雄，我们自己一个个把他们全都颠覆了，全都摧毁了，全都歪曲了，全都否定了，这是民族的悲哀。”

在录音和解说中，评论的观点越来越鲜明。

【解说】郁达夫先生在悼念鲁迅的时候说：“没有伟大的人物出现的民族，是世界上最可怜的生物之群；有了伟大的人物，而不知拥护、爱戴、崇仰的国家，是没有希望的奴隶之邦。”

联合国前副秘书长斯特朗提醒我们：“西方的文化有很强的物质主义倾向，在中国变得富有、追求物质的时候，千万不要丢失了自己的灵魂。”

一个伟大的、优秀的、生机勃发的民族，一个正在崛起的大国，不能没有自

己的英雄，不能不敬仰自己的英雄。老连长虞仁昌说得好：

【录音】“人民需要雷锋，时代需要雷锋，改革开放更需要雷锋。”

最后，评论发出振聋发聩的呐喊，明确道明其观点：

【解说】我们应该理直气壮地宣传雷锋、董存瑞这样的英雄，大张旗鼓地宣传社会主义核心价值体系，坚守民族的精神高地，用道德和法律的规范，来坚决制止对红色经典、对英雄和历史的亵渎和歪曲，还历史以真实的面貌，让英雄的浩气长存！

案例中展示的是一篇优秀的音响评论，虽然同一题材，呼唤勿忘英雄的广播评论有很多，但《决不许亵渎英雄，歪曲历史》能将录音与评论员解说有机巧妙地结合在一起，不仅在论据采集上做到了权威、可信，用有力的事实证明了评论的论点，用慷慨激昂的论证驳斥了错误风气和思想，还表现出了强烈的感染力。试想如果缺少这几段录音，这篇评论必然将失色不少。

音响不仅包括现场实况录音，还包括配合节目烘托气氛的片花和音乐。比如，南京电台的知名广播评论栏目《马青时间》，该节目设有“观察”、“交锋”、“声音”、“短信互动”四个单元。每进入一个单元，节目中都会播出一段片花。“时间”的片花是这样写的：“大海的声音让人宽容，时间的声音让人理性，辩论的声音让人思考”，“观察”的片花则是“正视前方，人的视力小于 180 度，放两面镜子就可以看到自己的背后”。这些片花短小、精悍，又充满理性、智慧的色彩，像智者讲故事的声音，能深深地吸引听众静静聆听接下来评论的娓娓道来。“时间”的片花还配上了大海的浪涛声、时钟的滴答声和辩论的激昂声，触发了听众的听觉享受，让他们身临其境。

在这一节中，我们简单地讨论了广播评论的生存现状和其在策划中需要注意的几个要点问题，在笔者看来，只要对广播评论本身有正确的认识，在创新中能充分考虑听众的需求，充分重视策划的力量，广播评论必将重新迸发勃勃生机。

第三节　电视评论的策划

电视诞生于 20 世纪 20 年代，不同于报纸和广播，它是以图像为主，结合声音、图像，因此其初次亮相给人带来了前所未有的视觉冲击。经过几十载的发展，电视技术已趋向成熟，其节目形式和内容不断丰富，它的受众群也在不断地扩大，这些都奠定了电视在众媒介中的霸主地位。而即使是在网络时代，多媒体盛行的今天，电视也仍然是人们了解时事动态、娱乐休闲的首选。

电视评论节目伴随着电视的发展而诞生，从最初由播音员单纯地播送报纸评论，到电视评论与报纸评论分离，再到今天电视评论栏目遍地生花，成为各大媒体重点打造的"拳头产品"，它已经发展成为衡量一个电视台办台水平的标准。

现在我们来回顾一下我国电视评论的发展历程：1980 年中央电视台《观察与思考》栏目开播，1988 年《观察与思考》变身为《观察思考》，1994 年《焦点访谈》闪亮荧屏。这些节目都是我国电视评论节目的一个个里程碑，标志着我们电视评论节目从蹒跚学步的尝试期，走过了意气风发的探索期，现已进入了蓬勃繁荣的发展期。在这个从 1994 年延续至今的发展期里，电视评论的广度和深度得到长足的开发，形式更为丰富，主持人的素质更加综合，评论类节目的竞争也日益激烈。因此，策划在电视评论中的举足轻重的作用也越来越受到重视。

电视评论的策划，包括电视评论栏目的策划和电视评论节目的策划。在这一节中，我们将对电视评论栏目和电视评论节目的策划一一进行讨论。

一、定位的策划：精准的定位是成功的开端

一档优秀的电视评论节目的应运而生，是集多方智慧和心血的成果。而打造一档优秀的电视节目的第一步就是定位。电视评论栏目的定位决定了它的选题方向和评论风格，在很大程度上也决定了栏目的成败。在我国众多的电视评论节目中，不乏因准确定位而取得骄人成绩的成功之作。而论成功的电视评论节目，则当首推央视的《焦点访谈》。

1994 年 4 月 1 日晚 7 点 38 分，中央电视台一套推出的《焦点访谈》首次与全国观众见面。节目定位为"时事追踪报道，新闻背景分析，社会热点透视，大众话题评说"。当时中央电视台新闻评论部首任主任孙玉胜旗帜鲜明地表态道："《焦点访谈》要突出舆论监督的特色，不过有一点必须明确，尽管我们是做舆论监督的，但是我们的位置要摆得非常正，我们不能以在野党的位置来看待监督出来的问题，向政府发难；也不能像时下粤派比较流行的'生猛'海鲜，搞得那么'生猛'，过把瘾就死。而是要本着一种建设者的思维，抱着解决问题的态度帮助政府来工作，绝不是添乱。"①

《焦点访谈》是我国第一个舆论监督类电视评论节目。创办节目之初，栏目组就明确了节目的定位。在以后的每期节目中，《焦点访谈》都紧靠其节目定位，抓社会热点、冰点，敢于触及敏感问题，揭露作假、腐败等现象。而触及、揭露这些问题时又是以有理有节、正面引导为原则，在打击人们深恶痛绝的现象的同时，又扮演着启发者、建设者的角色，积极地寻求解决问题的方法。

《锵锵三人行》由主持人窦文涛与大陆、香港、台湾传媒界之精英名嘴，一起针对每日

① 梁建增：《〈焦点访谈〉红皮书》，10 页，北京，文化艺术出版社，2002。

热门新闻事件进行研究，并各抒己见，但却又不属于追求问题答案的“正论”，而是“俗人闲话”，一派“多少天下事，尽付笑谈中”的豪情，达至融汇信息传播、制造乐趣与辨析事理三大元素于一身的目的。节目力求成为“百花齐放，百家争鸣”的园地，它也被国内知名杂志《新周刊》誉为“十五年来中国最有价值的电视节目”。

《锵锵三人行》作为一档谈话类电视评论节目，自开播以来就深受观众的喜爱。它定位于思想交锋的论坛。同是关注社会热点问题，与央视《焦点访谈》不同的是，《锵锵三人行》汇集了大陆、香港、台湾三地的专家、名人，以他们论点的交锋、思想的碰撞吸引观众。节目气氛热烈而又轻松。虽然它没有把自己定位为建设者，却总能深入问题，引人深思。

由以上案例我们能得出：为栏目的定位是电视评论栏目策划的主要内容，是对日后每期节目策划的宏观设想。因此，我们说精准的定位是成功的开端。

二、选题的策划：好的选题是成功的一半

选题是评论策划工作中一个至关重要的部分，也是策划前期的主要任务。选题自身的质量和选题的可行性决定着节目运行的质量。目前，很多电视评论栏目都打出了关注社会热点的口号，但在与热点相关的众多事实中，如何选题常常是困扰着新闻工作者的首要问题。

目前在电视评论的选题上出现的一个较普遍的问题就是一味追求“极端”、“另类”，能在最大程度上吸引眼球的选题。将个别特殊的情况无限放大，以造成轰动一时的效应。且不论这样的选题是错误价值取向的体现，一时的轰动效应是无法支撑评论节目长久的生命力的。铸就名牌的电视评论节目的关键在于选题的精妙，而衡量一个选题是否精妙则主要看它是否有高的品位和内涵。在这方面，电视评论节目应该向报纸评论学习，选取典型事实，集中精力在党和政府的重视、群众关心、普遍存在和具有争议性的问题上做文章。那么，具体说来，电视评论节目的选题到底应该注意些什么要点呢？

1. 强调多角度，正确引导舆论

坚持正确的舆论导向是由新闻工作的特殊性质所决定的。新闻评论针砭时弊，其目的在于弘扬真善美，鞭挞假恶丑。它深入剖析新闻事件，其目的在于还原事件，给人以启发。凭借电视的视像性，很多电视评论栏目都热衷于选择那些能够通过暗访，引暗访人上钩来揭丑的题材，以声色俱厉地批评其人、其事的方式引导舆论。这些电视评论选择揭露社会不正之风，以起到警钟长鸣的做法，这种以评论立言，引导舆论的动机是好的。然而，评论节目要做得深入就必须注意到引导舆论的策略，认识到引导舆论既要搞批评、监督，也要注意对群众生活的指导性，从而使选题跳出为批评而批评的框框，把群众的思想引到积极健康有益的方向上来，使他们抛弃那些落后的不合时宜的思想观念，使社会生活更加文明科学。电视新闻述评节目应该以新闻舆论宣传成就而不引起疑惑；暴露缺

点而不引起泄气；报道发展而不引起攀比；弘扬先进而不引起反感；讲述问题而不引起恐惧为指导。因此，我们讲究选题多角度，恰如其分地论证问题。而在多角度选题时，又要把正确引导舆论放在首要位置上。中央电视台著名评论节目《焦点访谈》从1994年开播至今就时刻本着政治意识、大局意识、责任意识，多角度选题，正确引导舆论，为众多电视评论节目提供了可供参考和学习的例子。

> 《焦点访谈》1995年6月1日至15日的部分策划选题取舍：
>
> 1. 汛期将至，长江隐患仍存。
> 2. 92国债兑付到期，不法分子乘机骗购牟利。
> 3. 一悍夫将妻子眼睛活活抠出。
> 4. 某市一些干部退出多占住房。
> 5. 郑州中院审理一起行政诉讼案，公安局败诉。
> 6. 北京试行看病用磁卡。
>
> 在记者报上来的6个备用选题中，既有舆论监督的题材也有紧密联系群众生活的题材，《焦点访谈》最后舍弃了第3个和第4个选题。以政府重视、群众关心、普遍存在这3个标准来衡量，悍夫抠出了妻子眼睛的事件虽然反映了家庭暴力日益增多的社会问题，构成了"焦点"，但该实例过于极端，过于耸人听闻，不具普遍性和典型性，很可能导致观众在经历了强烈的感官刺激后反而忽略了报道的主题。某些干部退出多占住房，原属违法乱纪的自查自纠，知错就改，故为好事，但不必大加赞赏；若从负面去对此事进行批评报道，又有马后炮，打死老虎之嫌，不符合好钢用在刀刃上的原则。所以舍弃这两个选题是保证正确引导舆论的必然结果。①

1998年10月朱镕基总理在视察中央电视台时，为《焦点访谈》题词："舆论监督，群众喉舌，政府镜鉴，改革尖兵。"高度评价了《焦点访谈》的舆论监督工作为政府解决问题提出了启发和思路。《焦点访谈》能够坚持走舆论监督之路，也正是由于它坚持有理有节的监督，为引导正确舆论而采取多视角选题监督的结果。

2. 突出时效性

众所周知，CNN的名声大噪在很大程度上归功于其在海湾战争中的迅速反应，"9·11"事件中的福克斯电视台(FOX)的反应使它在全世界媒体中独占鳌头，美伊大战又成就了曾经名不见经传的卡塔尔半岛电视台，而凤凰卫视在美伊战争中的表现也可谓可圈可点。可以说，绝大多数成功媒体都是"以快制胜"。我们知道报纸评论以其深入性见长，与报纸相比，电视在报道消息、发表评论上都占据着明显的时间上的优势。这一优

---

① 梁建增：《〈焦点访谈〉红皮书》，190页，北京，文化艺术出版社，2002。

势是由电视本身的特性赋予的。突出时效性是电视评论抢先报纸，掌握“第一解释权”所必须强调的一大要点，特别是对突发事件的评论更是衡量一家媒体业务水平，一个评论栏目的内涵的标准。凤凰卫视新闻评论员曹景行认为：“作为媒介最大的竞争就是解释权之争，第一解释权可能要比其他的解释更重要。评论其实也有一个时效性问题，一件事情发生了，谁的解释快速准确，就可以注定它的解释权的权威。”①如果事情已经发生了大半年，在其他节目都已经对事件进行了各方面深度的挖掘后，才做出反应，要对它做出评论，那就不但难以挖掘新的东西，而且也难以引起人们对事件的再次关注。因此，电视评论节目的选题要配合新近发生的新闻事件，争取在第一时间，抢在报纸和其他媒体之前发表正确的言论和深入的看法。

2003 年 3 月 3 日，小型新闻评论节目《时事辩论会》在凤凰卫视推出。该节目每天讨论一个热点话题，聚集不同区域、不同行业、背景迥异的专家学者、社会名流，以深入探讨、小组辩论的形式，在时事辩论会展开观点交锋。

《时事辩论会》主张：辩论让事实越说越清，真理越辩越明。在场内激辩的同时，节目通过现代科技，力邀各方观众随时加入争战，让他们不再是冷眼的旁观者。它以辩论形式评论时事，其创新之处在于结合主持人和现场嘉宾来一场火花四溅的争论。通过多角度的辩论，使观众能洞悉事件的不同角度，对事件的真相本质会有更透彻的了解。而节目讨论的论题大多是在节目播出前一天晚上或当天上午临时决定的。力求在最大程度上减小新闻事实发生时间和新闻评论制作、播出之间的时间差，其时效性极强。

节目开播以来最典型的例子便是主持人赵兹在第一时间评论“3·19”枪击案。赵兹在《我到凤凰开时事辩论会》一文中透露，他在 2004 年 3 月 19 日台湾大选的头天晚上，在去电视台的途中突然接到电话，被告知陈水扁刚刚挨了子弹的消息。主编当即要求他在节目中将这一最新情况加进去，这在当时几乎是第一时间第一评论，与新闻事件的“现场直播”类似，它实现了“当下新闻当下评论”。由于论题是刚刚发生的新闻事件，这一事实题材中所蕴藏的理性信息又是其他媒体尤其是报纸还来不及播报的，这就大大压缩了事件发生与评说的时间间隔，真正体现了新闻评论的新闻性，提升了评论的价值和信息含量。

现代社会的普通观众从来就不缺乏信息资源，而飞速的生活节奏使人们对在第一时间内获得信息，深入了解新闻事件背景和影响的诉求愈为强烈。突出时效性，不仅要体现在电视评论节目的选题上，还应体现在改变传统的录播时间模式，尽量做到对当前事件进行现场评论。现场直播评论不经后期剪辑，能在最大程度上减小节目制作与播放中间的时间差，并且能够最大限度的增加节目信息量，避免对节目录制之后，播出以前所发生相关事件动态发展的信息遗漏。同时这也促进了评论节目的主持人及评论嘉宾能力

---

① 师永刚：《解密凤凰——凤凰卫视时事开讲影响力》，286 页，北京，作家出版社，2004。

的提高。在电视节目直播的运作上，凤凰卫视已经积累了丰富的经验，其运作手法也表现得十分成熟。现在内地各大媒体也越来越重视电视评论节目的时效性，纷纷将原本录播的节目改成直播，其中中央电视台新闻频道的《国际观察》就成功地改录播为直播，使其成为中国内地第一直播的电视新闻评论类节目。

3. 兼具通俗性与深刻性

电视评论节目要兼具通俗性和深刻性。通俗性是指较报纸评论在阐述抽象化、概念化、专业化方面的优势，电视评论要结合考虑电视文化的大众化、电视传播的易逝性和受众文化层次等因素，选择一些普遍焦点集中，让人一看就明白的选题。那么怎么能在保证通俗性的前提下，使电视评论的选题兼具深刻性呢？其实通俗性与深刻性并不是不能并存的。选题策划的深刻性是指对清晰易懂的、群众普遍关注的选题进行深刻的思考。透过现象看本质，使节目做到雅俗共赏。

《实话实说》是中央电视台新闻评论部经过半年多时间的策划、筹备，于 1996 年 3 月 16 日正式推出的谈话式电视评论专栏节目。《实话实说》一直关注普通百姓生活的喜怒哀乐，其选题的通俗性不仅让主持人容易把握，使嘉宾像拉家常一样滔滔不绝地娓娓道来他们的经历和感受，而且营造了一个轻松的谈话氛围，提高了现场观众的积极性，使他们想要参与谈话，想要抒发自己的感受和意见。也正是这种选题的通俗性，使《实话实说》成为中国家喻户晓的名牌栏目。《实话实说》的一位编导曾说："本来我看《实话实说》也觉着话题软，怎么净是些鸡毛蒜皮的小事，后来做了《实话实说》才悟出小事真好，小事轻松，小事踏实。"《实话实说》选题的"小"和"通俗"，虽有别于《焦点访谈》、《新闻调查》聚焦于时事热点，社会难点、焦点等"大事"，但它的选题却并不"小家子气"，它关注人的生存状态，讨论百姓重视和关注的，在实实在在的谈话中说理。《实话实说》曾陆续推出过《拒绝毒品》、《谁来保护消费者》、《下岗生活》、《远亲近邻》、《为什么吸烟》、《该不该减肥》、《子女眼中的父母》等关注民生的节目。《实话实说》目前的工作重点，是在改进社会生活话题节目类型的同时，发展人生体验话题的节目类型。

《实话实说》的节目形式类似于国外脱口秀节目（Talk show），它借鉴了美国经久不衰的脱口秀节目《欧普拉·温弗里节目》中涉及人际关系并辅以心理分析，内容积极向上的特点，加以中国风味，选择那些与我们中国普通老百姓工作、生活、情感等方面密切相关的话题，如下海、下岗等现象和问题。它选题的成功经验无疑是值得学习和借鉴的。同时印证了，在选题策划上兼具通俗性和深刻性也是电视评论类节目在激烈的竞争中另辟蹊径，求生存，求成功的有效途径。

4. 善于从其他媒体获取选题和信息

我们说电视评论的选题要突出时效性，尤其是在对突发事件的评论上要先发制人。但要做到在突发事件、大事件上做出及时、迅速的反应，并在第一时间抒发见解，引导舆

论必然需要较强的硬件实力。而要做到时时刻刻挖独家新闻，第一时间播报并评论新闻又是并不现实的。所以，电视评论另辟蹊径，从其他媒体获取选题，加以动态画面，精心策划评论也不失为一种好的方法。但要注意的是，评论分析从其他媒体获取的选题时不能“依葫芦画瓢”，而要找到新的角度进行评论。

1998年，株洲赵湘杰酒后驾车肇事案轰动一时。这起交通肇事案的经过是酒后驾车的赵湘杰，在株洲市闹市区连续造成三起严重车祸，撞坏三辆汽车，导致一死一伤后逃逸到一家宾馆，还进入了该家宾馆按摩房。得知全国各报纸、电视台、电台都对该案的原委、经过进行过十分详细的报道，并纷纷配发了新闻评论后，《焦点访谈》不愿放弃这一题材，决定参照其他媒体的报道、评论，跳出就车祸论车祸的条条框框，做一系列与众不同的报道。当《焦点访谈》的记者一行人赶到株洲市交警支队向某支队长介绍身份时，他们被告知自己已经是第十几批前来采访的记者了。他们研究了大多数报道、评论都集中在赵湘杰逃逸后在按摩房里的事，便到赵湘杰工作单位金狮啤酒厂询问情况，得知作为单位领导的他在1996年便出过一次严重车祸，由于违规驾驶，造成车毁人伤，但此事并未向交警部门报案。而车祸的赔偿31万元却以“中止合同赔款”的名目全部由其经济效益并不好的单位承担。

于是关于这起案件的节目就以个人闯祸公款赔偿为切入点，道出了当前一种比较普遍存在的现象，就是对国有企业的管理人员缺乏有效监督，滋长了他们拿公款为所欲为、挥霍无度，导致企业经济困难却不负责的现象。

电视评论节目从报纸、网络上获取有价值，有料可挖的题材。将过于严肃、深奥的报纸评论加工，使其更加通俗化，从而获得更大的受众群。电视评论能从网络上获取题材，把人们普遍关注的，却理不清头绪的材料进行收集、核实，再加以整理，使事实更加清晰明确，纠正网络上偏颇的言论，用正确、理性的声音加以引导。

2007年10月，在华南虎已经是失踪多年后，陕西省林业厅发布了由农民周正龙用数码相机和胶片相机所拍摄的华南虎照。随后，照片的真实性受到来自部分网友、华南虎专家和中科院专家等方面的质疑。网络各论坛更是对此事予以极大的关注，网友们形成了“挺虎派”和“打虎派”，围绕照片的真实性做出了种种推测，各执一词。随着“打虎派”和“挺虎派”的战争逐步升级，华南虎事件一时成为全国关注的焦点。由于多方的介入和照片涉及面之广泛，照片的真假之争，已经不仅仅是专业或技术的问题，而是事件各方科学精神的检验。

中央电视台《新闻调查》栏目随即跟踪此事，采访调查了多方当事人，系统地梳理事件的原委，并于2007年12月播出《虎照疑云》的一期节目。节目中，记者柴静走访了周正龙本人、陕西省林业厅负责人，及各方专家，站在客观的角度听取各方声音，提出疑问，核实各方言辞的真实性。虽然当时对华南虎照事件的争论并无平息之势，公安机关也未做出调查结论。但这期节目却详细地报道该事件，使事件的细节、经过以更加真实的面貌呈现在观众面前。

经过数月的争论和调查工作，虎照案终于真相大白，公安机关宣布华南虎照片为周正龙伪造。2008年11月，周正龙由于造假，获刑2年半，缓期3年执行。

三、立意的策划：棋高一招的立意是成功的奥妙

好的选题必须以高明的立意来支撑，成功的电视评论的立意与报纸、广播、网络评论的立意一样，要做到独具匠心、棋高一招。

1. 立意要新，不要人云亦云

电视评论在最初吸引人的主要原因在于电视全新的视听感受，就正如评论选题要新一样，它的立意也必须新颖，切忌老调重弹，人云亦云。别人强调过的观点，我们不必赘述；众所周知的普遍真理，我们也没必要不厌其烦地进行强调。

2. 立意要高，不要就事论事

高屋建瓴，避免就事论事，这既是对电视评论立意的要求，也是对其说理的要求。报纸评论以其高度、内涵著称，电视评论光靠通俗、方便群众观看和理解是无法与之抗衡的。从上面《焦点访谈》报道、评论赵湘杰交通肇事逃逸案的案例中，我们可以看到记者的眼光没有仅仅停留在痛批赵湘杰肇事后心安理得进按摩房的问题这一层面上，而是把眼光投向另一个更高的层面，在对赵湘杰生活作风提出质疑和批评后，集中火力披露他私人闯祸，公家赔偿的问题，从而提出对部分领导置企业效益而不顾，用公款挥霍导致企业困难重重，工人失业的这一不正之风，提高了整个评论的高度，也提升了评论的内涵。

3. 立意要实，莫建空中楼阁

志在高屋建瓴，却建起空中楼阁是一个普遍存在于评论立意的问题。一味地追求高度，却忽视了基础，无疑会导致整个评论得到华而不实之名。立意的实与立意的高并不相冲突，只有实实在在地立意，才能实实在在说理，把道理说到人们的心坎里。如果一篇评论文章或一期评论节目的立意的“高”不是建立在“实”上，不但会使人摸不着头脑，也会引起对这种“虚高”的反感，还有可能起到适得其反的作用。

为纪念改革开放30周年，中央电视台《新闻调查》倾心制作了大型新闻专题片《破冰》，《破冰》每集45分钟，共7集：《走向开放》、《招商引资》、《村民自治》、《民营历程》、《法治之路》、《文化复兴》和《融入世界》，力争多角度展示改革开放30年中，中国在各个领域冲破坚冰，拓出的崛起复兴之路。其节目立意、构思做到了高屋建瓴地反映改革开放30年我国发生的巨大变化，同时又选取了几个落到实处的角度，以实实在在的观点体现出人民、国家的变化。

四、说理的策划：恰到好处的说理是成功的关键

电视评论的说理要恰到好处，深入人心，这既是节目成功的关键点，也是它取得成绩的难点。电视评论与其他评论不同，它面向的是最广大的观众。它在说理上既不能连篇累牍地讲些深奥的道理，使观众难以领会和把握，也不能太过浅显直白地说理，使观众觉得其缺乏评论的一般哲理性。而电视评论之所以吸引人，是因为它的表现力，它能将可视性、指导性融入说理中，清晰、流畅地表达观点。那么，对于电视评论节目的说理的策划，我们可以紧抓以下几点：

1. 把握语言表达与观众接受的关系

我们讲电视评论的语言包括解说词和主持人的评论，电视评论的语言不能太深奥，也不能太过浅显，其语言的表达既不能给人以高不可攀的盛气凌人，也不能跟我们平常聊天一样没有高度和深度。电视评论所表达的观点要高屋建瓴，这与评论的性质是一致的。如果有好的、有内涵的选题，却不能用有高度、有深度的语言将观点表达出来，其结果无疑是难以起到良好效果，不能将节目做出大的影响，使策划工作前功尽弃。表达大道理或观点的文字应该尽量运用群众化语言。用贴近群众的语言引导人、启发人。

2. 注重镜头的表现力

电视评论素来被称为“形象化的政论”。俗话说“耳听为虚，眼见为实”，电视评论最大的特点和优势就是能够利用镜头捕捉细节，运用影像的力量来说理。电视评论的策划要注意加强镜头的表现力，用形象的画面来表现新闻事件和人物的真实状态。其展现细节的力量是文字所无法比拟的。

> 《焦点访谈》善于用镜头还原事实真相。在拍摄《收购季节访棉区时》，由于非法棉花的加工点得知记者要去的消息，把棉花藏了起来，连机器都打扫得干干净净。记者走到办公室，看到茶杯还是热的，还有一件没来得及穿走的衣服。当时就抓住这点拍了下来，人仓皇离去的感觉就出来了。在院子里碰到几个工人，记者问其中一工人加工棉花的事，她连忙说不知情，并说自己是来玩的，这时镜头捕捉到她头上黏着棉花的画面，并给了她头上棉花一个特写，不用解说，观众也能从侧面清楚地知道她在说谎。①
>
> 《新闻调查》曾采访、调查过山西一个弄虚作假的工程，播出一期《透视运城渗灌工程》的节目。节目利用镜头实证力量，为揭露问题提供了大量证据，将真相以无可辩驳的力量展现在观众面前。其中有一个片段记录了记者王利芬跳

---

① 梁建增：《〈焦点访谈〉红皮书》，328页，北京，文化艺术出版社，2002。

上井台，拔出插在农田里的水管，将像插在地上的木桩一样，没有半点水的水管展现在观众面前，让观众清楚地看到渗灌工程就是一个造假工程。在另一段同期声对话中，观众在镜头中看到，一个农民在田头对记者说："渗灌池建了，但从来没用过，不起作用！"她的话被一旁的乡干部听到，立即遭到训斥："胡说什么？谁胡说我回头收拾谁！"无须解说等人工干预，这位乡干部的蛮横气焰也已经在镜头面前一览无余，让明白人看清了渗灌工程的真相。①

电视评论的图画细节能揭示事物的本质特征，帮助深化新闻评论的主题，使评论"立"起来，还能使其"活"起来，"深"起来。注重镜头的表现力，就是用事实说话，用画面"说理"。而事实证明了：用画面"说理"，是电视评论说理策划的生命线。

3. 灵活运用屏幕文字、图表

灵活运用屏幕文字能起到提示、解释、强调、总结和补充说明等作用，配合镜头画面能更有效地说理。比如，将受访者的语言配上字幕，能减小观众听力和理解方面的障碍。在节目开端的屏幕文字能起到交代背景的作用。作为电视新闻在视觉元素缺乏时的补充，电视图表的使用由来已久。随着对电视节目制作认识的加深和经验的积累，很多制片人已经意识到好的图表不仅仅可以帮助观众理解复杂事实，同时还能延缓收视兴趣，保持观众注意力的持续强度。尤其是在涉及数字的说明、比较等问题上图表能使问题更加直观，使问题一目了然。

许霆：非常罪②

【现场同期声】 审判长宣判

【字幕】 2008年3月31日 广州市中级人民法院

审判长：全体起立，被告人许霆犯盗窃罪，判处有期徒刑5年，并处罚金2万元。

【解说词】 本周一，当听完重审宣判的许霆被带离法庭时，他的笑容无疑有些如释重负的味道。从5个月前第一次判决的无期徒刑，到如今重审判决的5年刑期，他的命运已然发生巨大变化。判决之后，许霆当庭表示不上诉，如果公诉机关也不提出反对意见，这起案件就算尘埃落定了。此时此刻，其实还有许多名字不该被忘记，因为正是这些名字，让许霆案成为中国法学界一起不同寻常的案例。

【字幕】 许霆案关注之一：广州市中级人民法院

---

① 张洁，吴征：《调查〈新闻调查〉》，59页，北京，文化艺术出版社，2006。

② 中央电视台《新闻周刊》，参见 http://vsearch.cctv.com/plgs_play—CCTVNEWSprog_20080405_3021806.html。

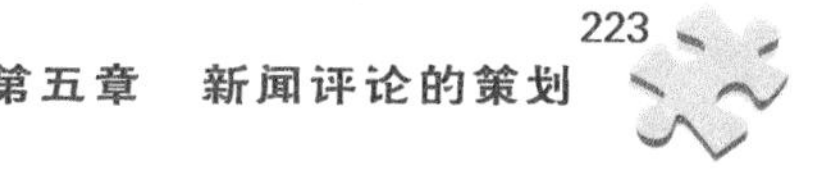

【画面】 审判长：关于辩护人提出被告人许霆的行为不属于盗窃金融机构的意见，本院认为……

【解说词】 直到今天，都很少有人知道这位改判了许霆案的法官姓甚名谁。然而人们不难想象，在之前已经有同事做出无期徒刑的判决之后，这位法官所身负的压力。在强大的舆论争议之中，“改还是不改”这似乎已经不仅仅是法律问题，而变成了一个社会问题。广州市中院这位审判长，就是在这样的情形下，敲下了他那至关重要的一槌。

…………

【解说词】

刑法63条第二款，“根据案件的特殊情况，经最高人民法院核准，可以在法定刑以下判处刑罚”，在已经实施了11年的新刑法中，这是一条近乎沉睡的条款，它的复苏，是广州市中级人民法院的法官们深思熟虑的结果，也正因为这一条款的应用，广州市中院在法律框架内，给了许霆一个更加公平合理的判决。

【字幕】 许霆案关注之二：广东省高级人民法院

…………

【字幕】 许霆案关注之三：最高人民法院

音乐＋网页：两会上许霆案的争议

…………

【字幕】 许霆案关注之四：法学界

…………

【字幕】 许霆案关注之五：舆论

…………

主持人：从无期徒刑到5年刑期许霆的命运大大地发生了变化，然而这个故事却似乎并没有结束，甚至可以说刚刚开始，法律如何与变动的时代与人心能有更好地互动，如何让结果的正义与程序的正义完美结合，而又如何让我们这些个人不再为现代科学技术进入生活而提心吊胆，如何让司法纠错不至于付出更大的社会代价和成本等等，这一切都才刚刚开始。

（摘自中央电视台《新闻周刊》）

从上述案例，我们看到屏幕文字将节目中的重点一一列出，使节目层次清晰、明确。最大程度上辅助了观众对节目的理解。

五、人的策划：优秀的主持人、嘉宾助推节目的成功

电视评论节目的成功离不开节目精准的定位、多角度的选题、恰到好处的说理，也离不开一名优秀的主持人。在谈话式新闻评论节目中，还要正确选择节目嘉宾，实现主持

人与嘉宾的优质组合。过去,电视评论的主持人趋向于被他们代表媒体、党和政府的角色而束缚。他们大都正襟危坐、字正腔圆,以播音员的姿态背评论,而缺少了对新闻事件和人物个性化、人格化的看法和见解。现在我们对电视评论节目主持人的定义是,他们不单要能胜任播音员的工作,更要有渊博的知识,独特的见解,良好的口头表达能力,想说、敢说的激情和气魄。中央电视台就培育了敬一丹、白岩松、水均益、崔永元等我国第一代评论主持人。他们个性鲜明、风格迥异,以他们各自的人格魅力提升了节目的水准。电视评论节目的主持人可以是来自不同的背景的人才。比如,《焦点访谈》的方宏进,他并不是做媒体出身,但却称得上是个全才。他本科时学的是物理专业,研究生念的是社会学。这种文理结合的教育背景使他具有很清晰的逻辑思维,做事条理分明,看待事物全面、透彻。正是有了激情飞扬的白岩松、从容大气的敬一丹、才华横溢的水均益、深邃自如的方宏进等杰出的评论主持人,才成就了《焦点访谈》多年来的辉煌。也正是由于崔永元对其自身所具智慧、幽默的挥洒自如才成就了《实话实说》的深入人心。曾有一名中央电视台编导说:"看到白岩松的脸,老觉得出了什么大事,再看看崔永元的脸,又觉得没事了。"这句玩笑话从侧面体现出,优秀主持人们适应节目定位,准确打造并扮演自己的角色,以及他们与节目风格融为一体的个性化、人格化的主持能力。此外,凤凰卫视也绝对是个优秀评论主持人的聚集地。凤凰卫视提倡发挥主持人的个性,提出打造"名主持人、名记者、名评论员"的"三名"战略,培养出"聆听型"、"思辨型"、"机智型"等各种类型的杰出评论主持人,如曹景行、阮次山、何亮亮、杨锦麟等。

在很多电视评论节目中,嘉宾是不可或缺的。如果说杰出的主持人是支撑起电视评论节目的脊梁、灵魂,那么优秀的嘉宾便是节目的中流砥柱。特别是在谈话类评论节目中,如果没有嘉宾,即便是再优秀的主持人也无法独挑大梁,将"独角戏"唱成功。因此,对节目嘉宾的选择也需精心的策划。比如凤凰卫视的《一虎一席谈》、《锵锵三人行》、《时事辩论会》便钟情于邀请大陆、香港、台湾两岸三地甚至是海外的名嘴、精英参与节目讨论。而中央电视台的《实话实说》则倾向于邀请那些口才好、人缘好、善于与观众沟通互动的嘉宾来活跃气氛,营造轻松的谈话氛围,使对话题的讨论更加深入。

关于对新闻评论人员的能力、素养的要求,我们还将在第九章中进行详细的论述。

第四节　网络评论的策划

因特网诞生于 20 世纪 60 年代,它是由美国军方在冷战时期研制而成,用以保护信息系统的"秘密武器"。80 年代,供大众使用的民用网得以问世,从此开始了全球网络的建设和普及的进程。在短短的 20 多年后的今天,网络的发展已经达到令人叹为观止的程度,它也被人们称为是继报纸、广播、电视后兴起的"第四媒体",而这种"第四媒体"的

时效性、开放性、交互性和它的超容量性又有着令传统媒体望而兴叹的独特优势。伴随着网络时代的到来，新闻与网络已经形成了一个比较成熟的有机组合，这种组合又促进了作为后起之秀的网络评论在短时期内确立起它自己独特的地位。

网络评论，作为新闻评论与网络结合而催生出来的新生儿，无论是在内容、表现形式，还是其承载的功能上都有着极强的生命力。网络评论的开放性彻底颠覆了传统媒体对新闻资源和言论的垄断，使信息和言论的流动更加畅通，这也意味着网民对新闻热点事件的关注可以超越时空的阻隔。网络评论的参与性也一改以往受众被动接受信息、观点的状态，给予受众动力和途径发表自己的见解。网络评论的集纳性也突破了传统媒体版面或节目时间的限制，为各方观点提供了集聚和交锋的有效平台。这些优势都促进了今天网络评论的蓬勃发展，但值得关注的是，网络评论也不可避免地附带了网络本身的"先天不足"。网络的随意性就深深地印透在网络评论之中，一方面，网络评论的随意性是吸引受众参与其中的因素之一；另一方面，这种随意性也导致了一些不准确、非理性和极端的言论散播，成为网络评论的一大"软肋"。

网络评论的策划，就是要抓住网络评论的优缺点，突出其特殊优势，抑制能够导致负面影响的诱发因素，从而正确反映和引导舆情，来发挥它的影响力。策划出出彩的网络评论，可以把策划重点放在以下几点上。

一、把握快慢关系，以"准"制胜

网络技术的优越性，将新闻评论的时效性升级为及时性。网络评论往往是在新闻事件发生后不久或是新闻事件还在发生过程中，便赶在报纸、广播、电视之前抢先问世。这是因为网络发布程序简单，一篇成文的评论只需几秒钟就能够实现上传、发布，而受众反馈也仅需几秒钟。可以说，网络评论形成舆论的速度、广度早就有了赶超传统媒体之势。但值得注意的是有些网络评论一味求快，却忽略了对信息的准确性的严格把关，而我们知道任何言论的发表都应该以准确的信息为基础。缺乏准确依据的言论一方面难以令人信服，另一方面又有可能误导受众。因此，网络评论首先要确定它所依据事实的准确性，提高可信度，才能有效利用和挖掘网络评论及时性所带来的效果。

2005 年 6 月 10 日，黑龙江省宁安市沙兰镇突发洪水，导致逾百名学生遇难。人民网很快就收到一篇标题为《山洪袭来，人不能总是无能为力》的评论文章。评论从学校建设的设计、选址等方面，指出人们减灾意识的缺乏，是一篇时效性、针对性、指导性都很强的评论。但人民网并没有为了抢占先机而马上发布这篇评论，而是针对作者在文中所提"沙兰镇中心小学四周都是山，学校建在这里，本身就有遭受山洪的隐患"的评论依据进行谨慎核实。几小时后得知沙兰镇地处低洼，学校又建在镇里低洼处，所以山洪突然袭来才酿成了这一惨剧。人民网马上把情况告知评论作者，让作者快速修改文章，确定评论依据准确无误后，及时地将文章发布在人民网显著位置。虽然发布时间晚了几个小时，但在保证了信息准确的前提下，仍然把握住了较强的时效性。[①]

准确性是新闻的生命线，是所有新闻媒体都应该遵循的一个基本准则，而网络媒体在处理新闻评论的过程中就更应该强调这一准则的关键性，要在保证“准”的前提下，利用其优势打“快攻”，才能增强言论可信度，取得好的效果。

二、评论生活点滴，见微知著

新闻评论同质化是目前媒体面临的普遍问题，而同质化问题在网络评论上所体现出的另一个特点表现在同一篇评论的反复转载。其实，要减少评论同质化现象，网络评论较其他媒体是占有一定优势的。据工业和信息化部数据表明，截至 2008 年 2 月，我国网民总数量已经超过美国，达到 2.21 亿，一跃成为全球互联网用户人口最大国。数量巨大的用户群和网络交互性的结合意味着更多贴近普通老百姓的新闻资源可供发掘。网络时代的来临也令普通人拥有成为记者的可能，他们可以是自己生活、周围人群的记录者，为自己的观点、设想疾呼。近年来博客数量猛增和网络促成的草根文化就证明了网络在很大程度上激发了国人的表达欲和创造力。这就给网络评论提供了更多平民、亲民，反映民情、民生的题材。网络评论可以利用这些资源，从发生在平民百姓周围的小事入手，精雕细琢，以起到见微知著的效果。比如在震惊全球的“9·11”事件中，博客作为一种新兴的传播工具，就弥补了传统媒体的不足，当传统媒体集中在宏观上叙述、评论这场灾难时，幸存者们在博客中描写他们惊心动魄的亲身经历，抒发他们劫后余生对生命、对生活的感悟，从这些微观、真实的文字叙述中人们更加深刻地体会到生命的脆弱和宝贵，也坚定了他们勇敢面对生活的信心。下面，我们来看一篇从小处着手，见微知著的网络评论文章。

硬币招领告示为何硬不起来

考考你，假如马路上有一个 5 毛钱的硬币，你会拾起来吗？我想有不少人会视而不见。新年的第一个晚上，网友“湘水悠悠”在红网论坛发帖爆料，称在江苏省淮阴公安网上看到这么一条雷人的失物招领告示，讲的是淮安市一名小学 6 年级学生蔡卓樾的“壮举”，将众多网友拉回了以往那个纯真而温馨的岁月。当然，也有网友认为有作秀的嫌疑。(2009 年 1 月 4 日红网)

这个话题的确把我们拉回到那个纯真而温馨的岁月，记得小的时候常唱“我在马路边捡到一分钱，把它交给警察叔叔手里边……”这首歌，其实那时我

① 唐维红：《把握关键，突出特色——网络评论的写作与编辑工作的管见》，载《中国编辑》，2006(4)。

们做的要比唱的更动听，捡到了一分钱的确会寻找失主，寻找不到失主就交给老师，见了老人会主动让座，同学有困难争着帮助……不过现在路上有一分钱同样有人会拾起来，不是寻找失主，而是收藏！而那些1角、2角、5角的硬币就没有一分钱硬币那样幸运，常常是躺在路上被人踩过。有一对母女的对话最能释义这种现象，女儿指着前面丢落的硬币说："妈妈，那里有5毛钱。"妈妈拉着女儿的手说："不要捡。""为什么？""5毛钱能买什么？你买的东西哪件不是1元钱以上？"这是价格道理。"如果有100块钱在脚下，比尔·盖茨是不捡的，因为捡钱的时间里他将受益的更多。"这是价值道理。不过有人5毛钱不拾，有人1元钱不拾，甚至10元钱也不拾，都可能与价格道理和价值道理有关。

一位小朋友曾告诉我，他在路上捡到10元钱，交给警察叔叔，警察叔叔笑着说："你给我，我给谁？既然是你捡的，你就收着吧！"我读小学的女儿就问过我，爸爸，路上有1元钱拾不拾起来？我对她说，以前不会，现在会。"为什么？"我给她讲了这样一件事：一次我坐三轮车去新华书店，问车夫多少钱，他说4元钱，到新华书店，我给了他一张5元的钱，并说不用找，车夫高兴地给我打了一声招呼便骑车走了。又是一次坐三轮车，车夫非常热情，他说认识我，我想起来了，就是那次我多给了一元钱的车夫。没想到1元钱不仅能给别人快乐，而且也能给自己带来快乐。从此，我衣袋里总会放些1元钱。我还给女儿讲了2008苏州评选最感动人物的活动中的一个例子，一位老阿姨由于上公共汽车没有零钱，结果在尴尬时被一位不知名的小学生的一块钱解了围，后来这位老阿姨为了履行承诺，不惜走了很多路，托了许多人去找那位小学生，终于把一块钱亲自交到他手中，感动了许多人。

其实，淮阴公安局网站既然公布了这么一条失物招领告示，就没有必要因为有议论而删除，或许失主嫌钱太少而不来领，但对学生却是一种交代和肯定，公安局撤下，无非是怕人家说是作秀。失物招领5毛钱向我们和社会敲响了警钟，诚信危机正在危及和吞噬我们社会一些最基本的良知和品德。

今天我们虽然不再唱"我在马路边捡到一分钱，把它交给警察叔叔手里边……"这首儿歌，但这种纯真质朴、不贪小便宜的行为却仍然值得提倡。

拾金不昧是美德。美德应从生活中的点滴做起。

（来源于红网，作者洪巧俊，2009年1月5日）

这篇网络评论以江苏淮阴公安局为5毛钱硬币在网站上张贴招领启事为由头，围绕拾金不昧的老话题，以平实、略带怀旧的笔触谈到了自己的切身感受，揭示了当今社会诚信危机的现实问题。在评论生活点滴中，重讲拾金不昧的道理，发人深省。

三、搞好舆论监督,有理有节

由于网络具有匿名性特点,在形成舆论压力,打击社会"假丑恶"现象方面具有十分强大的力量,近年来舆论监督的平台已经明显向网络转向。2003 年在"孙志刚事件"中,我们见证了网络舆论导致一部法规的废弃和一部更加人性化政策的出台。2008 年 6 月 20 日,胡锦涛总书记做客人民网强国论坛时,表示他一有时间就通过互联网来了解民情、会聚民智。政府机关纷纷利用网络对其日常工作、政策的制定和决策的实施过程进行公布,加强政务公开度,办事透明度。同时,它已经成为我国会聚官方与网民力量共同抓防腐倡廉工作的一大有力工具。

目前,以舆论监督为主题的评论文章已经成为网络评论文章中一个很大的组成部分。要搞好网络评论的舆论监督工作,防止舆论监督转变成网络暴力,就必须讲究有理有节,说话要留有余地的策略。

下发红头文件强迫抽烟岂可听之任之

报载,吸烟就吸省产烟!2007 年 3 月 15 日,湖北荆州下辖的洪湖市政府,下发红头文件,将全年 15 900 条公务用烟指标,分解至 114 家县直机关和基层乡镇,实行摊派消费,并奖惩分明。荆州当地有官员戏称此现象为"百官倡烟"。(见 2007 年 11 月 15 日《南方周末》)

政府竟然下发红头文件强迫抽烟,不觉让人感到十分的荒唐。因为抽烟有害公众的健康,是不能提倡的。而今,洪湖市竟然下发红头文件强迫机关干部抽烟,岂能不令人反感?岂不臭名昭著?

从报道中可知,洪湖市下发如此荒唐的红头文件,原来是为了强迫机关单位和干部消费省产烟,并且把抽省产烟当成政绩任务进行考核,"未完成任务者,机构属垂直管理,将情况通报其上级主管部门;属地方管理,根据所欠数目按每条 170 元标准扣减其财政经费"。如此一来,就是把抽省产烟上升到了"政治高度"。言外之意,不抽省产烟,就是"不讲政治,不讲纪律"。真不知道,这是哪门子逻辑?

从报道中可知,洪湖市下发如此荒唐的红头文件,原来是为了增加地方财政收入。听起来好像有板有眼,其初衷可嘉。因为 2006 年,洪湖市烟草税收成为全市纳税第一。为了保住这个第一,不下发文件强迫抽烟能够保得住吗?殊不知,增加地方财政收入有多种途径,不管采取什么途径,是绝不能以牺牲公民的健康为代价的。吸烟有害身体健康,这是最起码的健康常识。在全社会大力倡导禁烟戒烟、迎接无烟奥运的今天,洪湖市还下发红头文件强迫机关干部抽

烟，这不是无视国情、民意的霸道行为又会是什么呢？

从报道中可知，洪湖市下发如此荒唐的红头文件，实质上干扰了市场经营和市场秩序，是政府的“越位”行为。因为从市场的角度来看，抽什么品牌的烟，抽多少，是市场的事，而不是政府该管的事。而今，运用红头文件强行推销省产烟，是权力的“越位”，是一种典型的地方保护主义，是对其他品牌香烟的排挤与歧视，不仅违背了市场规则，而且有违法之嫌。

从报道中可知，洪湖市下发如此荒唐的红头文件，更是在提倡公款吃喝玩乐。洪湖市下发红头文件强迫抽烟，肯定是强迫各机关干部抽烟，自然也就是公款抽烟了。因为公烟是属于办公经费开支的一类，而公款抽烟又是公款吃喝玩乐之类。洪湖市强迫机关干部抽烟，实质上是强迫机关干部公款吃喝玩乐。殊不知，公款吃喝一直以来都是作为腐败问题，都是中央、地方政府反腐的重点。洪湖市这样做，岂不是与党的“十七大”有关反腐的要求不符？岂不是在与党中央、国务院的精神和要求对着干？

综上所述，洪湖市之所以敢冒天下之大不韪，下发红头文件强迫抽烟，说穿了，就是无视党纪国法，就是无视民众意愿、就是无视公众利益，为了一己之政绩，而为所欲为。若放纵这种政府滥发红头文件的权力腐败惯性下去，则祸患无穷。对此，上级主管部门岂可听之任之。

（来源于荆楚网，作者枚昆仑，2007 年 11 月 19 日）

这篇网络评论语言犀利，说服力极强，是一篇很优秀的舆论监督文章。其中由“从报道中可知”开头的四个段落层层递进并直指事件要害。由此，我们也认识到正确的、适当的舆论监督于社会是有百利而无一害的，而只有客观、理性、有理有节的评论才能造成一定影响力，达到良好的社会效果。

四、强化舆情引导，树立言论权威

网络评论主要可以分为专家评论、编辑评论和网民评论。在众多网民评论中，虽然不乏高水准的优秀评论作品，但目前网络评论面临的一个重要问题就是评论文章参差不齐，很多评论文章都缺乏理性，流于浅薄。要解决这一问题，防止极端言论造成负面影响，除了效仿新浪网在网站上贴出倡议书，倡导网民自律，利用技术手段删除违法帖子，限制发帖人发布含违法内容、极端言论的帖子外，更重要的是在网络评论的策划中注重强化舆情的引导，树立言论权威的概念。

1. 及时回复，建立有效互动机制

我们知道，交互性是网络的主要特点之一，它极大地促进了受众参与的积极性，也为媒体、政府了解舆情提供了快速、高效率的反馈渠道。策划网络评论，加强网络评论的引导性，我们不仅需要利用网络的互动性掌握舆情，更要建立起有效互动机制，进一步加强记者、编辑、专业评论员与网民之间的沟通。目前，我们常见到网络媒体发布消息，引发网民先后跟帖回复，而在一般情况下却很少对网民们的跟帖以评论的形式及时地进行反馈、回复，从而未能在第一时间消除网民疑虑，使新闻事件更加明晰。如果在这方面缺乏敏感，则很有可能无法消除网民们爆发口水战，影响网络文明和社会和谐的潜在威胁。笔者认为一个有责任感的网络媒体并不仅仅要抢先发布，争取第一解释权，也要对网民意见进行跟踪，在不间断的过程中为网民解疑释惑，加以引导。因此，以网络评论跟进事件发展并及时回复网民，加强建设有效互动机制是十分必要的。

2. 培养舆论领袖，为理性发声

培养舆论领袖，为理性发声是网络评论策划的基于现实的需求。网络上真假新闻混杂，是各种言论的聚集地。一些网民发表的评论缺乏严谨的事实论证，又因为网络的匿名性，网民们的言论里经常带有缺少责任感、非理性，甚至是偏激的成分。同时，我们时常还可以看到网络上具有人身攻击、诽谤的评论，以及围绕某一新闻事件，相互谩骂的口水帖。针对这一现象，由优秀的评论人员所组成的舆论领袖的队伍及时干预，用冷静、理智的分析对网民进行一定的引导是十分必要的。

谁代表网友给小慧的后妈道歉

几天时间，百万条最恶毒的词语，以及“史上最毒后妈”的标签狂风暴雨般打在了小慧的继母身上。这位无辜的农村妇女面对记者，只有无助地跪地哭泣……这样令人心酸的场面，让我心情久久不能平静。

事情总算调查清楚了，流传于网上引来众网民口诛笔伐的小慧的几张图片，是她患凝血功能障碍疾病表现出的症状，而非其继母毒打造成的。新闻报道称，幕后有人利用网民的同情心理，制造了“史上最毒后妈”的骇人标题，以期换得网民对小慧的关注和同情，最终得到治疗。

互联网在中国的发展已经有十来年了，有调查显示：中国的网民更愿意参与各类信息(新闻)的评论。正因如此，中国的“网络暴力”事件层出不穷。“史上最毒后妈”这个网络事件绝对不是孤立的。网民非理性的集体爆发，到真相出现后出奇的沉默，应该给了我们一个反思的机会。

一位农村妇女遭受数百万网民的攻击，而网民发现自己错了之后都“没事儿一般地散开”，这个网络(环境和舆论场)绝对是不正常的。我从来不怀疑网民的同情心理，但他们对网络信息的辨别能力还是令人深感忧虑。而我更担心的是，网络非理性的言论一旦如脱缰野马，网民将更热衷于进行“网络审判”，超越法律法规，漠视道德规则，不顾个人隐私，对当事人直接冠以“罪犯”的称谓。

北京电视台的一位记者制作了假新闻，当事人被拘捕。百万网民制造了这起“网络审判”的“冤案”，却连一句道歉的话也没有。小慧的后妈可能不太懂得怎样用法律来维护自己的尊严，但是网民却不能以此来集体逃避自己作为一个坐在电脑屏幕前，有血有肉、有感情的人的责任感。他们应该在互联网上发起对小慧后妈的道歉浪潮，承担起这个百万分之一的责任，而不该用“法不责众”这样的词汇为自己开脱。如果这样，也许是驱使他们回归理性的转折点。

因此，谁(能)第一个站出来，代表网友对小慧的后妈道歉？

(来源于荆楚网，作者吴双建，2007 年 7 月 25 日)

这篇网络评论针对 2007 年轰动一时的“史上最毒后妈”的假新闻，反思“网民非理性的集体爆发，到真相出现后出奇的沉默”的网络现象，呼唤网民自省，共建网络文明。文章短小精悍，一针见血，先后被多家网站转载，并获得了第十八届中国新闻奖网络评论类作品一等奖。

3. 策划议程设置、观点汇编，产生集中效应

网络评论，可以移植传统媒体议程设置的手法，通过编辑点题的方式，组织网民进行讨论，并引导向正确的方向发展。这样既将观点集中起来，有效利用了网络资源空间，又不阻碍网民畅所欲言和各方观点的交锋。

另外，利用网络超大容量，将网民具有代表性、思辨性的观点集中起来，进行汇编，也是引导舆情的有效方法之一。

新华网网评频道的子栏目《正方反方》汇集了备受网民关注，又具争议性的讨论议题，其中每个议题都由一段简短的新闻背景开始，然后给出正反方各具典型性、代表性的意见的评论文章作为参考，引发网友进入留言板对议题进行讨论。《正方反方》的选题范围广，又具有很强的时效性。2008 年 2 月，昆明呈贡一副局长因听讲座时打瞌睡被勒令辞职，《正方反方》及时地以“开会打瞌睡丢官，冤枉吗?”为议题组织网友讨论。奥运期间，网友们又在“美国赢中国，如何看郎平”的问题上参与到《正方反方》的热烈讨论中。新华网还为网友制作热点评论集，将普通网民的智慧和心声汇集在一起，仅仅在 2008 年一年的时间里，《热点评论集》子栏目就汇集、整理了 34 个网民评论集，从年初的《县长拒校长》到《燃油税，等你等到好辛苦》每个评论集都体现在一段时期内，网民对某一热点问题的看法，反映了网民在一定时期内的心态。

新华网策划议程设置，为网民进行观点汇编是科学引导网络舆情的一次很好的尝试，也给其他网站对于网民评论的管理以一定的启示：塑造一个严肃、权威的网络媒体，必须双管齐下，既要精心策划记者、编辑、专家评论，也要在网民评论的管理和引导上下工夫。

五、百家争鸣，策划品牌网络评论频道

网络评论的策划，从宏观上讲，也包括对网络评论频道的策划和建设。策划网络评论频道与策划报纸评论专栏、广播电视评论节目之间既存在可以相互借鉴经验的要领，也有很多需要细心琢磨的不同之处。在“内容为王”的时代，要建立品牌网络评论频道，就必须能够吸引大批固定的、优秀的评论作者。

《红辣椒评论》是由湖南红网主办的一个全国知名评论频道，也是一个蝉联品牌频道、受到全国网民喜爱、极具影响力和特色的言论聚集地。《红辣椒评论》内容丰富，形式多样，设有“马上评论”、“辣言辣语”、“谈经论政”、“观点撞击”、“焦点周刊”、“新闻圈点”、“文教评弹”、“杂感随笔”、“体育观察”、“媒体言论”、“幽默一刀”、“娱乐麻辣烫”12个子栏目。它一直都以“最广泛地收集与反映民众声音”为己任，有效利用自身优势，加强与传统媒体的联系和合作，快捷有效地反映公众意见。《红辣椒评论》办得有声有色，其版主杨国炜自强不息从一名普通农民变成红网副总编辑的故事也被《人民日报》要闻版报道。《红辣椒评论》的平民版主和敢说敢评、极具针对性的风格吸引了全国各地大批评论作者在该频道“扎营安寨”，而他们高水平的评论作品又对频道的发展做出了巨大的贡献。该频道目前拥有国内最大、最稳定的评论作者群，它每年都会评出评论作者“十佳新人奖”为很多普通人走上专业评论之路提供了一个很好的展示平台。评论作者刘金平这样评价《红辣椒评论》道：“《红辣椒》可以为家，可以养胃，也可以怡情。”这是很多在该频道成长起来的评论作者的共同心声。

《红辣椒评论》的成功带给我们的启示是：一个优秀的网络评论频道应该为评论作者提供一个能被倾听的平台；为他们的观点提供一个能针锋相对，相互交流的环境；为他们个人的发展提供一个健康的空间。只有这样才能从众多网络评论频道中脱颖而出，成为获得大众认可的品牌。

本 章 小 结

在这个章节中，我们不仅了解到各种形式新闻评论策划的共通之处，比如对时效性、深刻性和时代性的追求，也针对报纸评论、广播评论、电视评论和网络评论的特点，系统地学习了策划各种形式的新闻评论所需要掌握的侧重点。报纸评论要以说理的逻辑思辨见长；广播评论要注重通俗、短小，以对声响的巧妙运用来加强战斗力；电视评论既要定位明确，又要雅俗共赏，利用声画结合的优势加强生动性；网络评论既要发展群言性，又要突出指导性，以思想的交锋和责任的担当来引导正确舆论。

本章自测题

一、单项选择题

1. 下列哪个关于新闻策划本质的选项是错误的?(　　)

   A. 新闻策划必须遵循新闻规律,围绕一定目标

   B. 新闻策划的基础应建立在发掘已知,着眼实际上

   C. 新闻策划是一种创造性的策划活动

   D. 新闻策划有悖于新闻真实性的原则

2. 下列哪个选项的说法是正确的?(　　)

   A. 报纸评论强调说理的逻辑性必定有碍于它风格的大众化

   B. 舆论监督类新闻评论节目既能扮演启发者、建设者的角色,也能扮演“法官”的角色

   C. 电视评论中的屏幕文字能起到提示、解释、强调、总结和补充说明等作用

   D. 防止网民极端言论造成负面影响,只能利用技术手段删除违法帖子

二、多项选择题

1. 下列选项中,哪些能加强报纸评论的沟通作用?(　　)

   A. 转换评论角度　　B. 小题大做

   C. 突出逻辑思维　　D. 增加情感因素

2. 关于广播评论策划,下列哪些选项是正确的?(　　)

   A. 打造大众风格是促进广播评论参与互动性的重要手段

   B. 实现多平台直播是加强广播评论时效性的有效途径

   C. 新人、新事、新观点是广播评论时代性的集中体现

   D. 事实由头、语言和音响艺术是加强广播评论故事性的三大要点

3. 下列哪些选项中能够用于加强广播评论的“故事性”?(　　)

   A. 以事实引入话题　　B. 讲究语言艺术

   C. 巧妙运用音响　　D. 加强听众的参与互动

4. 下列哪几点是电视评论的选题策略?(　　)

   A. 强调多角度,正确引导舆论　　B. 突出时效性

   C. 兼具通俗性和深刻性　　D. 善于从其他媒体获取选题和信息

5. 关于网络评论策划,下列哪些选项的说法是正确的?(　　)

   A. 把握快、慢关系,以“准”制胜

   B. 评论生活点滴,见微知著

C. 搞好舆论监督，有理有节

D. 强化舆论引导，树立言论权威

三、判断题

1. 策划是一种程序，在本质上是一种运用脑力的理性行为，基本上所有策划都是关于未来事物，也就是说，策划是针对未来要发生的事情做当前的决策。（　）

2. 新闻策划是为达到某种宣传效果而做的工作，在一定意义上讲，新闻策划也包括制造新闻。（　）

3. 新闻评论的策划既包括新闻评论专栏的定位、包装、整体风格等全局性、整体性的谋划，又包括对一篇新闻评论或一期新闻评论节目的构思、选题、立意和说理方法等一系列的具有前瞻性的指导。（　）

4. 深度剖析是报纸评论弥补自身时效性较广播、电视、网络评论较弱的有力手段。（　）

5. 一般情况下，篇幅短小的评论文章说明不清楚问题。因此，广播评论文章的篇幅越长才越有战斗力。（　）

6. 电视评论最大的特点和优势就是能够利用镜头捕捉细节，运用影像的力量来说理。（　）

7. 新闻评论要争取“第一话语权”，就应该抢先发布，必要的时候可以把时效性置于准确性之前。（　）

8. 议程设置、观点汇编能加强网络评论引导性，有助于评论产生集中效益。（　）

四、简答题

1. 简述新闻评论策划的一般程序。

2. 简述电视评论节目的主持艺术和选择嘉宾的基本原则。

3. 网络评论怎样强化舆情引导，树立言论权威？

单元实训

实训一

阅读以下报纸评论，请从新闻评论策划的选题、立意、说理等角度，谈谈这篇评论文章的独到之处。

始终想到“最低”处

尚德琪

苏延花是兰州市一位普通市民，为了给瘫痪20多年的丈夫治病，欠下了几万元的债务。丈夫去世后，她和婆婆、女儿相依为命，靠几百元的最低生活保障

金维持生活，虽然日子过得紧巴巴的，但对自己能享受低保政策一直心存感激。7 月份，肉价涨得最快的时候，她对前去采访的记者说，她已经几个月没有买肉了："肉价涨了，低保金能不能涨一点点呢？"

苏延花可能只是随便说说，但她没有想到，过了不多几天，甘肃省就做出决定，为确保困难群体享受救助水平不因物价上涨而降低，今后 5 个月，给城市低保对象每人每月增发 15 元的临时补贴。(《甘肃日报》8 月 16 日)又过了不多几天，国家发改委也表示，要根据经济发展和价格变化情况，及时调整最低工资和低保对象保障标准。(《经济参考报》8 月 30 日)

低保低保，保的是最低的生活标准。但是物价一涨，有些最低的东西就"保"不住了。为了平抑肉价，政府为能繁母猪保险提供了保费补贴；为了让困难群众能在肉价涨了以后仍能吃得起肉，政府为低保对象增加了临时补贴。表面上看起来，这一切好像只与钱有关。但是，政策能有如此鲜活的细节，却传达出了比钱更丰富的内涵，那就是党和政府一直把困难群体放在心上。

任何社会中，都有一些人难以照料自己；如果没有他人的关怀，他们就难以生存，也谈不上有尊严地生活。最低生活保障制度的建立，最低生活保障制度从城市到农村的延伸，最低生活保障标准的不断提高，从一个侧面表明，政府已经越来越主动地承担起了这种关怀的责任。

几年前，温家宝总理就说过："世界上大多数是贫困人口，如果你懂得了穷人的经济学，那么你就会懂得经济学当中许多重要的原理。"要懂得穷人经济学，首先要不歧视穷人，要最大限度地关注他们的生存方式和生活状态；而穷人要不被歧视，就要想尽一切办法让他们能够维持最起码的日常生活。这是一个问题的两个方面，也是一个程序的两个步骤。没有前者，后者就可能被当做"施舍"；没有后者，前者就可能被指为"矫情"。只有两者充分结合起来，才是真正的尊重，真正的体恤。

从最低工资标准到最低生活保障制度，从廉租住房到助学贷款，从农民种粮补贴到农村医疗合作，一系列针对穷人，针对弱势群体的政策，都是在尊重前提下的体恤，在体恤基础上的尊重。这一切，不仅改变了"最低阶层"的生活现状，也深刻地改变了他们的生活心态。

群众利益是党的"最高利益"。始终想到"最低"处，始终看到"最低"处，让"最低阶层"享受到政策阳光，享受到发展成果，就是维护党的"最高利益"，就是实现党的"最高利益"。

人都会将心比心。如果一个需要关怀的人得不到关怀，他周围的人也会感到一种莫名的灰心；同样，如果一个需要关怀的人得到了关怀，即使与这个人不直接相关的人，也会感受到一种真切的抚慰。对"最低阶层"的关心，不仅温暖

了困难群众，也温暖了他们的邻居，温暖了他们的亲戚朋友，温暖了他们周围所有的人。

这就是和谐，人的内心和谐，以及人与人之间的和谐。

每个人的内心和谐，是人与人之间和谐的基础；人与人之间的和谐，是社会和谐的标志。

（《甘肃日报》2007 年 9 月 5 日）

实训二

1. 运用所学知识，自己策划一个电视新闻评论栏目，写出策划案。

2. 请以任意新闻事件或人物为题材，构思一期电视评论节目，并将你的想法写进这期节目的策划书里。

技　能　篇

第六章 新闻评论的标题与结构

学习目的

1. 了解新闻评论标题的基本要求
2. 了解新闻评论与新闻报道标题的不同特点
3. 能独立地对评论的标题进行合理的分析
4. 能独立地对评论的结构进行合理的分析

核心能力

1. 制作一个好的新闻评论标题的能力
2. 掌握评论开头、正文、结尾不同写法的能力

第一节 标题与标题艺术

标题就是题名。俗话说,“题好一半文”。胡乔木也说:“首先要讲究标题,报刊上那么多文章,谁知道哪一篇好,都要先看标题,标题好能吸引人。”[①]一个好的标题,往往能吸引读者的眼球,特别是在五光十色的信息铺天盖地袭来的现代社会,一个好的标题能使文章从纷繁芜杂的众多信息中脱颖而出,成为受众的首选。

新闻评论的标题和其他文章的标题一样,十分重要。人们曾打比方说新闻评论是媒体的旗帜,而新闻评论的标题就像一双眼睛。那么,旗帜的颜色是什么,首先要从眼睛里透露出来。眼睛是心灵的窗户。这双眼睛如果勾魂摄魄,就能够牢牢抓住读者的眼球,吸引人们去欣赏下文。

那么,做好一个新闻评论的标题有什么基本要求?它与其他的新闻标题相比有何特别之处?好的标题又该如何制作?

---

① 转引自冯根良:《新闻标题艺术》,2页,海口,南方出版社,1997。

一、新闻评论标题的要求

从逻辑学的角度看，新闻评论的标题既是标题这一概念的子概念，又是新闻评论这一系统中的子系统。因此，新闻评论的标题既应该具有其所属概念——标题所表示事物自身的属性，又要能够最大程度地表达新闻评论中的内容，起到子系统辅助、补充母系统的作用。

1. 要高效地概括新闻评论的内容

新闻评论是表达人们对新闻事件的判断、对由新闻引发的各类社会问题的思考。也就是说，新闻评论包括两方面的内容：一是评论的论题，即各种社会问题；二是评论的论点，即人们对各种社会问题的思考，作者的态度与观点。标题是为内容服务的，实际上就是直接或间接地表明评论的论点、论题。新闻评论的标题力求以准确而简短的文字提示表明其论题范围、主要见解、基本倾向和情感诉求，是评论内容的高度概括和集中体现。

(1) 标题能概括新闻评论的论题

①《由高官落选院士想到的》(《科技日报》2003 年 8 月 29 日)
②《电视评论：70 亿维修基金的困惑》(北京电视台)
③《“院士造‘院士’的反”值得喝彩吗？》(《科技日报》2006 年 2 月 21 日)
④《中国足球，“烫手山芋”该由谁“管”？》(《中国青年报》2008 年 6 月 17 日)
⑤《而立之年的中欧关系》(《人民日报》海外版 2005 年 5 月 14 日)

例①②直接表明评论的事情，让人一看就知道评论的是什么事情。例③④以疑问的方式把事情提出来，由于从标题上看不到作者的态度和意见，仅仅是提出问题，比较含蓄，更能引起人们的兴趣，具有吸引注意的效果，也符合评论正文继续探究真相的需要。例⑤运用了拟人的修辞手法，用“而立之年”形容建交 30 周年的中欧关系，表达出中欧建交的历史时间之长久和稳定，既含蓄又生动。但以上几篇评论的标题有一个共同的特点，那就是作者没有直接表明自己的意图，只是给出一个大致的范围，从标题并不能窥见作者的态度，也不能预测正文的内容。

(2) 标题能概括新闻评论的论点

在标题中体现旗帜鲜明的态度对新闻评价起着重要作用，但并不是所有的标题都直接表达作者或喜欢或厌恶，或表扬或批评的态度。我们可以把态度分为三类：肯定、否定和既不肯定也不否定的态度。前两者都具有鲜明的倾向性，歌颂与赞扬什么，揭露与批评什么一目了然。但也有很多标题是不肯定也不否定的态度，这并不是说作者态度不明确，而是巧妙地运用特定意指的语词和叙述方式体现立场和倾向性。

①《坚持好字优先 推动科学发展》(《人民日报》2007 年 12 月 6 日)

②《长期坚持十条基本经验——学习贯彻十六大精神之二》(《光明日报》2002年11月28日)

③《不要过度阐释"拒签致死"这个特例》(《中国青年报》2007年11月29日)

④《拜金主义要不得》(中央人民广播电台新闻中心2001年2月27日)

⑤《假书号背后的潜规则更可怕?》(《工人日报》2009年1月8日)

⑥《谱写和谐之曲中的重要音符》(《光明日报》2007年9月12日)

例①②句既是文章的标题,又是文章的论点。例①采用工整的对仗句式,气势宏大,有力地表明了作者肯定的态度。例②采用祈使的句式,增加了学习十条基本经验的果断性与长期性,语气坚决。例③④在标题中用了"不要"、"要不得"等带有强烈情感倾向的词语,坚决地表达了作者否定的态度。一些重要的评论,如社论、评论员文章等,需要直接表明态度、发表解决问题的意见和主张,大都拟定这种标题。这种标题的好处是观点明确,态度鲜明,让读者一目了然。例⑤采用反问句式在吸引读者注意的同时又引起读者反思。表面上看不出作者的态度,假书号可怕,还是背后的潜规则更可怕?看到标题时读者就会反馈出这样的疑惑,于是带着这一疑惑便跟着作者到文中探个究竟,文中作者的态度"假书号背后的潜规则更可怕"昭然纸上。例⑥运用了比喻的修辞格,用歌曲来做比喻,用音符来比喻"物权法",具有一种独特的和谐之美①。从这种和谐美中,可以窥见作者的心境是美好的,作者的态度是肯定的。

2. 要具备标题自身形式的美

标题具有吸引力的元素是多元的,除了为新闻评论正文服务以外,标题本身就是一种文本,它必须具备文本形式上的美。

(1) 语言生动优美

从语言学的角度看,语言文字作为交际工具实质上就是传递信息、沟通思想的活动,语言文字是信息的代码方式,"说话或写文章就是在进行编码活动,即把信息代码化、物质化,用话语作为载体来传递信息,把自己的思想感情物质化而为话语"。如何有效地编码,使话语极为有效地传达信息,陈事物、明心意、动人情,这就需要有讲究,有技巧,从这一点上说,"修辞是使说和写的语言表达产生最佳效果的形式安排,是使说和写的语言能最有效地传达信息以感动听众和读者的策略"②。因此,运用修辞的手法巧拟评论标题,可以收到良好的艺术效果。

纵观近几届获得中国新闻奖的获奖新闻评论,可发现评论标题使用了比喻、拟人、借代、反问、对照、仿拟、双关、引用、排比、对偶等修辞手法的比比皆是。如表6-1所示:

---

①②　彭兰玉,王立军:《修辞应用通则》,9页,沈阳,春风文艺出版社,2000。

表 6-1 修辞手法的使用

修辞格	举　例	备　注
比喻	《走好全国一盘棋》	第十八届中国新闻奖一等奖
拟人	《上海要有更宽广的胸襟》	第十八届中国新闻奖一等奖
借代	《五星红旗永不落》	第十八届中国新闻奖三等奖
反问	《欠债咋就不还钱》	第十五届中国新闻奖一等奖
对照	《"越位"与"缺位"》	第十五届中国新闻奖三等奖
双关	《不要让"红色经典"变了色》	第十五届中国新闻奖三等奖
排比	《和平统一法 保护台胞法 反对"台独"法》	第十六届中国新闻奖三等奖
对偶	《魅力四射 活力四射》	第十五届中国新闻奖三等奖
仿拟	《"秘书泛滥"的体制性解读》	第十八届中国新闻奖三等奖
回环	《我最看不起"看不起农民"的人》	第十七届中国新闻奖二等奖

(2) 结构简洁紧凑

标题作为一种文本形式，除了要求语言上要有美感外，还应具有一种结构美。传播学家施拉姆在《传播学概论》中提出了一个传播获选的或然率公式：报偿的保证/费力的程度=选择的或然率。也就是说，使受众花费最少的时间和精力，获得最大价值的信息，获选率最高。一般说来，读者在阅读标题时常常只是一扫而过。因此，标题宜短不宜长，太长，很可能不被受众所感知和理解。新闻评论的标题可以不是一个句子，而是一个词组，甚至是一个字。

①《台湾历史不容歪曲》(《中国日报》2002 年 3 月 7 日)

②《紧急行动起来》(《人民日报》2008 年 5 月 14 日)

③《邪教本质 残害生命》(《焦点访谈》2001 年 1 月 30 日中央电视台)

④《自主创新 刻不容缓》(江苏广播电视总台)

例①简明扼要地表明作者的态度：台湾是中国的一部分，这是众所周知的中国历史，不容歪曲。作者高度概括了这一论点，标题显得精练而又铿锵有力。例②用了省略句式，使句子的结构不完整，失去主语，但正是这一省略显示出事态的紧急，行动的迫切。例③④直接用两组词语来做标题，但仔细推敲可以发现，两组词语实际上是省略了谓语的句子，用词组的形式来代替，使标题的结构显得整齐一律、平衡对称，既渲染了气势，又美化了版面。这些标题简短明快，结构紧凑，读者在一瞥之中就能理解其意义，就可能抓住读者的心理需求，吸引他来进一步阅读新闻评论。一个很长的标题即使内容吸引人，也很难做到这一点。

总之，新闻评论的标题一般都是要直接或间接概括评论的论题或论点。在此基础上，再运用比喻拟人等修辞手法，结构构建的紧凑灵活，标题就会在恰当的前提下更生动而富有艺术感。一个好的标题，往往是兼而具有几种美的。各种美是互相联系，互相补充的，要考虑到形式是为内容服务的，要考虑到评论正文的需要，不要为美而美。

如某电视台的电视评论标题是《谁胜谁负》，标题结构倒是紧凑，句式简短，但既没有表明评论的事件或话题，也没有表明作者的态度与立场，因此，这标题是华而不实，不成功的。

还要注意区分不同的环境、场合、题材和条件，不能一概而论，强求美学效果。

①《生命的尊严高于一切》(《人民日报》2007 年 11 月 27 日)

②《法学专家把脉拒签事件：家属拒绝抢救的法律后果》(《检察日报》2007 年 11 月 27 日)

③《不签字不手术，孕妇之死医院无责?》(新华网 2007 年 11 月 25 日)

④《不要过度阐释“拒签致死”这个特例》(《中国青年报》2007 年 11 月 29 日)

这些标题各自所匹配的新闻评论，是针对同一新闻事实：一名孕妇难产，其丈夫拒绝在剖腹产手术单上签字。医生无法采取治疗手段，结果导致手术时间耽搁，孕妇最终死亡。但由于各评论侧重面不同，标题各异。例①所匹配的评论表明了作者鲜明的态度：生命的尊严高于一切。尊重生命，是医生的第一道德。例②从理性的角度，从法律的高度探讨了这起事件的是非曲直。例③把焦点聚焦到了医生的见死不救和医疗体制的僵化上，从标题中就可看出作者对医院的否定态度。例④在舆论对拒签致死事件做出五花八门的评论时，在公众对这起事件充满许多矛盾想法时，作者清醒地看到了问题的关键所在，并对舆论批评界一种流行的褊狭思维进行了批评，指出：虽然悲剧让人难以接受，但这只是一个特例，不要对这个特例作过度的阐释。

二、社论标题的特点

社论在新闻评论的体系中居于无可替代的重要地位。各种传播媒介对社论，都给予相当的重视，处处突出其地位。社论是代表媒体(报纸、杂志、通讯社、广播电台、电视台等)编辑部和媒体主办者对重大新闻事件或时事政治问题发表的权威性讨论。媒体的社论集中反映并传播一定政党、社会集团、社会阶层对及时发生的新闻事实或现实问题的立场、观点、主张，是社会舆论的重要组成部分，并对社会舆论发生重大的影响。[①] 正因为社论在新闻评论中的特殊地位，作为为社论正文服务的标题，除了与新闻评论的标题具有的相同的特点外，还具备自身独特的特点。

1. 态度鲜明

原《人民日报》总编辑邓拓同志曾于1954年在《怎样改进报纸工作》一文中指出："报纸的评论特别是社论决定着报纸的政治面貌。一篇社论是一期报纸的旗帜。"可见，社论或反映的是党和国家的政策、立场，或表现报社、编辑部对重大新闻事件的态度，一般不以个人名义署名，它充分发挥我国媒体作为党和人民喉舌的作用，具有反映舆论，影响舆论，引导舆论的功能。因此社论的标题和其他新闻评论比较，最大的特点是要态度鲜明。像《"真抓"与"假抓"》、《下水沟里流走的是什么?》这类标题，只反映了论题，没有表达出作者的态度，作为一般的署名评论还是不错的，但不适合用于社论。社论要立场坚定的表明自己的喜恶态度，要直接指出对错、表明立场，或褒扬或贬义，或提倡或反对，或赞许或否定，作者的态度往往通过标题一望而知。

①《进一步夯实农业基础》(《人民日报》2008年1月31日)

②《风雨砥砺坚强伟大的党》(《人民日报》2008年7月1日)

③《巨资改造"陋室"是文化价值迷失》(《齐鲁晚报》2008年9月9日)

这三个例子都在标题中直接表明了明确的立场。其中例①从语气上来说有着强烈的祈使语气，语气坚定，有指导、指示语气，体现了社论作为舆论引导的权威性。例②是一个省略了主语的判断句，它表达的意思是"中国共产党是风雨砥砺坚强伟大的党"，这些具有鲜明色彩的修饰词语明白无误地表达了作者的赞许之情。例③以一个判断句的形式，和"迷失"两字肯定地表达了作者对巨资改造"陋室"的否定态度。

也有一些标题，或许没有直接表达出作者的态度，但通过一些富有感情色彩的修饰词语，或褒义词，或贬义词，间接地表达了作者的观点。

如《"最美丽的屁股"与最正义的嘴脸距离多长》(2008年9月25日《中国青年报》)，最美丽的屁股用引号，名夸实讽；把正义与嘴脸搭配起来，同样起到讽刺的作用；把屁股和嘴脸相提并论，讽刺效果更强，通过这些修饰词语，作者厌恶、否定的态度一览无余。

2. 风格庄重、平稳

①《救人抗灾生死时速 民吾同胞共度时艰》(《21世纪经济报道》2008年5月14日)

---

① 刘大保：《社论写作》，7～8页，北京，中国广播电视出版社，2000。

②《今天，悲痛的人无须忍住悲痛》(《潇湘晨报》2008年5月19日)

③《莫以捐款多少论英雄》(《中国青年报》2008年5月20日)

从标题制作风格可以看出，第一篇是社论，站在国家的角度，用书面语表达庄严的悼念和共同患难的决心，显示出稳健、庄重、大方、统筹全局的风格。例②③都是署名评论，语言相对而言口语化。

通过以上的比较可以发现，其他新闻评论，如评论员文章和署名评论，比起社论的标题，可以采取的手法和修辞手段要丰富、多样一些，风格灵活、轻巧一些。而社论作为代表媒体发言的最高规格评论，在思想境界上比群众高一些，是具有一定权威性的评论，是大众思想行为的导师，它所代表的意见是"经过深思熟虑的"，极为慎重的。因此，表现在标题上，风格要更多体现一些规范、大气、庄重和平稳，而不宜采用一些色彩过浓，过于含蓄、奇巧、褊狭、诙谐的题目。

庄重并不代表高傲，标题的语言不能故作高深，艰涩难懂，语调不能凌驾于群众之上。避免使用颐指气使的命令口吻。

平稳也不代表死板、生硬。在标题风格庄重、规范的前提下，社论的标题还是要尽可能打破陈规，运用比喻、拟人等多种修辞格修饰，变换句式，增加文采。

3. 双行标题频现

新闻评论一般使用单行标题。但是，从效率原则出发，社论标题要求有论题与论点，即事实与观点这两个基本信息。有时只通过单行标题还不能达到这一目的，因此，当作者认为需要强调一些事实或观点的时候，往往借助双行标题，以更有效地传达信息。双行标题分为主题和副题。主题是标题中的主要部分，用来概括与说明评论的主要论点，表达作者的态度；副题一般是用来点明引起评论的主要事件，起解释、印证和补充主题的作用，位置居与主题之下。

相对来说，党报社论出现双标题的比例比其他的报纸要高，以2008年全年《人民日报》中的社论为例，共有社论40条，其中双行标题19条，约占标题总数的48%。可见双行标题的使用频率越来越高，成为社论标题的一种发展趋势。在双行标题中，常常是为点明一时一事而使用的。

①《长期坚持十条基本经验——学习贯彻十六大精神之二》(《光明日报》2002年11月28日)

②《光荣属于中国共产党和中国人民　庆祝中国共产党成立80周年》(《人民日报》2001年7月1日)

③《为推进农村改革发展提供制度保障——论深入贯彻落实党的十七届三中全会精神》(《人民日报》2008年10月17日)

三、新闻评论标题与新闻报道标题的区别

新闻报道的主要内容是事件，而新闻评论是对新闻事件的反思与看法，落脚点是在观点。由于新闻与新闻评论报道的内容具有本质上的区别，决定了二者的标题在内容、功能、语言、结构上等方面存在着显著的区别。具体表现如下：

1. 标题反映的对象不同

新闻报道标题反映的对象主要是新闻事实与相关的重要信息，以此吸引读者的目光，评论标题反映的对象是论点或作者的观点、态度，以引导读者的思考。

①《为中国地震遇难者志哀 秘鲁宣布今天为全国哀悼日》(《人民日报》2008年5月19日)

②《让我们记住这个全国哀悼日》(东方网2008年5月19日)

例①是新闻报道标题，大家一看标题就明白了事情的前因后果：为了纪念我国地震的遇难者，为了表示秘鲁人民的深切哀悼，秘鲁把5月19日这一天定为他们国家的哀悼日。标题的前一部分表达感情的句子是状语，交代"秘鲁把这天定为全国哀悼日"这个事件的起因，起修饰作用。

例②则是个新闻评论标题，它鲜明地表达了作者的态度，饱含深情地表达了自己的感情，同时还呼唤我们全中国人民，让我们大家记住这个哀悼日，也就是要记住我们和四川受难的同胞是血浓于水的深情，我们要让四川受难的同胞体会到，他们的悲伤就是全国人民的悲伤，他们的幸福就是全国人民的幸福。

当然，并不是所有的新闻评论标题都直接反映作者的观点、态度，前一小节我们也有提到评论标题也可能只反映了论题，即引起评价的事件。遇到这类的标题，大家可得注意了，要善于抓住某一个表现体裁的细节，某一个带有感情色彩的词语来分辨。如：

《由高官落选院士想到的》(《科技日报》2003年8月29日)

这类标题，虽然标题中没有反映作者的观点，但通过"由……想到"这类的语词，知道作者是要就高官落选院士这件事发表议论，而不是把重点落在交代高官落选这件事情上。又如：

《电视评论：70亿维修基金的困惑》(北京电视台)

这个标题，它的落脚点应该在"困惑"二字上，反映的是作者对北京70亿的公共维修基金能否落到实处的一种疑问。因此，这也是评论的标题。

2. 表达方式不同

由于新闻标题反映的对象是事件，因此新闻报道标题一般采用客观的叙述性、说明

性、介绍性语言，作者的态度和倾向性往往蕴涵于事实的概括与表述之中，即使做出评价，一般也较为含蓄；而新闻评论的标题多使用议论、抒情的语气，用来直接表达作者的观点、态度，具有强烈的思想感情。

《黄金周未来两天铁路航运将出现返程客流高峰》(人民网 2007 年 2 月 22 日)

这是一个完整的陈述句，冷静客观地交代了事情，它简要地概括了新闻五要素(五个W)，即“谁”、“什么时间”、“什么地点”、“什么事情”、“为什么”，是个很有代表性的新闻报道标题。

《春运包车宜疏不宜堵》(《人民日报》2009 年 1 月 22 日)

这运用了议论的手法，直接表明了作者的态度：春运包车不能“一刀切”地封杀、限制，而应该在规范的前提下允许其存在。显然，这是新闻评论的标题。

还有一些标题如《敢向国际名牌说“不”》(1997 年 3 月 14 日海南电视台)，带有明显的感情色彩，用的是抒情的语气，乍看很像评论标题，表达的是对国际名牌的拒绝，但这个“敢”字透露出这不是作者的一种观点，而是他人的一种行为。它的重点是落在“向国际名牌说了‘不’”这件事情上，而不是“我认为要向国际名牌说‘不’”这样一个观点。因此，这是一篇新闻报道的标题，它报道的是由于索尼公司对消费者不负责任的行为与恶劣的服务态度引起海南乐普生商厦的极大愤慨，他们采取了停止销售索尼公司产品的行动。

3. 结构方式不同

新闻报道标题的结构较为复杂，常为复合型结构，主题与辅题的组合方式较为灵活多样；评论标题的结构较为简单，多为单一型结构，只有一行主题，个别情况下有辅题，大都以副题形式出现。

在新闻报道中，引题、主题和副题作为标题的三大组成部分，互相配合，共同承担着新闻报道标题的作用。主题是标题中的主要部分，常常以实题为主，用来提示新闻的主要事实，概括新闻的主要思想。

引题是辅题之一，在复合题中位于主题之前，其功能是用来引出主题，用来交代相关新闻的背景、原因、结果，也可用来点明主题的意义。

副题也是辅题之一，又称子题，位于主题之下，用来交代次要的新闻事实；说明主题的原因、结果和重要的新闻要素，起解释、补充作用。

新闻报道标题中的主题、辅题可以灵活使用。根据新闻的内容，有时主题和引题搭配，如：

凯堂乡民族工艺品远销许多城市(引题)

三千苗胞出山 招财进宝百万(主题)(《贵州日报》1994 年 8 月 17 日)

有时主题和副题配合,如:

听农民算账:种地赚钱不?(主题)

吉林产粮大县访问记之一(副题)(《经济日报》1994 年 8 月 18 日)

也可三者一起使用,如:

上海城市老龄化加速(引题)

老龄化出现高龄化特征(主题)

又有 71 位老寿星满百岁,申城百岁老人总数达 306 位(副题)(《中国青年报》2001 年 5 月 24 日)

而新闻评论标题的结构相对简单,一般情况下都只有一行主题。但有一类型的评论相对例外,那就是社论。社论有双行标题频繁出现的发展趋势。

4. 句式特点不同

新闻标题在简练的同时一般较为具体,重在对新闻事实的恰当概括,实题较多,句式较为完整。如:

《"华南虎"照片是假虎照 周正龙被提请逮捕》(新华社 2008 年 6 月 29 日)

就是由两个完整的句子组成,主要新闻事实全部概述在内。

而评论标题相对较为抽象,重在对论题、论点的准确提炼,虚题较多,句式上较为灵活,可以是一个句子,也可以是一个词组,甚至是一个字。如:

《超越残疾的盛宴》(《人民日报》2008 年 9 月 18 日)

《猪头肉·油漆刷·泥饭碗》(《人民日报》2008 年 12 月 4 日)

句式灵活多样,不拘一格,语意抽象,光看标题是不可能知道内容的。

四、新闻评论标题制作的艺术

庄向阳博士把新闻标题的制作分为三重境界,第一境界相当于"无术";第二境界则是技术性阶段,带有机械的色彩;第三境界则进入了艺术的境界。① 新闻评论的标题亦如此。

新闻评论标题的第一境界是做标题的"初级阶段",通常把标题作为超市商品标签,

---

① 庄向阳:《新闻标题的三境界》,载《新闻记者》,22～23 页,2006(10)。

只有类别，没有个性，称之为“标签式标题”，比如《论……》、《由……想到的》这类标题，只标出了大概的论题，除非是论题本身让读者感兴趣，否则难以吸引大家的注意。

新闻评论标题的第二境界属于技术性层面，标题直接来自论点，主要的要求是准确贴切。如《善待百姓》、《警惕重复建设》等标题。这些标题把论点准确地提取出来了，作者的态度也非常鲜明。

新闻评论标题的第三境界可以称之为“超越式标题”。它不只是简单的论题的概括，也不只是论点的准确表达，而是通过某种艺术的表现手法，以跳跃性的思维对论点的生动形象的揭示。一个优秀的新闻标题，就是要达到新闻评论标题的第三境界。本小节着重探讨如何制作第三境界的评论标题。

要想在简短的标题下产生最大化的艺术效果，就必须采用得体、适当的艺术手法。艺术手法，本来是文学用语，指文学艺术创造中塑造形象、反映生活所用的各种具体的表现方法，又称表现手法。用于新闻评论标题中，可使标题更具有文学性和吸引力，产生更好的传播效果。在制作标题时，通常采用的艺术手法是各种修辞格、句式变化等的应用。为了进一步的详细说明，我们首先把标题中使用比较频繁的修辞格特意提出来分别加以说明。

1. 修辞格的使用

(1) 比喻法

比喻就是打比方，是用与本体具有相似性的事物来喻指本体。比喻的修辞手法在评论标题中使用相当广泛，它可以使事物或者人特点鲜明、突出、具体，给人留下深刻的印象；可以使抽象的事理变得具体形象，通俗易懂。一句话，它的总体修辞效果在于形象性、可感性。

①《别让大锅饭再香起来——十一谈当前经济现象》(《经济参考》1990 年 7 月 30 日)

②《是“狼来了”，还是机遇来了》(辽宁人民广播电台 1997 年 12 月 22 日)

③《走好全国一盘棋》(《人民日报》2007 年 4 月 5 日)

例①“别让大锅饭再香起来”采用了比喻手法，“大锅饭”是一个形象的说法，而“香”是对平均主义的心态描摹。要是大锅饭再香起来，人们不愿从锅边撤走，那 10 年的改革成果会被吞食掉，后患无穷。这一个“再”字看似可有可无，实则有千钧之力，如一声警钟在人们头顶敲响，催人警醒。

例②以“狼来了”这一具有警示性的比喻切入，告诉人们一个深刻的道理，企业要发展，要敞开大门，面对国内外两个大市场走联合之路，这样才能实现共同发展，共同繁荣。所以说，企业的兼并带来的是企业发展的机遇，带来的是企业蓬勃的希望。人们透过这则生动形象的标题还可以深深地领悟到：我们不但不要怕“狼来了”，而且应该善于“引狼

入室”，学会“与狼共舞”。

例③把全国经济社会整体的发展比作一盘棋，而用每颗棋子比喻各个区域的经济要协调发展。通过比喻，形象地阐明了从全国发展着眼区域协调发展的战略意义，要求各地方要站在历史和全局的高度，看待全国经济社会发展这盘棋，听从中央统一指挥。

（2）比拟

比拟即有意运用描写性、陈述性词语把人虚拟为物，把物虚拟成人，把甲物虚拟为乙物。比拟是一种移情寓意的手法，它偏重的是感情的抒发。

①《上海要有更宽广的胸襟》(《解放日报》2007年7月9日)

②《“默布恋情”终将去》(《人民日报》2008年6月12日)

③《伸出公仆的“触角”》(《人民时评》2007年6月14日)

例①把物虚拟成人，胸襟只有人才具备，用来表达上海这个城市要海纳百川，融合更多的外来人口，使上海这个商业化城市显得更人性化、更温情。

“默布恋情”指的是德国总统默克尔执政期间，和美国总统布什在位期间，两国关系友好。把这种友好的关系形象地比喻为“一段恋情”，强调在他们两人领导下的德美关系是如何亲密。

《伸出公仆的“触角”》批评某些领导干部蜷缩在豪华的办公室内，不深入民间和基层，不能真正体味民间疾苦。“公仆”的形象变成了长着“触角”躲在壳里的动物，采用了拟物的形式，作者感情的褒贬倾向一目了然。

（3）借代

借用事物内部或外部不可分离的相关联系，以与事物相关的部分名称代替事物的本体。这种辞格艺术运用到评论标题中，可以突出事物的特征，寄托作者的情感，同时还可以使语言简练，富于变化，达到形象突出、感情鲜明、文字生动的艺术效果。

《何必都去摆摊儿》(《瞭望》1992年第43期)

在这则标题中，是以摆摊儿借代从事摆摊子、卖饼子之类的简单劳动。作者针对一时兴起的知识分子“下海”热，作者主张大多数知识分子还应专心于本业，不要盲目去从商。以摆摊儿这样口语化的说话，起到清晰明了，通俗易懂的作用。

《喝茅台扇耳光，是公仆还是老爷?》(新华网2008年9月22日)

痛斥了部分领导干部公款吃喝，滥用职权，为所欲为的现象，“喝茅台”代指公款吃喝玩乐等高消费，“扇耳光”代指私用公权。

（4）对照

对照指把相反相对的事物或同一事物的两个对立方面并列出来，进行强烈反差性对照比较，以表现某种蕴涵于其中的道理和情感；或把相关范围内的矛盾体并列出来，能够

使人警醒，继而思索领悟其中的道理。

《干事的反而"有事"　混事的反倒没事?》(《人民论坛》2007 年 4 月 19 日)

标题中"干事"是指那些敢于坚持原则处理歪风邪气的领导干部，混事的是指那些充当老好人只图太平的庸官。"有事"既指有事情做，又暗指有麻烦，属双关。干事的和混事的截然不同的处境，"有事"和"没事"形成一种鲜明的对照，给人以深刻印象，又使标题的结构显得整齐。

《"真抓"与"假抓"》(《河北日报》2001 年 4 月 11 日)

"真"与"假"是截然对立的，这则评论就是通过"真抓"与"假抓"的对比论证，一步步加深对"假抓"现象的披露和其欺诈行为的本质，在对比中树立了要真抓实干的论点。

(5) 仿拟

仿拟，指模仿现有语言形式临时拟造出新的形式。仿拟体与被仿体在结构上惟妙惟肖，在语义上大异其趣。

仿拟的运用可以使新闻标题富有新意，有推陈出新的效果。仿拟的运用还可能出于准确表意的目的，也可能出于讽刺挖苦的目的，也可能出于游戏语言，吸引读者注意的目的。但不管出于哪种目的，都有诙谐幽默的色彩。

《"碎碎"平安》(《人民日报》2008 年 10 月 15 日)

"碎碎"平安的被仿体是岁岁平安。用仿拟体，既符合开头交代的新闻事实，"碎碎屋"的生意火暴，又暗指是房地产泡沫经济的破碎，导致了金融危机，最后又展望了未来"岁岁平安"。这个"碎碎"既符合了语言上的同音，又符合了语意的表达，有一举两得之妙。

(6) 双关

双关是信息表达上的一种迂回手段，符号的所指具有表里两层，表层信息是与上下文的意思相一致的，但深层信息才是作者真正要表达的。双关是一种机智手段，在标题中使用，它不仅能委婉地传递目的信息，还传递了作者的机智，使语言幽默诙谐，给读者以回味。

《西部"官"念：贫困与浮靡》(《中国青年报》2000 年 10 月 9 日)

这则标题运用了双关中的谐音双关，即利用语音相同造成意义上的双关。西部的落后有目共睹，而西部为官之人却在贫困之中生活上奢华、浮靡，一个"观念"和"官念"的谐音形成的双关，引人深思。

（7）对偶

对偶指字数相等，结构相同，语义相关、相反或相承的两个对称语句对应并举。对偶符合平衡、匀称、对比的美学原理。在评论标题中使用这种辞格，能使标题结构形式整齐匀称、节奏鲜明，给人以和谐的美的享受。

《同一个世界 同一个梦想》（《人民日报》2008 年 8 月 8 日）

《战胜新挑战 夺取新胜利》（《人民日报》2008 年 6 月 13 日）

第一个标题由两个偏正短语组成的对偶句，第二个标题由两个动宾短语组成。两个标题由结构相同、字数相等、排列对称并且意义上密切相连的两个短语对称地排列组成，从形式上看，音节整齐匀称，节律感强；从内容上看，凝练集中，概括力强。

（8）排比

排比指三个以上结构相似、语气一致、意义相关的语词语句并举铺排。排比的形式不像对偶那么严格，但它在语义上能够引发人们比较联想，语势上能够强化突出，造成声势。应用到标题中，用来说理能够充分全面，淋漓尽致；用来辩论能够气势磅礴；用来抒情能够酣畅缠绵。

《猪头肉·油漆刷·泥饭碗》（《人民日报》2008 年 12 月 4 日）

因为标题字数限制，不能过长，所以标题中的排比只能是语词的排比。上面这个例子并列了三组事物，这三组事物是毫不相关的三类事物，何以能并列在一起呢？带着这个疑问阅读全文，你就会发现“猪头肉”、“油漆刷”、“泥饭碗”这三组事物都用了借代的手法，它们所具有的相关性是都是反映英国经济状况的阴晴表。

不同的修辞格带来不同的艺术效果，可以使标题更具幽默性、哲理性、情感性、生动性，可以更加吸引读者的眼球。作者常常为了追求多种表达效果，在标题中综合使用多种修辞手法。

大量实例证明，恰当地使用各种辞格艺术，会增加新闻评论标题的文采和吸引力，让其具有一定的艺术审美价值，进而让新闻评论产生更好的传播效果。

2. 句式的变更

除了修辞格的应用增加标题的吸引力以外，句式的变化也可为标题增色不少。在制作评论标题时，几乎各种短语形式及句式都可以运用到标题中。

（1）多用动宾结构

动宾短语又叫述宾短语，由两部分组成，前一部分举出某种动作行为，是整个短语的核心，叫述语；后一部分是受这种动作或行为影响、支配的对象，叫宾语。结构成分之间有支配与被支配的关系。从语气上来说有着强烈的祈使语气，同时也有指导、指示语气，体现作为舆论引导的权威性。另外，选用准确、生动、富于个性的动词，增加标题的动态

感，使标题的结构更显紧凑和动感。以《人民日报》社论为例：

《战胜新挑战 夺取新胜利》(2008 年 6 月 13 日)

《提高质量促增长》(2008 年 11 月 17 日)

《迎接新的考验》(2008 年 5 月 27 日)

这些标题的特点是全部由动宾短语组成，“战胜”、“夺取”、“提高”、“促”、“迎接”是及物动词，分别修饰后面的名词“挑战”、“胜利”、“质量”、“增长”、“考验”，省略主语和其他的修饰成分，使标题显得短小精悍，很有力度。

(2) 多用感叹句

感叹句是一种抒情的句式，直接强烈地表达作者的爱憎喜恶。因此，感叹句一方面能增强评论标题的情感性，另一方面能加大评论标题的抨击力度。

新闻评论的说服工作只有善于运用情感技巧，动之以情，以情感人，才能打动人心，才能吸引住读者或听众。感情是沟通的桥梁，要想说服别人，必须跨越这一座桥，才能到达对方的心理堡垒，征服别人。这样既满足读者的“新闻欲”，又勾起读者的“欣赏欲”，给人以美感。

《“打虎”求真也不能太疯狂！》(《中国青年报》2008 年 3 月 27 日)

作者用一种语重心长的感叹语气，告诫读者追求真相是可以理解的，不过，过于急切的追问、对真相迫不及待的求证，可能超出人类认识能力，使真相泡沫化，并损害其他人类价值。这种劝说式的语句，给人一种亲近感。

祛邪扶正，揭恶扬善，是评论肩负的政治使命，一切邪的、恶的东西都是阴暗的、反常的，用感叹的语气直接抨击，力度加大，使读者印象深刻，达到出奇制胜的效果。

《不能因为一点糖衣就把华为当窦娥！》(《中国青年报》2007 年 11 月 6 日)

作者直接表明态度，华为不是窦娥，它为了规避 2008 年 1 月 1 日起实施的新《劳动合同法》，而命令 7 000 名员工“主动辞职”事件，是不尊重规则，是缺乏社会责任担当的一种表现。用感叹句，加大了作者抨击的力度。

(3) 多用疑问句

疑问句分为一般疑问句和特殊疑问句。特殊疑问句包括反问句和设问句两中句式。各有其用法和特点。

“设问”是为了引起别人的注意，故意提出问题的一种修辞方式。评论标题中设问的运用为的是引起注意，启发读者思考，以突出主题、强调内容。设问的问题可以掀起波澜，以加强语势。设问的运用可以渲染气氛，使评论标题显得生动活泼，加深印象。因此提出的问题要求明确具体，能够凝聚评论的中心论题。

《“中国浴城”？这事儿不靠谱儿 》(《工人日报》2009 年 1 月 14 日)

标题首先以一个问句开头，调动大家的兴趣和好奇心，中国真的有浴城吗？作者接下来明确地告诉你，不可能。以浴城来给安徽马鞍山市这个城市形象定位，还冠以“中国”这么大的名头，未免有失偏颇。作者利用设问句，既调动了读者的兴趣，又交代了作者的态度、观点。

反问是用疑问的形式表达确定的内容，不需要回答，答案寓于问题之中。在评论标题中使用反问句式，可以加强语气，强调评论的论题或论点，使论点更加深入人心，印象深刻。

《喝茅台扇耳光，是公仆还是老爷?》(新华网 2008 年 9 月 22 日)

各级官员的职责和身份定位本来是人民公仆，而不是“官老爷”。但这些官员公款吃喝，不关心百姓冷暖疾苦，滥用权力，为所欲为，作者不由发出他们到底是公仆还是老爷的感慨？运用反问的语气，直指群众所思所想，仿佛代表群众在质问这些官员，很容易抓住读者，丝毫不显沉重呆板。

在评论标题中运用设问、反问要注意蓄势而发，水到渠成，做到非这样问不可，否则表达效果不会理想。再者，对作为标题的问题要有全面、清晰、明确的认识，选准表达方式，把表达的方式表达清楚，切忌含糊不清，更要防止把意思说反了。

第二节　结构与结构设计

文章的结构是文章部分与部分、部分与整体之间的内在联系和外部形式的统一。通俗地讲就是按照一定的写作意图对所写的内容进行综合考虑，合理安排，使文章的各部分构建成一个相互联系的有机体。

文章都是由中心思想、材料、结构三个要素组成的。中心意思是文章的“灵魂”，要明确无误；材料是“血肉”，要丰富，并能集中地反映中心；结构则是文章的“骨架”，是谋篇布局的手段，是运用材料反映中心思想的方法。结构的好坏，直接关系到评论文章中心论点能否得到突出，能否被读者接受。

文章的结构一般由三部分组成，包括开头、正文、结尾。三部分是一个有机的整体，要互相呼应，互相配合。

“原始要终，疏条布叶”为《文心雕龙・附会》篇末总结性的“赞”语，意为从开头到结尾，要有条有理地安排好文章的主要内容和其他相关的材料、文辞。金代王若虚也在《文辩》中说“或问文章有体乎？曰无。又问无体乎？曰有。然则果何如？曰：定体则无，大体须有”。这话讲得很辩证很科学，“定体则无”，框框是没有的；“大体须有”，通常的格式还是可寻的。这就是说，程式化没有出路，千篇一律也不可取，要根据实际情况灵活运

用。那么，评论的结构究竟该如何安排，定体虽无，但它大体的格式又有哪些呢？

一、开头——开门见山

心理实验证明，人在识记材料时，存在一种边际效应，即前头与结尾部分的材料容易被识记，且不容易遗忘，处于中间部位的材料相对来说，则不容易识记，且容易遗忘。人在识记材料时，所以具有此种边际效应，是由于人在识记中存在前摄抑制和后摄抑制的心理现象，前者表现为，先学习的材料对记忆以后学得的材料会产生干扰作用；后者则相反，后学习的材料对记忆前面学习的材料会产生干扰作用。处于中间部分的材料因要同时受到前后两种的干扰，因而不易识记，最易被忘记。[①]

这项心理学的实验说明重视开头和结尾，合理地安排评论结构非常重要。只有把重点的信息放在开头结尾，才能及时地、有效地传播信息，并使读者接受信息，达到事半功倍的效果。因此，对于新闻的开头，我们常常要求开门见山。对新闻稿的开头，毛泽东曾有这么一段论述："均应开门见山，首先提出要点，即于开端处，先用极简要文句说明全文的目的和结论，现在新闻学上称为导语，亦即中国古人所谓'立片言以居要，乃一篇之警策'，唤起阅者注意，使阅者脑子里得到一个总概念，不得不继续看下去。"[②]

新闻评论的开门见山不同于新闻所指的一开篇就要交代新闻事实，在开头就把五个W尽数开来；也不同于一般议论文，一开篇就要提出论点。程世寿先生对"开门见山"这一原则重新作了精辟的解释，认为它包括"开门见理"和"开门见物"两方面的含义。这个看法对于评论来说，是极为妥帖和精确的。因为评论要传递和转达给读者的最重要信息就是新闻事实和由新闻事实引发的观点和态度。

那么，新闻评论的开头实际上就是分为两类：一类是概括论题，即作为评论对象的新闻事实或问题，交代评论的背景；另一类是点明论点，摆明作者的观点和态度。只是在开门见山这个过程中，作者为了吸引读者，为了使传播更有效，可以采用各种方法来展开论题或论点。

1. 概括论题，引出论证

这种评论文章的开头，就是一开始就摆出论题，然后针对论题进行全面的论证，最后得出论点。论题的范围很广，可以包括刚出炉的新闻事件，也可以指在现实生活中看到的某种问题，还可以是针对某种特定的场合。

(1) 直接交代新闻事件

如《光明日报》2007年6月27日《中央领导着简装的表率意义》一文（见第四章），标

---

① 郑兴东：《受众心理与传媒引导》，252页，北京，新华出版社，2004。

② 《中国共产党新闻工作文件汇编》，179页，北京，新华出版社，1980。

题是“中央领导着简装的表率意义”，作者及时捕捉到了中央领导同志着简装出席一个重要会议这一现象，通过这一现象挖掘其背后蕴涵的新闻价值和表率意义：中央高度重视节约能源资源，他们以身作则，这将对节能减排起到表率作用。大家看完这篇评论，是不是觉得从中央领导着简装这一新闻事实出发，比从一开头就提出要节能减排这一口号，更能吸引大家的注意，作者的观点更有说服力，让大家更心悦诚服？

像上面这种评论，就是以新近发生的新闻事件为缘由，在开头先将新闻事实的经过或特点进行概括性的叙述，引出作者所要论述的内容。这类以新闻事实开头的评论，在评论中占很大一部分比例。

新闻评论是对新闻事实的评论。新闻事实是新闻评论的对象。以新闻事件开头有两大好处，一方面，由于新闻事件具有故事性、具体性的特点，所以放在新闻评论开头可以吸引读者的眼球，调动大家的兴趣；另一方面，新闻事件一般都是发生在人们身边，与人们的生活息息相关的，人们对此类事件是很关心的，摆出新闻事件，人们就迫不及待地想知道评论对这件事是怎么看的，这种由具体走向抽象的方式可以更容易引导人们对事件进行思考判断，更容易对作者的观点接受或批判。因此，新闻事实引出论点，是一种很有吸引力的开头，它能生动地引导人们从具体走向抽象，透过现象看生活的本质，更符合人们的认识规律。

但需要注意的是，新闻事实毕竟只是为评论服务的，在评论中不是主角。因此，新闻事实只宜简短的概括模式，抓住最核心的事实，切不可长篇大论，越俎代庖，阻碍大家及时地接收观点的进程。否则的话，在这个环节很可能失去读者。

(2) 直接提出问题

这种开头就是用疑问或设问的方式直接点明论题，结论要待论证之后才能见分晓。用提出问题开头，是为了引起别人的注意，启发读者思考。带着问题去看(听)，读者就容易随着论者去主动思考，在积极思考之中获得最后的结论。如出自 2003 年 7 月 1 日《人民日报》的《“重赏”之下》，这篇文章当时获得人民日报好稿一等奖。它的开头如下：

> 从媒体上不时传来各类文艺评奖的消息，一些地方性的文化单位在没有经过主管部门批准认可的情况下，擅自向全国悬赏征集文艺作品、设置文艺奖项，各式自我标榜的文艺“大奖”四处开花，不时给寂寞的文坛带来几分热闹，说不定什么时候天上真的掉下块馅饼你也绝不要感到意外。获奖作品的质量虽然参差不齐，但奖励的金额却愈来愈高，先前还是千元万元的数目，后来竟然是十万百万的招呼上了。钱花了很多，张狂话说了不少，一些人也跟着在报刊电视上风光了几回，但留下来的好作品有多少，却不得而知。在这热热闹闹的评奖背后，人们不禁要问，这此起彼伏的评奖动力来自何方？评判尺度谁来掌握？如此这般的“重赏”之下文坛能否出现几匹黑马？

这篇评论开头在简单地交代了事实的前提下，提出了三个问题：各类文艺作品评奖的动力来源？评判的尺度？文艺作品的质量？作者一开头就界定了评论的范围，接下来的正文就是围绕这三方面展开。同时，读者一接收到这三个问题，自然会对这三个问题进行一番思索，在思索的基础上再来接收作者的观点，能使读者更好地接受评论的观点。

(3) 直接交代引起评论的背景

这类开头常常应用于社论中。社论是应景而生的，针对性很强的评论文章，常常为配合某一活动，或为宣传某一方针政策而写的。开头交代写作背景，以阐明文章的重要性和针对性。如：

> 60年前，毛泽东在延安反过一次党八股，著名的《反对党八股》一文，就写于1942年2月。可是，建国50多年了，党八股这种恶劣的文风，不仅无所收敛，而且还在“与时俱进”，危害着党的事业。
>
> (《宁波日报》《再反一次党八股》2002年5月28日)

2. 点明论点，引出论证

如果说，新闻评论把新闻事实摆在开头往往是不可避免的话，那么把论点摆在前头，是除此之外更为普遍、更能及时传播信息的一种开头。点明论点也有两种方式，一种是直接摆出正确的论点；另一种是先摆出错误的论点，再通过反驳得出自己的观点，这一方法虽然采用了点迂回的手法，但作者的观点是边驳边立，在驳论的同时也确定了自己的观点，因此也可归纳入“开门见理”内。

(1) 直接摆出论点

制止国有资产无偿量化给个人

> 近年来，一些企业把国有资产无偿量化给个人，美其名曰“改革激励机制”，“一送送出新天地”。值得警惕的是，有的地方把这种明显违背中央精神的做法称作“实现了国企改革的突破”，“改革的方向是对的”。对这种把国有资产无偿量化给个人的做法，党中央、国务院领导同志多次给予严肃批评，指出这是将国有企业改革引入歧途。各级领导同志对此必须引起高度重视，坚决制止这种错误倾向。
>
> (新华社北京2001年8月28日电)

文章一开篇就指出，一些企业把国有资产无偿量化给个人的做法是错误的，要坚决制止这种行为。这是全文的论点，也是作者的态度。接下来具体论证这种做法错在何处，为什么要坚决制止。

这种评论就属于先把论点摆出来，一开篇就表达作者的观点和主张。它立场坚定，旗帜鲜明，是典型的“开门见理”。这种开头的效率性是最高的，读者能在最短的时间内最及时地接收到评论要表达的信息。但是，也有人认为，接收并不代表接受，一开篇就给出论点会给读者很突兀的感觉，读者会有一种强加于人的感觉，从而产生逆反心理。

(2) 驳论错误观点得出论点

通过揭露和驳斥错误的、反动的论点来确立自己的论点就是驳论。驳论的作用在于"破"，即辨别是非，驳斥错误的观点，同时树立正确的观点。

旧西藏不是"香格里拉"

当西藏"民主改革"这一历史事件，通过"百万农奴解放纪念日"重回人们视野时，相信人们对民主改革前的旧西藏，会有更深入的了解；对把旧西藏描述成"香格里拉"的做法，会有更清醒的认识。

长期以来，一些人不断在国际上提出所谓的"西藏问题"，他们将广大西藏人民的翻身解放、西藏经济社会的长足发展诋毁得一无是处，把黑暗落后的旧西藏描述成"完全浪漫的"、"享有充分自由的"、世外桃源式的"香格里拉"。甚至一些国际人士也认为，旧西藏是"清净美妙"的、"无须解放"的。

然而，西藏档案馆保存的史料却清楚地记录着，民主改革前西藏的《十三法典》和《十六法典》，把人分为三等九级，明确规定人们法律上的地位不平等；超过人口总数90%的农奴没有丝毫的人身权利和自由，被农奴主视为"生来卑贱者"、"会说话的牲畜"，他们连起码的生存权都无法保障，民主权利更是无从谈起。

埃德蒙·坎德勒在他的《拉萨真面目》一书中说，"喇嘛是太上皇，农民是他们的奴隶……毫无疑问，喇嘛采用了精神恐怖手段以维持他们的影响和将政权继续控制在他们手中"。崔比科夫在《佛教香客在圣地西藏》里说，"强大的僧侣势力掌管一切，但僧侣也有高低之分，过着天上地下的生活。即使是在寺院里，普通僧人也随时面临着刑罚，甚至死刑……"

人们从中能看出旧西藏"香格里拉"的图景吗？

今天走在西藏拉萨的大街上，不认识的人见面互相问候："您贵姓？"而在封建农奴制的旧西藏，农奴们见面却这样问候对方："你是谁家的(农奴)？"如果说旧西藏曾经有自由，那就是极少数农奴主在广大农奴头上作威作福的"自由"，是广大农奴被随意买卖、交换的"自由"；如果说旧西藏曾经有人权，那就是极少数农奴主生杀予夺的特权，是广大农奴被剥削奴役的"权利"；如果说旧西藏曾经是"香格里拉"，那这样的"香格里拉"只不过是极少数农奴主的天堂，广大农奴的地狱。

因此，当欧洲议会西藏问题协调小组组长托马斯·曼先生认为，设立"百万农奴解放纪念日"是"对藏人的极大羞辱"时，人们不禁要问：这位先生眼里的

"藏人"究竟是谁？可以肯定的是，这些"藏人"不包括曾占西藏人口 90%以上的百万农奴和奴隶。恰恰相反，他的这种说法侮辱了曾经饱受苦难的广大西藏人民。

那些曾经高高在上的统治者，把旧西藏描述成梦想中的"香格里拉"，不断关切西藏的"自由"和"人权"，进而提出"真正自治"的主张，开出"中间道路"的药方，其目的不言自明。正如德国《我们的时代》周刊刊登的题为《这并不关系到人权》一文指出的："这些人，在他们统治期间肆意践踏西藏人民的尊严和人权，今天却装出一副人权的维护者的面孔来。"

只是，一个基本的现实是，今天的欧洲，不可能再回到 500 多年前的中世纪欧洲；今天的美国，不可能回到南北战争前的美国；同样，今天的西藏，也不可能再回到政教合一的封建农奴制的旧西藏。

历史的真相不能歪曲，时代的潮流无法阻挡。

（《人民日报》2009 年 1 月 21 日）

文章开头就引用了国际上一些观点：旧西藏是"清净美妙"的、"无须解放"的，接下来运用西藏档案馆保存的史料、西藏人们现在的生活等材料进行驳论，对错误言论进行周密的分析，弄清它的症结所在，一针见血，击中要害。尽管作者的论点一开头并没有呈现在读者面前，但作者边破边立，他的态度、观点通过反驳错误的论断确立起来了。

新闻的开头除了直接点明论题或论点的写法外，还有一些特殊的写法。它开头既没有点明论题，也没有揭示论点，而是运用引语、比喻、故事、经典等方式，声东击西，言在此，意在彼，通过相关性、相似性引出真正要探讨的论题或论点。如 2008 年 10 月 15 日《人民日报》上刊登的一篇题为《"碎碎"平安》的评论，开头就是：

路透社日前报道说，在美国的圣迭戈，金融危机让人们倍感压抑，"碎碎屋"却因此生意兴隆。顾客每一刻钟只需付 10 来美元，就可以把餐具等易碎品狠狠地砸到墙上，借此缓解压力。有人在这里消费后说：这是过去 2 年中花得最值的 50 美元！

这第一段是以故事性的新闻事实开头，按照一贯的思维，大家可能认为接下来就"碎碎屋"的生意为何这么火发表看法。

但事实上，作者却笔锋一转，评论的对象是房地产泡沫带来的金融危机。

中国人常说，"碎碎平安"（取"岁岁平安"意）。哈佛大学教授丹尼·罗德里克 13 日在《谁杀死了华尔街？》的文章中，谈到目前的金融危机源头时说，也许罪魁祸首是 20 世纪 90 年代开始出现的房地产泡沫，以及格林斯潘领导的美联储不愿意放走泡沫中的空气。看来，金融危机的出现正好是挤破了泡沫，只不过泡沫的破碎来得似乎晚了一些。从这个意义上说，金融泡沫的破灭，未必不是“碎碎平安”。

运用引用、经典、比喻、故事开头,能使文章显得生动活泼起来,但需要注意的是,必须与要探讨的话题具有某种相关性,具有思维上的联想性,否则会造成读者思维上的混乱,阻碍信息的传播。

二、正文——论证严密,结构有序

评论开头提出论点或引出选题之后,评论主体就要在正文部分运用逻辑思维来组织材料对其进行分析和论证。怎么样来组织材料?有一个简单的标准,那就是要符合人们认识事物时的规律。论点之间的关系也都关系到正文部分的结构,影响到整篇评论的外在表现形式。正文部分结构主要表现为单一结构和复式结构。单一结构包括并列结构、递进结构、对照式结构、故事结构。复式结构指的是在行文过程中,两种或两种以上不同单一结构的杂糅。相对于单一结构来说,复式结构能展现不同的逻辑思维的力量,对于论述说理更有好处。

1. 并列结构

在论证说理过程中,各个层次间呈现出平行的关系,它们都是围绕着总论点,从不同的角度对总论点进行多方位的论证。在采用并列结构的时候,我们必须考虑到评论结构要整体严谨,不要因为是并列结构就各行其道,反而是要“形散神不散”,很好地为总论点服务。2003 年“非典”给我们造成了很多不利的影响,我们应该怎么样来应对“非典”?在坚持经济建设不动摇的同时,也要抓“非典”。2003 年 5 月 12 日,中央人民广播电台播发评论《两副重担一肩挑》,告诉人们防御“非典”的同时也要发展经济。

> “非典”疫情来势汹汹的势头现已得到有力的压制,相持阶段开始,民心稍安之后,经济建设的需求坚挺起来。形势发展要求我们挑起抗灾和生产的两副重担,把“非典”疫情打下去,把造成的经济损失夺回来。因此,兼顾两个战场,打赢两场战争,将成为下一步全国工作的重要特征。
>
> 毫无疑问,抗击“非典”仍将是重中之重,直接威胁社会安定、威胁人民生命健康的首恶必须彻底铲除,来之不易的抗灾新局面不容逆转。我们已经连续几天将全国新发病例控制在两位数之内,重点地区疫情高发的势头降了下来;多数零星发病的省、区、市控制能力增强;广大农村和西部地区未雨绸缪,全面防控开始启动。全国城乡已经充分动员起来,人民战争的局面已经形成,所有这些都令人鼓舞。
>
> 但是斗争的艰巨性、复杂性不可低估。疫情飘忽不定,防线无边无际,一点发病必须连片防控,一环疏漏可能连锁振荡。目前的相持是强力防控的结果,

进一步发展阵地还要靠防控力度的加强。当此疫情和防控全面角力的时候，进退成败取决于双方的力量对比，来不得半点侥幸。否则一脚不稳便可能阵势大乱，甚至功亏一篑。我们必须高度警惕。

当前各地疫情差别明显，防控工作要因地制宜。疫情早发且已明显回落的地区重在巩固和发展成果，防止出现反弹；重点疫区要加大防控力度，全力切断传染链条；零星发病地区要保持和加大防控力度，瞪大眼睛注视疫情动向；广大农村和西部地区则要高度警觉，防患于未然。总之，抗"非典"还要继续当成硬仗、恶仗打。面对遍地烽烟，我们绝不可有丝毫懈怠，要层层设防，处处安营，举全国之力围剿全国的大敌。

在上面的自然段落中，作者向受众介绍了"非典"成为当前工作重点的原因，一是由于"非典"控制取得了阶段性成果，但控制"非典"的状况依然严峻；二是怎么样去控制"非典"。

与此同时，我们还要把经济工作抓得紧些再紧些，让各项社会事业尽快正常运转起来。作为国家各项事业的根本，经济是全局的总支撑，经济发展全局繁荣，经济滑坡全局凋敝。尤其对于大面积的社会灾难，经济实力是消除危机的根本依托，没有改革开放积累起来的雄厚实力，这一次抗击"非典"难以想象。前一段的遭遇战已经造成了一定的经济损失，我们将此视为成本。眼下的局面已有所好转，抓经济的这只手要尽快硬起来。

现代经济分工发达，环环相扣，行业、地区甚至国家之间结成各种各样的产业链，一环断裂整体受损，一时停顿长期滞后。无论从当前还是长远考虑，都必须让我们的经济机器尽快运转起来。

作者在上面两个自然段中讲述了继续发展经济的重要性。

换个角度看，抗灾和生产绝非水火不容，"非典"在点上，经济在面上，空间位置并非完全重合。采取适当措施把点和面切割开来，生产和救灾完全可以各循其道，并行不悖。各地具体情形千差万别，但办法总比困难多。两手抓、一肩挑，需要勇气也需要智慧，压力当头，我们要抖擞精神，从容面对，相信闯过新的考验必有新的更大的作为。

文章采用的是并列结构，通过设置两个分论点对控制"非典"和发展经济进行了分门别类的论述，做到了有针对性的提出问题、解决问题，在论述控制"非典"是工作重点的同时，也论述了在控制"非典"的特殊时期里继续发展经济的重要性，紧紧围绕着文章的总论点，给受众以明确的指导作用。

2. 递进结构

新闻评论在论述的时候往往要由此及彼、由表及里、由浅到深。在此结构中，各个层次在逻辑关系上是递进的，前一个层次是后一个层次的基础，后一个层次是对前一个层次的深化，不同的层次之间环环相扣，以求对事物从更深层次上进行认识。

递进结构符合人们由现象认识本质、由浅入深认识事物的过程，在采用递进结构的时候，我们必须注意：①各层次之间要有区分，以便使文章富有节奏感。递进结构是逻辑思维逐渐深化的表现，放在最前面的那一层不宜涉及事物的本质，只要求停在对事物进行表面认识这个点上，否则，文章的结构就会显得局促，递进结构也有可能变成并列或者其他结构。②必须围绕总论点。在递进结构中，后一层是对前一层的深化，这有可能造成在具体的行文过程中，误把分论点当成总论点。③逻辑顺序要清楚。由于在此结构中，文章的各层次逐渐深化，运用怎样的逻辑顺序？关系到文章条理清楚与否的问题，为了让受众便捷地阅读如此评论，我们就要运用由表及里、由现象深入本质的逻辑顺序，避免在行文过程中由于逻辑混乱而造成文章结构混乱。

2007 年，广东省九江大桥坍塌，有关方面在事情发生后的第 5 天就公布了事故的原因。与九江大桥坍塌事故间隔 1 个半月之后，美国也出现桥梁坍塌事故，可是，其事故原因可能要到 18 个月之后才公布。一前一后两起类似的事故，一长一短关于事故原因的调查时间，这里面就有很多令人思考的东西。评论《大桥坍塌的中美调查之别》(见第四章)就对这样的问题进行了思索，探究了现象背后的原因。

文章在介绍了由头之后，便对事件的原因进行了探讨。从上文可以看出：在事故原因调查方面有快慢之别，表面原因是专家们的工作态度的差别。在后面的行文中，作者在前一层次的基础上，点到了制度环境。后面又从更深层次的法律、文化角度对差别进行了探讨。从行文中，我们能清楚地感受到作者思维深化的过程。

3. 对照式结构

什么是对照式？对照式指的就是在中心论点提出之后，从正反两个方面对中心论点进行论证。运用对照式，目的是通过两个方面的对照，突出说明其中一个方面的正确性，另一个方面只起烘托、陪衬的作用。

有的新闻评论对两类不同事物进行论述时，把两类对象的原貌概括出来，在无声无息的行文中，其义自现。这样的结构通常通过两类事物进行对比来实现，通常是比较事物之间的差异，包括同一事物的不同阶段、不同的事物等等。《河北日报》2001 年 4 月 11 日刊发的《“真抓”与“假抓”》就是通过罗列出“真抓”与“假抓”的异，通过“真抓”与“假抓”互相对照，揭示“假抓”的本质及危害，来引起人们对于“假抓”的思考。以下是部分原文。

“真抓”者开会，“假抓”者也开会。“真抓”者重视的是会议的效果，“假抓”

者重视的是会议的形式，关心的是会议的消息见没见报纸，上没上电视，并想方设法让上上下下都知道，自己已经积极行动，正准备大干一场。

"真抓"者讲话，"假抓"者也讲话。"真抓"者讲的是根据本地的实际情况，应该解决的具体问题和应该采取的具体措施，是自己应该承担的具体任务和责任。而"假抓"者讲的则多是套话、空话、照本宣科的话和要求下边干的话。

"真抓"者抓先进典型，"假抓"者也抓先进典型。"真抓"者抓的典型是给下边看的，而"假抓"者抓的典型是给上边看的；"真抓"者抓的典型是经得起时间考验的，"假抓"者抓的典型却多是"现使现抓"、昙花一现的。

"真抓"者下去检查，"假抓"者也下去检查。"真抓"者下去，是下到最基层，找问题，找死角，找仍然不满意的地方，然后再对症下药。"假抓"者检查，多是小车未动，通知先行，专门去看那些已经摆好了的"漂亮"场面。

"真抓"者总结工作，"假抓"者也总结工作。"真抓"者注意总结经验教训，"假抓"者惦记的只是搜集工作成果；"真抓"者关注的是下边的反映，"假抓"者注重的是上边的评价。所以，汇报工作时，"假抓"者往往讲得更加头头是道，口若悬河。

同样一项工作，"真抓"者往往用100%的力，而"假抓"者却只用50%的力，但他却常给人一种更卖力、更辛苦、效果也更显著的感觉。这是因为"假抓"者非常善于造势，非常善于制造广告效应、轰动效应，善于利用"勤请示、勤汇报、勤和领导接触"的"三勤"效应。所以，"假抓"者当中，也时不时有人被提拔，被重用，被评先。

作者采用对比的手法对事实进行分析与阐释，在列出"真抓"表现的同时也说出"假抓"的种种表现，用"真抓"的种种表现衬托出"假抓"，让受众明白"假抓"的本质。

4. 故事性结构

和平面媒体的新闻评论不同，电视新闻评论是通过画面加解说的形式进行传播的，传播符号的特殊性决定了电视新闻评论具有明显的故事性特征。2001年1月30日，《焦点访谈》播出了抨击法轮功邪教组织的评论《邪教本质 残害生命》。以下是节目的部分解说词：

【解说】 2001年的1月23日，是中国传统节日春节的除夕，正是人们忙着回家过年的时候，天安门广场上游人不多，下午14时41分和14时47分，分别在人民英雄纪念碑的东北和正北方向，发生了两起自焚事件，其中1人当场死亡，4人烧伤。与此同时，还有2人在准备自焚时，被执勤民警发现后及时制止。据调查，在自焚的5人中，有两对母女，她们是郝惠君和她19岁的女儿陈果，刘春玲和她12岁的女儿刘思影，另一个叫王进东，自焚未遂者叫刘葆荣和刘云

芳，他们都来自河南省开封市，自焚未遂者刘葆荣参与了整个事件发生的全过程。

……

【解说】 2000年6月16日，李洪志在《走向圆满》这篇经文中说，顶着压力走出来，正视法的弟子是伟大的。2001年8月12日，李洪志在《去掉最后的执著》中又说，大法弟子去掉一切常人的执著，包括对生命的执著。2001年1月1日在《忍无可忍》的经文中，李洪志说，忍是可以为真理舍弃一切。

【解说】 对“法轮功”人员来说，修炼就是要回到那个所谓的法轮世界。

【解说】 为了成神，这次他们到天安门广场，做好了放下生死的准备。

【解说】 他们7个人，每个人都准备了这种特意用雪碧瓶装的两瓶汽油，两个打火机和刀片，并准备在天安门广场，统一行动。

【解说】 他的行为被执勤民警及时发现。

【解说】 刘葆荣被带上了值勤的警务车，这时王进东点燃了身上的汽油。

【解说】 王进东身上的火很快被扑灭了。

【解说】 正在民警集中扑救王进东身上的火时，在人民英雄纪念碑的正北，两对母女也点燃了自己。由于公安民警和武警战士的及时扑救，火很快被扑灭了，已经被公安民警带上警务车的刘葆荣，目睹了当时发生的一切。

【解说】 这一切使刘葆荣开始对自己曾经坚信的东西产生了怀疑。就在民警清理现场时，他们7人中一直没有动的刘云芳开始动了。

【解说】 北京市急救中心的救护车及时赶到现场，紧急抢救伤员。这个女孩叫刘思影，今年只有12岁。

【解说】 她的妈妈没有回答她，因为她的妈妈已经当场死亡，救护车将他们紧急送往医院进行抢救。

……

【解说】 目前他们已经安全度过了48小时的休克期，在入院第3天，医院给他们做了第一次植皮手术。

……

【解说】 这4个人中，刘思影和王进东是中等面积烧伤，陈果和她的母亲郝惠君是大面积烧伤，陈果的烧伤面积达80%，深三度烧伤近50%，这4个人都有颜面、双手这种特殊部位的烧伤。

……

【解说】 但是当他们最后真的以生命为代价，去换取那个虚幻的许诺时，他们得到的是什么呢？这个小女孩生活中唯一的依靠是她的母亲，这次母亲自焚身亡，她今后面对的该是什么样的生活呢？

……

【解说】　现在已经初步查清，这些“法轮功”的痴迷者，从河南出发时，有人送行，到北京之后，又有人接待，当他们在天安门自焚时，有国外记者在现场录像。这是在李洪志扬言要在天安门制造流血事件后，发生的一起有组织、有预谋的自焚事件。天安门的自焚事件说明“法轮功”这个邪教组织，对人生命的残害已经逐渐升级，从一开始的拒绝求医看病，到个别人上吊自杀、自焚，从剖腹找法轮，到集体跳楼自杀，直至发展到这次天安门的集体自焚事件，这个惨案的发生使我们更清楚地看到，世界上任何一个邪教，最终都是残害生命的恶魔。

在电视新闻评论中，解说词把电视画面连接了起来，整体感觉就像主持人在讲一个故事一样，事情的开头、经过、结尾在解说词中得到了充分体现，就如上边的解说词一样，主持人把法轮功组织策划的天安门自焚事件的经过、给人们造成的伤害一一列举了出来，用事实来说明一切，揭开了法轮功组织属于邪教组织的面纱。

故事性结构不是电视新闻评论的专利，在广播评论和报纸评论中也能发现这样的例子。2006年，《经济日报》发表的《关注着你的关注》(见第四章第五节)采用的就是故事性结构。文章通过采用两个故事引出论题，在接下来的行文过程中，运用讲故事的口吻，来运用事实材料论证选题，向受众传达党和政府在执政方面策略的变化，对于一个国家来说，事无巨细，老百姓的事情就是国家的事情，很好地完成了对两会的宣传作用。

在运用故事性结构写作新闻评论时，我们必须注意以下两点：第一，在“叙”的同时要注意“论”的应用。这一点是故事性结构新闻评论区别于故事讲述的关键，也是故事性结构新闻评论论述说理的源头。第二，“形”散而“神”聚。从上边引用的两篇故事性结构的新闻评论可以看出，该类型评论的“形”即行文布局都比较分散，但是，却又是在围绕一个中心论点来展开，保障了材料的针对性。

5. 复式结构

并列结构也好，递进结构也好，都只是一种单一的结构，这里说的复式结构就是指对于单一结构的杂糅所形成的结构。就如上面引用的《大桥坍塌的中美调查之别》的部分原文，其在整体上看，是一个递进结构，但从某些单个的自然段看，它也包含了并列关系。比如，文章从法律和道义上追寻原因是对上面已经论述过的层次的深化，接下来，又站在法律和道义的角度对原因分别论述，这又构成了并列结构。

三、结尾——深化论点，引发思考

结尾是新闻评论结构中的最后一个部分，是文章内容阐述的必然结果，是论点得到充分证实后的归纳和延伸。它对评论形式而言，是一种结构上的结束；而对评论的意义而言，则是影响人们思想和行动的开始。结尾主要是帮助读者明确题旨，加深认识，或者使人读了饶有余味，增强感受。

“为人看晚节，行文重结穴。”评论的结尾是伸延文意收束全文的关键，是对论点的充分显示和升华。好的结尾必然使评论的整体结构，更加严谨自然、完整统一，必然使评论的论点，更加深刻、鲜明，可见，精心设计结尾，十分重要，切不能掉以轻心。

结尾的方式与开头一样也是多姿多彩的，这里归纳几种：

1. 总结全文，卒章显志

为帮助读者把握和理解评论的论证思路和进一步增强论证的力量，我们可以在论证完中心论点之后，作一个简洁、明了的总结归纳，这样既突出了中心论点，还给人以深刻和鲜明的印象。这类结尾在评论中的使用频率很高。譬如，2007年7月9日《解放日报》刊登的一则评论员文章《上海要有更宽广的胸襟》的结尾：

> 总之，上海人一定要海纳百川，虚怀若谷，从谏如流，闻过则喜，这才是我们的博大之处；上海人一定要既有精明、睿智的清醒头脑，更有大气、谦和的宽广胸襟，只有这样，上海的城市精神才能高扬，上海人才能以崭新的形象播扬于世！

这是一个典型的总结全文式结尾，高度概括了全文又高于全文。结尾处高度概括了上海人应有的胸襟和品质，再一次点明了论点，上海人只有改变形象，用更宽广的胸襟才能走向中国，走向世界！

又如2009年1月23日的《人民日报》评论《让春节有更多“文化选择”》，结尾这样写道：

> 梁漱溟先生曾经把文化定义为“一个民族生活的种种方面”，其中既包括精神生活方面，如宗教、哲学、科学、艺术等；也包括社会生活方面，如我们与周围的人的关系，小到家族、朋友，大到社会、国家、世界，所有的社会组织、伦理习惯、政治制度及经济关系；还包括物质生活方面，如饮食、起居种种享用。在这个意义上，如何生活、如何过节其实一直都与文化有关，与现代化有关，而推动文化的现代化，既关系到个人的全面发展，也标志着一个国家的发达程度。

这个结尾以梁漱溟先生对文化的定义来收束全文，梁漱溟先生对文化的定义是多方面的，而作者在论述中也是谈文化的多元性，从这个意义上，结尾是高度概括了全文，又点明了论点，把文章拔到了一个新的高度。

2. 提出希望，激励人心

这种结尾多用于党报的社论中，当社论正面宣传党和政府的政策或活动时，需要动员人们参与和支持时，这类结尾挑起大梁。这类结尾高屋建瓴，或展望未来，或揭示真理，鼓舞和激励人们团结一心，很有激情和号召力，给人以希望。如2001年7月1日《人民日报》刊登的社论《光荣属于中国共产党和中国人民——庆祝中国共产党成立80周年》的结尾：

> 回顾党的光辉历程，我们深感自豪，备受鼓舞；展望新的历史使命，我们信心百倍，斗志昂扬。从现在起，今后的10年、20年、50年，将是中国发生更加深刻变革的伟大时代。到2010年的时候，为实现第三步战略目标奠定坚实基础；到2021年建党100周年的时候，在各方面形成一整套更加成熟更加定型的制度；到21世纪中叶新中国建国100周年的时候，基本实现社会主义现代化。中国共产党人就是要有这样的雄心壮志，这样的英雄气概。不论国际风云如何变幻，不管遇到什么样的困难和挑战，中国共产党人都将无所畏惧，勇往直前。让我们紧密地团结在以江泽民同志为核心的党中央周围，高举邓小平理论伟大旗帜，坚持党的基本路线，紧紧依靠全国各族人民，同心同德，艰苦奋斗，推进有中国特色社会主义事业，迎接中华民族的伟大复兴。

这篇评论是为庆祝中国共产党成立80周年量身定做的。这种标题一看就给人一种力量之美，充满激情，让读者顿生澎湃之情。在简短的回顾了党的光辉历程后，又展望了党的未来，给人以希望之美。接下来号召人们围绕在党的周围，努力奋斗，使全文的主题得到进一步的升华，水到渠成，很好地发挥了舆论先导的作用。

但是在做这类标题时，也要把握好一个度。这类标题只适合于重大的场合和政策，只有在全文的基调都处于高昂的状态下才可用，否则有堆砌口号之嫌，让人顿生反感。

3. 留下"余音"，发人深省

这类结尾与第二类结尾高昂的激情外露恰恰相反，它善于含蓄美，用最精到的语言，或用艺术手法，如修辞格的应用、套用故事等结尾，委婉含蓄地表示一种道理，耐人回味，发人深思。

> "陋室"已经三次改造了。十分巧合的是，据史料记载，刘禹锡遭贬之后，因受当地知县的排挤，也曾三次移居，住房一次比一次小，最后只能在放一床一桌一椅的破旧小房中居住，写下名垂千史的名篇《陋室铭》。古今对照，不禁让人发出时空交错世事变迁的感叹。想必，刘禹锡如在天有灵，也不会吟诵什么《陋室铭》了，而是想高唱一曲：我真的还想再活1 200年！
>
> （《扬子晚报》《千万元改造"陋室"是否亵渎了刘禹锡？》2008年9月9日）

这个结尾含而不露，一点也没提及陋室改造究竟是好是坏。只是运用了一个史诗故事来进行古今对照，在古代，刘禹锡的住所是越搬越小，才有了《陋室铭》，而如今的"陋室"呢？在改造三次之后会成什么样？刘禹锡如果在天有灵，为什么会想再活1 200年呢？因为陋室已经改造得面目全非，如果刘禹锡老人家还在的话，是万万不会答应的。通过对照和反讽的手法，含蓄地表达了作者的观点，同时也能引起读者的思考。

以上列举了三种常用的结尾方式，但实际上结尾的形式是多样的，根据文章的内容和风格而定。

结尾切不可首尾脱节，切不可"收口不紧"、"虎头蛇尾"和"画蛇添足"。"不紧"的文章令阅卷者产生"一盘散沙"的感觉；"蛇尾"的文章使人越读越没劲，直至兴味索然；"添足"的文章不只是徒劳无功，更会弄巧成拙，令人啼笑皆非。

本章小结

本章重点讲述新闻评论标题的基本要求，新闻评论和新闻报道标题的不同，制作好标题的方法，新闻评论常用的开头结尾方式和常用的结构形式。

通过本章的学习，要了解新闻评论标题的基本要求是准确简要地概括论题或论点，并在此基础上做到富有语言美和句式美，尤其注意社论标题要求态度鲜明，风格庄重，多用双行标题；新闻评论标题和新闻报道标题的不同主要有反映的对象不同、表达方式不同、结构方式不同、句式特点不同；制作好标题的方法可以通过修辞格的应用、句式的多变等艺术手法来概括论题或论点；新闻评论常用的开头方式有概括论题，点明论点或运用引语、比喻、故事、经典等声东击西的方式；常用的结构形式有单一结构和复式结构，单一结构又包括并列结构、递进结构、对照式结构、故事性结构等结构方式；常见的结尾方式有总结式、激励式、含蓄式。

本章自测题

一、单项选择题

1. 论点是评论的(　　)。

   A. 基础　　B. 灵魂　　C. 主干　　D. 见解

2. 评论的主体(也称中间部分)是支撑全文的主干，在评论中称为(　　)。

   A. 立论　　B. 论点　　C. 正文　　D. 本论

3. 评论的结构主要是指评论各组成部分的总体设计与谋划，具体表现为（　　）。

A．精心选择由头和论据　　B. 提炼评论的中心论点

C. 合理安排观点和材料　　D. 酝酿论题，制作标题

4. 与新闻报道标题相比，评论标题的特点之一是（　　）。

A. 经常使用复合式标题　　B. 采用叙述、描写的手法

C. 题义丰富、句式完整　　D. 简短明了、句式灵活

5. 与新闻评论标题“意向鲜明”相悖的做法之一是（　　）。

A. 表述拖沓　　B. 篇幅冗长　　C. 态度暧昧　　D. 词语啰唆

二、多项选择题

1. 新闻评论标题与新闻报道标题的不同之处是（　　）。

A. 反映的对象不同　　B. 表达方式不同

C. 结构方式不同　　D. 句式特点不同

2. 社论标题的特点。（　　）

A. 态度鲜明　　B. 风格庄重

C. 多用双行标题　　D. 多用叙述语句

3. 评论常见的几种开头方式。（　　）

A. 直接摆出事实　　B. 直接摆出论点

C. 以艺术手法开头　　D. 摆出反驳对象，提出错误的认识

4. 评论常用的结构形式。（　　）

A. 并列结构　　B. 递进结构

C. 对照式结构　　D. 故事性结构

5. 评论的结构一般包括几个部分？（　　）

A. 开头　　B. 结尾

C. 论据　　D. 论证部分

三、判断题

1. 新闻评论标题的结构较为复杂，常为复合型结构；新闻标题的结构比较简单，常用单一结构。（　　）

2.《由高官落选院士想到的》这个标题直接点明了论点。（　　）

3. 在论证说理过程中，各个层次间呈现出平行的关系，它们都是围绕着总论点，从不同的角度对总论点进行多方位的论证。这种结构叫对照式结构。（　　）

4. 评论都是由中心意思、材料、结构三个要素组成的。（　　）

四、简答题

1. 新闻报道标题与评论标题的区别何在？简述之。

2. 谈谈如何制作一个优秀的标题。
3. 谈谈新闻评论故事性结构的特点。

单元实训

实训一

试从以下两个案例中分析新闻评论标题与新闻报道标题的区别，并分析评论结构上的特点。

坚决打胜抗震救灾这场硬仗

在抗震救灾的危急时刻，在攻坚克难的紧要关头，正在四川指导抗震救灾工作的中共中央总书记、国家主席、中央军委主席胡锦涛，17日连夜在成都召开会议，研究部署下一步抗震救灾工作，并发表重要讲话。胡锦涛同志强调，要把抗震救灾作为当前最重要最紧迫的任务，以更加顽强的精神、更加迅速的行动、更加密切的配合，克服一切艰难险阻，坚决打胜抗震救灾这场硬仗。

胡锦涛同志的重要讲话，是党中央着眼于抗震救灾全局做出的全面战略部署，体现了党中央对人民群众生命安危的高度关切，体现了人民利益高于一切的根本要求，是夺取这场抗震救灾全面胜利的行动纲领。各级党委、政府和中央各有关部门务必坚决贯彻中央的决策部署，把各项要求坚决落实到抗震救灾的全部工作之中。

当前，抗震救灾斗争形势依然严峻，任务艰巨，时间紧迫。打胜抗震救灾这场硬仗，当务之急就是按照胡锦涛同志的部署，做好六个方面的工作：要继续争分夺秒地搜救被困群众，坚持以人为本，把抢救人民群众生命作为首要任务；要全力救治受伤人员，尽最大努力抢救伤员生命，医治群众病痛；要想方设法安排好受灾群众基本生活，继续筹措灾区群众急需的生活必需物资；要抓紧抢修因灾毁坏的基础设施，尽快实现灾区通路、通电、通水、通信息；要做好恢复重建准备工作，及早谋划恢复生产、灾后重建；要切实加强对抗震救灾工作的领导，尽快形成大力协同密切合作的机制。我们要遵照这些战略部署，更加积极主动地开展工作，把抗震救灾有力、有序、有效地推向深入。

抗震救灾是一场生死时速的较量。连日来，在党中央、国务院和中央军委坚强领导下，在国务院抗震救灾总指挥部直接指挥下，人民解放军指战员、武警部队官兵、民兵预备役人员和公安民警顽强奋战解救被困群众，灾区干部群众临危不惧奋起自救，全国各族人民患难与共全力支援，为我们打胜抗震救灾这场硬仗奠定了坚实基础。

6天奋战感天动地，气壮山河，但困难仍在眼前，挑战还在后头。自然界的大灾大难，是对一个民族意志和品格的锤炼。打胜抗震救灾这场硬仗，迫切需要顽强的精神、迅速的行动、密切的配合。我们只有咬紧牙关、鼓足勇气，凝聚起无坚不摧的力量，才能共同战胜一切风险挑战；我们只有争分夺秒，与死神抗争，才能创造更多生命奇迹；我们只有军民团结，齐心协力，才能共克时艰，战胜灾难。

每个时代，每个民族，都不可避免地要经历磨难和考验。在几千年历史长河中，中华民族虽历经沧桑，饱受磨难，但每一次都能以我们民族特有的毅力和勇气，化险为夷，转危为安，愈挫愈奋，愈折愈强。我们坚信，有中华民族不屈不挠、团结奋斗的光荣传统，有党中央沉着冷静、卓有成效的坚强领导，有全国各族人民众志成城、同舟共济的顽强拼搏，抗震救灾斗争的胜利必将属于伟大的中国人民！

（《人民日报》2008年5月19日）

"党和政府一定会帮助灾区人民渡过难关"
——胡锦涛总书记在四川特大地震灾区什邡市看望慰问受灾群众和救援人员

什邡市是中共中央总书记、国家主席、中央军委主席胡锦涛在四川指导抗震救灾工作所到的第四个遭受地震重灾的县市。18日上午，胡锦涛专程来到什邡市，给当地受灾群众带来了党中央、国务院的深切关怀，对当前抗震救灾工作提出了进一步要求。

2000年全国县市开展"三讲"教育时，什邡市是胡锦涛的联系点，他曾到这个市动员和指导当地的"三讲"教育，对这里的情况十分了解。当总书记听说在这次特大地震灾害中什邡市遭受严重损失，特地前往这里察看灾情。

沿着坎坷不平的道路，胡锦涛驱车向什邡市灾情严重的蓥华镇赶去。越往山里走，倒塌的房屋越多，残垣断壁到处可见。总书记眉头紧锁，神情凝重。

经过一个多小时跋涉，胡锦涛来到蓥华镇。这个镇一些居民楼和企业车间、宿舍在地震中严重损毁，有的完全倒塌，有的扭曲变形，空降兵某部官兵和河南公安消防队员正在使用各种救援设备紧张搜救幸存者。胡锦涛快步登上废墟高处察看救援现场，焦急地询问人员伤亡和伤员救治情况。

随后，胡锦涛大声对现场救援的部队官兵和消防队员说，被困的群众正急切等待我们去营救，时间十分紧迫。同志们一定要争分夺秒工作，千方百计抢救幸存者。

总书记用洪亮的声音坚定地喊道："任何困难都难不倒英雄的中国人民!"

救援人员深受鼓舞,"继续作战,勇往直前!""坚决完成任务!"雄壮有力的口号声此起彼伏。总书记激动地同大家一起振臂高呼。

听说什邡市深山区里一些村庄的乡亲们受灾比较严重,急需救援人员,总书记当即把地方和部队的负责同志招呼到身边,同他们紧急研究救援工作,要求他们组织精干的小分队,带着食品、饮用水和药品,徒步进入深山区,火速赶往这些村庄进行救援,真正把抗震救灾工作延伸、拓展、落实到村。胡锦涛指着腕上的手表说:务必在今天中午12点以前出发。

时近中午,胡锦涛又来到设在什邡市区路边的一个受灾群众安置点。他弯下腰,走进一个个帐篷,关切地询问群众:家里情况怎么样?从哪里转移来?在这里几天了?吃饭、喝水、看病有没有保障?……

……

(《人民日报》2008年5月19日)

实训二

请根据下面提供的新闻事实,确定评论对象和范围,拟出一个新闻评论的题目,并写一篇500字左右的短评。

联合国秘书长安南盛赞黄山秀丽

本报讯(记者 潘成 吴江海)"黄山之行是一种非常独特的感受。我和夫人一定会再来。"5月20日,联合国秘书长科菲·安南夫妇一行考察了黄山风景区并欣然题词,盛赞黄山在保护管理方面的做法和成效。

黄山风景区雨后初霁,阳光明媚。10时40分左右,安南一行乘专车抵达黄山风景区。在始信峰,安南一行正好看到黄山环卫放绳工在探海松附近放绳到悬崖下捡拾垃圾,连声称赞:"真了不起,正因为有他们辛苦的劳动,黄山才能这么干净这么美丽。"

考察中,安南一边听取陪同人员的介绍,一边不时停下来仔细观察,当他看到游道两侧的黄山松都穿着"竹衣"时,对黄山管理部门对景区名木古树细致入微的保护给予了充分肯定。他在了解黄山大力推广生态厕所、对游人活动较多的主要景区景点采取封闭轮休等一系列保护管理方面的做法后夸赞:"好点子,其他风景名胜区也应该学学黄山的成功做法。"

下午,安南一行考察了黄山西海景区,美丽的排云亭、神秘的大峡谷、清澈的溪流、清新的空气、鲜艳的杜鹃花都给安南夫妇留下了十分美好的印象。在排云亭,安南夫妇兴致勃勃地锁上连心锁,把钥匙扔入峡谷,把美好的愿望寄托在黄山。安南一行在游览中不断被游人认出,人们纷纷热情地向安南一

行挥手，并鼓掌欢迎。安南和夫人总是微笑着向人们回礼，并用中文向大家问好。

安南一行是19日晚乘包机抵达黄山市的，陪同安南考察的有中国常驻联合国代表王光亚、副省长文海英、省外办和黄山市负责同志。

（《安徽日报》2006年5月21日）

第七章　新闻评论的要素

学习目的

1. 掌握论点的属性、论点的提炼标准
2. 掌握论据的属性、组织论据的要求
3. 掌握几种比较常见的论证方法及在论证中比较常见的两种修辞手法

核心能力

运用本章所学的理论分析具体的评论作品，并在实际写作当中将理论转化为实践

新闻评论作为一种论说形式，论点、论据和论证是其不可或缺的三要素。如果将新闻评论文章比喻成一道菜，那么，论点是厨师的新创意，论据是作料，分析与论证则是烹饪的技艺。虽然三者的具体作用、地位不相同，但它们都是让新闻评论色香味俱全的重要因素。因此，在分别阐述论点、论据、分析和论证之前，有必要阐述三者之间的关系以及存在状态，以从整体上对其进行把握。

"有形"与"无形"的关系。论点表述的是评论主体对评论客体的主观看法、论据是评论主体为支持论点所运用的客观依据。从上面的定义可以看出论点和论据是有形的，受众在阅读新闻评论时，一眼就能明了什么是论点、什么是论据。而论证则是评论主体运用逻辑推理等形式来阐释论点和论据之间关系的，"它贯穿于整个论述过程，属于无形的存在"①。在具体的论述说理过程中，究竟运用的是何种推理形式，还得靠受众自己去领悟。

"主观意识"与"客观存在"的关系。客观存在决定主观意识，主观意识反作用于客观存在。此关系也表现在论点和论据之间。在写作之前，论点是评论主体在掌握诸多素材的基础上提炼而出的，是主观看法，客观存在是主观意识的基础。在新闻评论的具体行文中，为了支持自己的论点，评论主体就要寻求有

① 王振业，胡平：《新闻评论写作教程》，170页，北京，中国广播电视出版社，2001。

力的论据进行分析和论证，用哪些具体的材料，用多少，是整体引用还是部分引用，是虚实结合，还是破立结合，都是在主体的主观意识支配下完成的，在此层面上，主观意识依赖并领导着客观存在。

从新闻评论开始写作到写作结束的整体过程里，论点和论据的相互作用始终会出现上述的两个阶段，理解了这些就会避免"论点先于论据"或者"论据先于论点"的绝对认识，有利于使认识和表达达到统一。

"大师"和"工匠"的关系。论点和论据传达的是观点信息，是想法，是事实，受众信服与否，还得靠"说"。和它们相比，分析和论证是技术和方法，就是前面讲到的"说"。如果一篇新闻评论有了好的论点、好的论据，而分析和论证的过程却漏洞百出，这样的作品是不足以让人信服的。分析与论证之于新闻评论就比如大师想出点子，还得靠工匠去实践一样，只有这样，创意才会变成实践。在写作过程中，运用何种推理论证方法、怎样运用以及运用的熟练程度，这都关系到评论的整体质量。所以，在新闻评论的写作过程中，分析与论证关系到说理的艺术、说理的程度，关乎新闻评论的社会效果，"说"得好，就让受众大呼过瘾，反之就会给人不痛不痒的感觉。

第一节　论　　点

一、论点的辨析

论点是一种主观形态信息，是由评论主体提出的，是评论主体主观世界的反映。

怎样去辨析论点呢？新闻评论包含了大量的观点信息与事实信息，比如理论性论据，它本身就是一些众人皆知的道理，但有的时候，它们是以论据形式存在的，受众一不留神就会误以为它们就是论点，评论的原意就会被曲解甚至误解。因此，引导受众在阅读新闻评论作品时怎么样去辨析哪些观点信息是论点、评论主体怎么样使论点凸显出来是很重要的。怎么去辨析出哪些观点是论点，方武认为："只被论证而不对别的观点起论证作用的观点，肯定是论点，它就是议论文中被分析阐释所环绕的作者的观点和主张。不被论证而只对别的观点起论证作用的观点，肯定不是论点，它就是议论文中对作者的观点和主张进行分析阐释的构成部分。既被论证又对别的观点起论证作用的观点，由于具备了'被论证'的特征，也应当被看做论点，它实际上就是通常所谓在中心论点统率之下的分论点。"[①]这告诉我们，论点在行文过程中是要被论证的。下面我们来看 2003 年 5 月 8 日《人民日报》刊发的评论员文章《一手抓防治非典 一手抓经济建设》。

---

① 转引自马少华：《新闻评论教程》，20 页，北京，高等教育出版社，2008。

一手抓防治非典 一手抓经济建设

站在全局的高度，处理好非典型肺炎防治工作和经济工作的关系，一手抓防治非典型肺炎这件大事，全力以赴地做好防治工作，切实保护人民群众的身体健康和生命安全；一手抓经济建设这个中心不动摇，努力保持经济的稳定发展，把损失减少到最低限度。这是党中央、国务院对当前工作的总体要求。我们一定要认真领会，坚决贯彻落实。

当前防治非典型肺炎形势依然严峻，疫情对经济的影响日益显露，经济建设工作任务十分繁重。我们要正视非典灾害对经济增长的不利影响。非典已对民航、旅游、餐饮、商贸、出租车等行业造成冲击。非典疫情也会在一定程度上影响居民消费信心，抑制居民消费需求，使当前需求不足的矛盾更加突出，给经济增长带来困难。但是，我们也要看到，目前受影响比较大的是少数疫情严重的地区，主要又是在第三产业。我国经济增长目前主要是靠第二产业的拉动，今年一季度工业经济对国民经济增长的贡献率就在55％左右。因此，我们既不能掉以轻心，忽视非典对经济增长的不利影响；又不能盲目悲观，对保持经济稳定发展缺乏信心。党的十六大提出了全面建设小康社会的奋斗目标，聚精会神搞建设，一心一意谋发展，是全党、全社会的共识。不管出现什么问题，都不能动摇经济建设这个中心。我国是一个发展中的大国，人口众多，市场广阔，需求潜力巨大，经济回旋余地也大。20多年的改革开放打下了雄厚的物质基础。基于这些因素，我们有信心有能力克服困难，在战胜非典的同时，保持经济的稳定发展，实现全年经济社会发展预期目标。

发展是硬道理。经济发展是我们战胜各种困难、促进社会全面进步的基础。抓住发展不放松，努力实现今年经济增长目标，不仅对增强综合国力、改善人民生活作用巨大，而且也会为战胜非典、稳定社会、稳定市场，提供可靠的物质保证。近来，一些地方及时调配货源，加快生产，保证了预防非典商品和其他生活商品的供应，迅速抑制市场波动，就是得益于多年发展打下的经济基础。强大的生产能力，充足的商品储备，灵活有力的宏观调控，使我们经得起风吹浪打。

保证经济的稳定发展，关键是坚决落实中央关于今年经济工作的各项部署，继续坚持扩大内需的方针，实施积极的财政政策和稳健的货币政策，重视经济运行中的新苗头、新问题，密切关注非典对经济的影响情况，及时采取适当的调控措施，化解突出矛盾。当前要切实抓好春耕夏收，稳定农业生产；加大投资力度，调整投资结构；培育新的消费热点和经济增长点；努力促进外贸出口和利用外资；对民航、旅游、餐饮、商贸、出租车等受非典影响较大的行业，采取减免行政事业性收费和适当财税优惠政策措施给予必要的扶持；大力增收节支，合

理调整财政支出结构；进一步做好就业和社会保障工作；维护正常的生产和生活秩序。

万众一心抗非典，迎难而上求发展。在以胡锦涛同志为总书记的党中央的坚强领导下，我们一定能够夺取抗击非典和发展经济双胜利。

（《人民日报》2003 年 5 月 8 日）

一手抓防治"非典"，一手抓经济建设，保护人民群众生命安全及全社会经济工作的平稳运行作为全文的中心论点在行文过程中得到反复的论证，论据引用和论证过程是围绕着它来展开的。文章也通过论证"为什么要抓防治非典"，"为什么要抓经济建设"来循序渐进地论证和支持着总论点。

文章的第二、三、四自然段就是围绕几个分论点展开的。第二自然段的论点是由于"非典"的影响，经济建设任务十分繁重；第三自然段的论点是发展是硬道理；第四自然段的论点是落实中央的政策是在"非典"时期发展国民经济的关键举措。在这几个段落中，我们可以总结出下列观点信息"非典给国民经济发展造成了不利影响"、"在非典面前应该对待国民经济发展持什么态度"、"为什么要始终抓国民经济建设不放松"、"怎么样来抓经济建设"。这些主要的观点都是评论文章展现给受众的，其中哪些观点信息是论点？从篇幅上看，论述抓经济建设在文章中占了大头，抓防治"非典"就不是论点了？非也。我们在"非典"面前究竟以什么态度来对待国民经济建设这一个观点信息是由它来传递的，正如文章说的，"非典"对国民经济的影响主要是表现在第三产业方面，对于第二产业的影响不是很大，即便如此，我们也不能忽视"非典"的存在，重视其存在，我们也不能去害怕它。我们要在"非典"面前以正确的态度对待经济发展、怎么样去抓经济发展等观点有力地论证了抓经济建设，抓经济建设这一论点在诸多观点信息中也清楚地显露了出来。文章关于怎么样去发展经济、发展经济的作用的阐释实际也是在为党和政府领导人民防治"非典"提供保障，是从另外一个角度来论述了如何抓防治"非典"，受众也很容易就领会到了。抓防治"非典"和抓经济建设在文章中互相论证，互相支持，二者巧妙地得到了统一。

二、论点的形态

论点以什么形式出现在受众面前？论点作为一种主观形态信息，不是现成的，而是要通过评论主体在调查研究的基础上，通过立意、判断之后才能提炼出来的。这是因为"新闻评论不是对某一个具体事实的总结和评点，它需要在对一个或一些具体事实进行高度概括后，提炼出对这一类事物的判断和推理"[①]。而在大部分情况下，新闻评论所讨

---

① 赵振宇：《现代新闻评论》，274 页，武汉，武汉大学出版社，2005。

论的问题,不外乎是真或伪的问题,是或非的问题,利或害的问题,善或恶的问题。新闻评论客体的特殊属性也决定了新闻评论在行文过程中必须要对事实加以判断,以传达给受众以明确的信息,帮助受众消除对于储存着海量信息的现实环境的不确定性。论点作为新闻评论的核心和灵魂,更需要以判断的形式来表明评论主体对于客体的态度、主张,是非善恶都要得到明确体现。只有这样,新闻评论的功能才能发挥。就如上面提到的《一手抓防治非典 一手抓经济建设》,该作品的论点就是站在全局角度上做出的一种判断。2003年,"非典"疫情弄得人心惶惶,防治"非典"成了全社会的谈论热点,但在控制疫情的同时,我们也不能忘了"一个中心"。文章就是通过对事实的分析着手,进行循环论证,明确表态:抓"非典"和经济建设同等重要,给人以引导。

马少华教授在《新闻评论教程》一书中明确表示,判断是新闻评论论点的表达方式,并且还归纳出论点中判断的形式:事实判断和价值判断、具体判断和普遍判断。该种分类方法是非常具有借鉴意义的。评论主体不仅在对事实做出判断,也是在主观世界和客观环境共同作用下对事实的属性进行判断,即价值判断。在进行事实判断和价值判断时,评论主体势必会运用相关的逻辑推理方法,在论证的具体过程中,要么对单个客体进行具体判断,要么由个别到一般进行普遍判断,我们在阅读新闻评论之时,也会感受到有些新闻评论的论点就表现出了上述判断形式。中国新闻社发表了评论《四个"同心圆"与北京堵车》,原文如下。

四个"同心圆"与北京堵车

耗资一百余亿元人民币修建完成的北京五环路今日宣告全线通车,但在通车的喜庆之日却发生了戏剧性一幕:参加五环路竣工剪彩仪式的媒体记者们被堵在某条高速路上达半个小时之久,一场不合时宜的大雾令北京原本脆弱的交通雪上加霜。许多人不禁思考,已修成了四条环状公路的北京是否能因此减轻困扰此间已久的交通拥堵。

截止到二零零三年十一月,北京城市路网版图已画出以皇城为中心的四个"圆圈",先是二环路,将内城交通分流出去,后又修了三环,分流二环交通压力,以此类推,一直修到了五环。据此间交通官员介绍,这四条环路全长达二百四十公里,可承担全市七成以上的交通流量。

尽管官员给出的是庞大数字,但北京这种以旧城为单一中心,向外建设环线,同心蔓延的"摊大饼"的生长模式对交通发展是否有利还在备受质疑。

以今天建成的五环路为例,此间媒体给予的评价是,这条路可使北京增加百分之十的交通容量。但尽管五环路对四环路的交通有缓解作用,却由于这是条收费公路,道路使用率并不高,而车流量增长亦需一个过程,因此实现那百分之十的交通分流尚需时间。

相比起五环路来讲，其他三条环状公路尽管使用率极高，但交通畅通率并不令人乐观，二、三环每逢上下班高峰期经常出现车辆蠕动场景，四环路稍好，但由于缺乏放射线路，一下四环路依然常遇堵车。

北京对世界做出的承诺是，到二零零八年奥运会举办时，全市地图上任意两点间所耗时间不超过一小时。为此，北京还将建设数百公里高速公路，六环路亦将于奥运会举办的前三年通车。但迹象表明，只同心画圆，向外建设环线是无法彻底解决交通拥堵难题的。

有专家指出，商业、办公等城市就业功能过密集中于旧城区，而北京“摊大饼”的生长模式又将导致北京周围的交通量大量集中于市区，因此修环线在一定程度上加剧了交通堵塞。

建设放射线是解决方法之一。北京目前已建成七十多公里的放射线，但对于增长速度更快的环线来讲，这些放射线却显不足。北京市交通委员会副主任周正宇说，北京还将在未来二到三年内建成六十余公里放射线路。

沿交通轴建设“葡萄串”式的城镇走廊亦是专家的建议之一。“摊大饼”对城市交通发展的弊端已经为越来越多的专业人士所见。

所幸的是，北京官方亦已注意到这一问题。在今日竣工的五环路现场，有关官员表示，他们将不再按“摊大饼”的方式进行布局，五环路的建设就首先考虑绿化隔离带以及边缘集团的建设，令其功能分开。

交通拥堵几乎是所有大城市曾经或正在为之苦恼的心病，北京能否成功且尽早祛除这块心病难度不小，却意义深远。

（中国新闻社 2003 年 11 月 2 日）

文章没有扩展得太散，而是着重于就事论事，着重讲述北京绕城公路布局与北京交通状况之间的矛盾，这就是具体判断的体现，在具体判断的过程中，文章没有局限于媒体新闻报道中的观点，而是探讨出新闻报道中没有报道的事实，通过对按“摊大饼”式样建成的四条环路与北京市堵车现状的分析，得出如果继续按照“摊大饼”来建设公路对于交通堵塞的现状没有积极作用这一结论，并以此事实的结论为前提，探讨出将建设的六环路不应该再按照现有格局建设这一结论性事实，实际上就是属于马少华教授谈到的事实判断。什么是事实判断？它“就是由作为前提的事实推断出作为结论的事实。比如，事实的构成、关系、原因、结果”[①]。其中，也还说到“摊大饼”式地建设公路没有给人带来积极作用，反而会在特定时候从一定程度上给城市交通带来弊端，点明了环路“摊大饼”式的格局和人的关系。这个论断实际上是作者在对客体进行简单的价值判断的体现。

---

①② 马少华：《新闻评论教程》，27、30 页，北京，高等教育出版社，2008。

“价值判断是以一定的价值尺度判断事实的价值，或者针对事实提出一种价值。”[②]评论主体是社会个体，有“主我”与“客我”之分，也就是说，评论主体的价值观会受到社会主流价值观的影响和检验，因此，当评论主体在对客体进行价值判断的时候，会从根源上受到“社会性”——人的本质属性的影响。我国处于社会主义初级阶段，西方化的生活方式不适合于国情，但光怪陆离的社会现象总是在社会主义建设过程中出现，如《拜金主义要不得》(见第五章)作者胡占凡对20世纪90年代初我国出现的一股物质崇拜思潮的反思，在分析中，作者运用民族传统的价值观和道德观对这股思潮进行检验，认为拜金主义思潮是与我国国情不符合的，艰苦奋斗才是应该提倡的。这一推理过程实际上就是对客体进行价值判断的过程。

由于事实判断过程中的事实不是新闻报道已体现了的，其信源的可靠性还要通过评论主体加以辨别，而信源又是传播效果的重要影响因素之一。因此，在对客体进行事实判断的时候，我们一定要综合各方面的材料来对事实进行甄别，以求事实材料真实、正确，从基础上保障评论作品的社会效果。《四个“同心圆”与北京堵车》一文中，作者进行事实判断的基础既有交通现状，也有专家和当地政府部门的表态，这样，就为作者由现有的环路格局影响北京交通这一事实为前提，推断出六环路绝不能按照现有的建设格局建设这一事实判断过程保驾护航，作品透露出的信息也能为受众所接受。

普遍判断既是论点的判断表现形式之一，也是评论主体对于客体的一种认识状态，“是一篇评论中可以超越具体对象普遍适用的判断，它往往是一篇评论中具体判断经过一个认识过程，必须获得的一个认识结果，必须达到的一个认识高度”[①]。它要求我们要联系地认识问题，发现其中的共同点，并在一定程度上对论点进行深化。我们可以这样理解，由于新闻评论作品多数要通过由此及彼，由个别到一般来深化，让论点在更广的层面上得到论证和检验，以增加立论的牢固度。如《拜金主义要不得》，文章关于一些人崇尚物质享受的具体个案，本来就是一些人在生活方面的表现，但作者没有停留在仅仅批判这种生活方式和生活态度上，而是扩展、触及到了真正的人际关系应该是怎么样的、“先富”应该去带动“后富”、青少年教育问题等普遍性问题，是经过对具体的个案的判断后，作者思维深化的一个体现。

三、论点的类型

论点有总论点和分论点之分。总论点也称为中心论点或基本论点，对评论作品起统率作用，所有的论证以及论据的选用都是围绕它来展开的。《拜金主义要不得》(以下简称《拜》文)中，总论点在评论标题和文章第一自然段中得到体现：在社会主义经济建设过

---

① 刘洪珍，马少华：《新闻评论案例教程》，77页，北京，中国人民大学出版社，2008。

程中，拜金主义和奢侈之风要不得，相反，我们要发挥艰苦奋斗的传统，要有高尚的人生观、价值观。分论点在自身所处的段落中是“中心”论点，在整个篇章中却是分论点，对总论点起论证作用。在《拜》文中，第一至八自然段作者是运用事实来作为论述的由头。第九至十一自然段就是围绕中心论点展开论证，其分论点分别是：拜金思潮反映的是一些人不正确的人生观、价值观；拜金主义思潮给青少年带来了恶劣的影响；拜金主义与我国国情不相符合。上面说到的分论点都是对相应的段落起统率作用，相应的段落也是围绕其展开的，它们也被相应的论据所论证。

至于总论点和分论点之间的关系，主要表现为主从关系、因果关系。总论点居于全文统帅之位，因此，总论点和分论点之间的主从关系是恒定的。总论点处于主导地位，分论点处于从属地位，分论点是围绕总论点展开并对总论点形成强有力的支持。这层恒定的关系容易被理解。关于总论点和分论点之间的因果关系，也许有的同学就要问了：它们之间是因果关系吗？因果关系属于非恒定关系，它会影响到主从关系吗？我们在阅读具体的新闻评论作品或者写作新闻评论的时候，会有这样的一个思路：是什么——为什么——怎么样，按照这样一个思路把作品中的论据部分剔除，我们就能得到一个复式结构的句子，以《拜》文为例，我们阅读之后就会有如下总结：（因为）拜金主义与国情不相符合，对社会有不利的影响，是一种病态的心理，（所以）拜金主义和奢侈之风要不得。在这个复式句中总论点是“果”，分论点是“因”，在这里，即使总论点成了“果”，但由于所有的“因”都是紧紧围绕“果”来阐述的，所以，总论点和分论点之间的主从关系没有改变。

由于因果关系属于非恒定的，在有的评论中，总论点就会变成“因”，分论点则相应的变为“果”。下面请看 2003 年 4 月 3 日《新华日报》发表的《善待百姓》一文：

善待百姓

在我省今年的“两会”上，省委主要负责同志在以一名人大代表的身份参加讨论时动情地说了这样一番话：老百姓是党的上帝，企业是政府的上帝。我们的党委和政府部门要把这两个上帝服务好。要善待百姓，善待企业。细细品味，意味深长。

我们党称老百姓为上帝，始见于毛泽东《愚公移山》。所不同的是，我们党已经从过去的革命党变为今天的执政党了。党的地位发生了变化，但党与人民的关系没有变。过去，老百姓是革命党的上帝；今天，老百姓仍然是执政党的上帝。为了防止一部分同志因为革命的胜利和党的地位的变化而忘乎所以，这才有了毛泽东同志在西柏坡会议上关于“两个务必”的告诫。年前，胡锦涛总书记重访西柏坡并发表讲话指出，各级领导干部要做到“权为民所用，情为民所系，利为民所谋”，直白地说，也就是要善待百姓。

如今，对于许多领导干部来说，善待百姓，既是一种政治觉悟，也是一种人生领悟。自从废除领导职务终身制以来，没有谁一辈子当官。当官前是老百姓，退休了还是老百姓，真可谓从百姓中来，到百姓中去。多数人的一生中，当老百姓的时间比当官的时间长得多。当过老百姓的人或者终究要当老百姓的人，更能了解老百姓的疾苦，更能理解老百姓需要善待的心情。特别是一些四五十岁的领导同志，曾经下过乡，插过队，有过一段与贫苦农民同吃一锅饭的经历。也许当年一顿乡情浓郁的年夜饭，使他们终身难忘；也许当年病中受到房东大妈慈母般呵护的情景，使他们刻骨铭心。这是一段永远不能尘封的记忆，因为这是他们人生道路上的“西柏坡”。庆幸我们党的历史上有一个西柏坡，它使我们永远牢记“两个务必”；也庆幸我们人生道路上有一个“西柏坡”，它不断提醒我们要善待百姓，始终当好人民利益的忠实代表。

善待百姓，各级领导干部要解决好政绩观的问题。一个干部看重自己的政绩是完全可以理解的，我们党也历来强调重实绩用干部。但是一个干部怎样看待自己的政绩，是执政为民，还是为树个人形象捞资本，这是两种截然不同的政绩观，必然导致对待老百姓截然不同的态度和作风。我们要坚决克服形式主义、官僚主义，不搞贪图虚名的“形象工程”、“政绩工程”，刹住弄虚作假、追名逐利的不正之风，切实解决作风粗暴、办事不公的问题，全心全意、切切实实为老百姓谋利益。

善待百姓，必须坚持普遍受益这个重要原则。所谓普遍受益，是指社会成员能够持续不断地得到经济社会发展带来的好处。普遍受益的前提是经济社会的发展，从江苏来说，只有凝心聚力谋发展，实现“两个率先”，把“蛋糕”做大，实现富民强省的目标，才有可能使社会成员得到更多的实惠；普遍受益的目标是使广大社会成员都受益，而不是少数人或少数群体受益，当前要重点关心和保护弱势群体利益。特别是有些农村发展较慢，农民的收入增长较慢，这是在城市化、工业化进程中，因要素向城市聚集而产生的阶段性现象，这在世界各地都是不可避免的。越是在这样的情况下，越是要善待农民，坚决制止乱摊派、乱收费等侵犯农民利益的行为，切实保障农民应当享受的权益，千方百计地提高农民的收入水平。

善待百姓者，百姓必善待之；亏待百姓者，百姓必背弃之，这便是人心向背的普遍规律。如果我们的每个干部都能善待百姓，每个党政机关都能善待百姓，人民群众的积极性就会竞相迸发，成为推进富民强省、实现“两个率先”的力量源泉。

（《新华日报》2003年4月3日）

《善待百姓》的总论点为老百姓是我们党的上帝，我们要善待百姓。全文共六个自然段，首先从结合老百姓的历史地位和我党的工作路线说起，引出中心论点。中心论点作

为“因”，引出了“果”，全文论点的意思可以这样概括：老百姓具有重要的历史地位，我们要善待百姓。怎样去善待百姓？文章的分论点就给出了答案。由此可以看出，该作品中的分论点是由中心论点引出的，是中心论点的“果”。

分论点之间也存有某种联系，有的是并列的平行关系，如《拜金主义要不得》的几个分论点，就是从不同的方面检验拜金主义要不得这样一个论断。有的是递进关系，分论点之间的论述也是逐层深入，如《善待百姓》中的几个分论点一样，一说善待百姓是一种人生觉悟；二说领导者要有正确的政绩观；三说善待百姓就是要让老百姓受益。前面两个讲的是从领导者主观世界的角度来说明怎样善待百姓。第三个说的是怎么样让百姓受益。文章的重点落在在实际工作中怎样让百姓受益这个点上，论述是越来越深入，也是越来越具体。有的是因果关系。《一手抓防治非典 一手抓经济建设》的分论点就体现的是这样的因果关系。在有的新闻评论中，分论点之间的关系也可能是平行、因果、递进关系的综合，这里就不一一阐述了。

论点之间的关系影响到评论的结构和篇幅。有的新闻评论受到篇幅和自身特性的影响，分论点可能没有，就只有一个总论点，然后所有的材料布局和论证都是围绕它来展开。《今日谈》中就有很多这样的例子。一篇评论，一般只有一个总论点，但是当一篇评论对几个问题分别加以论述的时候，这样的评论就应该有一个以上的总论点了。例如毛泽东早年写的《关心群众生活，注意工作方法》一文，讲的是两个方面的问题：一是群众的生活问题，一是领导的工作方法问题。这两个问题是两个并列的问题，关系上不存在所属关系，任何一个命题都能单独成篇，对各自的问题加以阐述。《关心群众生活，注意工作方法》是将这两个问题放在一起论述，因此，文章也有了两个并列的论点。毕竟这样的情况是少数，在多数情况下，一篇新闻评论只有一个中心论点。

四、论点的提炼

新闻评论中，经过提炼的论点要“妥而新”、“新而明”、“明而深”、“深而简”。

“妥”是论点的基本要求，指的是论点要提得妥当、要正确，只有论点“妥”了，新闻评论才能从根本上保障其功能的发挥。我们写作新闻评论，要以国家的政策、法律规范为框架，让思维在正确的范畴内驰骋，新闻评论的社会效果才会体现。

“妥而新”为我们提炼论点提供了角度上的参照。指的是论点在正确的基础上，还要求评论主体从一个独特的角度切入评论客体，发掘其中的新东西，给人以冲击。如果论点老是局限于常规范围之内，这样的论点不仅没有新意，还会影响到作品在现实传播环境中的影响力。

论点“新”了，会使论点以鲜明的形象出现在受众眼前，这是“新而明”的第一层意思；第二层意思是指论点要放在显眼的位置上或得到鲜明的表达，不要被同一作品里的其他观点信息所遮掩，否则会让受众迷糊。

“明而深”指的是论点在以鲜明形象出现在受众眼前的时候，不能是空洞的表达，要有内涵，要言之有物。

“深而简”则是要求在表述论点的时候，要言简意赅，以“微言”阐述“大义”。

下面是《天津日报》2007 年 10 月 16 日发表的关于著名作曲家王莘逝世的评论《五星红旗永不落》（以下简称《五》文）：

五星红旗永不落

我很小的时候，就会唱那首脍炙人口的《歌唱祖国》了。也是在我很小的时候，就记住了王莘这个名字，而且我一向认为，这个名字，始终是与祖国，与五星红旗连在一起的。一个人的名字，几乎成了一种象征，成了一面旗帜，那么这个人，也就化为一种精神，可与日月同辉，可与山河共存。

歌者，古往今来，如过江之鲫。而能摁住时代脉搏，集民众之意，以山为骨，以河为血，为生于斯长于斯的大地，披肝沥胆地歌之舞之蹈之，且其创作，能够吐庶民之心声者，则宛若雪后彩虹，鲜矣！我不能说王莘的歌，唱到了地之垠，海之角。可每一个血管儿里流淌着炎黄血液的人，无论走到哪里，听到这首歌，都会为之动容，为之振奋，为之雀跃。祖国是一盏不灭的灯，王莘给这盏灯加上了翅膀，让她飞起来，照亮了黯夜，也照亮了人们前行的大道或小径。

聂耳作《义勇军进行曲》，起于民族危亡；王莘成《歌唱祖国》，责在民族复兴。同为大义，同为表达民众的心曲，亦同为艺术的极地，可称之为姊妹，一首成为《国歌》，另一首则是《国歌》之外最洪亮的民族之声。

小女十六岁出国，至今已在加拿大留学三年。她曾跟我讲过，每至中国的传统节日或国庆，留学生们都要举行仪式，都要打出五星红旗，开始时高唱《国歌》，结束时唱的就是《歌唱祖国》。女儿说，那种场面以及给人的震撼，用语言是无法表达的。一首歌教会了你什么是祖国，这是艺术的力量，是文化的力量，更是中国人内心的力量。

逝者长已矣。

人虽走，歌犹在，五星红旗迎风飘扬！

（《天津日报》2007 年 10 月 16 日）

文章仅 600 余字，从我国著名作曲家王莘逝世的事件为着眼点，以一个独特的角度切入，通过《歌唱祖国》这首歌来阐明爱国热情的要义，并且通过这首歌曲为绳索把不同时期的人民的爱国热情串联了起来，论点的高度超越了新闻事件的高度，更好地使论点超越了事件本身的意义。2007 年 10 月 17 日，和讯网评论网页上也就同一事件发表了题为《缅怀人民艺术家王莘先生》（以下简称《缅怀》）的评论，此评论从个人的道德着手，全

篇是在说明王老先生的高风亮节。就论点的正确与否看，一篇着眼爱国热情；一篇落笔于个人的品格，两篇评论的论点都是正确的。但是，和《缅怀》仅仅落笔在个人道德品格上相比，《五》文融汇了一个更加宏大的主题——爱国，论点显然更富有新意。两文同样是以同一新闻事件为客体，和《缅怀》文相比，《五》文在论述的时候下笔力度更大，突破了具体界限，把爱国这一主题从横向和纵向上阐述开来，用微言阐明大义，论点的内涵也更加丰富。《五》文的论点一开篇的时候就已经鲜明地摆了出来，让受众在文章一开始就知道该文章是要表述什么。

类似的优秀例子还有很多，张天蔚老师在《从"人乳宴"看市场逻辑的张狂》中，就没有停留在表面发表看法，而是从另外的角度切入事件，然后直指市场逻辑的张狂，论点变得深刻、有新意。

第二节 论 据

论据在新闻评论中占据重要地位。

虽然学界对于论据的定义说法不一，但有两点是确定的：一是论据的属性，即与论点是主观形态信息不同，论据属于客观存在，在引用过程中不能被杜撰或者失实，否则整篇评论就会失去牢靠的"根据地"，大量例子证明即使一篇新闻评论的论点正确，但是没有确凿的论据证明、证实，该论点也是不足以说服人的。二是论据的作用。论据是用来佐证论点的，在评论写作过程中，论据要为论点服务，紧紧围绕中心论点。

一、论据的分类

论据分为事实性论据和理论性论据。

1. 事实性论据

事实性论据主要指客观存在的具有代表性的人物、典型事情、历史资料、统计数字等。事实性论据具有直接现实性的特征，是证明论点的最具说服力的论据，这类论据放在评论中，不需要评论主体对其加以解释，一摆在那里，就能对论点形成强有力的支撑，使抽象的道理具像化，使论点让人信服。就如"中国人是有骨气的"这一论点，什么是骨气？骨气是品格还是其他的东西？究竟怎样做才是有骨气的表现？这个论点是有点抽象的，毛泽东同志在论证这个论点的时候就举出闻一多拍案而起，怒斥反动派；朱自清拒受嗟来之食的例子来说明，在具像化论点的时候，也支撑了论点。

美国前总统布什有一年访华的前夕，《洛杉矶时报》发表了一位美国学者的文章，文章劝布什不要软化美国在台湾问题上的立场，整篇文章混淆视听，颠倒黑白。2002 年 3

月 7 日,《中国日报》发表评论——《台湾历史不容歪曲》(以下简称《台》文)对其进行驳斥,《台》文以翔实的历史资料为论据,支撑了文章的总论点“台湾自古就是中国的领土,台湾的历史不能被歪曲”。

请看文章中以历史资料为论据的部分段落:

……

早在十二世纪中期,中国宋朝政府就已经在澎湖列岛驻军,并将这一区域置于福建省泉州县辖区内。

荷兰和西班牙殖民者曾为争夺对台湾的控制展开了十多年的较量。荷兰在 1642 年将台湾变为其殖民地。

但 1662 年初,郑成功击败荷兰殖民者并将其逐出台湾,台湾岛再度回到中国治下。郑成功是一个忠于明朝的将军,他致力于反清复明。后来统治台湾的郑成功之孙于 1683 年向清朝廷投诚,台湾就此正式归于清朝政府管辖之下。

1684 年清朝设立台湾府。直到 1885 年设立台湾省之前,台湾一直归福建省管辖。

……

这份由两国政府签署于 1895 年 4 月 17 日的条约在第二条规定:中国向日本永久割让台湾岛,连同其所有所属岛屿,以及琉球群岛的全部主权。

中国政府在 1941 年对日本宣战时就已宣布这一不平等条约无效。

……

由美国、中国和英国共同签署于 1943 年 12 月 1 日的《开罗宣言》明确无误地规定:“使日本在中国所窃取之领土,如东北四省台湾澎湖列岛等归还中华民国。”

这份宣言,连同此后的《波茨坦公告》和《日本投降书》一再重申了中国对台湾无可置疑的主权。

1945 年 10 月 25 日,在参加台湾省接受日本投降仪式后不久,中华民国政府代表陈义宣布:自即日起,台湾及澎湖列岛已正式重入中国版图。所有一切土地、人民、政事皆已置于中国主权之下。

1946 年 1 月 12 日,中国政府宣布,所有台湾居民的中国国籍应自 1945 年 10 月 25 日起“即时”恢复。

……

然而,1949 年所发生的变化仍不影响中国之为中国。中华人民共和国的成立是典型的由革命引起的政权更迭,所改变的只不过是中国作为一个国家的法定代表和中国政府的性质。

中国作为国家的主权范围并不因此发生任何改变。

> 联合国安理会于1971年10月25日“承认中华人民共和国政府的代表是中国在联合国的唯一合法代表……”“决定恢复中华人民共和国的一切权利，承认他的政府的代表为中国在联合国组织的唯一合法代表，并立即把蒋介石的代表从它在联合国组织及其所属一切机构中所非法占据的席位上驱逐出去。”
>
> ……

文章在行文过程中破立结合，资料翔实，从论据的量能看出来，论据时间跨度之大，令人叹服。受众在阅读该评论作品，看到这么翔实的论据时，自然会对文章的中心论点留下深刻印象。

说到论据，不得不说在论据中那一类比较特殊的论据：新闻事件。2007年，“拒签致死”事件引得舆论一片哗然，有批判医疗制度僵硬的，有抨击医疗费用过高的，有指责医生职业道德的。2007年11月29日，《中国青年报》就这一事件发表了《不要过度阐释“拒签致死”这个特例》(以下简称《不》文)(详见本书第四章)。这篇评论对这一事件以及由事件引发的社会舆论做了总结性的发言，评论作者在文中分析了此前的各方言论，并运用相关的新闻事件对这些质疑进行分析，最后明确表态：不要去过度阐释该事件。作者对相关质疑的分析，就是为《不》文中的中心论点从侧面提供支撑，展现了事态过程，使论点更具有信服力。下面请看原文的部分段落：

> 可这些，却在反思中被忽视了。有人提及中国医疗费用过高，导致患者家属潜意识中对医院的手术治疗望而却步。医院不是承诺减免手术费用了吗，病友们不也在现场发起捐款了吗？即使费用昂贵，在妻子生命处于危急状态，也应该先签字手术啊！有人说到医患间的信任危机，如果不信任医生为何还把妻子送到医院？生命攸关之时，除了医生还能相信谁？有人严厉批评医院的官僚主义，把制度的某种刚性和原则性的规定阐释为官僚主义，这是对制度的无知。还有人谈起了中国社会的人际隔膜，可人际再隔膜，当那么多医生和病友苦口婆心地相劝相助时，就是一块坚冰也应被融化。

上文提到的“捐款”、人们劝说“丈夫”签字等事实都是在新闻报道中已经出现过的，相关的新闻报道里也有。这些新闻事件都是与“拒签致死”紧密联系，是在该新闻事件发展过程中发生的，具有很强的说服力，作者运用这些事件来否定一些质疑声，为为什么不要过度去阐释说明理由，在“破”的过程中间接地“立”了自己的观点。

2. 理论性论据

理论性论据“都是人类认识自然、认识社会的结晶，是经过检验或理论证明，并为人们接受了的规律性认识，包括思想、观点、社会准则等等”。“在新闻评论中经常运用的理论性论据，主要有马克思列宁主义、毛泽东思想的基本原理，邓小平同志关于建设有中国特色社会主义的理论，党和政府的路线、方针、政策、法律、政令，以及经过实践检验的哲学科学理论。”[①]此外，还包括一些名人的权威性言论、生活中存在的富有哲理性的谚语等。和新闻报道一样，新闻评论要涉及党和政府的政策，不过，评论是从必要性等角度来阐述政策的，也会运用到相关政策理论进行论述。2007年10月16日，《法制日报》发表了《城乡按照相同人口比例选举人大代表意义重大》，下面请看原文。

城乡按照相同人口比例选举人大代表意义重大

胡锦涛同志在党的十七大报告中提到“扩大人民民主，保证人民当家做主”时建议，“逐步实行城乡按相同人口比例选举人大代表”。

十七大报告提出的这一建议，是中国共产党作为执政党，为确保每一位具有选举权和被选举权的公民都能享有和实现宪法和法律赋予的平等权利所提出的一项重要建议；是我国扩大社会主义民主，建设社会主义法治国家，发展社会主义政治文明的一项重大决策。实现城乡居民平等选举权，符合宪法规定的公民在法律面前一律平等的原则，有利于保障包括广大农民在内的广大群众切实能依法行使选举权、知情权、参与权、监督权等民主权利，具有重要意义。

人大代表名额分配涉及选举权平等问题，而选举权平等包含两层含义：一是投票权相等，一人一票；二是每一票的价值相等，一票一值。相同数量的选民选举相同数量的代表，一人一票是基础，一票一值是一人一票的发展，是更深层次的平等。新中国成立后，我国在实现一人一票方面，是全面的、彻底的。但在一票一值方面，还受经济社会发展水平等因素的制约，不能完全实现。其中最重要的就是城乡不完全平等，农村每一位人大代表所代表的人口数多于城市。

新中国成立后，我国在人大代表选举中一直实行的是按比例原则配置选举权制度，这与我国的基本国情紧密相关。1953年2月11日通过的我国第一部选举法明确规定，城乡人大代表可以代表不同的选民人数。在选举全国人大代表时，农村每一代表所代表的人口数是城市每一代表所代表的人口数的8倍；在选举省、县人大代表时，则分别是5倍和4倍。这些在选举时城乡不同的规定，就某种方面来说，是不完全平等的。

1979年7月1日，五届全国人大二次会议通过的我国第二部选举法即现行选举法，这些比例没有变化。1995年2月28日，我国第三次修改现行选举法时，农村选民的选举权被统一规定为城市选民选举权的1/4，使城乡居民的选举权向更为平等的方向迈出了一大步。

随着时间的推移，城乡差别日益缩小，原来按比例原则配置选举权的基础逐渐发生变化，使实现城乡居民选举权平等有了必要的前提和基础。在这种情

---

① 王振业，胡平：《新闻评论写作教程》，188～189页，北京，中国广播电视出版社，2001。

况下，逐步实现城乡居民选举权平等，不仅有利于顺利将大量的农民工转变成工人，巩固工人阶级在国家政权中的领导地位，提高党和国家发展社会主义民主政治的能力，而且有利于构建社会主义和谐社会。实现城乡居民选举权的完全平等，农民作为整体就有了与其人口基本相当的话语权，农民的利益和意志就会在国家权力机关得到充分体现。这必然有利于从整体上促进我国社会主义和谐社会建设的质量。

在推动科学发展、促进社会和谐的今天，我们期待着国家立法机关再一次修改选举法时，将“实行城乡按相同人口比例选举人大代表”这一党的主张，通过法定程序转化为国家意志。

（《法制日报》2007 年 10 月 16 日）

评论从人大代表选举制度的细微变化着手，阐述人大代表选举制度的历史以及现状，实际也是为受众展现人大代表选举政策的变化，党和政府的政策在字里行间得到充分体现，也论证了城乡按照相同人口比例选举人大代表的重大意义。

二、论据的运用

论据对论点有着佐证作用，论据的妥当与否，关系到论点说服力的强弱，在写作新闻评论、运用论据的时候，我们不仅要注意论据的“质”，也要注意它的“量”，这是运用论据的基本准则。

1. 论据的“质”

论据的“质”主要表现为论据要与评论客体相关、真实、新鲜、精当。

(1) 论据要与评论客体、论点相关。论据属于客观存在，是客观形态信息，但不是所有的客观形态信息都是论据，只有当一些客观形态信息对某一观点起辅佐作用的时候，这些客观形态信息才是论据，被佐证的观点也才叫做论点。这说明论据和论点的存在状态是相辅相成的，缺失了一方，另一方的存在状态、表现形象也会发生变化。因此，在写作新闻评论的时候，我们一定要注意论据与评论客体及论点之间的相关联系。亚里士多德曾说过：“人们不会依据任何事实进行推论，而要依据与每一个主题相关的附属事实。”如果论据与论点风马牛不相及，这样的论据是丝毫没有论证效力的。《台湾的历史不容歪曲》的作者所选用的论据都是和台湾的历史相关的，而不是用与香港有关的历史资料去论证台湾自古就是中国的领土。我们仔细一看还能发现，文章中的那些论据不是关于台湾的风俗民情方面的，不是台湾政治方面的其他资料，而是关系到台湾主权归属问题的历史事实，这些论据与选题和论点紧密联系，很好地佐证了论点，抨击了那个美国学者的妄言。

这也告诉我们，在选择和选题、论点相关的论据时，我们不仅要注意到相关性，还要选取其中的典型性论据。例如，《台湾历史不容歪曲》的作者没有选用与台湾政治相关的一般性论据，而是选取有关台湾主权问题范畴内最具代表意义的史实，因为典型性事例最能反映出事物的本质，具有强大的说服力。

（2）论据要真实。持之有据才能言之成理，如果论据不真实，论点就会站不住脚。论据存在客观世界中，为了让论据真实，我们在资料积累过程中就要实事求是地通过实地调查等方法直接获得“一手”资料，或者通过间接的方法获得确凿的资料，这样才能从根源上保障论据的真实性。我们在上文中提到了，新近发生的新闻事件可以作为论据，假如评论主体不是专业传播者，他对新闻事件的认识来源于媒体，应用这样的事件作为论据时，他首先要了解新闻事件的原意。即使是专业传播者，也应当掌握事件发展的过程，以求在创作中用事件的全貌来说服受众，如《不要过度阐释“拒签致死”这个特例》，很明显，这篇评论着重阐释为什么不要过度阐释该新闻事件的原因，是对与此事件相关的社会舆论一个总结性发言，为什么不要过度阐释？作者没有去讲空洞的大道理，而是针对其他评论作者的相关观点，运用和此事件相关的事件来对这些观点进行剖析，借事件的发展过程来佐证了自己的观点，同时也在立自己观点的时候展现了事件的大概，正是作者对事件动态过程的掌握，使得论据丰富且具说服力，论点也在众多论点中鹊起，文章对该新闻事件的表态最后成为了对该事件的主流评价。

（3）论据要新鲜。传播学观点认为信息能消除人们对于外界的不确定性；人们在获取信息的时候，有着求新的心理，获取了新的知识，就能满足自己在所属群体中的夸示动机（人们获取信息的一种心理动机）。论据作为客观形态信息，也应该是新鲜的，因为新鲜的信息其内在吸引度高，能使论点更加鲜明。理论性论据包括了党和政府领导人的权威性言论，党和政府的路线、方针、政策等等，一经提出，便会成为人们引经据典的来源，这些理论论据也会重复出现，因此，在运用这些理论性论据的时候，我们要考虑到论据的新鲜性要求，引用这类论据时要有一个“新”的角度。古可论今，事实性论据中的历史资料在评论中出现得也比较频繁，同一件历史事实往往能频繁地分身于不同的评论作品中，当看到这样的论据时，受众往往没有眼前一亮的感觉。我国历史悠久，在同一个主题下往往积聚了多个不同类型的历史事实，比如，究竟怎么样对待个人利益？我们可以引用孔融让梨的事例，可以引用东汉时期甄宇的故事。后者和前者相比，出现的频率不高，本身就有新鲜性，更能吸引人的注意力。上述情况告诉我们：在引用这类事实性论据时要善于寻找“新”的素材，以保持论据的新鲜性。比如《台湾历史不容歪曲》一文中，有的论据是受众耳熟能详的，有的却是很少听闻的，如“1945 年 10 月 25 日，在参加台湾省接受日本投降仪式后不久，中华民国政府代表陈义宣布：自即日起，台湾及澎湖列岛已正式重入中国版图。所有一切土地、人民、政事皆已置于中国主权之下”，“1946 年 1 月 12 日，中国政府宣布，所有台湾居民的中国国籍应自 1945 年 10 月 25 日起‘即时’恢复”。这是

论据的一部分，事件的“5W”俱全，其中包含了新的信息，能很好地吸引受众阅读，这些新素材钢铁般地支撑了文章的论点。

在考虑论据新鲜性要求的同时，我们还要考虑那些符合新鲜性要求的论据是不是具有争议性。这样的考虑是有必要的。有争议性的论据对于论证论点的力度是不强的，在采用“新”的角度、运用“新”的素材考量论据的时候，我们一定要从整体上对其进行把握，否则，就会出现错误。有的理论政策作为整体出现的时候已经为人们熟知，如果截取其中的一部分，评论主体而又没有从整体上对选取的部分政策理论进行考量，受众就会怀疑它的正确性，也会影响到论点的说服效果。

(4) 论据要精当。论据要精当是对论据要与论点、主题相关的深化，它表明：论据不仅要与论点、主题相关，还要注重双方之间的联系力度，论据与论点联系力度大，对论点的佐证更有力。关于论据的精当，有的学者作了阐释，“从论据的角度说，主要依赖于：①材料本身蕴涵可以证明和说明论点的素质；②材料的总和能够为论点提供充分的支持；③材料与论点间的逻辑联系符合事物的客观逻辑”①。《城乡按照相同人口比例选举人大代表意义重大》一文着重讲的是人大代表选举依据变化的意义，如果作者在评论过程中，选取的是泛泛而谈的事例，文章的信服力就会变弱。作者所选取的事例都是有关我国选举人大代表的方法，通过纵向上的比较，得出了城乡按照相同人口比例选举人大代表是有重大意义的，在文章中，没有一处论据是多余的，也没有一处论据是与论点貌合神离的，做到了有根有据，在比较中明晰了我国政治制度的完善。

为了让论据精当，不仅少不了对于事物之间联系的认识，还有必要在认识现象的基础上，把握事物内在本质之间的联系。

2. 论据的“量”

论据的“量”主要探讨论据在评论作品中是引用得多好，还是少好，以及相关的注意事项。

事实胜于雄辩，但论据究竟是运用得多好，还是少好呢？这个问题没有绝对的答案，要视具体情况而定。李德民认为“有些评论需要摆出大量事实”、“有些评论并不需要摆许多事实”。② 确实如此。如《五星红旗永远不落》中，事实性论据不多，但是却做到了古今对照，古有聂耳等优秀人物以及他们的代表作；今有求学于异域但又时刻不忘祖国的莘莘学子，对祖国的热爱成了二者间的内在联系，也正是通过古今比对，让爱国主义情怀填充了时空的差距，深刻地论证了选题。

再看2005年4月《中国青年报》发表了署名评论员文章《爱国与公民责任》：

---

① 王振业，胡平：《新闻评论写作教程(修订版)》，199页，北京，中国广播电视出版社，2001。

② 李德民：《评论写作》，55～61页，北京，中国广播电视出版社，2007。

爱国与公民责任

当爱国行为以激烈的形式出现的时候,“爱国还是误国”的争论也随之而来。

作为一名热血青年,表达自己的爱国情感,实践个人的爱国行动,就其出发点而言,无论如何都没有错。但是,作为国家的一分子,一个理性的公民,爱国的表达和行动,就应该是理性、负责任的,是建立在国家和民族利益基础之上的。从这个角度来看,目前有一些青年的爱国举动,更多的是个人情绪的激烈表达,而不是公民意识、公民责任的体现。

中国,从来都不乏热血青年,也不乏为国献身者。为了国家富强、民族独立,中国人曾经尝试过各种各样的救国强国之路。从洋为中用,师夷长技以制夷,到艺术救国、科学救国、文学救国,千种尝试,万般努力,最后却未能使中国走上富强之路。

究其原因,一是受当时条件所限,在政府软弱无能、政权四分五裂的情况下,个人的爱国表达往往单薄无力;二是个人的爱国行动,没有在明确的民族利益的前提下形成合力。脱离了现实的国情基础,没有统一的目标,单凭个人热情和自发行动,实现不了国家富强、民族振兴。

所以,今天我们讨论爱国,必须要对历史和现实有清醒的认识,了解我们所处的客观现实环境,在服从国家利益、战略目标的前提下,冷静理智地决定自己的行动。

爱国,是一个人热爱国家的朴素情感,更是公民对国家应尽的责任。这种责任包含两方面内容:对外,维护国家主权独立,争取民族尊严与平等地位;对内,建设经济发达、政治民主、文化繁荣、社会和谐的现代化国家。这两点,相辅相成相依并存。缺少国家独立主权完整,实现国富民强,是不可企及的梦想;没有强大国力的支撑,国家的尊严平等也无从谈起。

这一点,我们曾有切肤之痛。中国是第一次世界大战的战胜国,然而在巴黎和会上,却成为列强宰割的对象;推翻封建统治的中国人,憧憬建立民主国家之时,上海滩的公园门口,赫然挂着“华人与狗不得入内”的牌子。无数事实都在证明,经济发展了,国家富裕了,才有真正意义上的独立平等,才有大国外交,才能在国际事务中有更多发言权。

经过改革开放20多年的发展,我国已经实现了GDP的翻两番,目前正处在第三个翻番阶段。这一令世界惊叹的奇迹,一方面来自中国人民的奋发努力,另一方面也得益于国内外相对稳定的社会环境。利用这一有利环境,中国的国内生产总值从仅为日本的十分之一,增长到日本的三分之一。不难预测,这种发展势头再保持一段时间,中国经济实力与发达国家的距离还将缩小。

目前,我们正处在一个难得的战略机遇期。这个特殊时期既是机遇,又是挑战。如果和平稳定的环境遭到破坏,中国的发展就会停滞,甚至倒退;如果社会环境继续保持稳定,我们就可能利用这一机遇,实现中国的现代化战略目标。国内外大环境越稳定,稳定的时间越长,就对我们的国家越有利。作为公民,我们有责任维护安定局面,维护一个有利于中国和平发展的大环境。这是我们一切爱国行动的前提。

当然,由于不同的利益诉求,任何时候都可能发生冲突,产生摩擦。这就需要我们在大局观指导下,保持冷静,保持理性,妥善解决冲突和摩擦。

作为个人,我们有表达爱国情绪的权利;作为公民,我们的爱国行动,就必须以大局为重,理性而富有建设性。我们可以反对日本右翼的倒行逆施,也有权表达自己对中日关系的看法和意见。但抗议不是"动手动脚",表达也不是简单的"发泄不满"。超越法律界限的爱国,只能是图一时之快,逞一时之勇,很可能走向我们爱国初衷的反面。

爱国,不仅是情感表达,更是切实行动。公民责任也不是一个抽象概念,它有具体的内涵。如果说,国家的危难时刻,爱国是拼死抗争;和平年代,爱国是专心建设;那么,当前的爱国,就是维护安定和平的环境,珍惜稍纵即逝的战略机遇期,并在其间尽一己之力,切切实实为实现强国之梦而努力。

(《中国青年报》2005 年 4 月)

还有第十六届中国新闻奖一等奖获奖评论《我们怎样表达爱国热情》:

我们怎样表达爱国热情

爱国主义是对祖国最纯洁、最高尚、最神圣的感情。爱国是一种尊严,更是一种信念。爱国主义是我们的民魂,也是我们的国魂。面对一些涉及国家利益的大是大非的问题,用一定形式来做出理性的表达是爱国热情的具体体现。最近,日本右翼势力再次通过修改教科书来篡改历史,激起了曾深受战争戕害的亚洲和中国人民的无比愤慨。连日来,针对日本政府纵容右翼分子,伤害中国人民感情的做法,中国民众表达了强烈不满,展现了爱国主义热情。

半个多世纪过去了,日本右翼还有如此劣行,是有着十分复杂的历史、文化传统与现实原因的。它既与日本对战争缺乏深刻反思有关,也与亚洲地缘政治格局近年来的变化,特别是中国快速发展有关,而美国的亚洲战略又一直影响着日本对待历史、对待中国的态度。这些不同层次的原因交织在一起,使日本出现了右倾化的思潮。在民族尊严和民族感情遭受严重伤害之际,我们理应表达自己的义愤。但是,仅仅表达义愤是不够的。采取一些有违法制的过激行动也无助于问题的解决。

历史的经验告诉我们，爱国既要有热情的表达，更要能够从维护国家和民族利益的大局出发。爱国需要激情，更需要理性；在表达义愤的时候，难免有一些过激的言词，但义愤的宣泄不应超越法律，非理性的无序举动不仅无助于揭露日本右翼的真实面目，反而会授人以柄，给右翼分子攻击中国、欺骗日本民众增加口实，甚至伤害一些真心与中国友好的朋友。

我们应当看到，近年来日本右翼势力的抬头，也是有着一定的社会基础的。改变这一基础，既要有义愤和激情，更需要智慧与自信，做出长期而艰苦的努力。当年犹太人为揭露德国纳粹的罪恶，为了让世界人民认识到纳粹的危害，扎扎实实地做了许多细致的工作。他们通过深入揭露德国纳粹反人类罪行，通过对战犯坚持不懈的追查，让纳粹分子在国际上成为丧家之犬。二战的反思能够渗透到德国和欧洲社会的各个层面，与犹太人的努力是分不开的。如今，“奥斯威辛”早就超越了地名的含义，这个建有毒气室的集中营已经成为20世纪种族灭绝主义的象征。在历史学、哲学、神学、文学等诸多人文学科中，它不仅是一个学术名词，更意味着人类对历史苦难和人性的重新认识。而在战后这些学科的发展中，大都可以看到犹太人留下的深刻印记。现在的亚洲和国际政治格局虽然与当年有所不同，但道理是相同的。在这方面，我们中国人也有着许多亲身的体会。当年那些经过抚顺日本战犯改造所教育的日本军官最后有不少都成为坚定不移的反战者，日本一些年轻人就是因为受了他们的影响而站在当前反对右翼的第一线。通过对战犯的改造和教育，中国人民展示出了巨大的理性的力量。

中国的发展需要一个和平的环境。作为邻邦的日本对历史反思不足，对中国实力的增强又持怀疑态度，这无疑会带来一定的麻烦。但是，随着经济全球化的不断深化，中日之间的联系更加紧密也是大势所趋。目前，中日之间经贸交流数额很大，今后无论是在经贸还是在文化等许多方面，交流的层次还会不断加深。这就会为促使日本做出深刻的反省创造条件。当年法、德两国人民能够消除隔阂，与德国政府的道歉与反思有关，也与欧洲一体化的进程，与两国在政治、经济、文化等多方面、多层次的交流，特别是民众之间的深入交往有很大关系，后者更是增加双方互信的基础。因此，要促使日本能够以史为鉴，就不是只宣泄一下愤怒的情感能解决得了的问题，还需要我们促进更广泛的交流，更多地展示理性的力量。要用这种力量来让日本人民，让世界人民更多地认识日本右翼的真实面目和危害，营造一种让右翼难以生存的国际舆论环境。因此，激情加理性才是我们表达爱国热情的正确态度。

（人民网 2005 年 4 月 16 日）

上面所说的三篇评论于不同时间发表，其选题的大概范围是相同的，都谈到了爱国

主义，但是，仔细一看，我们能发现其中的区别：《五》文是为著名作曲家王莘逝世的消息配写的评论，以《歌唱祖国》把新闻事件与爱国主义联系起来。《爱国与公民责任》一文围绕爱国与公民责任的联系来写，文章在分析论证的时候采用了大量的事实材料，点明在具体年代，爱国行为与公民责任具有不同的统一形式。《我们怎样表达爱国热情》一文的选题更加具体，它着眼于"怎么样"的基础上，在具体的论证范围内用犹太人反思战争的例子、经过改造的日本战犯以及受到他们影响而反对右翼势力的日本年轻人的例子、中国的发展需要一个和平的环境等典型例子，来说明我们要用理性加激情的形式来表达爱国情感，通过一系列事例的展示，作者提倡的理性加激情这一表达爱国感情的方式也为受众所接受。该文的论据比第二篇文章的论据更加翔实，更加具体。

从上面三篇评论作品我们可以发现，事实在评论中起重要作用，文章引用的事实是紧密围绕着选题展开的，也就是说，论据对选题起到了很好的论证作用，文章的观点在论证过程中得到了证实，社会效果明显。这也表明在引用论据的时候，不在于论据的多与寡，而是在于论据是不是引用得恰当。

李德民还认为，在引经据典的时候选取的论据要精准，不能到处都是论据，否则就会陷入以引代论的怪圈。上面三篇评论引用的论据很具有典型性，也很精准，有力地剖析了论题与论点，《五》文通过古今事例的引用，准确地概述出了中华民族爱国主义具有延续性的特征，与"五星红旗永远不落"的表述很贴切。《爱国与公民责任》中通过不同时期的公民责任与爱国的联系，来着重说而今我们应该怎么样在公民责任的大框架中表达爱国情感。《我们怎样表达爱国热情》更是通过不同的论据来论证选题，通过犹太人的例子为我们怎样做提供行动上的参考，通过日本青年反对右翼势力的例子和一个国家发展需要一个好的大环境的分析告诉我们理性爱国的原因。这三篇文章没有一味地叙事，而是论据引用与事理分析互相结合，叙与论相统一，道理说得让人折服。

第三节　分析与论证

新闻评论的说理是在分析和论证的基础上进行并完成的。分析指的是评论主体按照一定的思维方式把整体的事物分解成多个要素，以做到对事物形成有针对性的具体的认识。比如《拜金主义要不得》一文论述的物质主义享受思潮本身是一种社会现象，是一个整体，人们怎么样才能认识它呢？作者首先摆出一些生活中实实在在的例子，让受众对这类现象有了感性上的认识。然后，作者又把这类现象解剖为几个小部分：拜金主义的本质、拜金主义的危害性、拜金主义与当前国情不相符合，通过这样有针对性的分析，阐明了拜金主义的本质，社会效果显著。这就告诉我们，新闻评论要通过析事，才能明理，分析在新闻评论写作过程中少不了。

而论证是一个逻辑推理过程，是联系论点和论据的桥梁。论点和论据之间这座桥能否走得通，就看论点和论据之间的推理是否合乎逻辑，是否能反映事物之间的客观规律。

一、推理的形式

所谓推理，就是根据一个或一些命题得出另一个新命题的思维方式。其形式主要分为演绎推理和非演绎推理，非演绎推理包括归纳推理和类比推理。

1. 演绎推理

演绎推理能够进行连续的逻辑推演，并且各个推演阶段的结论都是从前提必然地推出来的。三段论是演绎推理的基本形式。如“脏水不能喝，洗碗水是脏水，洗碗水不能喝”这是个简单的三段论式的演绎推理。复杂一点的如：“人总是要死的，但死的意义有不同。中国古时候有个文学家叫做司马迁的说过：‘人固有一死，或重于泰山，或轻于鸿毛。’为人民利益而死，就比泰山重；替法西斯卖力，替剥削人民和压迫人民的人去死，就比鸿毛还轻。张思德同志是为人民利益而死的，他的死比泰山还重。”这段话就是一个典型的演绎推理。“为人民的利益而死，比泰山还重”“张思德同志是为人民利益而死的”作为两个前提，推出“他的死比泰山还重”这一结论。2003 年 9 月 30 日《中国新闻出版报》发表了《警惕“新闻寻租”》(作者：朽木)一文。

警惕“新闻寻租”

经济学家、社会学家、法学家等社会科学工作者近年来孜孜研究的“寻租”理论，不断被现实生活中的活生生的事例予以印证。寻租，全称判断应为“权力寻租”，准确的意思是利用公权，即利用党和人民赋予的权力以权谋私，以权易钱，以权易物，以权易色，如此等等。在这里，公权被据为己有，公权被一“私”亵渎，而侵犯亵渎公权的结果，便是腐败，人民群众切齿痛恨的腐败。

新闻界，作为社会的“感应器”，当然也不例外。其集中表现为以“访”谋私，以“编”谋私，以稿谋私，以版面谋私。而其“谋”之“领域”，又无孔不入，无远弗届，不管是正面报道，还是舆论监督“谋私”的黑手都能伸进。要“树立形象”，要媒体说好话，要报纸上有文广播里有声电视上有影，好，拿钱来，一手交钱，一手交版面，两讫。于是，新闻圈里，就有那么一批专事以卖版面以写“形象”为生且活得滋润人五人六的所谓“名记”横空出世，肆无忌惮！“正面”如此，反面、负面的报道，一样被一些人拿去“经营”。你有丑事，你有问题，你想要我媒体装聋作哑三缄其口，好，出价吧。于是，心照不宣之中，一些有问题的人和事，乃至一些违法犯罪、作奸犯科者的丑行便也杳无声息，从原本应当实行舆论监督的媒体中淡出，消失。我们说，这便是新闻界的“权力寻租”。这样的“新闻寻租”，其危

害实在不可小视。

近期出现的几起事件可资佐证。一件是湖南《娄底日报》的原政法部副主任、“湘中名记”伍新勇的案发落马，一件是繁峙矿难水落石出后的11个记者“涉案查处”。两件事，一南一北，一“少”一“多”，但都从各自的侧面折射出中国新闻界的一个侧面，一种现状。南边的那个伍新勇“打进”媒体，利用媒体，无视党纪国法，为所欲为，甚至批捕后还辩解“我是政法记者，政法记者有权佩带枪支”，无知“无畏”之中，可见其多么嚣张。北边的11个记者，同样明白手中的一支笔的“分量”，竟然在震惊全国的繁峙矿难发生后，收受当地有关负责人及非法矿主为了掩盖事实真相而贿送的现金、金元宝，“版面权”、“报道事实真相权”就此葬送。值得指出的是，新闻界这类事绝非仅此一例两例，绝非偶见，可以说，以稿谋私，以版面谋私，以稿件和版面“寻租”，已成为新闻界一个不可否认的行业不正之风，已成为侵害新闻公信力和权威性的一个毒瘤！君不见，现在的一些记者，牛皮哄哄，人五人六，尾巴翘到了天上，谱儿摆得令人惊诧，“日子”过得流油。有些所谓的“名记”，更是具“呼风唤雨”的“本事”，“通天入地”，“能量极大”。人们不禁要问，这是为什么，凭什么？说穿了，不过是利用党和政府的媒体，在干着“新闻寻租”、以稿谋私的丑事。这一状况，已经引起人民群众的强烈不满。我们说，是到了认真整肃这种歪风的时候了。

以权谋私，人所共弃。我们手中的权力，包括新闻记者手中的笔和版面，是党和人民给予的，是公权，而非“私产”。任何侵害公权的行为，都属违纪违法，其结果必然导致大大小小的腐败。新闻界也不例外。私欲升涨，必致“公信”沦丧；邪祟成为“典型”，正义只能蒙垢披尘，“黄钟毁弃，瓦釜雷鸣”，这是不会错的。看看这几年新闻界的一些丑恶现象，便可一目了然。以原则作交易，以版面作交易，“肥”的是一些无良记者，“惨”的是媒体及其在人民群众中的威信。民谚有曰：“防火防盗防记者。”防记者什么？防记者以版面为由威胁利诱乃至于敲诈勒索啊！话也许重了些，但却是有的媒体有的新闻工作者身上发生过或仍在发生着的客观真实。

我国的媒体，一如党政部门，手中的权力是党和人民给予的，决不能拿来作为徇私舞弊的工具；我们的记者，也绝不是什么“无冕之王”，而只是一种社会职业。这一点，必须反复讲，讲清楚。而对于新闻界那些大搞“新闻寻租”者，应当发现一起，查处一起，决不手软；同时，应在新闻界广泛开展爱岗敬业、认清“自我”的教育，记者不是“大爷”，记者就是记者，决不能滥用版面权，决不能恃“权”仗势，气焰嚣张，不识天高地厚。如此，新闻圈中的“寻租”才会得到有效遏制，直至止息。

（《中国新闻出版报》2003年9月30日）

文章作者在整体上运用了演绎推理形式，第一段着眼于权力寻租的含义、表现形式，以及权力寻租的后果。在接下来的行文中，文章指出新闻界也是属于公权领域，也存在权力寻租的现象。第三段就是通过具体的事例来佐证文章的论断。从文章中我们可以得出这样的意思："权力寻租属于利用公权谋取私利，新闻界有的记者在以权谋私，所以新闻界中有的记者以权谋私是属于权力寻租。""权力寻租对社会的危害很大，新闻界中以权谋私的行为属于权力寻租，所以新闻界中以权谋私的行为对社会的危害很大。"文章就是这两个主要的演绎推理的运用，得出了一个总的结论——警惕"新闻寻租"。让受众明了有的新闻记者以权谋私行为的本质以及此类行为对社会的危害。

2. 归纳推理

归纳推理是从反映个别性知识的前提出发，创造性地推出一般性知识的结论。在大多数情况下，由归纳推理得出的结论是否正确还有待实践的检验。正确的新闻舆论是党和人民之福，错误的新闻舆论是党和人民之祸，新闻评论具有引导和协调舆论的功效，在社会中发挥着重要功能，所以，我们在写作新闻评论且通过归纳推理方式运用论据推断结论的时候，我们要确保结论正确，继而用正确的舆论引导人。下面请看评论《警惕"专家观点"成为"利益俘虏"》：

警惕"专家观点"成为"利益俘虏"

动辄搬出"专家观点"如今似乎成了一种时尚。然而，无可回避的是，专家意见的可信度似乎也在大幅度地滑坡。比如，最近有好几件事让人对某些专家学者的所言所行不敢恭维。

在调控政策之手逐渐引导房价理性归位的时候，不少专家学者在许多公开场合发表力挺房价的高论。富有讽刺意味的是，先后有两个楼盘恰在此时盛大开盘，房地产商竟推出了"同质化"的气派庆典，不是大搞那种载歌载舞的热烈场面，而是盛情邀请专家学者作现场演讲，请他们在论坛上发布"房价不会下跌"之类的观点。不管说得如何动人，其实都只不过是转弯抹角地引你掏钱罢了。试想，他们跟推销的售楼小姐比起来，恐怕只是多穿了一件叫"专家"的外套。

前不久，国内一家专搞环境研究的权威机构，经过一番研究竟然能得出一个"科学结论"：中国城市环境污染不是由汽车造成的，而是由自行车造成的。当这个凡有点常识的人都不敢相信的"科研成果"公诸于世时，立即遭到了各方的质疑。很快，有报道"揭开了盖子"——原来，这个环境研究课题是由一家汽车公司赞助的！此外，在"苏丹红"、"雀巢奶粉"事件风波中，专家的表现忽左忽右，有位学者竟抛出了"一支烟就含多少苏丹红"的袒护之辞，难怪新华社记者在报道中感言：专家"别卖了科学精神"！

在普通公众的心目中，学者是学术上颇具造诣、道德上堪为楷模的受尊敬的群体。但以上这些专家学者的表现，更像是表演。这种“专家秀”直接玷污了专家学者得以安身立命的良知道义和学术操守。

专家观点失却公信力的背后，是部分专家与某些利益没有了距离。少数专家学者与开发商等利益团体构成了一个利益共同体，在这个共同体内，所谓学术研究的公正与科学自然蜕化变质了。诸如此类的“专家观点”，尽管有“专家”在场，但知识分子保有的理性与操守却缺席了，这实际上是学术的失语，发生了腐败的“学术寻租”。这些学者凭借自己耀眼的学术头衔，手中的鉴定权、论证权、签字权去堂而皇之地攫取一笔可观的评审费、润笔费、讲课费。但实际上为利益驱使，玩“学钱交易”，做利益集团的代言人。结果是，受利益主宰的专家意见又主宰了不知就里的善良听众。从股市到房市，站在利益集团前面做代言人、吹鼓手的学者专家并不鲜见；还有，某些经济学家担任上市公司独立董事，一次次说出“屁股决定脑袋”的误人误市的言论。中国工程院院长徐匡迪曾愤言提出封杀“社会活动院士”，剑指的正是这类“利益的俘虏”。

如果最信赖的专家把屁股坐到“利”字上去了，日后谁还听专家的话？学者自贱，导致的将是学术自戕、文化自贬。专家不能不自重，要切实担负起专家应有的责任。什么是专家的责任？一是尊重科学的求真而独立的品格，二是全心服务公众的义务。做到了这两点，也就自然远离利益集团的金钱诱惑。

当越来越多的专家走进百姓生活、进入公众视野时，我们不仅要强调道德的自律，而且更要善用制度性的他律来共同维护专家观点的学术责任和社会责任。只有制度性地剔除那些“利益专家”，实现专家观点的“去功利化”，才能从“专家意见”中聆听到坚守科学精神又为公众服务的“专家观点”，如此既有益于社会又裨益于学术。

（新华网 2006 年 10 月 17 日）

作品从多个具体的个案着手，归纳出这些个案所反映出的共同现象；没有停留在个案上，而是转向了专家群体与利益群体的某种联系上，指出在这种联系之下存在的一些不正常的社会现象，并且指出“专家群体”应该怎样做。

3. 类比推理

类比推理是在对两个或两类对象作了分析比较的基础上，依据事物间的某些相同或相似的属性，推断出它们的其他属性也相同或者相似。类比推理可以从特殊到特殊，也可以从一般到一般。在现实生活中，由于具体事物之间存在差异、事物内部各属性之间的联系不是全都具有必然性的，这往往成为类比推理过程中“前提正确，结论不正确”的诱因，有些经类比推理的结论为实践所检验、且为真实的例子为数不少，但是，被实践推翻的也不少。逻辑学家斯泰宾看到了类比推理的作用，同时也注意到了它的缺陷，指出："类比构成我们很多思维的基础；我们注意到两件事在某些方面相似，而这种相似对我们当前的目的有用，于是我们就把两种相似推广开去。这种推理方式在科学思维中曾经起过非常有效的作用，尽管它容易陷于危险。"这告诉我们类比的可靠性程度不高，而其可靠性程度究竟与什么有关呢？金岳霖老师指出："类比法的可靠程度取决于两个或两类事物之间的相关程度。如果相同的属性与推出的属性之间相关程度越高，那么，类比法的可靠性就越大。"从中我们可以看出，纳入类比推理过程的事物要尽量相关。2008 年金融危机给全球企业带来了严峻挑战，企业在经济严冬前应该冬眠还是冬泳，2009 年 2 月 6 日，《人民论坛》上的一篇文章就是通过类比推理阐述冬眠与冬泳的区别以及影响，来告诉企业在经济严冬面前应该持何种应对态度。下面是节选的部分原文。

> 人们在自然界中经常可以看到，冬天由于天气比较寒冷，许多动物就躲在洞里冬眠。有些人也同样如此，由于怕冷就躲在家里，冬天不大出来活动，整天靠暖气片、空调取暖度日，长此下去会导致人的体能下降甚至变得弱不禁风。但有些人甚至是七八十岁的老人，却在冰天雪地脱掉棉衣毛裤，跳进江河、湖塘中冬泳，许多人在冬泳中磨炼了坚强的意志，增强了体质，连有些老毛病也在冬泳中自然消失了。
>
> 在当前全球遭遇严重的金融危机时，许多经济学家将其称为企业的"冬天"。面对"冬天"的严寒，有些企业家一看企业有可能被寒流"冻僵"、"冻伤"甚至"冻死"，就采取了"冬眠"的办法：将机器停了、将工人辞退、将厂门关掉，然后躲进温暖的"保险洞"中呼呼大睡。殊不知这种"冬眠"的办法并不保险，机器停了要生锈，职工辞了失诚信，工厂关门仍要支付银行贷款利息等费用，更重要的是人懒散了容易失去创业的信心和热情，到将来企业的"春天"来临时，你想开动机器，需要一大笔机器设备维修费；想找技术骨干，他已经让别人招去了；想上什么项目，别人都已经投产了，大好的机遇都在你的"冬眠"中从眼皮底下溜走，恐怕后悔也来不及了。
>
> 在企业面临金融危机造成的"冬天"里，就要像华立集团那样，以"冬泳"的积极态度，去迎接"冬天"的挑战。比如说"外销"产品出口有困难，你生产一点"内销"的产品行不行；原来企业高端人才缺乏，引进成本较高，现在可不可以到高端人才市场去"抄抄底"，招一批企业管理、新产品开发或者是有销售资源的高端人才进企业，为企业增添活力；如果你一家企业资金不足、势单力薄，能不能去找一些同类或有实力的企业合作，以联营的方式维持正常生产。即便是企业确实是一时想不出法子而停产了，你也要做好制度的建立和完善、人员的技术培训、设备的维修保养、市场信息的了解……到时机遇来了就能迅速投入生

产。与其"冬眠"，不如在"严冬"的冰水中挥动手臂用力搏一搏。

（人民网《人民论坛》2009 年 2 月 6 日）

上文运用的便是类比推理，我们也可以看到事物之间的相关性：(1)金融危机被比喻成了企业的冬天。在自然界中，冬天属于四季之一。(2)冬天的低温也常常让人们的行动受限。冬眠与冬泳是生物在冬天里所表现出的两种行为，冬眠时足不出户以御寒在作者看来是消极的；冬泳则是积极的。在金融危机的影响之下，有的企业因自保而自行关闭，有的却还在生产。在推理过程中，文章作者通过冬眠和冬泳形象地告诉诸多企业主在金融危机面前应该怎样做。文章最终认为企业在金融危机面前应该积极地采取措施应对。

海纳在《"行之以躬，不言而信"》一文中由古论今，探讨现在的领导干部应该怎么样对待个人利益和待遇时，也采用了类比的手法。

"行之以躬，不言而信"

"行之以躬"，首先是表现在对待个人利益上。东汉时有个故事，年底，皇帝赐给太学的博士们每人一只羊。但赶来的羊却大小不等、肥瘦不一。这使大家犯了难，于是聚在一起商量怎么分。有人主张把羊统统宰了，然后平均分肉。也有人建议，干脆"抓阄"，凭个人的运气碰。正当大家七嘴八舌、吵吵嚷嚷时，有个叫甄宇的博士站起来说："还是一人一只吧，也不用抓阄了，我先牵一只去。"说完他就走进羊群，挑了一只最瘦最小的牵走。这时大家谁也不再争执了，纷纷争着去牵小羊和瘦羊。这件事传开以后，洛阳城里的人，都称赞甄宇，并给他取了个别号，叫"瘦羊博士"。

在个人利益和待遇的问题上，我们的领导干部，都能像甄宇博士一样"行之以躬"吗？有些人做得到，也有些人没有做到。他们的习惯思维是，不比别人好，但也不能比别人差。别的局、处级干部有什么样的待遇，我就得有什么样的待遇。甚至连办公室小一点、沙发旧一点，他们都受不了。不是吃苦在前、吃亏在前、节约在前、俭朴在前，而是舒适在前、时髦在前、排场在前、享乐在前。这样的干部，嘴上说得再好，也不可能"有信"。

（《深圳特区报》2005 年 3 月 28 日）

一方是古时候的官员，另外一方是而今的干部群体，就二者的性质来说，都属于社会中的领导阶层。这为两者类比提供了相似性。怎么样来对待个人利益？古时候的官员做出了表率，当今的干部们也应当如古人一样"牵小羊"，这是从相似性出发，推出二者应该具有的另外一种相似性。

推理应该注意哪些方面？第一，推理的前提要正确。在新闻评论写作中，我们运用论据时，要保证论据的正确性。第二，推理的形式要正确。在新闻评论由此及彼，虚实结合对论点进行深化的时候，我们要运用正确的推理形式，否则，即使论据正确，由于推理形式错误，得出的论点也是不足以说服人的。

二、论证的方法

论证方法有不同的切入视角。按照推理形式划分，可以分为演绎推理论证、归纳推理论证和类比推理论证等主要方法（上文已经阐述）。按照论据材料的性质划分有例证法、引证法。按照双方观点的关系来划分有反证法、归谬法。在具体的行文写作过程中，这些方法有时候互相杂糅，同为佐证论点献力。

1. 例证法

例证法就是用具体的事例来佐证论点的方法，在评论写作中比较常用。在例证法中，具体的事例就是事实性论据。《台湾历史不容歪曲》中，作者就是通过引用诸多的历史事例来佐证，最后达到抨击对方的目的。

2. 引证法

引证法指的是用经过实践检验的理论、观点、名人权威言论等材料来佐证论点的方法。在该方法中，运用的事例属于理论性论据。2007 年 7 月 9 日《解放日报》发表了评论《上海要有更宽广的胸襟》，其中第二自然段就是通过名言、典故来论证了上海在发展过程中需要更宽广的胸襟。

> 海不辞水，故能成其大；山不辞土石，故能成其高。海纳百川，才成其为上海。上海是全国的上海，上海今天取得的成就离不开全国各地的关心和帮助，上海今后的发展同样离不开全国各地的支持与合作，上海要以更宽广的胸襟，兼容并蓄、博采众长，大力塑造“海纳百川、追求卓越、开明睿智、大气谦和”的新形象。这席话，对于拓宽上海的胸襟，塑造上海人的新形象，有着准确的针对性和深刻的现实意义。

上文论述了上海有今天的成就离不开全国各地的支持，要造就一个新上海，树立上海的新形象，成就上海新的发展，上海应该用更宽广的胸襟接人待物。

3. 反证法

反证法就是通过对反面论点的否定来证明自己论点的正确。在运用这种方法时，可以从正面着手，有时也可以从反面进行。在《不要过度阐释“拒签致死”这个特例》中，作者曹林对此前的与该事件相关的言论进行分析，其中有一段是这样的：

> 可这些，却在反思中被忽视了。有人提及中国医疗费用过高，导致患者家属潜意识中对医院的手术治疗望而却步。医院不是承诺减免手术费用了吗，病

友们不也在现场发起捐款了吗？即使费用昂贵，在妻子生命处于危急状态，也应该先签字手术啊！有人说到医患间的信任危机，如果不信任医生为何还把妻子送到医院？生命攸关之时，除了医生还能相信谁？有人严厉批评医院的官僚主义，把制度的某种刚性和原则性的规定阐释为官僚主义，这是对制度的无知。还有人谈起了中国社会的人际隔膜，可人际再隔膜，当那么多医生和病友苦口婆心地相劝相助时，就是一块坚冰也应被融化。

《不》文要想对该新闻事件做总结性发言，就得有充足的理由，就得对已有的、与新闻事件相关的舆论做总结，作者在行文过程中，先是摆明各方的观点，然后就是通过分析，来否定各路观点，间接地证明了"不要对新闻事件进行过度阐释"这一论断的正确。

4. 归谬法

归谬法能让对方的观点不攻自破，指的是先假设对方的观点是正确的，然后以该观点作为前提进行推导，推导出的结果却是一个荒谬的结论的方法。如《不要过度阐释"拒签致死"这一特例》的作者在一些段落中也运用了归谬法。

更多的人则把矛头指向了"签字才动手术"的制度和医生的道德。只能说，单纯从这起特例看，如果不需家属签字就能动手术，孕妇母子也许都能活命，可换到一般情形下，那将会导致更多的医疗纠纷和医权滥用。比如，在你拒绝手术的情况下，你的胆囊或肾被医生莫名其妙地割掉。作为事后的旁观者，我们可以假想"如果医生知道变通该多好啊"，可手术是一种高风险涉及人命的行为，必须有刚性的制度保障医患双方的权利。

在此自然段中，作者以一些人肯定"不需要家属签字就能手术"的做法为前提开始推导，最后，得出在这样的情况下出现的一系列荒谬事例的结论。

这样的例子不在少数，下面我们来看评论《"免费"为"反恐" 卢总经理在忽悠谁?》，评论以 2005 年广州地铁公司宣布公司家属作为地铁"安全员"，可以免费乘坐地铁为背景，联系到我国一些行业内类似的做法，在写作的时候，文章作者采用归谬法，使得广州地铁公司的那种错误做法和借口不攻自破。以下是部分原文。

"免费"为"反恐" 卢总经理在忽悠谁?

……

不过，及至读到广州地铁公司总经理卢光霖回应市民质疑的一番高论，我不禁哑然，怀疑此君是创作"黑色幽默"的高人。卢光霖总经理说："众所周知，目前国际恐怖势力猖獗，地铁又是恐怖分子的重点袭击对象，所以必须加强地铁车站、月台、车厢内的反恐力度，地铁员工的力量毕竟有限，而地铁公司又希望每趟列车在碰到任何情况时都有人能够及时地指导救援，那么这些地铁家属就义不容辞地担负起地铁义务安全员的重要

职责。”

原来如此。员工家属免费乘车，居然是为了反恐！卢总经理言之凿凿，只是，大伙儿都是明白人，您这番说辞，是在忽悠谁呢？

不去追究，这些家属“地铁义务安全员”是否有能力与恐怖分子斗争，保护其他乘客的人身财产安全。且按照卢总经理的理论推演，飞机、铁路、轮船、公路，商场等等，哪一个地方不可能成为恐怖分子“重点袭击的对象”呢？既然如此，我看飞机空乘人员的家属、铁路员工家属、公交客运公司员工家属、轮渡公司员工家属以及商场营业员家属，大伙统统来做“义务安全员”吧，飞机、火车、大客、轮船，免费乘坐，商场买东西也可以免费嘛。继续推而广之，全民皆可为“义务安全员”了。

加强安全措施利在全民。全民反恐当然是件好事，但首先这一责任应该是按照社会专业分工原则，由经营者配合有关部门去完成，真要让没有受过专业训练的老弱妇孺都去当“反恐精英”，显然是对员工家属们极大的不负责任！当然，也是拿地铁乘客的生命安全和国家财产当做儿戏！其次，无论以什么为借口，扩大员工福利，都可以认定是对国资经营的“职务盗窃”行为，对为地铁建设和运营付出税收、票价等等投入的普通乘客都是不公平的！

明明是化公为私，偏偏要拉大旗作虎皮，把丑行称作义举，这位卢总滑天下之大稽的言谈，实在可以列入2005年度大忽悠之列！一朝权在手，便把利来谋。这样的人没有资格担当国资经营人员，因为，我们有理由怀疑他在分不清公众利益和小团体利益的前提下，完全有可能把国有资产化作小团体甚至个人的囊中之物！

（新华报业网2005年12月14日）

从上文看出：作者先是假设广州地铁的做法是为了反恐是对的，然后以此为前提展开推导，得出所有的交通设施可以免费乘坐、商场的商品可以免费拿的结论。在下面一段就事论事的基础上，作者也是运用该方法，先是肯定地铁公司家属作为安全员的做法，又得出这样的做法是对公司家属不负责的表现。从多角度、多层次上对那样的做法进行了剖析，受众在阅读的过程中也能明白卢总经理的“煞费苦心”。

三、论证中修辞手法的使用

比喻和对比是在论证过程中比较常用的修辞手法。

1. 比喻

在新闻评论实际写作中运用比喻，确实能使抽象复杂的道理具体简单化，但是，在运用比喻的时候，我们要注意到由于比喻材料不是评论对象本身，它与论点之间只有某种间接的联系，而没有全面、直接的联系，所以，比喻一般只能用作论证的辅助手段，不能作

为一种论证方法。马少华教授在《新闻评论教程》中指出:“比喻不是论证方法,只是表现方法。”因此,运用比喻的时候,必须准确把握比喻材料与论点的联系,以免陷入“以喻代证”的怪圈。

2. 对比

对比作为一种修辞手法,能将两类甚至更多个事物联系起来,在异中求同,在同中求异,让不同的事物在一篇文章中有一个鲜明的参照物,这样的比较能使说理过程简化,甚至能让论点做到其义自现,比如,什么是好的,如果没有对比物存在,那就得说理,其中,也不是没有说理说得过于抽象的可能。当引入一个对比对象时,道理会变得具体可感,能更加使人信服。《“真抓”与“假抓”》(文章请参阅第六章第二节)就是通过对不同的领导干部所持的不同的工作态度、方法进行对比,在比较过程中,受众也清楚地认识到了“假抓”的本质。对比运用于处在不同发展阶段的同一事物之上时,能阐释出事物的变化,使得事物更好地符合当今的现实情况。如本章第二节引用的《爱国与公民责任》一文,作者把热血救国这一爱国方式放在不同的历史时期加以分析、对比,最后点明在现实环境中,热血爱国需要理性。《城乡按照相同人口比例选举人大代表意义重大》中,作者回顾了我国选举人大代表所采用的不同标准,在回顾中,当今的政策及其变化与过去的政策理论相互对比,衬托出了当今政策及其变化的意义。

本章小结

通过本章的学习,要掌握论点、论据和分析论证的基本知识,并能在新闻评论的阅读和写作中加以实际的运用。论点属于主观形态信息,需要被论证,这是论点区别于其他观点信息的关键。论点分为总论点和分论点,它们之间的关系主要有恒定的主从关系、非恒定的因果关系等,分论点之间也存在各种不同的关系。论点要“妥而新”、“新而明”、“明而深”、“深而简”。论据属于客观存在,可以分为事实性论据和理论性论据,在组织论据的时候,有“质”和“量”的要求。论证方法按照不同的标准分,就有不同的分类,主要有演绎推理、归纳推理、类比推理、例证法、引证法、反证法、归谬法。比喻和对比则是两种在论证中比较常见的修辞手法。

本章自测题

一、单项选择题

1. 下列哪些方法中,结论与前提是必然的联系?(　　)

A. 演绎推理　B. 类比推理　C. 归纳推理　D. 比喻

2. 提炼论点的一个最基本的要求是(　　)。

A. 妥　B. 新　C. 明　D. 深

E. 简

3. 总论点作为文章的中心论点，一般情况下的个数是(　　)。

A. 多个　B. 1个　C. 不确定

4. 下面哪种推理形式的结论范围超出了前提的范围？(　　)

A. 类比推理　B. 演绎推理　C. 归纳推理　D. 联言推理

5. 如果在一篇新闻评论中，有两个独立的选题，该评论的中心论点应该是(　　)。

A. 1个　B. 2个

C. 1个或2个　D. 这样的情况不存在

6. 论据是客观存在属于客观形态信息，下面哪些材料不属于事实性论据？(　　)

A. 历史史实　B. 新闻事件　C. 统计数字　D. 社会准则

7. 下面哪一项是对论点与论据之间关系的正确表述？(　　)

A. 论点统率论据

B. 论点与论据不互相作用

C. 论据决定论点

D. 在构思的时候，事实性材料是论点的基础；在行文过程中，论点统率论据

8. 在论证中比较常见的修辞手法除了比喻外，还有(　　)。

A. 排比　B. 借代　C. 比拟　D. 对比

二、多项选择题

1. 新闻评论三要素中有哪些是有形的？(　　)

A. 论点　B. 论据　C. 分析　D. 论证

2. 按照双方观点划分，论证方法可以分为(　　)。

A. 例证法　B. 反证法　C. 类比推理　D. 引证法

3. 评论作品中包含了多个观点，怎样去辨别哪些观点才是论点？(　　)

A. 被论证而不对别的观点起佐证的观点

B. 被论证也对别的观点起佐证的观点

C. 不被论证也不佐证其他观点

D. 观点属于主观形态信息，所有的观点都是论点

4. 为了要让论据具有新意，下列哪些做法是正确的？(　　)

A. 以偏赅全，一味求新　B. 把握整体，采用新的角度

C. 杜撰客观形态信息　D. 拟用在同一范畴内而不常见的材料

5. 为了正确推理，我们要注意的问题是(　　)。

A. 推理形式要正确　　　　　　　　B. 前提要正确
C. 完全靠评论作者　　　　　　　　D. 不确定

三、判断题

1. 在类比推理过程中，我们应该注意类比对象之间的相关程度。（　）

2. 论据要精当就是要求我们在组织论据的时候，要注意到论据与选题和论点之间的联系程度，因此，越典型的材料也就与论点和选题之间的联系越密切。（　）

3. 归纳指的是由一般推出个别的推理方式。（　）

4. 论据和论点的存在是相辅相成的，在文章中，被论证的观点是论点，论证观点的观点是论据。（　）

5. 运用归谬法时，一开始就明确表示对方的观点是错误的。（　）

四、简答题

1. 试分析一篇好的新闻评论应该具有什么标准。

2. 做到正确推理要注意的问题有哪些？

3. 简述引用论据的方法。

单元实训

实训一

选取一件已经有相关评论的新闻事件，根据其写一篇800字左右的新闻评论。

实训二

下面是《中国青年报》的一篇评论。请根据本章相关理论对其进行分析。

"中国富豪"为何是非多

据报道，中国首富、国美集团主席黄光裕因涉嫌违规资本操作而被公安机关调查。黄被调查的起因是涉嫌操纵市场，具体指对其兄黄俊钦控股的ST金泰股价进行操纵。但23日晚间"中国证券网"报道称"黄光裕已经回家，但确实接受过警方调查"。对上述传言和报道，国美公司拒绝正面回应。（《新京报》11月24日）

黄光裕到底有没有问题，相信有关部门会有答案。值得注意的是，这位"中国首富"已经不是第一次被调查了。2006年，黄俊钦、黄光裕兄弟就曾因其早年间一批总额13亿元的违法违规贷款，被有关部门调查过。先后两次被调查，一个财富榜样的是是非非引人深思：究竟是富豪的个人原因，还是规范监督缺位？

虽然目前还不能把黄光裕划入"问题富豪"中，但称其为"是非富豪"并不为过。如果对资本市场监管严密，即便黄光裕是“千手观音”，也没有涉嫌操纵市场的机会。其实，很多时候最该反思的是制度的制定者和实施者。对于富豪落马现象，有人就指出：这源于“权力溺爱纵容下的野蛮生长”。假如黄光裕被调查证实参与操纵市场，那么是不是也是权力溺爱或者纵容呢？

仅2007年，中国就有很多“问题富豪”落马，比如，上海农凯集团有限公司董事长周正毅、ST鑫安公司原董事长谢国胜、浙江本色控股集团公司董事长吴英、上海周氏集团有限公司董事长周小弟等。可以说，这些财富英雄的落马，既是因为个人的“野蛮生长”，信仰、道德出现了问题，更是因为缺少规范的生存土壤。

除首富效应之外，舆论之所以高度关注黄光裕被抓的传闻，不仅是因为黄光裕在中国280多个城市拥有1 200多家经营门市店，解决了约20万员工的吃饭问题，为国家贡献了很多税收，更因为黄光裕既是创业者的精神榜样，也是普通人心中的财富英雄。关注黄光裕，也是在关注有关部门在这件事情上如何作为——如何以法治来完善市场经济，以避免出现更多的“问题富豪”。

近期，为提振市场信心，国家发改委起草了消费刺激方案，参与方案研究的人士建议，政府应尽快向资本市场注资3 000亿～4 000亿元。在笔者看来，政府投入巨资救市固然重要，但打击市场操纵行为同样重要。无论是知名富豪，还是什么权贵，只要敢于伸手操纵市场，就应严厉打击。

（《中国青年报》2008年11月25日）

第八章　新闻评论的传播符号

学习目的

1. 初步了解符号学相关知识
2. 了解在不同的媒体当中，不同传播符号的运用和作用
3. 学会利用媒体的长处灵活运用不同的传播符号

核心能力

1. 熟练运用各种不同媒介的传播符号的能力
2. 利用媒体的长处灵活运用不同的传播符号的能力

第一节　符号概说

我们知道，新闻传播活动在本质上表现为信息的流通。那么，信息是怎么流通的呢？事实上，信息首先表现为符号，或者说信息的外在形式就是某种符号。世界上没有离开符号而单独存在的信息，也没有不包含某种信息的符号。什么是符号呢？各种著作对符号有许多定义：符号是记号或标记；符号是信息携带者；符号是概念与音响形象的结合体……从上面这些概念可以看出，它们都有一个共同点，即符号是信息的载体，它本身不是事物却能指代事物。符号的对象和适用范围非常广泛，因此符号的定义往往会随着指代事物和适用范围而变化。我们可以说，符号就是负载或传递信息的载体，表现为有意义的代码及代码系统，如声音、图形、姿态、表情等。从大体上而言，符号可以分为语言符号和非语言符号。

一、语言符号

传播学意义上的语言符号主要包括语言和文字两种类型。

在所有的符号中，人们日常的口头语言是最基本最主要的。正是由于口头语言的存在，其他的符号才成其为符号，才成其为有意义的代码。著名语言学家萨丕尔就曾断言："我们可以毫不犹豫地做出这样的结论：除了正常言语之外，其他一切自主的传达观念的方式，总是从口到耳的典型语言符号的直接或间接的转移，或至少也要用真正的语言符号作媒介。"比如，文字看上去像一套独立自主的符号系统，而其实它无非是语言的代表，或者叫符号的符号。按照萨丕尔的说法，语言是商品，而文字是货币，货币没有商品作保障就一文不值，同样文字没有语言作依托也就毫无意义。

语言的传播功能主要体现在共时性上，文字的传播功能主要体现在历时性上。在没有文字的条件下，信息的传播往往得当面进行，传播各方往往处于同一时空下，而文字的发明则把传播从这种口耳相传的桎梏中解放出来。通过文字，人们才得以在任何时候同任何人，建立现实的传播关系。

对所表达的事物而言，语言是直接符号，文字则是间接符号，或者说是代表符号的符号。用现代语言学先驱索绪尔的话来讲："语言和文字是两种不同的符号系统，后者唯一的存在理由是在于表现前者。"人们通过语言去把握具体的现实，通过文字去探寻抽象的真理。

不管语言和文字有多少差异，说到底它们都是一种符号系统，而任何一种符号系统都具有两个部分，一是它的外在形式；一是它的内在含义。如对语言来说，它的外在形式就是读音，它的内在含义就是一种读音在特定语言中的意思。索绪尔曾提出一对意义重大的语言学范畴——能指和所指。能指即语言的声音形式，所指即语言的语义内容。语言就是由能指和所指两部分组成。这种能指与所指的关系，是所有符号系统的共同之处。对传播研究来说，符号问题的焦点在于所指，即符号的内容层面，意义层面。

二、非语言符号

非语言符号是指除语言之外的其他所有传播信息的符号，一般包括图片、手势、表情、姿态等。著名语言学家萨丕尔把非语言符号称为"一种不见诸文字、无人知晓但大家全都能理解的微妙代码"。

在人类的传播活动中，非语言符号的重要性并不在语言符号之下，大量的信息正是经由非语言符号而不是语言符号传递的。施拉姆曾经说过："传播不是全部(甚至大部分不是)通过言辞进行的。一个姿势、一种面部表情、声调类型、响亮程度、一个强调语气、一次接吻、把手搭在肩上、理发或不理发、八角形的停车标志牌，这一切都携带着信息。"语言符号与非语言符号的关系，恰似意识与潜意识的关系，前者相当于冰山那露出海面的一角，而后者才是冰山隐而不见的主体。事实上，语言符号也正是同人们清醒的、自觉的意识相关联，而非语言符号通常都与模糊的、不自觉的潜意识打交道。

非语言符号大体上可以分为三类：体语、视觉性的非语言符号和听觉性的非语言符号。

体语是指通过人的举止、表情和装束来表情达意、传递信息的非语言符号，也称“身体语言”。一般来说，体语有三种类型：动态的动作、静态的姿势和有声无义的“类语言”（人类发出的没有固定意义的声音，如哭声、笑声、叹息声等）。

视觉性的非语言符号中有象征和实义两种。象征符号往往代表一种抽象的意义，如基督教的十字、社会主义的红五星等。象征符号都是特定文化的结晶与标志。除象征符号外，最常见的视觉性非语言符号还是实义符号，因为它能用简单明了、形象直观的方式表达某种比较确定的意义。如我国古代的烽火、狼烟等，都是典型的实义符号，都能传播某种实际的信息。

凡是作用于人的听觉的非语言符号都可以视为听觉性非语言符号，如鼓声、音乐等。在特定的情况下，即使如音乐这样高度抽象化的艺术形式同样也能传播十分具体的信息。

三、语言符号与非语言符号的功能

语言学家早川一荣认为，在运用语言符号上有三种形式：报告、推论和判断。报告是可以验证的表述，如“李白是唐朝大诗人”。推论是从已知推测未知的表述，比如，看见一个人泪流满面，这是已知；据此而认为此人正悲痛万分就属于对未知的推论。至于他是否悲痛人们并不知道，也许他是因为激动而流泪。推论既可能是正确的，也可能是错误的，对于追求客观真实的新闻记者来说，在新闻活动中应该少推论而多报告。不过在报告未来的时候总是会涉及推论，比如记者报道中说“根据今年的雨水情况，明年农作物将获得丰收”。这里记者需要预测明年的情况，但明年还是未知数，他不得不面临不一定准确的推论。那遇到这种情况怎么办呢？早川一荣建议，要尽量把推论变为报告。如上述例子中，应该在推论里加上一句“农业专家普遍认为”，这样一来，推论就变成报告了，这一表述是可以找农业专家论证的。判断是对客观事物的主观评述，带有强烈的个人色彩。如记者报道说“演出非常精彩”就是判断，它只是表达了记者个人的见解，并不代表事实，也许在其他人看来演出并不成功。我们在传播活动中，对于语言符号的运用应该尽量限于报告，而力求避免推论和判断。因为报告涉及的是语言符号的传播信息这一功能，而推论和判断主要同表达情感这一功能有关。

上述是关于语言符号的传播功能，非语言符号的功能主要表现在以下三点：传播态度和情绪、辅助语言传播和代替语言。我们前面说过，语言符号主要表现意识的活动，非语言符号主要展示潜意识的波动。也就是说，细微莫测的情感很难用语言准确表达，一般只有通过非语言符号来充分显示。我们非常熟悉的《三国演义》中“空城计”的故事则是非语言符号的绝妙表达，诸葛亮正是通过一系列非语言符号而不是语言符号，向司马懿传递了一个虚假信息——空城中必有埋伏，从而才使司马懿自行引兵而去。正如施拉姆所言："尽管非语言符号不容易成系统地编成准确的语言，但是大量不同的信息正是通过它们传给我们的。"

四、新闻传播活动中的符号系统

加拿大传播学者麦克卢汉有个著名论断：媒介即讯息。他所强调的是，媒介对人类社会的最大意义，不是它作为载体所承载的信息，而是作为"人的延伸"所带来的感知世界、认知世界方式的改变从而影响人类社会活动。符号借助媒介传播，媒介也需要借助符号与社会发生关系。媒介介质不同，新闻评论的形式和内容也会借助不同的介质特征表现出来，影响和改变受众的认知方式。

我国学者喻国明曾提出过"媒介影响力"的观点。他认为，媒介影响力是作为资讯传播渠道而受到其受众的社会认知、社会判断、社会决策及相关的社会行为所打上的属于自己的那种"渠道烙印"。这种烙印可以分为两个方面：一是传统的物质技术属性（如广播、电视、报纸、网络等作为不同类型的传播渠道在传播资讯时所打上的各自的物质技术烙印）；二是传媒的社会能动属性（如传媒通过其对于资讯的选择、处理、解读及整合分析等）。也就是说媒介除了技术属性带来的恒定常量不同，还存在着一个媒介自身能动的变量属性带来的不同。媒介不断调整自身，不断提高社会能动属性，这些都会让新闻评论语言展示不同的特色，并在现代媒介的竞争中不断丰富和完善。如报纸的传播符号是文字、图片等，诉诸受众的视觉感官；广播的传播符号是声音，诉诸受众的听觉感官，二者同属于单通道传播媒介。而电视则不同，它的传播符号是图像、声音、文字、色彩等多种符号的综合传播，同时作用于受众的听觉、视觉感官，是一种双通道传播媒介。同为大众传播，但由于传播方式和手段的不同，传播使用的符号就不同。

第二节　报纸常用传播符号

一、报纸的传播符号

报纸，作为纸质媒介，同时也是相对来说最古老的一种媒介，在传播信息方面有着自己的优势和劣势。从劣势上来讲，它的报道形式相对单一，不能图声并茂，时效性不如广播和电视，对受众文化程度门槛要求高；而它的优势也很多，比如受众选择性更强，能够长期而方便的保存、携带等等。报纸这两方面的特点决定了它在现今激烈的媒介竞争

中，应该努力发挥自己对新闻事件进行深度剖析和展开的优势，向受众揭示电视媒介不能直接感觉和认识的事物的深层的东西。

报纸的符号系统包括语言符号系统和非语言文字系统。语言符号系统比如文字，文字提高了人们抽象思维的能力，便于人与人之间记忆的传递，也拓展了人类交际的时间和空间。但同时语言文字也具有传播的局限性，因为文字符号与具体事物的分离天生是一个缺陷，“一个脑袋通过自由联想和另一个脑袋接触并追踪其思路时，未必能实现彼此的熟悉”①。非语言符号系统包括图片、图表和版面语言等。

报纸新闻评论的语言符号系统因为构成要素单一，所以在文字语言的深度上要比其他媒体更有优势。实际上，在广播电视出现后的很长一段时间内，深度报道和新闻评论始终都是报纸的拳头产品，人们在分析问题剖析问题的深刻性上更愿意相信报纸。现在随着消费主义的盛行，越来越多的读者，尤其是年轻读者在文字和图片之间倾向于选择图片，“读图时代”的来临，也促使报纸在评论的表现方式上开始重视图片的运用，其中包括用漫画来辅助评论，充分利用新闻摄影图片佐证事实。漫画本身常常带有很强的启示作用或讽刺作用，很适合与评论一起配发；新闻图片则能给人带来真实的现场，能唤醒人们关于新闻事件的记忆，能促使人们进行思考。国外报纸的新闻评论对这些非语言符号都非常重视，很多大报的言论版除了漫画之外，还有作者的照片和新闻图片。比如2004年9月3日《华尔街日报》言论版上有一篇 Dancing in the street，评论当时在曼哈顿发生的一次民主政治抗议活动，这篇评论中就插入了一张民众在街头边舞边行的新闻照片。《今日美国》报甚至在社论版上的社论栏与来信栏各配了新闻照片。新闻评论中这些图像元素和新闻元素的运用，增加了版面的视觉冲击，调节了言论版因缺少事实性信息的缓慢节奏和沉闷感觉。

二、传播符号在报纸评论当中的运用及作用

1. 文字符号与图片符号的运用

可怕的是只有两种声音

——极端民族主义与民族虚无主义的网络激荡

刘汉鼎

2008年，中国发生了许多惊天动地的事情：南方冰雪，拉萨骚乱，火炬传递受阻，汶川地震，台湾反贪，北京奥运，山西矿难，三聚氰胺……

许多事件在网络上都引起了激烈的争吵。与近些年我们已经见惯了的网

① 伊尼斯：《传播的偏向》，4页，北京，中国人民大学出版社，2003。

4 月 7 日，北京奥运火炬传递在法国巴黎进行，遭到“藏独”分子的阻挠，残疾人火炬手金晶用双手紧紧抱着火炬。贾婷摄

8 月 15 日，奥运女排预赛，中国队对阵美国队。美国女排主教练郎平在比赛后，向观众挥手离场。宁彪摄

络争吵模式相符，最洪亮的总是来自两个相反的极端的声音。

金晶在国内也遭到两次袭击

今年 4 月 7 日，上海残疾女青年金晶在巴黎参加奥运火炬传递时，受到一位“藏独”壮汉袭击。这一出人意料的事件，成为一个转折点——自拉萨“3·14 事件”以来，中国首次占据了道德制高点，在世界公众舆论审判中，由被告变成了原告。

这一突变，显然让某些“逢中必反”的中国人气急败坏。在国内某一著名的极右翼论坛网站上，在第一时间转贴的国外有关新闻报道之后，全是网友们对于造成这一局面的金晶(当时还误译为“金京”)的切齿痛骂之声。最轻的是讽

刺“你回国以后可以有工作了”，最重的是难以转述的对于女性的人身攻击，重复最多的则是这样的质问：“你身残脑也残吗?”在前三页的几十个跟帖中，没有一个网友对金晶表示同情，对袭击残疾女性的人表示愤慨。

这是金晶受到的第二次袭击，虽然她本人可能对此一无所知。在几家浏览量很大的门户网站上，网友们对金晶几乎全是慰问和赞扬。她甚至被夸张地誉为“最美的姑娘”和“爱国英雄”。

但仅仅几天之后，网络再次风云突变，金晶第三次遭遇袭击。“家乐福？在咱们家里支持‘藏独’，还有它继续存活下去的必要吗？关门打狗!”——有家左翼“愤青”密集的网站发出帖子。“抵制家乐福”的喧嚣从网络弥漫到街头。金晶因为发表了反对抵制的意见，刚刚把她捧到天上的那部分网友，有些转脸就斥责其为“卖国”的“汉奸”。

…………

一位在英国著名大学任教的华人专栏作家，传播自由民主理念经年，广有影响。这时候因为在个人博客中批评了几句“藏独”和西方媒体(虽然同时也批评了中国政府和中国媒体)，受到了一些从前“战友”的围攻。……她把这些人的所谓“独立思考”，讥为新的“两个凡是”。

“两个凡是”，即：“凡是敌人反对或估计可能会反对的，我们就坚决拥护”，“凡是敌人拥护或估计可能会拥护的，我们就坚决反对”。事实上，极左与极右之间的共同之处，远远超过了表面上的水火不容。譬如，他们都“唯我正确”、“一贯正确”、“永远正确”，都“非黑即白”，都相信“矫枉必须过正，不过正则不足以矫枉”，都爱说狠话，都爱吐唾沫，都具有超强的“洗脑”欲望，都把大多数民众当成已经先被对方洗过脑的白痴，所以迫切需要自己来给重新洗一次。他们每一方在写帖子的时候，都充满了道德、智力和信息上的优越感，视与己意见不同者皆为“五毛”或者“网特”。他们互相之间只有咒骂，从不进行真正的辩论。他们都自认为理想在胸、真理在手，其他人或是愚昧无知或是别有用心或是正无限崇敬地等待自己指引航程，所以一个个都“致命的自负”。

…………

2003年初，左一份著名的《中国各界反对美国政府对伊拉克战争计划的声明》，右一份同样著名的《中国知识分子关于声援美国政府摧毁萨达姆独裁政权的声明》，两份声明的发起人捉对儿死掐。那些既反对“萨达姆独裁政权”，又“反对美国政府对伊拉克战争计划”的“中国各界”人士，绝大多数是不会跟着发什么声明的，国际社会和国内社会因而都不大听得到他们的声音。这算是一个典型个案吧。当时，英国BBC在相关报道中，对于上述自称的所谓“中国各界”和“中国知识分子”代表给予了同等的鄙视。

假如人们只能听到发自两个极端的声音，这个社会就太可怕了。

因为，来自这两种极端的力量，可能会把国家推向同一个危险的目标。极右翼欢迎世界与中国对抗，极左翼鼓动中国与世界对抗，双方殊途而同归，他们的目标实际上都是一个：让中国孤立于世界。

…………

奥运会中美女排“和平大战”，郎平执教的美国队战胜了中国队。公众比较普遍的反应是理智的，既对中国队输球感到惋惜，也对郎平的成就表示敬佩。在过后的几场比赛中，喜欢郎平的中国观众仍然在热情地为美国队加油。中美两国报纸对此都多有正面评价。但如果你到那几家立场极端的网站看看，则会误以为这场比赛是发生在十几、二十年以前的“小山智利”时代。中美赛后，在一家著名的极左网站，我们看到，骂郎平“卖国”，要求向郎平索赔“国家培养费”，甚而要求反思中国人才外流问题的文章，刷拉拉糊了一片。再看另一家著名的极右网站，则是一大串唯恐天下不乱的帖子：“好高兴哦”“粪粪们会不会骂郎平汉奸?”“美国人郎平，一身正气地坐在美国教练席上，运筹帷幄。郎平的昔日队友现女官员则与宋大嘴坐在上面，乌鸦样地叽叽喳喳”，“郎平忠实地履行了她入籍时在美国国旗下的誓言”，等等。事实上，郎平根本就没有加入过美国国籍。

这是刚刚发生在我们身边的事情。我们知道，就郎平问题持以上两种极端观点的人，实际上都是极少数，但就是这极少数人在网上吵闹不休，从而互相为对方的存在提供了足够的理由。

…………

9月28日，徐友渔先生发表文章，也提到：“要区别一个国家的建国理念、立国原则和它的国家利益，它的地缘政治学考虑。头脑简单的人往往处于两个极端，一种人在某个西方国家与我们发生纠纷或利益冲突时，对之全盘否定，连原来承认是先进的理想、原则、制度、做法都变得一无是处，如果还有人继续主张参考、借鉴、学习，就被扣上‘崇洋媚外’或‘卖国’的帽子，这与其说是有志气，不如说是愚蠢。另一种人刚好相反，他们认为西方国家的宪政民主、法治是好的，他们的一切对外政策就是正义的，以为与他们抗争就是否定我们原先肯定的价值，这种简单化的思维方式也很害人。他们应该懂得，你可以是某个好球队的粉丝，但它的球员犯了规，你不能还是叫好。”

众所周知，徐友渔先生是一贯反对极端民族主义的。我们是否可以期待，他也写出批判处于另外一个极端，即民族虚无主义这一方的“头脑简单的人们”的文章呢？如果他一旦写出了美国对外政策的国家利益和地缘政治学考量，以及这种考量与其建国理念、立国原则的背离，他会不会因此而受到自己粉丝们

的一顿痛扁呢？

每一种思想都有其存在的理由。也许，两类极端“愤青”言论的价值，就在于让人们“鉴”而远之：依“愤”而为，将误国误民，并且最终走向自己意愿的反面。

（《中国青年报》2008年11月5日）

这是一篇针对网络上两种极端思想而作的评论，主要是文字符号为主，同时也采用了图片符号。

文章标题为《可怕的是只有两种声音——极端民族主义与民族虚无主义的网络激荡》，既指出了评论对象——极端民族主义和民族虚无主义，又表明了自己的观点——这是可怕的，是典型的评论文章标题，直截了当，观点突出。

文章还附了两张图片，一张是金晶保护奥运火炬；一张是奥运会女排赛后郎平挥手离场。这两张图片都是在后面的文章中作者要着重阐述的事例，也是作者要发表评论的依据。彩色图片的使用，一方面能让观众在以黑白为主调的报纸上有眼前一亮的感觉，能抵消单纯阅读文字的枯燥感，丰富评论的元素；另一方面这是两张多数国人都熟悉的画面，能唤起国人认同感和对事实的记忆，使得发表评论的氛围更加顺畅和完整。

整个评论的结构是层层递进式，撷取了好几个事例，依托每个事例都发表评论和分析，思想和深意不断向前推进。第一个事例是金晶遭受“藏独”分子攻击后两种极端思潮的反应。爱之者称她为“最美的姑娘”和“爱国英雄”。恨之者讽她“你回国以后可以有工作了”、“你身残脑也残吗？”。面对这样的“非左即右”，作者利用一位在英的华人教授总结的“两个凡是”作为对此类人的评价，“凡是敌人反对或估计可能会反对的，我们就坚决拥护”，“凡是敌人拥护或估计可能会拥护的，我们就坚决反对”。用这“两个凡是”揭示了两种极端思潮的简单偏执与狭隘无知。作者紧接着一针见血地指出，这两种看似针锋相对的思想实际本质是共同的——他们都“唯我正确”、……都充满了道德、智力和信息上的优越感……他们互相之间只有咒骂，从不进行真正的辩论。

第一个层次仅仅是就事论事，虽然句句在理，但并未深入，停留在较浅层次上。

第二个事例是2003年初极左和极右思想对美国发动伊拉克战争发表两份声明的事情。依据这个事例，作者进一步表达了自己的观点，认为如果一个社会只有两种极端声音是件很可怕的事情，并更深刻地指出了两种看似水火不容的思想的共同本质——极右翼欢迎世界与中国对抗，极左翼鼓动中国与世界对抗，双方殊途而同归，他们的目标实际上都是一个：让中国孤立于世界。

如果说前一个层次仅仅批评了这两种思想本身的错误，只是指出了他们相互争吵的本质，第二个层次就大大提升了，上升到国家声誉和世界格局，将这两种思想的危害性由“小我”变为“大我”，由个人之间的争斗变为国家利益的得失，深化了主题。

接下来,借用徐友渔先生的话重申自己的观点,并巧妙利用徐友渔先生作大胆假设,以讽刺凡事走极端的极左和极右思想。

最后,以一个相对温和的结尾结束全文。

2. 版面语言的使用

报纸的非语言传播符号主要包括画面造型语言和版面语言,我们这里主要谈版面语言,即如何将不同的评论文章进行编排,以表达不同的言论思想和立场。现代媒介的版面,是吸引读者阅读的重要手段,对读者有先入为主的作用,心理学上被称为"首因效应",因此,国内外媒介在长期的时间中都形成了自己的版面配置风格,版式风格也成为媒介个性的重要组成部分。

随着我国经济和社会的发展,专栏评论开始蓬勃出现,较有影响的有《人民日报》的《人民论坛》、《中国青年报》的《冰点时评》等。进入21世纪,一些报纸开始不满足于专栏评论,出现了"新闻言论版",以整整一版面甚至更多的页面来进行新闻评论,如《南方都市报》、《中国青年报》等。报纸言论版的出现,不仅意味着新闻评论写作有着更为开阔的空间,更为广泛的写作群体,而且意味着新闻评论编辑进入了一个以言论版为框架的整体呈现的时代。言论版也提供了比单篇言论更为丰富的评论现象和评论规律。言论版是现代国际报纸言论的一种发展成熟的形式,从美国的实践来看,"将一张报纸上所有的观点——除文学、艺术、音乐、戏剧和经济评论等特定领域的言论之外——汇集于一个版面,这是所有大报坚持的做法。少数报纸,当他们想要特别突出社论时,也会把它放到头版的位置。这样做,固然在一方面使社论立即得到了关注,但从社论版整体利益的角度来看,却似乎不是一个好主意"①。从目前世界范围来看,汇集着社论、读者来信与专栏文章等多种言论的言论版已经成为当代报纸的普遍规范和制度,有着基本的稳定的格局。②

20世纪40年代,美国哈钦斯委员会提出建议:"大众传播机构必须善待与自己相左的观点和态度;而如果它们值得公众注意,那就必须将这些相左的观点和态度呈现出来。"②正是以这样的一种理念为基础,美国报纸的言论版呈现为多种言论主题,具有冲突色彩的格局。这种冲突色彩既表现在读者来信与专栏文章观点相冲突,也表现在与报纸社论观点相冲突。

在我国情况也是如此,当遇到某个争议度比较高的事情时,很多报纸在刊登"来论"时,经常会出现观点针锋相对的文章,为多方都提供一个自由表达的平台,甚至很多观点本身就是报社编辑所反对的。《人民日报》早在1956年为改版写的社论《致读者》中写道:"在我们报纸上发表的文章,虽然是经过编辑部选择,但是并不一定都代表编辑部的

---

① Leon Nelson Flint, The Editorial : A Study In Effectiveness of Wrriting , D. Appleton and Company, 1920, pp. 220-221.

② [美]新闻自由委员会:《一个自由而负责的新闻界》,56页,北京,中国人民大学出版社,2004。

意见——这不是说代表编辑部的意见就不可以讨论，而是说，我们发表的某些文章的某些观点跟编辑部的有所不同，这些文章的作者的观点彼此也不同，这种情形希望读者认为是正常的。”

言论版作为多个言论主体、多个言论品种参与的言论空间，一个版面的多篇言论，往往并不是偶然的机械的关系，而可能是对立的、相同的、呼应的关系，从而形成一个活跃的、有张力的话题空间。我们要关注的是言论版内在的动态性关系和体现在这种关系之中的编辑理念。

下面我们就以《南方都市报》的言论版作为分析对象，研究其言论的结构和层次。《南方都市报》虽然不是国内最早开办言论版的报纸，但从目前来讲，它应该是言论元素最为丰富的报纸。《南方都市报》的言论版分为三个版面：社论版、个论版和众论版（见图 8-1、8-2、8-3）。每个版面都负载着不同的责任和使命，相互呼应，相得益彰。

社论版主要有四个栏目："社论"、"街谈"、"批评/回应"和"推荐"。"社论"代表报社的立场和态度，一般来说气势较为宏大，分析问题高屋建瓴；"街谈"专门关注本地民生新闻，以跳跃、活泼、幽默的文字论说，主要起到一个贴近本土、补充社论的作用；"批评/回应"主要刊登读者的观点和意见，一般是针对前期《南方都市报》刊发的有关新闻或文章以及社会上的新闻事件；"推荐"则对每天海内外媒体中最值得共享洞见的评论文章予以转载刊发。

个论版采取栏目专栏和个人专栏相结合的形式予以展开，以"中国观察"、"经济人"、"知道分子"、"法的精神"和"媒体思想"等栏目来划分，每个栏目则由若干专栏作者定期写稿，每个栏目都有鲜明的定位。如"中国观察"主要聚焦全国性的、有全国影响力的事件，对社会转型具有代表性和影响力的新闻事件的讨论评说；"经济人"以专业的眼光分析经济现象和经济问题；"媒体思想"主要是由资深媒体人士来剖析新闻事件；"知道分子"则由知识分子对社会现象发表自己的看法。这一版块主要由社会的精英阶层如高校教师、经济学者、资深媒体人士等供稿。

众论版分为"关键词"、"跟帖"、"时评漫画"和"来论"等几个栏目，主要由普通大众供稿或从互联网上综合相关言论。"关键词"主要是对时下的热点问题、与老百姓生活息息相关的事物发表看法；"跟帖"主要是摘抄网友们对某新闻事件的言论，表现原汁原味的网络言论形态；"时评漫画"则以漫画的形式解读新闻热点，"来论"主要是刊登读者的来稿来信，代表着普通老百姓对政策的看法和对政府的建议等。

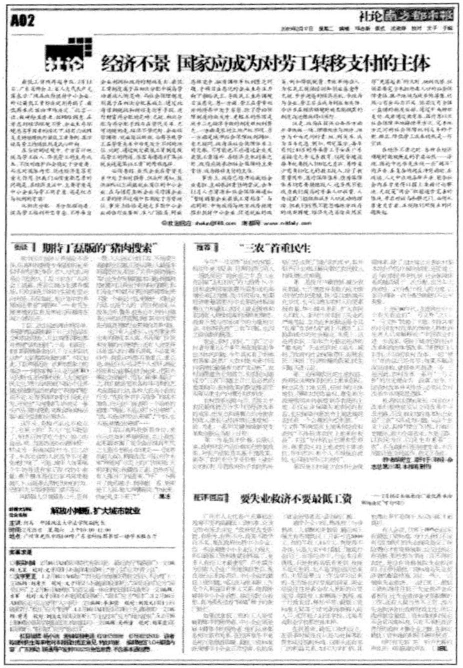
A02
社论 南方都市报
经济不景 国家应成为对劳工转移支付的主体
期待了品版的"猪肉搜索"
"三农"首重民生
要失业救济不要最低工资
解放小摊贩，扩大城市就业

图 8-1 《南方都市报》2009 年 2 月 17 日社论版

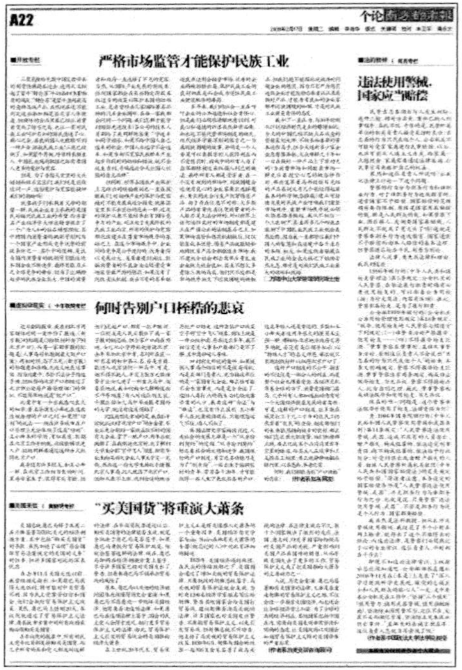
A22
个论 南方都市报
严格市场监管才能保护民族工业
违法使用警械，国家应"赔偿"
何时告别户口桎梏的悲哀
"买美国货"将重演大萧条

图 8-2 《南方都市报》2009 年 2 月 17 日个论版

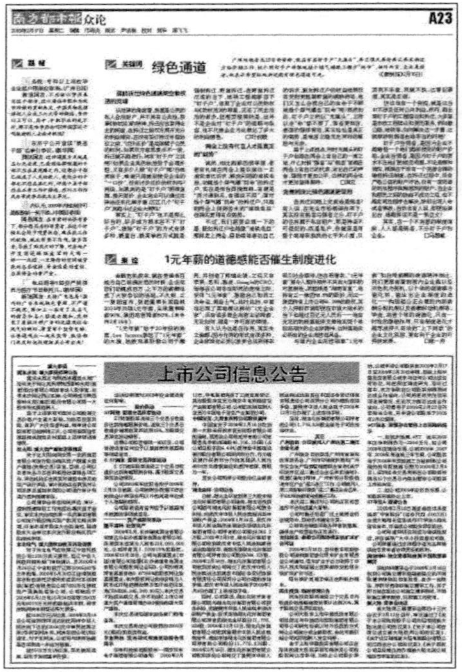
南方都市报 众论
A23
绿色通道
1元年薪的道德感能否催生制度进化
上市公司信息公告

图 8-3 《南方都市报》2009 年 2 月 17 日众论版

从不同的言论版的分工来看，社论版是属于机构发言，通常是理性的、乐观的、鼓励的；个论版和众论版由于是个人发言，可以是感性的、悲观的、讽刺的。同时社论版因为代表报社立场，需要顾及和平衡的东西也很多，比如在价值层面上，必须符合主流的价值理念和价值观，相对来说会比较单调一点；而个论版和众论版则可以百花齐放，言辞、风格均可彰显自己的个性。实际上，社论版、个论版和众论版有着属于自己的非常清晰的发言群体——报社机构发言、精英发言和民间发言，构成了《南方都市报》言论版非常完整的言论层次，能满足不同受众层的需要，也能将不同群体的声音和观点传递给广大受众。

第三节　广播电视常用传播符号

一、广播电视的传播符号及优势

广播电视传播集多种传播符号于一体。一方面，它同报纸一样，大量使用语言符号，如文字等；另一方面，它又和人际传播一样，有大量非语言符号介入交流。广播所使用的语言符号，包括现场讲话的语言和演播室的语言，即抽象音响语言；非语言符号主要表现为环境、气氛等自然音响、人为音响和音乐，这些可以统称为具象音响语言。电视所使用的语言符号，除了广播所有的抽象音响语言外，还有画内文字和屏幕文字组成的文字语言，而非语言符号，除了具象音响语言之外，还有非常重要的画面造型语言，包括色彩、造型、构图、光线、运动等，以及图片、图表等等；同时，和报纸的版面语言一样，广播电视的编排语言也可以被视作非语言符号的一种。

表 8-1　广播电视的语言符号和非语言符号

媒介	语言符号	非语言符号
广播	抽象音响语言(同期声、主持人口播等)	具象音响语言(音响、音乐)、编排语言
电视	抽象音响语言(同期声、主持人口播等)、文字语言(画内文字、屏幕文字)	具象音响语言(音响、音乐)、编排语言、画面造型语言

广播虽然既有语言符号如主持人口播等也有非语言符号如音响等，但都是用声音单通道来传递信息；而电视传播的优势在于语言符号和非语言符号的结合，技术上可称为“声画结合”。电视传播运用的正是这种复合形式，“电视传播符号的共时性，使观众在观

看节目时很少会有意识地分解传播符号，而是作为一个整体，同时诉诸自己的视觉和听觉”[①]。任何一个元素一旦纳入一个系统之中，那么它发挥的作用也远不是它作为单个元素发挥的作用所能匹敌的。电视双通道的传播方式，构成了传播形式的视觉、听觉元素的丰富多样。从视觉画面上看，它有人物形态和现场环境，有照片、图表、动画等；从听觉形象上看，它又有旁白、解说、同期声、音响、音乐等。声、形、光、色等元素相互组合、碰撞，发挥出来的是综合传播优势，形成一个活跃的信息场，从面强化了信息力度，提高了传播效果。下面我们就从语言符号系统与非语言符号系统两方面来分析广播电视传播的优势。

（一）语言符号系统

1. 语言符号系统的构成

语言符号系统是信息传播的主要载体，是人特有的形声符号集合和符号系统，它包括播音语言、现场语言和文字。文字语言在电视新闻评论中经常可以看到，它有时被用来制作标题，有时被用来揭示与新闻事件相关人物的姓名、身份等，有时也被用来标识方言或外国语言。播音语言与同期声作为一种有声的语言符号，担负着广播电视新闻的叙事功能，尤其是广播新闻评论，因为其只有声音单通道来传递信息，要想获得理想的传播效果，就必须最大限度地使用这两种有声语言。

（1）播音语言

播音语言是指广播电视新闻的播音员或主持人用于传播新闻内容的声音语言，它是构成广播电视新闻的主体要素之一。要发挥不同语言符号系统的作用，就要考虑各种实际情况对语言的不同限制和要求。如在单条新闻里，由于时间有限，播音语言承担着阐述新闻内容的主要任务。

（2）现场语言

现场语言是指新闻现场有实质内容的语言声音，包括新闻人物的发言、与记者的对话以及记者的现场叙述等。现场语言可以大大增强新闻的真实性和亲切度，也能使新闻变得更加立体和生动。

现场语言在实际应用中总是和具象音响语言紧密结合被称为“同期声”，来自现场的新闻人物自己的言语和当时现场环境所发出的声音完美结合，能充分体现广播电视新闻的传播魅力。对于受众而言，同期声所传递的信息不是单一的，而是综合的多渠道的全方位的，更具有现场感和真实感。比如在一些揭露性报道中，让新闻人物自己说出事实真相往往更具说服力；即使在报道领导人活动时，如果能多一些现场语言，领导人个人魅力与性格特征将会更加彰显。

---

① 张惠建主编：《社会视点》，68页，广州，广东经济出版社，2002。

（3）文字

文字主要是指电视新闻，包括电视画面内的文字和电视机构后期制作时加上去的字幕，文字具有空间上的延伸性，能有效补充抽象音响语言的不足。

画面内文字

这是指出现在拍摄镜头内的文字，如标语等，这类文字如果运用得当，能起到辅助说明新闻内容，深化新闻内涵的目的。如采写关于农村计划生育工作的新闻，出现在画面中的宣传语"只生一个好"等。但这类文字因为很多因素的影响往往具有片面性和不完整性，应该与具体的上下文语境紧密相连，不要弄巧成拙。

屏幕文字

这是指根据新闻播出需要，制作方在后期制作时加上屏幕上的文字。随着人们生活节奏的加快和信息来源的日益爆满，人们对单一的电视图像越来越缺乏耐心，而有些转瞬即逝的画面和声音可能由于受众的一时疏忽而流失。鉴于这些因素，新闻从业者对屏幕文字进行了不断的挖掘和开发，希望尽最大可能地将信息更清楚更完整更引人注目地播送出去。

2. 语言符号系统在广播电视传播中的功能

（1）文字在电视传播中增强了表意的准确性

文字符号的隐含义较为丰富，在电视传播特定的语境及特定的图像情境之中，文本的意义和情感得到较为明晰的传达。同时文字在电视传播中还是解释画面以外的东西的一个重要符号途径。电视传播中运用的文字可分为节目提示字幕和当事人话语的翻译字幕，以及广告中的广告字幕。它起到提示、说明情况的作用。

（2）声音在广播和电视传播中营造生动交流空间

有声语言通过语音、语调、语序的运用，减少了文字表意的模糊性，但缺少了文字符号作用于受众的抽象的意义空间。但同时有声语言在传达信息和阐释思想上也起着不可替代的作用。有声语言配合图像能使受众感受到人际交流的直观、亲近的特点。

（3）图像与声音文字的结合

这主要是针对电视新闻评论而言。图像与文字和声音结合形成的画面可以说是一种双重符号。"它既能够表达信息本身的文字含义，又能够传达姿势、节奏、标示等非语言符号的含义，所构造的世界更生动、更形象，更具仿真效果。"[①]画面传递信息较为全面和准确，且形象、直观、现场感强。广播和电视在时效性上就大大强于报纸，而在现场感和可信度上更胜一筹。电视画面很好的解决了语言的有限性和事件的复杂性，描绘的片面性与现象繁复性的冲突，较有力地解决了有限与无限的矛盾。同时电视画面可以借助

① 吴风：《网络传播学：一种形而上的透视》，155页，北京，中国广播电视出版社，2004。

蒙太奇的手法营造过去和未来的时空，相对于纯文字描述则更形象清晰。

在展现人物内心世界中，电视画面不能像报纸文字那么准确地传达，但是电视镜头可以通过人物的一个眼神、一次面部的抽搐，或是一个不经意的动作去展现一个人物的内心世界，往往更能给人留下深刻的印象，达到异曲同工之妙。电视画面语言的省略功能和衔接功能也是纸面媒体和广播媒体不容易做到的：语言点到某一部分，图像可以做很好的阐释，造成一种语境或是语意场，观众就可以很自然地理解了，就不需再用语言解释了。

（二）非语言符号系统

1. 非语言符号系统的构成

非语言符号，是指信息传播不以有声语言和书面语言为载体，而借助直接打动人的视觉、听觉、嗅觉等感觉器官的各种符号。如各种颜色，人际间的距离，人的衣着、神态、表情、手势、身势、陈设、环境、音响等等都属于非语言符号。关于非语言符号的分类，学者们仁者见仁，智者见智，莫衷一是。但具体到广播电视传播中的非语言符号，我们一般按照信息的载体将它们分为以下几种主要类别：

（1）体态语言

人的身体是一个信息载体，人们内心深处的情感、态度、需求和心理意向，都会及时地从身体或身体某一局部的运动中表现出来。不同的表情、姿态和举止动作有着不同的含义，显示出内心深处的真实感受，也体现出不同的个人风范。而体态语言正是这样一门研究身体各部位姿态动作及其传达的信息的学问。在科学研究和书面表达中，体态语言又称作身势语(kinesics)，其研究领域包括目光语、触觉行为、气味行为、面部表情、手势语、身体姿势、人际距离等。体态语是非语言传播最重要、最核心的一种方式。

（2）服饰语言

服饰语言是指通过人的穿着打扮来传达信息的非语言符号，它包括人的衣着、化妆、发型以及佩戴的首饰等。从某种意义上讲，任何一种穿着打扮，都有意无意地传播着某种情绪和意图，也就是说，服饰也能说话。在电视节目中，电视节目主持人是一个栏目甚至频道的形象代表，他们着装、发型等等的改变，有时会对电视传播效果产生影响。中央电视台节目主持人鞠萍曾因偶然烫发，破坏了“鞠萍姐姐”的形象，在全国小观众中引起很大反响，原因就在于此。

（3）环境语言

广播电视传播中，新闻事件、人物所处的时间和空间环境同样散发着某种信息，对于烘托气氛、把握人物关系以及揭示新闻主题大有帮助。我们常说，记者要深入新闻事件现场采访、摄录，目的就在于把新闻现场的环境、气氛、细节以及现场各方反应等都直接展现在观众面前，直接诉诸观众的视、听，充分发挥电视新闻现场感的优势，从而给人以

身临其境之感。

(4) 音响语言

在电视传播非语言符号系统中,音响也是一种重要的表情达意手段,具有丰富的艺术表现力和感染力。从声源角度来看,电视音响语言可分为新闻客观事实音响和文艺虚构主观音响。对于新闻类节目,我们强调音响的实录、本色,追求纪实性、临场性、真切感,如我国第一颗原子弹试爆成功的声音,第一颗人造地球卫星在星际轨道运行发出的东方红乐曲等等,已成为经典性、纪元性、文献性的音响。在某些情况下,现场音响有可能是决定一条新闻是否成立的关键因素。如四川省有一条获奖电视新闻《雅安有一处会发马蹄声的间歇泉——白马泉》,如果记者没有真实地采录到并再现出白马泉发出的马蹄声响,那这条新闻可能就失去了存在的基础。所以记者特别引导观众去仔细倾听,将镜头慢慢向泉口推成特写,喷泉发出的马蹄声越加清晰,很好地表现了新闻事实。一些背景音乐的运用则可以增强节目感染力,引发观众的共鸣。还有一些音乐起到过渡自然的作用,如很多电视节目到尾声主持人不会刻意地说"今天节目就到这里,观众朋友们再见!"之类的话,而是采用渐渐插入音乐,淡化主持人的声音或画面,观众有一个很自然的过渡,同时对节目保持了意犹未尽的感觉。

(5) 特技、光线、线条、色彩、镜头角度等主观性具象符号

电视中的特技语言是指电视镜头的转换技巧,如淡入淡出、叠化和叠印、定格等。在节目采编播过程中,尤其是在后期制作中,特技语言被广泛应用,与电视节目拍摄者在拍摄过程中对色彩、线条、光线、镜头角度等的选择和运用,共同构成了旨在体现创作者主体意识的主观性具象符号系统。

2. 非语言符号系统的功能

具有以上特性的各种非语言符号在电视传播中发挥着不同的功能。以下本文以具体的广播电视新闻报道为例,着重从四个方面简要论述:

(1) 强化功能

强化功能是指在电视传播中,人们运用体态语等非语言手段使言语的内容更加鲜明突出,以加强语言符号的传播效果。这里的非语言手段同语言手段的内容是一致的,时间是同步的。电视新闻记者可以运用挑、等、抢的手法及时捕捉那些生动、典型的非语言符号,从而进一步揭示事物本质特征,深化新闻报道的主题思想。

《焦点访谈》有一期节目叫《莒南县法院扣留人质》,其中有两个十分典型的细节。莒南县法院从地方保护主义出发,拘禁欠债的厂长,把他们作为人质来要债,这一做法是完全违反法律程序的。当《焦点访谈》记者去采访时,院长不仅不正面回答记者的问题,还用嘲笑、蔑视的态度对待记者。院长晃悠着记者的采访证问:"这是不是金的?"又用手比划着,装着肩扛摄像机的模样说:"您这是想干什么?想把我的形象向全世界播放?"在这两个细节中,院长的神态、表情、动作等非语言形象符号与他的语言相互衬托,再加上后

期的定格处理，使观众产生强烈的视觉冲击力，直观形象地把这个院长的蛮横无理、身为执法者却不懂得法律、不遵循法律原则办事的行为表现得淋漓尽致。

（2）指代功能

指代功能是指人们运用非语言手段替代了语言手段所传播的信息。在这里，只有非语言行为，没有语言行为，也就是说，不说话，只看到表情、动作等。在电视传播中，恰当利用和发挥非语言符号的这种指代功能，不但不会削弱对事件或人物的表现力，反而会起到“此时无声胜有声”的传播效果。

《焦点访谈》播出的《难圆绿色梦》，报道了内蒙古的一个小村园子从无林到造林，又从造林到毁林的典型事例。片中82岁的老人徐志民是当地的植树模范，他种了一辈子树，腰弯了，腿瘫了，在他卧病离开园子仅有两三年的时间里，他当年带领大家种下的树被一棵棵砍倒，肆虐的风沙又重新逼近这个小村庄。片中许多现场画面表现细腻、寓意深邃。如说明乱砍滥伐之后风沙又重新肆虐，画面上出现的是记者深一脚浅一脚地跋涉在沙海中，远远近近，沙丘连着沙丘，黄沙一片。映入观众眼帘的是一望无际的荒漠，连一棵树的踪影也没有。再比如，面对着耗费毕生心血培育的防护林被砍伐一空的场景，一辈子治沙栽树的老人，82岁高龄的徐志民，坐在遗存的树墩旁，默默垂泪，老人痛苦抽搐的脸部特写，大滴的泪珠顺着他布满皱纹的脸滚落下来……无言的形象画面所传达的信息，使观众的情感被画面深深吸引，沉浸在老人欲哭无泪的哀伤中，为主题的深化起到画龙点睛作用。片中对人物的刻画，对生存环境的描写，非语言符号起了至关重要的作用。与这些生动的非语言形象相比，任何抽象的语言符号似乎显得苍白无力。

（3）抵消功能

抵消功能是指非语言手段所传达的信息与语言内容相矛盾，也就是说，说话的内容同非语言行为不一致，甚至相反。非语言符号的这种抵消功能，实际上是由于非语言符号的不可抑制性而形成的对语言传播效果的削弱或否定。前面所提到的中国成语“口蜜腹剑”、“口是心非”，便是指非语言符号对语言符号的否定（比如冷淡的表情和友好的言辞的矛盾）。电视传播中，通过削弱或否定语言符号的传播效果，新的意义产生了。

在《焦点访谈》曾播出的另外一期节目《收购棉季节访棉区》中，记者来到一个非法收购棉花的黑窝点，业主事先得到消息后匆忙撤离，并藏起了物证。摄像师在这一“坚壁清野”的情况下，抓拍了一只正冒着热气的茶杯和椅子上搭着的衣服；当一位姑娘进到院里自称是来玩时，镜头又不失时机地对准了她头上的一缕棉花。在这里，“冒着热气的茶杯”和“椅子上搭着的衣服”相当于非语言符号系统中的环境语言，用来行使对语言符号的抵消功能，非常直观形象地展示了这个非法收购棉花的黑窝点的本来面目。而片中姑娘头上的“一缕棉花”（可以看做是一种服饰语言）与她说的话之间的关系，实际上属于非语言符号对语言传播效果的否定，这个姑娘的真实身份和行为动机在这种矛盾关系中得到了印证。由此可见，电视传播中非语言符号对于展示人物丰富的内心世界、探寻语言

背后的深层含义具有十分重要的价值。

(4) 补充功能

这里的补充功能是指,在电视传播中,非语言手段与语言手段不同步,它们按照各自的规律表现不同的事物信息,各自独立,互相分离,却又有机地围绕着或阐述着同一主题。非语言符号所传达的信息对语言的内容起补充、说明作用,有利于观众对事物整体的理解和把握。

电视传播非语言符号的补充功能在电视访谈节目中得到了很好的体现。现在电视中表现两个对话,不是一个镜头死死对准一个说完再对准另一个,而是采用正反打拍摄手法,以听话者的表情和画外的讲话声来表现听话者的情绪变化。这就无形中增加了有声画面的信息量,既听见谈话内容,又看见谈话效果,还知道说话的分量和听者的面部反馈信息。在这里,作为非语言符号的听话者面部表情变化,与有声语言具有相对的独立性,但又有内在关联性。

另外,对于某些突发事件,记者可能无法采拍到现场实况,则可以通过报道词讲述新闻事实的发生、发展,而利用画面反映时过境迁的一些实地景象或附近居民的动态,通过当时事发地的环境信息,与电视有声语言(报道词)形成互补,从而提高新闻传播的质量。

二、传播符号在广播电视评论中的运用及作用

下面我们就以中央人民广播电台的《新闻纵横》和中央电视台的《焦点访谈》和《新闻1+1》为例来阐述各种传播符号系统的作用。《新闻纵横》诞生于1994年,是一个主张用独特视角报道和评论新闻事件,用采访当事人和相关利益方接近事件核心的新闻评论栏目。《焦点访谈》是中央电视台新闻评论部1994年4月1日开办的一个以深度报道为主的电视新闻评论性栏目,整个栏目采用演播室主持和现场采访相结合的结构方式。《新闻1+1》则是一个纯评论性新闻节目,没有自己的深度报道和现场采访,以主持人和嘉宾就某个新闻事件在演播室发表的交流为主,新闻事件一般采用VCR的形式播放。

《新闻纵横》之《西安电子科技大学信用卡事件》2008年12月18日

【片头音乐】

【导语】 近日西安电子科技大学学生向《中国之声》记者反映,他们从未申请办理过工商银行信用卡,但在当地工商银行查询发现,自己名下平白无故多出一张信用卡。记者前往西安调查采访,发现共有一万多名学生在毫不知情的情况下被校方冒用信息办理了信用卡。校方为什么这样做?银行方面是否违规?又从中得到了什么呢?学生的权益受到了哪些方面的侵害?请听记者从

前方发回的报道。

【配音】 一张小小的工行信用卡近日搅动了整个西安电子科技大学，整个事件的起因是12月8号一位西电学生在网上发布帖子，称自己去学校旁边的工商银行办理网上银行，被告知不能办理，原因是他名下已经有一张牡丹信用卡，并且已经开通网上银行，可他从未办理过工行信用卡。由此这起学生个人信息被盗用事件揭开冰山一角。此后很多学生开始查询工行的客服电话95588，发现自己的名下都有一张从未见过的工行信用卡。

【同期声】

学生1：宿舍里的、班里的同学都办了嘛。然后就说大家都打听问一下，95588，打了之后他就说7月3号办了这样一张卡，我从来没有办过信用卡，但是(电脑)体现是有一张(信用卡)。我没有拿到卡片嘛，我就说能不能注销，(客服)说一个月之后再说吧，不太清楚。我们就没有办过信用卡，学生嘛嫌那个麻烦，也不想透支。

(此段同期附有学校的背景音，如喇叭声等)

学生2：好像学校财务处给办的，学生根本不知道，我们根本什么都不知道，突然就有张卡了，都不知道这个卡怎么来的。他凭啥用我们的身份证啊。网上就有人说，我就不认可这张卡，因为没有我的签字嘛。

记者：大概多少人有这种情况？

学生：网上说至少是四位数的，上万了吧。

【配音】 在西安电子科技大学，记者做了深入调查，发现在老校区的研究生和博士生被办卡的比例很大，在新校区06、07、08级通信工程学院、电子工程学院、机电工程学院、经济管理学院都有学生反映，被冒用信息办了工行信用卡。

办理信用卡有着严格的规程，必须本人提出申请，提供详细信息，亲笔签字办理。可是这么多学生竟在毫不知情的情况下被办理了信用卡，银行方面是怎么操作的呢？记者查到这些冒名信用卡的办理银行是中国工商银行西安分行南关支行。信用卡部两位负责人承认，从今年4月份到7月份，一共给一万多名学生办了信用卡，卡都是由学校统一办理的，那就是说连持卡人本人签字这样的事都由学校代劳了。

……(对当事银行的采访，内容略)

【配音】 在学生们毫不知情的情况下办了一万多张信用卡，中国工商银行西安分行南关支行有关人员竟然说符合程序，不违规。他们为什么要这么做？真的是仅仅出于好心？记者采访了多位银行界业内人士。

【同期声】

记者：办一张卡都会有提成，有一个工作量是吧？

业内人士1：对。

记者：大概提成会有多少钱呢？一张卡。

业内人士1：上了一定量以后一张卡就会有十块(提成)，多的二三十块的都有。

业内人士2：银行内部它有一个考核指标，比如说每个业务人员一年要开拓多少个客户，你一个学校一万个客户，它一下就能完成全年的工作指标。第二个问题是，银行通过这种途径，它可以培养自己潜在的客户，你大学毕业的时候，第一时间你接触了这家银行，你就有可能一生都会和这个银行打交道。

【配音】 在学生不断反映以及舆论关注下，西安电子科技大学有关负责人终于承认：学校配合中国工商银行为学生集体办理了信用卡。

17号上午9点多，记者见到了学校宣传部部长强建周以及一位自称是财务处处长的人。他们马上表示一个小时后就要发布一个情况说明，并向全体学生致歉。然而面对如此大规模的盗用学生个人信息，两位领导却没有表现出丝毫的歉意。

记者：怎么最后留的是财务处的电话啊？联系电话。

财务处处长：这个没有问题，有啥问题？

记者：这个没有问题吗？可是为什么都说不知道呢？

财务处处长：不知道就不知道嘛，不知道咋了？

记者：他不知道就给办了信用卡这不是一个很严重的问题吗？

财务处处长：这给你省事了不好吗？

记者：学生被办了信用卡，没拿到卡也没签过名，他不知道，这个您觉得是省事了？

财务处处长：不知道就不是你的卡了！就完了嘛！

记者：就在我的名下怎么能假装不是我的卡呢？

财务处处长：这个卡呢让我理解就是低成本无风险，这么好的事情为什么不去给学生做呢？

记者：可是办信用卡的时候一定是要本人签字，本人知道啊？

财务处处长：这是常规啊，我们中国讲一般情况下，这个东西，还有个二般啊。

记者：您指的二般是什么？

财务处处长：还有个特殊情况嘛。这样办快嘛，银行效率高嘛，迟早会让他们知道的，对不对！

记者：那为什么不能通知学生本人，他现在名下有一张卡，那这张卡你可以透支也好……

财务处处长：这就是我们做的不对的嘛，这是我们大人做的不对！这个跟学生讲了！

（念学生的信）在同学的提醒了下，我尝试去了工商银行，确认该行为我办了一张信用卡，这应该是我们的个人信息，怎么能透露给第三方？这是我给这个同学的回复，原话是，据我了解，你所反映的是在我校与工商银行密切合作过程中出现的。为什么会出现这种事？我理解的是，这几年我校跨越式发展需要银行给予资金上大力支持，比如说，没有钱，我们咋建新校区？与此同时，银行也需要学校帮忙给它做一些事情，通过学生这种潜在的消费群体，完成一定量的办信用卡的任务，我认为合情合理！你在最困难的时候求银行，银行反过来也求你，双赢互利才是合作的基础，这个道理你们学生应该懂吧！

【配音】 校方为了回报工商银行的支持，竟然毫不吝啬的将学生个人资料拱手相告。《中华人民共和国居民身份证法》第十七条明确规定，冒用他人居民身份证由公安机关处二百元以上一千元以下罚款，或者处十日以下拘留。如果校方稍有法律常识的话也不会对擅自使用学生身份证的行为表现出如此满不在乎。在采访中，当记者询问到学校对保护学生个人信息有何规定时，宣传部部长强建周勃然大怒。

【同期声】

记者：学校对学生的个人信息的管理上有什么样的规定吗？比如说能保障学生的个人信息不被泄露？

宣传部部长：你这个，我跟你说啊，你现在别按照你的思路，你跟着我的思路走。我们马上要在网上公布消息，而且要占领天涯，占领你们所有得到信息的渠道，所以你再不要挖这个事了，这是学校的一个集体行为。你一问我就理解你想做啥，你想说学校对学生的信息是否应该保密？

记者：那你觉得应该吗？

宣传部部长：不是应该不应该，我们为啥要向银行保密？银行他是个信用单位。

财务处处长：银行还要替储户保密，你懂不懂?!

记者：但是你们不应该对银行透露啊！

财务处处长：我为什么不应该向银行透露，为什么不能给银行呢。

记者：行，那谢谢你吧，我们了解情况了。

宣传部部长：您稍等一下，既然来了啊，既来之则安之，西电是阳光的……

记者：那我们就先走了啊，谢谢。

宣传部部长：先请坐，先请坐。

记者：不用了不用了，我们还有别的工作！

宣传部部长：你先别走，你要这样，我可以让保卫处来扣留你！我可以马上扣留你！

记者：你为什么让保卫处来扣留我呢？

宣传部部长：你学习过这个没有。

（旁人）：请坐，学习一下，让我们秦老师给你学习一下。

记者：我的采访已经结束了，谢谢您配合我的采访。

宣传部部长：干嘛啊？！啊！找门卫把她扣住。

记者：您刚刚说什么？

宣传部部长：叫门卫把她扣下来！我今天要做一个轰动全国的事情！来！我要做一个轰动全国的事情！

记者：我的采访已经结束了，我为什么不能走呢？我的采访没有任何违规的地方！

【配音】 反思整个事件，西安电子科技大学在得到学生的身份证等个人信息后，当做学校资产回报给了支持学校建设的银行，缺乏基本的法律常识；而中国工商银行西安分行南关支行，为了追求业绩，违反操作规程，在学生不知情的情况下强制办卡，也体现出监管的缺失和法律意识的淡漠。

因个人信息被泄露给当事人带来损害的事情时有发生，例如网站泄露用户信息、医院泄露病人信息等等。而这次学生戏称的“西电卡门事件”再次为我们敲响警钟。有关专家呼吁，应尽快出台《个人信息保护法》，只有通过立法，才能使困扰公众已久的个人信息泄露问题得到彻底解决。

开场是听众耳熟能详的片头曲，大气、磅礴。固定的音乐能让听众意识到《新闻纵横》开始了，也能提起听众的注意力。

评论报道由配音、同期声及少量音响构成。《新闻纵横》是中央人民广播电台第一个要求必须用音响说话的节目，音响能让广播节目更加真实、形象。这一期《新闻纵横》中虽然选用音响较少，却恰如其分。如在学校采访学生，从学校外马路上的汽车声到旁边同学的嬉戏声，采访学校宣传部部长时办公室的电话铃声、其他同事的插嘴等，这些丰富音响符号的运用使节目听起来非常真实，更显得生活化。利用音响时必须注意音响形象化，只有生动、形象的音响听众才能接受。

此期节目采用了大量的同期声，如对学生、银行、学校等的采访。对于广播新闻评论这样一种只能靠听觉符号系统来进行传播的媒介，如果大部分采用配音，容易让节目变得枯燥；而无法亲耳听见当事人所言，节目可信度就会大大降低。通过同期声的采用，银行的利欲熏心、学校领导的野蛮无理全都表现得淋漓尽致，事情真相也随着双方的对话逐渐浮出水面。在各段同期声中，被传递的不仅仅是采访者的声音，其语气和态度也更是成为被捕捉的细节。银行的无谓、学校宣传部部长的嚣张、财务处处长的歪理，正是这些细微元素的表达，才使得深度采访更有力度，也为后来的评论奠定了坚实的基础。

配音所占的比重不大，主要是起到衔接和评论的作用。从采访学生到采访当事银行到其他银行业内人士到学校财务处处长及宣传部部长，每一段采访的转场都是用一小段配音作为过渡和引导。随着采访的一步步到位，随着各方当事人的说法一一呈现，记者在最后发表了两段直接评论，不仅对此次事件的当事方提出批评，更将此事放在社会法治进程的大背景下，提出了更深刻的命题。

《焦点访谈》之《武汉汉正街火灾调查》2009 年 2 月 6 日

【演播室】

主持人：你好观众朋友。俗话说，不出十五都算年。可是就在别人家欢欢喜喜过大年的时候，湖北省武汉市汉正街的一些居民却高兴不起来。就在昨天，一场突如其来的大火，使得这里几百户居民和商户的生命财产受到威胁。

背景板：主体是一辆火红的消防车，而四周则是滚滚浓烟，隐约可见几个消防员的背影。

演播室的这段播音，简单明了，不仅清楚地交代了新闻事实，也表明了这场大火的危害和对人们的影响。演播室的背景板则为了呼应内容而做了精心设计，火红的消防车和消防员背影（非语言符号）告诉观众记者正在火灾现场，这是来自第一线的报道，内容必将是真实可信的，而滚滚浓烟（非语言符号）则暗示了这是一场来势凶险的大火，造成的后果必将是非常严重的。

【配音】 昨天，也就是 2 月 5 日上午九点五十一分，位于湖北省武汉市汉正街的一处塑料玩具和工艺品市场突发大火，浓烟迅速弥漫了整座大楼。为此，湖北省和武汉市的领导和消防部队迅速展开了灭火和救援行动。

【画面】 分别拍摄了汉正街起火大楼的几个画面，有商铺、消防车、灯笼等，虽然截取了不同场景，但每个画面都无一例外的有浓烟和乱七八糟的电线。

解说词简单交代了事情的缘由和政府的行动，对于阐述新闻事实起到了主要作用，同时也让观众急切地想知道后面发生了什么，火势怎么样了，有没有伤亡等情况。

与这段解说词对应的画面则传递了非常丰富的信息。从窗户里不断涌出的巨大黑烟（非语言符号）向观众展示了火灾的严重；残败的灯笼（非语言符号）则提醒着人们现在还是举国欢庆的春节，反衬出火灾的无情和对受灾群众的同情；每个画面中都出现的乱搭乱扯的电线（非语言符号）则暗示了火灾隐患的严重，也暗示了火灾的真正原因。

【同期声（消防员）】 这里第一层第二层，隔层全部都是仓库，仓库里面装的都是杂物。火点没找着，烟尘特别大，从二楼蔓延到三楼四楼。

【画面】 消防员给记者介绍火情，手上拿着湿毛巾，而背后的几个消防员

正在用毛巾擦脸。

同期声的使用增强了新闻的准确性和真实度。由于客观事物的不断发展，隐藏着客观事物之中的信息也就随之显示出不同的形态，信息的这种不确定性使信息在信源就常常具有模糊性和不确定性，因此记者或编辑在对信息进行提炼和加工时往往带有主观角度，而同期声可以把人物讲话直接传播给观众，大大减少了记者或编辑的主观色彩，使得新闻事件更加真实更有说服力。消防员的这段讲话虽然没有直接点明火因，但听到的观众都心惊肉跳，这样庞杂的可燃物全部连着堆放在一起，一旦有火灾，必是难以扑灭的熊熊大火。而画面中消防员手中的湿毛巾(非语言符号)也表明了救火工作的危险性和辛苦性。

【配音】 位于汉正街上这座着火的大楼，楼下发展为商铺和库房，楼上六层是居民的住宅，如果火势不能控制，不仅整座大楼面临更大的威胁，还极有可能危害汉正街上众多的商家。

【画面】 消防员在指挥部署和现场救火的镜头，夹杂着几个全是浓烟的画面。

解说词进一步解释了汉正街起火大楼的情况，向观众说明了救火情势的危急。画面上消防员的紧急部署和积极施救以及漫天的烟雾印证了火情的危急。

【同期声(湖北省消防总队总队长)】 你们马上组织一下，灭火和救人要分开，力量重新组织全力搜救。

这段同期声实际上表明了政府的立场，救人第一。记者选择由消防总队总队长说出这番话，远比由记者来说更有可信度也更有感染力。

【配音】 火势突然，救人自然是第一位的。由于火灾现场，弥漫着强烈的塑料制品和化学制品的令人窒息的气味，消防官兵们只能身背氧气呼吸机，冒着浓烟深入楼内寻找受困群众。

【同期声】 检查一下呼吸器的压力，快点。

【画面】 消防官兵在巨大的烟雾之下背着呼吸机奔走展开救援。

解说词进一步阐述了如何展开救人的具体行动，并表明了形势的恶劣。画面则起到辅助说明的作用，而同期声的运用则让观众有着身临其境的感觉，不由自主地产生对消防员的钦佩和担心。

【配音】 滚滚浓烟中，消防官兵们隐约发现八楼窗户的护栏内有一个躲火的孩子，因此云梯救援车开始迅猛地升高。可谁知道，由于汉正街复杂的地形，云梯车只升到了四层就转不过去了。危急关头，消防官兵们从四楼冒着浓烟向八楼靠近。这个命悬一线的九岁女孩在消防官兵的拼死救护下，终于脱离了危险。据了解,在火灾发生后的两个小时内,先后有20多名受困的群众被惊险地解救了出来,汉正街是商业旺地,这栋楼仅三层以上的居民就有177户。在突发的大火面前,这177户的几百号人又是如何脱离火海的呢?

【画面】 消防官兵对小女孩展开施救,从部署到施救遇挫到最终获救;后半部分是医护人员对小女孩以及其他受伤群众的救治。整个画面始终以现场的声音作为背景声。

解说词生动地向我们讲述了一个小女孩获救的故事,通过这个个案,折射了消防官兵的伟大,也印证了救人第一的理念。并以这个小女孩为切口,很好地过渡到有关这场大火的整体救援工作。画面上浓烟滚滚,云梯车无法继续升高的困境,消防队员深入险境,这些都极大地吸引了观众的注意力,使他们情绪高度紧张,完全融入救援工作当中。而没有完全消除的现场背景声更能增加节目的紧张度和现场感。

【同期声(汉正街办事处工委主席)】 我们全部对着名册,翻了177户,每一户都打电话,里面的人在不在,都全部安全地出来了。一户一户的,我们有社区,社区派出所里户籍名册全部都有,全部都把它翻出来了,翻一户再打电话联系。刚起火的时候,我们就有安保队员上去把他们疏散出来。

【配音】 虽然户籍在册的人全都疏散了出去,但整个搜救工作并没有停止,截至2月6日中午,在商铺的一个角落里,发现了一名外来务工人员的尸体。说起来,这场大火着得可真让人触目惊心,从上午九点多起,一直到夜里记者得到消息从北京赶到现场。虽然大部分明火已经被扑灭,但滚滚的浓烟仍然在汉正街的上空弥漫着。

记者出镜:各位观众,我现在是在武汉汉正街着火的现场向您做现场报道。从2月5号也就是今天上午的九点五十分,这栋九层大楼里发生了特大型的火灾,一直到现在,也就是晚上的九点半,大火已经被扑灭,已经看不到明火了。

采用当事人的同期声,真实可信地描述了当时疏散群众时的场景,也使人们略感安慰,救援工作总体而言还算紧张有序。而记者的出镜,则介绍了救火工作的进展,也使人们对汉正街目前的状况有个大致的了解。

【配音】 眼下,正是春季商品的旺销季,在这栋大楼的许多商铺里,代表着春节喜庆气氛的商品可以说随处可见,可这场大火,却使得这种喜庆的气氛付之一炬,那么这场大火究竟是怎么着起来的呢?

【画面】 都是各个商铺的春节用品,如喜字、红包等,最后镜头定格在一个“囍”字上。

随着画面中各种渲染喜庆气氛的春节用品一一出现,这些红艳艳却已枯萎的货品无

声地诉说着人民群众的重大财产损失。看着一堆堆卷着黑边的红包，看着一个个残败的喜字，对于当时的状况起到了一个强烈的对比效果。

【同期声】

记者：起火的地点确定了吗？

消防员：现在起火部位基本可以确定，就是汉正街武房一号楼红太阳精品工艺这个门店。我们到现场来的时候，烟雾已经非常大了，但是明火还没有从窗户里面出来。

记者：我看到这里摆着很多用过的灭火器。

消防员：对，他们商户当时冒烟之后自己展开了施救，但灭火器这一块的话，因为它涉及一些工艺品，一些可燃材料，干粉灭火器可能使用效果有一些影响。

利用对现场消防员的采访，如实反映了事发当时的情景，而地面上扔着的用过的灭火器，也真实地表明了当时商户们积极自救的行动。

【配音】　由于最初灭火的当事人已疏散离开现场，我们无法了解火势初期时的情景，但从现场使用过的灭火器的标签上看，这些灭火器是两个月前刚刚检查合格的。按理说，灭火器对扑灭初期的火应该发挥作用，但不知什么原因，这场大火还是烧了起来。

【画面】　消防员的救援工作和灭火器安全日期的特写以及一些商铺的断壁残垣。

画面上灭火器标签的特写，有力地佐证了记者的话。

【同期声】

记者：引发这场大火的真正原因能确定了吗？

消防员：目前原因还在调查之中。

记者出镜：尽管最初引发大火的地点已经初步确定，但是究竟是什么原因引发了这场大火，目前还需要有关部门进一步地勘察才能确定。但是从我们从现场看到的情况看呢，这里的商铺一家接着一家，而且很多商铺的仓库都堆得满满的，有许多还搭着阁楼，而这些商铺内呢，到处是些私拉乱扯的电线，从中不难看出，防火安全的意识上也是不容忽视的。每一次火灾背后，人们看到的总是惨不忍睹的画面，但是，究竟人们应该从大火里吸取什么样的教训，恐怕更值得我们深思。

通过记者之口，表明大火迅猛蔓延的重要原因其实是人们安全意识淡薄，大楼里安全隐患众多。除了点出大火凶猛的原因，还提醒人们，要从这次大火中吸取教训，从安全隐患上杜绝火灾发生。

【配音】 首先，从这场火灾发生之初的情景分析，大火是在商铺的正常营业时间内发生的。如果没有消防隐患，属于意外之火，应该很快就会被发现，就会被扑灭。而事实上，消防官兵在接到报警，数分钟之内赶到现场看到的情景，火势之大，其实已经很难控制了。

【同期声】

记者：到现场的时候是最早到的？

消防员：是。

记者：那您看到的是个什么情况？

消防员：这一排有烟尘，从这个门面上面二楼的阁楼，上面有火，很大，蔓延速度非常快，几分钟这一条火已经起来了。

记者：我现在看到，从每个窗户都能够看着，可每一层楼之间，实际上都搭有这种木制的阁楼如果平常你们来看到这种情况，它这种消防能够合格吗？

消防员：这个应该不好说。

记者：这个火灾救灾的最大难度应该是什么？

消防员：最大难度，从作战环境来讲，环境比较恶劣，第二来讲，它是商场，商场里面的可燃物比较多，火灾荷载比较大，一旦燃烧了以后，容易产生大量浓烟。

【配音】 其实救火难度体现出来的，恰恰就是这栋大楼的防火隐患，商铺之间缺少有效地隔离，商铺内部货品码放位置、防火通道存在着一处失火连锁反应，以至于整栋大楼两千多平方米处处起火的问题。

通过解说词和同期声从各个层面各个角度直接说明了起火大楼存在严重的安全隐患，比如说易燃物众多，比如说每层楼之间用木制阁楼连接，比如各种电线横七竖八，种种因素最终导致整栋大楼处处失火的恶果。

【同期声】 汉正街街道办事处防火办公室主任：汉正街，因为它属于一个老城市自发性的市场，那么经过了一二十年的开发，有些老城区的开发不到位，主要的就是电器火灾，占我们汉正街几起火灾的百分之八十，其他的用火不慎、吸烟和小孩玩火，这个大概占百分之二十左右。一般来讲，因为汉正街是商居混在一起，用电高峰时容易超负荷，电线发热容易引起火灾。

【配音】 老城区客观条件差，安全隐患多，这是个不争的事实，但毕竟水火无情，老城区一旦发生火灾，它所造成损失则要比消防条件好的地区更大。从这个意义上说，对老城区的防火责任，不仅不能因为客观条件而放松，反而应该加强整治。

由街道办事处的人员介绍了汉正街的情况，证实老城区的开发不是很规范和完善，尤其是电器火灾防不胜防；而解说词则表明了记者的态度，恶劣的客观条件不能成为悲惨事件的借口，反而更应该提高警惕，明白自身不足，早作防范。这段话语，实际上蕴涵了一种批评的态度在里面。

【同期声】

记者：住在这里的？是这的住户？

群众：嗯。（……好艰难）

记者：回不了家了？

群众：哪里还能够回家？

【配音】 在汉正街通往火场的许多路口，许多疏散出来的群众十分痛心地看着商铺家园被毁，久久不愿离去。

【画面】 受灾群众坐在阶梯上，脸上神情凝重，大部分人深深地低着头。

这段同期声真实地反映了受灾群众的处境和心情，而画面上出现的一张张憔悴而难过的脸，更让人心酸，尤其是最后一个画面，受灾群众不约而同地无可奈何地埋下了头，更加激发了观众的痛心。

主持人：作为一条商业街，汉正街在全国都有着很高的知名度；而作为一条老街，它在当地因为火灾隐患不断而闻名。这次发生的大火，就与店面火灾隐患多、业主防火意识差等诸多因素有着直接的关系。如今，烧在明处的大火已经被扑灭，而藏在暗处的火灾隐患呢，是不是也得到了认真的清除呢？这场大火也在提醒着我们现在正值春季，很多地方风干物燥，因此，防患于未然，消除火灾隐患是当务之急。好，感谢您收看今天的《焦点访谈》，再见！

主持人的这段评论，则非常直接地批评了大火不是天灾，而是人祸，如果能早点清除火灾隐患，能树立更强烈的防火意识，这场悲剧原本是可以避免的。主持人更是提示，虽然这场大火已经扑灭，但别的地方呢，是不是也如汉正街一样，存在着巨大安全隐患呢？我们应该以这场大火为警示，认真做好平时的防患工作。

谁给艾滋病人做手术？《新闻1+1》2008年12月1日

演播室主持人（王跃军）：不久前我听到了一个患急性阑尾炎的病人死亡的故事，故事当中这个人患阑尾炎为什么会死亡呢？是由于他没有得到非常及时的手术治疗，为什么没得到及时的手术治疗呢？是因为当时的医生委婉地拒绝了手术，医生为什么会拒绝手术呢？是因为这位患者是一位艾滋病病毒的感染者，医生怕手术感染自己。

这虽然是一个故事，但是在现实的生活当中，很多艾滋病病人的的确确遇到了类似的问题……今天我们特别请来了中国性病艾滋病防治协会会长、卫生部艾滋病专家委员会主任戴志澄先生。我们首先来看一看艾滋病病人除了艾滋病之外，身患其他疾病的时候就医的这种困难。

【画面】 主持人和嘉宾坐在主播台前，约呈45度角。背后的背景板上面有明显1+1的标志，而嘉宾的西服上别着一个红丝带标记。

主持人的开场白很独特，以一个虚构的故事来引起人们的注意。虽然是个小笑话，却听着让人心酸，同时也点出了该期的主题——谁来为艾滋病人做手术？借由这个小笑话，开始切入正题。

从画面上看，主持人和嘉宾的位置和角度也是非常合适的，既有利于主持人嘉宾的双方交流，又有利于面向摄像机。而红丝带的标记，众所周知，这是世界艾滋病防治的国际性标志。背景板上的1+1能无声地告诉刚换台过来的观众这里是《新闻1+1》栏目。这一组画面语言运用得比较恰当。

【VCR(采自《新闻调查》)】

黎家明(艾滋病感染者)：非常难受，非常疼，穿鞋穿袜子都很难，疼得很厉害的时候就吃止痛片，然后贴膏药，然后做理疗。

【画面】 只有一个人影，画面暗淡。

这是对一个艾滋病人的采访，大家都知道，艾滋病人在我国仍然受着若有若无的歧视，所以绝大部分的艾滋病人不愿以真面目示人，而采用一个暗淡的剪影，实际上也暗示了艾滋病人目前的状况，无论是生活、交友和医疗，都是令人迷茫而抑郁的。

【解说词】 黎家明，艾滋病感染者，由于坚持抗病毒治疗，黎家明血液里的HIV病毒已经检测不出了，但因为治疗血小板减少，而大剂量使用激素，使他双侧股骨头坏死。六年前，他将自己的感染经历和心路历程写成文字在网上连载，并接受了中央电视台《新闻调查》的采访，被人称为“最神秘的艾滋病感染者”。

【画面】 相应的治疗画面和网站图片。

这里的解说词简单介绍了艾滋病患者黎家明的基本情况和他的独特之处，简短简练；而画面主要是起到一个对解说词说明配合的作用。

演播室主持人：今天的《新闻调查》，就让我们走近这位被称作是中国最神秘的艾滋病病人黎家明。

【解说词】 六年以来，黎家明结交了许多像他一样的病友和爱心人士，并继续在网络上记录他和艾滋病不懈的抗争。

黎家明劝慰一位有自杀倾向的艾滋病感染者：

每个人也许还有很多烦恼，孤独，痛苦，我也一样，但是最重要的是：我们都

还活着，没有理由不追求快乐，没有理由不享受美好的生活！

人说：债多了不急，虱多了不痒，我说：病多了，也就不愁了！

【画面】 黑屏，随着键盘的敲击声，上述言语逐一出现在屏幕上。

将这段话以黑底白字的形式展现在屏幕上，目的是为了强调这段话，因为这段话能传递出积极乐观的信息，能给黑暗中的艾滋病患者以希望和生命力。而键盘敲击声的音响的运用，则能格外引起人的注意，也带来一种严肃的氛围。

……

【解说词】 拒绝接受艾滋病人黎家明的并非只有一家综合医院，就在接受我们采访的前一天，黎家明还在通过各种途径寻找那根救命稻草，因为他的股骨头坏死已经达到三期，如果不能得到及时治疗，最终可能导致终身残疾。

【画面】 前半部分是医院的镜头。后半部分是一间黑暗的空房间，门窗紧闭。

后面的画面与解说词起到契合的作用。黎家明的处境非常的艰难，他的求医环境困难重重，或者可以说是在黑暗中见不到光明，而一旦找不到希望，他很可能终身残疾。门窗紧闭的黑房子意味着我们这个社会，对于艾滋病患者来说还太不宽容，能给他们的生存和生活空间还太少。这种象征蒙太奇手法的运用，能让人感同身受，印象深刻。

【解说词】 为了体验他的困境，我们的记者特意以患者家属的名义拨通了国内某知名骨科医院的电话，院方很乐意满足记者的手术要求，但当得知患者是艾滋病患者时，态度却发生了变化。

【同期声】

记者：我这个哥哥他还有别的疾病。

电话连线：所以你要过来看能不能做手术。

记者：他那个病是什么，我给你说一下，他是艾滋病，艾滋病在咱们这儿可以做手术吗？

电话连线：艾滋病应该不行了。

记者：我的意思是如果艾滋病能做的话我就过去，如果不能做……

电话连线：不敢，真的不敢。

记者：那我们给钱呢？

电话连线：不是钱的问题。

这段同期声的采用，真实反映了我们社会包括医疗工作者对于艾滋病患者的真正态度。相对于普通人，他们本应该对患者有更多的同情和医学知识，但这位医生的态度让我们感觉到心酸，同时也更加印证了黎家明之前的描述。

【解说词】 让黎家明感到不解的是，国家出台的《艾滋病防治条例》中已明确规定，医疗机构不得因就诊病人是艾滋病病毒感染者或艾滋病病人，推诿或拒绝对其其他疾病进行治疗。但是在艾滋病患者去综合医院求医过程中，他们的权益却很难得到法律保障。

【画面】《艾滋病防治条例》的封面和网站上关于此条例的报道，并将其中重点语句采用重点标出，在画面上凸显。

这段画面采用了特技手段抠像，将“医疗机构不得因就诊病人是艾滋病病毒感染者或艾滋病病人，推诿或拒绝对其其他疾病进行治疗”从原文中抠出并放大。这也是电视特有的手段，能采用特技来对某些字幕和镜头进行强调放大，以引起观众的注意。这段格外突出的话恰恰是对医生这种行为的否定和反讽。

……

接下来是主持人电话连线嘉宾李兴旺，内容略。

【画面】 屏幕被切分为两个小画面，一个是演播室的主持人；一个是嘉宾李兴旺的照片，其中李兴旺的照片下方标注着他的职务，照片左方则是醒目的红丝带图片。

切分为两个小画面能使画面不再单调，如果屏幕只是显示主持人的影像，那么这段对话会显得不那么真实，而刚打开电视机的观众也不清楚主持人在和谁对话；如果只是显示李兴旺的照片，那这段对话会显得很单调乏味。

接下来是主持人与演播室嘉宾的交谈，内容、画面略。

【同期声】

刘保池(上海市公共卫生临床中心外科主任)：上星期三个病人，一个就是肾功能不好，在别的医院一查 HIV 阳性，那么就转过来。另外还有两个病人，一个是肝癌，另外还有一个骨折的病人，还有几个病人是肛瘘，也是在外边已经排上手术了，第二天要做手术了，突然术前检查报告出来了，HIV 阳性，不敢做，也转过来了。

这段同期声充分说明了目前艾滋病患者的就医困境，由医生亲口描述患者情况远比主持人说出要更真实，让观众更能感受到艾滋病病人在综合性医院的尴尬处境。

……

【演播室】

主持人：欢迎继续收看《新闻 1+1》。戴老师，实际上面对艾滋病病人其他疾病就诊难这样的一个问题，让人感觉很矛盾。实际上国家有相关的艾滋病防治的条例，比如像第四章第四十一条规定：

医疗机构应当对艾滋病病毒感染者或艾滋病病人提供艾滋病的防治咨询、诊断和治疗服务。

同时，医疗机构不得因就诊的病人是艾滋病病毒感染者或艾滋病病人，推诿或者拒绝对其其他疾病进行治疗。

【画面】 先是切割成两个小画面，一个是演播室的主持人，一个是《艾滋病防治条例》第四章第四十一条的内容，紧接着，防治条例转为全画面，满屏文字，其中重点语句随着主持人念出而用红线画出。

这段画面充分显示出了电视的独特传播性。两个小画面实际起到一个过渡作用——从演播室过渡到防治条例。而全屏的防治条例则起到一个重视强调的作用，而用红线动态标明的重点语句则吸引了人们的注意，因为人的眼球总是对运动的物体最敏感。这些都是报纸和广播难以做到的，报纸虽有文字却难以让文字变得动感，广播只有声音传播符号。

主持人：但是从刚才这个片子当中，我想我们看到专科医院的一些治疗方法，但是我想我们也设身处地地想一想，医生也是人，您刚才提到恐惧，他也有家庭，也要考虑到自己的健康。……所有这些问题放在一起，我们觉得好像医生也好、医院也好，也有他的一种理由，你怎么看？

【画面】 开始是两个小画面，几秒钟后转为演播室画面。

两个小画面的出现，一方面与前面出现的两个小画面相呼应；另一方面也是告诉观众，接下来要切回演播室了。

接下来是演播室主持人与嘉宾的访谈，略。

【解说词】 下面是两位艾滋病患者讲述的求医经历，出于他们的要求和对他们的尊重，我们只录了他们的声音，并对他们的声音进行了处理，名字也用了化名。就让我们在黑暗中聆听他们的倾诉——

【画面】 屏幕上黑底白字地出现这段话的文字，并且没有采用配音，无声。

对于电视来说，声音似乎永远是必不可少的，但在这，只出现黑底白字的文字，声音却消失了，这种突如其来的静默反而更能引起观众的重视，更能有一种庄重的气氛。

【同期声】

艾滋病患者小陈：我自己那时候也是去市区的某一家三级甲等的综合医院，是去看泌尿外科，医生帮我开了一张B超单，让我先去做一个B超，然后我就进了B超室以后，他可能马上就明确，然后就很敷衍了事地帮我稍微做了一下B超，然后很快地就请我出去了。然后后来我走的时候，我还听到他们说赶快换床单，换床单。

艾滋病患者老郭：一旦我跟他说了我是这个情况的话，医生都是很敷衍了事，就搪塞过去的那种，或者就给你开点口服药就回去了，就是延误了我的病情，使我的病情拖得更加重了。

艾滋病患者小陈：……

艾滋病患者老郭：……

【画面】 一片黑暗，只有艾滋病患者的称呼，他们的话用文字显示在屏幕下方。

这个节目前半部分涉及艾滋病患者的采访都是采用剪影，而这里却连剪影都消失了，只有无尽的黑暗，同时伴有艾滋病患者低沉的叙说，整个气氛显得压抑而难受，从而唤起人们对艾滋病患者的同情。

第四节　网络常用传播符号

互联网包含着到目前为止最为丰富的传播方式和传播元素，它包容了比以往更为丰富的评论主体——更多表达意见的人。因此互联网也为更为多样化的评论形态的出现提供了可能。目前网络评论形态五花八门，有在BBS上进行实时交流、跟帖的形态，有在个人博客上发表评论，并自己制作相关资源链接的形态，以及网站评论和网络组合多个来源的评论资源等。网络新闻评论虽然也主要是文字和图片形式呈现，但它与报纸新闻评论相比，有着更丰富的传播符号和更鲜明的时代特色。

一、网络的传播符号

网络新闻语言符号的构成语言和符号的关系密不可分：一方面，语言系统是人类创造的一种最重要、最常见的符号系统；另一方面，人类创造的其他形式的符号系统又常常被通过“隐喻”的方式称为“语言”。网络新闻的语言符号五光十色，各种符号中的某几种组合相辅相成，克服了单一新闻报道形式的不足，形成了“$1+1>2$”的效应，新闻报道的效果得以大大增强。人们可以根据不同需要依据多种标准对这些符号进行分类。按照传播载体来分，可以分为文字符号、图片符号、漫画符号、Flash符号、流媒体符号等；按照听觉和视觉来分，可以分为听觉符号和视觉符号；按照能指和所指来分，可以分为图像符号、指索符号和象征符号等。我们这里主要是从传播载体来分。

从传播新闻的载体角度来看，网络新闻的语言符号主要由以下元素构成：

1. 文字符号

这主要是指网络新闻运用文字符号这一表现形式来传递信息。文字在网络新闻的

传播过程中，有着表意明确、占用网络带宽小、传递信息迅速及时等优点。在当前的网络新闻媒体中，文字新闻是最为常见、运用最为广泛的一种新闻类型。

但因为网络传播的特殊性，网络新闻评论中的语言符号在传递信息的过程中，与印刷媒介中的语言符号，规范的现代汉语相比，出现了很多新现象。（我们这里谈论的网络传播中的语言符号，不包括上传自传统媒体的语料，专指在网络上发表的正式或非正式的言论和谈话。）具体可以归纳为以下几种情况：

（1）使用英文拼音及英文拼音的简写、英文的汉译谐音

在网络传播中，出现了大量中英文混杂的情况。抛开社会文化心理的影响，出现这种语言现象的很重要的一个现实原因是，英文字母的组合在键盘上要比拼写汉字节省时间，在上下文语意足够清晰的情况下，汉字中混杂英文字母也就流通起来。如 PS——照片经过修饰（Photoshop）；GF——女朋友（Girl Friend）；OMG——我的天啦（oh，my god）；fans——粉丝，指偶像的追随者；MM——妹妹（美眉）；LP——老婆；TNND——他奶奶的（类似的还有 TMD 等）；PPMM——婆婆妈妈。

此外，还有一种情况，不仅语言符号在外形上发生了变化，在意义上也有变化，被重新赋予了网络交流中新的意义，并成为网络惯常用语。如：FB——腐败，网上注解为“聚会＋吃饭＋活动”。

（2）使用数字

网上常常借用数字和汉字的谐音，来表示汉字的意思，而不是单纯地表示实在的数字。如：88——再见，7456——气死我了。在这一类型当中还有一种变异，即数字与汉字的结合，如：哈 9——喝酒

（3）图形

网络中还出现了使用图形来表达感情的专有符号，称为“表情”语言。确切地说是用以表达情绪的键盘字符，如“：）”代表微笑，“：（”代表皱眉（不悦）等。

（4）特有的称谓

网络中有许多借称，很像是暗语，经常与字面的意思有出入，是网络中很有特点的词汇。如：坛子——论坛，泡菜——在论坛里看和说的会员，楼上楼下——帖子中的上下部分，隔壁——论坛中的另外一个主题，潜水——光看不说，拍砖——批评，排——非常同意。

另外，一些键盘符号，如“～”“@”“＃”“＄”“∧”“＊”等经过自由组合就可以表达特定的内涵和思想感情，同时也产生出传统口语和书面语中所没有的表达方式和修辞形式。

2. 图片符号

这是指网络新闻以单张或多张照片、图表对新近发生的事实进行报道。网络图片新闻继承了传统纸质媒体图片新闻的特点，并结合了网络的特性进行了发挥和创新，其制

作流程、发布特点、表现形式与传统纸质媒体图片新闻有很大的不同。

报刊新闻评论所使用的图片，大都是该报刊记者亲自拍摄的，而网络新闻评论则不然，有可能是转载自某个传统媒体，有可能是从别的网站搜索过来，有可能是网络截图等等，来源非常多样化。而且报刊往往由于篇幅的限制，难以在一篇评论里刊登多幅图片，而网络媒体则没有这方面限制，评论者往往可以按需发图。有时候因为需要还会就某则新闻配上漫画，用简单而夸张的手法来描述生活、反映时事，以起到说明或者讽刺的作用。在年轻人居多的网站上，图片类的东西更能获得他们的青睐。

3. Flash 符号

Flash 最初只是一种网页动画设计软件，现在大量应用该软件技术制作的动画产品也被笼统地称为 Flash。相比纸媒体所采用的符号更具动感，也更可爱，功能性更强。如很多网民会根据时下的新闻热点制作成 Flash 动画，让人喜闻乐见。尤其一些让广大网友讨厌的新闻人物或新闻事物很容易就成为 Flash 恶搞的对象。

4. 流媒体符号

随着计算机网络技术的飞速发展，网民上网条件日益改善，联网方式多样化与带宽的拓宽，受众的需求也随之变化，网上音频、视频等流媒体内容的提供与接受已经越来越成为可能。很多网站在针对某一新闻事件组织专题时，往往会与相关的视频或音频或文字报道做上链接，使得网友能迅速了解到各个媒体对此新闻事件的看法以及此事件的最新进展，信息的传播越来越立体化。

二、网络传播符号使用的多样性

现在的网络传播已经成为一种“全景化、扩展化、一体化的‘泛传播’”，这也意味着网络新闻必然要整合各种语言符号形式进行传播。随着通信技术的高速发展，普通人利用各种符号形式进行传播成为可能。图像等非文字符号已经渗透了我们的生活。可以说，在网络时代，科学技术的发展将使新闻传播中的各种语言符号形式都得到充分发展。相对于传统的文字而言，在具有海量信息的互联网上，图片、漫画更具优势，往往更能抓住人们的视线；而视频、Flash 等动态的图像信息又比静态的图片、漫画更能吸引人们的目光。这就决定了网络新闻尽可能使用各种类型语言来传播信息，以便争取更多的点击率。

与传统媒体你传我受的传播方式不同，网络媒体采用由受众主动点击浏览的传播方式，而网站主页的信息量非常繁杂，网络受众也具有追求个性化、多样化的心理特点，因而决定了网络新闻语言符号形式的多样性。另外，传统媒体采用由少数人对多数人进行的传播方式，其传播语言模式较固定；网络媒体打破了这种既有的模式，使网络新闻传播

具有多元化的特点：传播者多元化，可以同传统媒体一样是社会组织，也可以是任何一个个体；传播渠道多元化，可以通过网站等大众传播渠道，也可以通过电子邮件、ICQ 等人际传播渠道，还可以通过 BBS 等群体传播渠道。另外就是搜索引擎可以快速及时的传递这些信息。互联网信息化的高速发达也在于此。这种情况要求网络新闻语言符号摆脱既有的新闻模式，更加贴近普通民众，因而使网络新闻的语言符号呈现多样性的特点。

人民时评：有多少贪官在宴席上被“蒙汗药”麻翻？

李德民

旧小说中常提到江湖上谋财害命的黑店，在酒菜里掺上“蒙汗药”。当顾客上店里吃喝时就会被麻翻，店家或谋财或害命，甚至把顾客做成人肉包子。看看如今有些贪官所赴之宴席，有的也像进黑店，他们在推杯换盏之中，在称兄道弟之时，接受贿赂，权钱交易，步入监狱，甚至掉了脑袋，这有点像小说中被“蒙汗药”麻翻一样。最新的一个典型是深圳市公安局原副局长陈旭明，他在深圳“舞王”俱乐部负责人王静的宴席上接受贿赂，被依法严惩。

事情得从去年 9 月 20 日说起。那天深圳“舞王”俱乐部发生特大火灾事故，造成 44 人死亡、64 人受伤，直接财产损失达 271 245 元，这场大火还“烧”出了贪官陈旭明。1 月 20 日，深圳市盐田区人民法院对深圳市公安局龙岗分局原副局长因玩忽职守罪，被判处有期徒刑 6 年；犯受贿罪，被判处有期徒刑 6 年。法院决定对其执行有期徒刑 11 年，对被告退回的赃款 6 万元予以没收，上缴国库。

作为公安分局副局长的陈旭明，负责龙岗区内歌舞娱乐场所隐患整治专项行动工作。但他玩忽职守，对长期存在无照经营、治安问题严重、消防设施不合格并超时经营、超员经营、容留顾客吸毒、小姐有偿陪侍的“舞王”俱乐部听之任之，直至酿成大祸。而陈旭明的玩忽职守和收受“舞王”俱乐部负责人王静贿赂有直接关系。他受贿的 6 万元，分别在几次宴席上。第 1 次是王静宴请陈旭明及其妻子田某等人，餐后赠他 2 万元及烟酒等礼品；第 2 次是去年 7 月 12 日，王静再次宴请陈旭明及其妻子田某，餐后赠他 2 万元及礼品；第 3 次是去年中秋节前，王静向陈旭明妻子赠送 2 万元及礼品。

请注意，奸商行贿陈旭明以及其他官员的手段，往往就是靠请客吃饭，在宴席上出手。这意味着，他们请客吃饭心怀叵测，另有所图，在满桌的佳肴里掺上“蒙汗药”，谁去赴宴谁倒霉。对这种宴席的险恶，精明如陈旭明式的贪官自然心知肚明，但“明知山有虎，偏向虎山行”，欣然赴宴去，非要把“药”舒舒服服、痛痛快快吃下去。很显然，贪官并非稀里糊涂受贿而是明白无误受贿，不是完全被动受贿而是主动受贿或半推半就受贿。有的贪官，说起来很是讨厌宴请，其实心中十分欢迎甚至迫切希望，直至厚着脸皮要求宴请，没人宴请还心中着急呢！因为，“醉翁之意不在酒”，哪一餐不是连吃带拿，“拿”的自然是钞票。

官商勾结，狼狈为奸，权钱交易，陈旭明是个典型。其特点是，“舞王”俱乐部“吃小亏占大便宜”，花小钱行贿贪官，利用贪官的权力谋取大利益；贪官信奉“有权不用，过期作废”，做无本万利的买卖，为“舞王”当“保护伞”。看看我们的周围，陈旭明式的贪官并非绝无仅有，“舞王”式的奸商也非独此一家。这很危险。要识别官商勾结中的贪官和奸商并不难，看看有的官员为什么富得流油，见了为非作歹的奸商腰直不起来、话硬不起来，甚至低眉顺眼当“小媳妇”，这样的官员往往是贪官；看看有的商人为什么那样“牛”，目无国法，有恃无恐，唯利是图，欺行霸市，这样的商人往往是被陈旭明式贪官“罩”住的奸商。

世上没有免费的午餐，更没有白吃的宴席。陈旭明落马的警示是：奸商的宴席是吃不得的，那里面确实有“蒙汗药”，谁要是不怕被麻翻，就去大快朵颐吧！

（人民网—网点频道　2009 年 02 月 08 日 00:22）

这是一篇相对比较正式的网络新闻评论，没有采用一些不正式的语言符号或非语言符号，与传统媒体的新闻评论比较类似，但仍有自己的特点。

首先，它的语言通俗易懂，甚至带有某种调侃的味道，而不是像一般纸媒体的新闻评论那般正襟危坐。比如将贪官赴宴比作武林中顾客进了黑店，所受贿赂比成蒙汗药，在奸商面前成了“小媳妇”，都是非常生动形象饶有趣味的。

其次，语言顾忌相对比较少，遣词造句相对随意。如提到贪官“没人宴请还心中着急呢”，“被陈旭明式的贪官罩住的奸商”。这一类未经完全核实的信息，在纸媒体上一般都难以见到，因为纸媒体更讲究谨慎万全，讲究论据确凿。

人民网作为党的宣传阵地，言论相对其他网络媒体是比较严肃的和规范的。即便如此，我们仍然可以看出因为网络评论更多的是一种个人发言，语言和文风上禁忌较少，篇幅也比较短小精悍。

今日话题：事业单位养老金改革势在必行

编者按：近日，国家人力资源和社会保障部证实“事业单位养老保险制度改革方案”已正式下发，根据国务院要求，山西、上海、浙江、广东、重庆 5 个试点省市今年将正式启动这一改革，改革的重要内容，是事业单位养老保险与企业基本一致。这一方案在网友中引起热议，大部分网友赞成该方案，有的网友希望提高企业养老金水平而不是降低事业单位养老金水平，还有相当多的网友呼吁公务员也进行养老制度改革。你如何看待？欢迎参与我们的讨论。

欢迎讨论

小观：听说事业单位的养老金要进行改革了，我看网上很多人在说这个

事情。

小点：是的，日前，国家人力资源和社会保障部新闻发言人尹成基在接受采访时称，国务院要求山西、上海、浙江、广东、重庆5个试点省市今年正式启动事业单位养老保险制度改革。而改革的重要内容，是事业单位养老保险与企业基本一致。

小观：哦，这可不是一个小改革啊，怪不得得到这么多人关注。

小点：大部分网友都觉得目前全国机关事业单位退休费总额已经远远超过千亿元，国家财政不堪重负，改革势在必行。但也有一些网友有不同看法。

小观：他们都是怎么说的？

小点：有的网友认为不应该降低事业单位的养老金，而应该提高企业单位的养老金，应该这样来平衡不同单位之间的养老制度。有的网友认为不应该单单改革事业单位，还应该改革公务员的养老制度，这样才更加公平。

小观：呵呵，我也看到很多网友在呼吁改革公务员的养老制度呢。

小点：是的，不过任何事情都不是一蹴而就的。不管怎样说，这次的事业单位养老金改革带了一个好头，希望能够试点成功。

（以下留言仅表达网友个人观点，不代表人民网立场和观点。）

网友 于 2009-02-06 10:01:46 发表评论　［回复］　IP：60.217.239.★

根据有关部门做了民调：60%以上的民众强烈要求对事业、机关的养老退休金进行改革，将严重不公平，不合理的“退休双轨制”变“一轨制”。取消对企业职工退休金的歧视，缩小社会的贫富差距，缩小社会的矛盾，还社会一个公平正义，真正体现一个“权为民所用，利为民所谋”让社会全员真正平等的享受改革发展的成果。促进社会更加公平和谐、稳定进步。

网友 于 2009-02-06 09:45:29 发表评论　［回复］　IP：124.74.194.★

改革者不能只是革别人的命，手握事业单位养老金改革大权者应把自身(公务员)纳入改革范畴！

网友 于 2009-02-06 09:37:34 发表评论 [回复] IP：123.235.32.★

不是事业单位工资高是企业工资太低，对企业应大涨而不是将事业拉下。人民财富人民有权享用。

网友 于 2009-02-06 09:34:08 发表评论 [回复] IP：219.153.72.★

强烈要求公务员一起改革养老金。

网友 于 2009-02-06 09:10:00 发表评论 [回复] IP：121.14.234.★

为从企业退休的老人呼吁

尽管中央近两年采取措施提高企业退休人员待遇，但机关退休金升得更快，两者差距越来越大。前者每年加几百至一千，而不动声色，后者加几十一百就大讲特讲。只有彻底打破双轨制，才能缩小差距，实现公平。吁请中央关注企业退休人员的生活。这些从企业退休的工程师和工人，为国家建设工作了几十年，尤其是五六十年代参加工作的人，每月三四十元工资，勤勤恳恳，不计报酬，打拼出现在的大好江山，临到老了从岗位上退下来，变成了弱势群体。退休待遇双轨制是典型的不公正不公平，凭什么“公仆”退休要领“主人”3～4倍……(详细内容)

网友 于 2009-02-07 09:11:14 [回复] IP：121.14.234.★

如果真正关心民情，对于这样一个关乎千万人命运的政策，绝不能用一个“快”字了结!!

网友 于 2009-02-05 17:58:41 发表评论 [回复] IP：222.141.52.★

我同意。

网友 于 2009-02-05 16:09:14 发表评论 [回复] IP：218.8.55.★

说的这么多中央决策者能上网看一眼吗?

网友 于 2009-02-05 15:36:00 发表评论 [回复] IP：202.108.251.★

如果删除一些留言，建议给出删除理由。

网友 于 2009-02-05 10:48:49 发表评论 [回复] IP：123.235.32.★

强烈支持改革。

网友 于 2009-02-05 09:43:13 发表评论 [回复] IP：61.164.61.★

养老金改革是时候了，老百姓举手赞成。

网友 于 2009-02-06 16:15:00 [回复] IP：118.123.1.★

支持。

网友 于 2009-02-05 11:48:00 [回复] IP：123.235.32.★

我同意。

(人民网—观点频道 2009 年 02 月 03 日 15:50)

这是人民网所作的“事业单位养老金改革势在必行”的专题，选题是关于2009年政府决定对事业单位养老金进行改革。如果说前面是专家学者的评论，那这个案例可以说是典型的网络评论，既有原创性作品，又有相关的新闻链接，还有网友们的发言，带有极为强烈的网络双向性和开放性的特点，各种网络专有传播符号也展现无遗。

编者按实际上是介绍新闻事实和新闻背景，起到一个号召大家来讨论话题的作用。

在这个主体文本的框架中，以超链接的形式插入了“欢迎讨论”，网友们可以在那里回帖阐述自己的看法和观点。网友的一些意见附在后面。

这个专题还有一幅漫画，“养老金”在前面跑，后面无数的人在追，希望能夺回原本的相对较高的养老金。诙谐却意味深长，也非常适合网络受众相对比较年轻化的特征。

接下来出场的是两位虚拟人物小观和小点，通过这两位虚拟人物的对话引出话题并将讨论范围的大致框架确定。如果是传统的纸媒体，设立这两位可爱的虚拟人物未免显得幼稚，与新闻评论严肃的身份不符；但在网络媒体中，却显得生动活泼，使阅读和评论都变得积极起来。这两位虚拟人物的对话内容并非随意为之，而是代表或者说隐含了人民网的观点，带有某种舆论导向，对网友发表评论实际上也是起到了潜移默化的作用，这也是由于网络发言的任意性较大的特点所导致的。

在接下来的众说纷纭当中，许多普通的大众借由网络这一媒体，堂堂正正地发表着自己的观点，而这在传统媒体几乎不可能，众所周知，传统媒体向普通人开放的通道极为狭窄。另外由于网络媒体的匿名性，许多人的发言显得更加随心所欲，并带有明显网络语言特色。

网友评论通常都比较简短，如上文中的“支持”、“顶”、“不公平”等等，虽然只有一两个字，却表达了一种鲜明的观点和强烈的情绪，而“顶”是流行网络词汇，意即支持。从一些人的留言也可看出，其中不乏一些消极或偏激的思想，比如“说的这么多中央决策者能上网看一眼吗?”、“事业单位养老金改革？有人又要‘搅’了，非给你搅黄了不可！唉！还是工人阶级老实”。这些带有个人情绪的话语都是在传统媒体的新闻评论中难以出现的。还有一些留言是针对上一个发言者的言论展开争论的，这也大大地体现了网络新闻评论的开放性和连续性。

以上就是这个专题网页的基本构成，即一个主体文本加链接。作为一个评论专题，主体文本的性质是一篇短小的评论，而其他的网友评论，是以主体文本的重要概念作为链接点。可见，主体文本能为广大网友提供纵深扩展空间是网络新闻评论的一个特点，这样的一篇主体评论，不再是纸媒体的单篇评论，而是一个以评论为主体的丰富的、开放性的认识和言说空间。

这个专题虽然不是从一个具体个案而发，但因为涉及众多网友的利益，很多人跟帖发表自己的看法，有单纯表示态度的，也有给政府提建议的，还有反映某些地方某些行业特殊情况的。这一点说明，在这种非事件性的评论选题上，也许网络新闻评论比传统媒体新闻评论更加能整合资源，更加能激发人们参政议政的热情，效果可能会更好。

本章小结

这一章主要从传播符号的角度阐述了不同媒体新闻评论的特色，使我们更清楚地了解媒体特质和评论效果之间的关系。

通过本章的学习，要了解符号就是负载或传递信息的载体，表现为有意义的代码及代码系统，如声音、图形、姿态、表情等。从大体上而言，符号可以分为语言符号和非语言符号。传播学意义上的语言符号主要包括语言和文字两种类型。在所有的符号中，人们日常的口头语言是最基本最主要的。文字看上去像一套独立自主的符号系统，而其实它无非是语言的代表，或者叫符号的符号。语言就是由能指和所指两部分组成。这种能指与所指的关系，是所有符号系统的共同之处。对传播研究来说，符号问题的焦点在于所指，即符号的内容层面、意义层面。非语言符号是指除语言之外的其他所有传播信息的符号，一般包括图片、手势、表情、姿态等。非语言符号大体上可以分为三类：体语、视觉性的非语言符号和听觉性的非语言符号。

通过这一章的学习，我们应该学会如何利用不同的媒介优势采用不同的传播符号。

本章自测题

一、单项选择题

1. (　　)属于报刊的语言符号系统。

A. 文字　　B. 图片　　C. 图表　　D. 版面语言

2. (　　)属于电视的非语言符号系统。

A. 音乐　　B. 同期声　　C. 主持人口播　　D. 屏幕文字

二、多项选择题

1. 下面哪些是非语言符号？(　　)

A. 体语　　B. 视觉性的非语言符号

C. 听觉性的非语言符号

2. 视觉性的非语言符号中有象征和实义两种。象征符号往往代表一种抽象的意义，如(　　)。

A. 基督教的十字　　B. 社会主义的红五星等

C. 古代的烽火　　D. 狼烟

3. 语言学家早川一荣认为，在运用语言符号上有三种形式。(　　)

A. 报告　　B. 推论　　C. 判断　　D. 分析

三、判断题

1. 文字看上去像一套独立自主的符号系统，而其实它无非是语言的代表，或者叫符号的符号。(　　)

2. 语言的传播功能主要体现在历时性上，文字的传播功能主要体现在共时性上。(　　)

3. 能指即语言的声音形式，所指即语言的语义内容。语言就是由能指和所指两部分组成。(　　)

四、简答题

1. 报纸言论版把与自己社论对立观点的文章同时刊出，是否会动摇社论的权威性？为什么？

2. 电视新闻评论相对于广播新闻评论有哪些更多的传播符号的可以运用？

3. 网络新闻评论中，原创性作品与链接的网络资源之间是一种什么关系呢？

单元实训

实训一

从传播符号的角度对下面一期《新闻1+1》进行分析。

德江舞龙事件解析：政府管理与公众需求如何平衡

一禁不了之

贵州德江禁止主城区舞龙，引发群众不满。考虑民俗，尊重对待，问题被迅速化解。事件解决的过程引发我们怎样的思考？

西班牙奔牛节，政府制订详细保护计划，狂欢中的秩序带给我们怎样的管理警戒？

《新闻1+1》为您解析。

主持人(董倩)：欢迎收看《新闻1+1》。

在贵州省的德江县有一个沿袭了几百年的传统，那就是在元宵节这一天，当地人要以一种舞龙灯的方式来祈福、来祈平安，也祈富足。那么今年由于出于安全的考虑，当地政府就取消了原定要在主城区进行的舞龙灯的这个活动，而改在了外环。这一改矛盾就出来了，甚至出现了当地有两千多人围在县政府门口进行围观的这样的现象，当然这件事最后解决了，但是从中我们不妨能看到很多值得借鉴的地方。今天我们演播室就请到了王锡锌先生,过一会儿我们听听他对这个问题怎么看,首先我们还是来看一下这个事件的前因后果。

(播放短片)

【解说】

"在贵州省东北部有一个小小的县城,那是我的家乡——德江,在德江过年最刺激的要数正月十五晚上的化龙了,俗称'炸龙灯'。"这是一位网友对于家乡传统习俗的介绍,同时,在这位网友今天发布于网络上的一段视频中,也记录下了今年德江县正月十五舞龙灯、炸龙灯的热闹场景。

作为一项元宵节的活动,德江县的这一传统习俗已经延续了上百年,成为了当地群众祈求平安、富裕、健康的一种重要方式,但是今年的这项活动却因为一场舞龙纠纷——群众聚集县政府事件的发生,经历了一个并不平安的开始。

2 月 8 日下午两点多,德江县青龙镇几支青少年龙灯队上街舞龙。因没有在政府指定的街道活动,被城管执法人员制止,部分舞龙人员对受到制止不理解,随后到县政府大院要求按传统方式舞龙,并与警察和政府工作人员发生纠纷,引来两千多人围观。那么引发这次冲突的关键点——舞龙活动的线路问题到底是怎么回事呢?

记者从德江县政府了解到,由于城区主要街道人员密集,并且街面狭窄,加之舞龙、炸龙要经过的部分街道改造尚未竣工,如果活动按传统方式进行,存在严重安全隐患。为此,县政府按照国家有关规定将传统的活动线路进行了部分调整,把主要行进线路调整到外环路。部分群众认为,政府调整的线路不方便群众舞龙炸龙,要求仍按往年习俗,到城区主街道舞龙。舞龙纠纷事件发生后,德江县委迅速成立了指挥部,疏导围观群众,贵州省委书记石宗源提出,对群众性的传统庆祝活动要进行疏导,并有效组织。而德江县委县人民政府在紧急协商后迅速做出决定,通过广播向现场围观群众进行宣传:

一是允许各街道群众按照往年习俗,组织开展群众性舞龙灯、炸龙灯活动。另外,德江县 15 名县副级领导率领 89 个单位和部门的干部职工将组成 10 个安全保卫组分片分段对城区街道进行巡逻,保证元宵节活动顺利安全举行。

二是对因舞龙过程中被损坏的龙灯,由各街道统计报县政府审定后予以补偿。

三是对劝阻过程中受伤人员统一安排到县人民医院检查治疗。

到晚上 9 点多,舞龙人员和围观群众疏散,离开现场,至此事件基本平息。

字幕显示:

事隔一天,2009 年 2 月 9 日,元宵佳节。元宵节龙灯以传统形式上演,活动有序,气氛依旧浓烈……

当地群众：每年都看，天天都上街看。

（短片完）

主持人：王先生，我给你一个假设，假如你是德江县的主管，你所辖的这块区域内尤其是主城区，道路很狭窄，而且还有一个1.5公里的道路正在施工状态。那么刚才我们通过短片也可以看到了，舞龙灯、炸龙灯应当是一个高危性质的活动，因为小伙子们有的都带着这个安全帽，尤其可见它的危险性。处在这样的一个选择中，你会怎么办？

王锡锌（特邀观察员）：的确，德江县政府它这种所谓的安全隐患这样一个提法，应该说有它合适的考虑，假如我是当地负责的主管，我也会考虑到这样一个特殊行为所带来的一些现实的隐患。因此在这里，我们看到管理者在进行公共管理的时候，它的位置决定了一个所谓的管理目标，在这里特别重要的就是一个安全问题。但是另外一个方面，管理不是为了管理而进行管理。

另外一方面就是公众的需求，如果你站在民众的角度，他们说了，如果你改变线路，我这个炸龙灯不方便，而且跟传统不太吻合，那么在这里我们就看到位置这样一个屁股到底是坐在哪一边，是坐在管理者自己的这一方面，还是能够在这个位置上，但更多地考虑公众的需求，这两方面结合起来，也许我们可以再想到下一步的，那就是我们如何开动脑筋，想出法子的问题。

……

主持人：说到这儿，我们不妨听听其他的声音，接下来我们连线中国人民大学的毛寿龙教授。毛教授，您好。

毛寿龙（中国人民大学教授公共政策研究院执行副院长）：您好。

主持人：今天我们探讨的这个话题让我想到，就是在胡锦涛总书记在改革开放三十年的报告会上他说过一句话，说稳定是硬任务，那如果考虑到稳定这个因素的话，那是不是民众的有可能引发一些不安全的活动的需求，就要到次要的地位去考虑？

毛寿龙：这是整个政府理念上的考虑问题，稳定这个问题我们是从大局来讲稳定压倒一切是正确的，但是从小局面来讲，我想我在国外的时候经常看到一些奔牛节，然后也可能会出现一些比如像伤亡事故等，但是老百姓会说，整个城市或者这个地区它本身是一个非常长的历史习俗，而且大家也能够认可，假定说出一两个事故，或者有人死伤，都能够接受的话，那是没有问题，但如果有一部分人不能接受，那么实际上它是影响到稳定，这时候政府实际上还是以安全为第一的。

……

主持人：好，谢谢毛教授。我们继续看，刚才毛教授也提到，他认为改地方去放龙灯这种方式并没有什么不妥的地方，但是我们看到引发了政府这种，也许是良好的考虑引发的是没有预期到的这么一个公共事件，但是公共事件之后我们来看，德江县采取的相关措施三条。我想知道，您怎么看这个三条，就好像是弥补的措施？

王锡锌：德江县在所谓由禁令引发的一个公共事件之后所采取的一个应急的或补救的政策，我觉得这个做法还是非常得体的。这里面首先它是尊重了民众的需求。

主持人：那您说到这儿第一条，就是说因为群众围观了这个县政府之后，所以县政府就做出了改变，你们可以回来，对于县政府的这个威信来说是不是一种损害？

王锡锌：我认为恰好相反，政府的威信来自于民众的认可，所以在这里你看，群众去围观政府一种，其实在这个时候我们看到热闹并不等于闹事，聚众也不等于骚乱，这时候民众到这里来只是要表达一种他们的一种诉求，也就是对原来禁令的一种反映，实际上是一种表达，而政府能很快地对这样一种表达做出回应，而且是一种积极的回应，所以我觉得从这个处理来说，恰好表明我们的政府是有自信的。

……

主持人：德江的舞龙可以说是历史悠久，刚才我们在节目中开始的时候就已经介绍了他们绵延了几百年，有网友这样介绍它，说德江的舞龙堪称西班牙的奔牛节，所以接下来我们不妨把眼光投向西班牙，看看这几百年来，它这个节日和当地政府如何保证安全之间是如何处理的。

（播放短片）

字幕显示：有个人摔倒在地，滚进沟里，一动不动地躺着，但是牛群没有理会，只顾往前跑去。——海明威《太阳照常升起》

【解说】 这是 1923 年，美国作家海明威对西班牙潘普洛纳市的传统节日奔牛节的描述，据统计，在过去的 80 余年间，共有 200 多人被奔牛顶伤，14 人如同海明威描述的那样，滚进沟里，一动不动地躺着，再也没有起来过。

……

值得注意的是，最早的奔牛节就是与潘普洛纳人不顾政府禁令，在公牛前奔跑，1867 年，当时市政府最终放弃了阻止奔牛活动的努力，进而接受并采取安全措施予以规范。多年后的今天，潘普洛纳已经落实了详细的市民保护计划，大量警力与卫生、环卫、市政工程、交通部门等协同配合外，还有一批市民安全协助员，事实上，各种狂欢节因为公共秩序安全问题所引发的争议由来已久。

2007 年两名年轻人在诺丁山狂欢活动中遭遇枪击受伤，枪击事件一度引发

英国政界的争议，对组织者提出严厉批评，然而在精心准备后2008年诺丁山狂欢节还是如期进行，吸引了75万游客，也许正如一位评论家所说，公民娱乐本身是一种社会权利，如何运用好这种权利，关键在于社会如何有效的自我管理，在于政府适可而止的调节，而不是害怕有所谓的安全隐患就一禁了之。

（短片完）

主持人：所以我觉得这个比较是有价值的，因为通过历史我们看，在西班牙的奔牛节也不是说一帆风顺的就能走到今天，让所有的人都能接受，刚才短片里面提到，一开始的时候是因为当地人不顾政府的禁令，我就是要在公牛面前跑，但是一直到1867年的时候，市政府最后是从善如流，听取了百姓的意见，最终才有今天我们看到的这个奔牛节，您觉得从这个里面我们能够吸收到的启示是什么？

王锡锌：许多管理实际上不是管理者自己按照某一个设定的目标而进行和完善的，管理的不断的完善很多时候是来自于民众需求以及文化的推动，所以我们看到，不论是奔牛节还是狂欢节，它都会带来一些所谓的隐患问题，但这个隐患问题本身可能也就是节日，特别是狂欢性的节日所需要包含的一个要素，比如说在公牛节里面刺激和冒险本身是一个文化的一个要素，所以节日不光是一种社会性的娱乐权利，其实我觉得也是一种文化的性格的反映，那么在这个过程中，文化的需求、心理的需求、民众的需求不断地推动政府管理，有时候就改变政策，其实政策法律的变化始终要回应民众的需求，这就是我们从这样一些个案中能看到的。

……

主持人：换句话说老百姓的这种表达自己意见的这种做法通过一种合理合情、合法的方式，它就像挤牙膏一样，我挤一挤可能会推动政府的政策的不断完善。

王锡锌：对，这就涉及我们前面讲的除了屁股之外脑袋的问题，政府当然要思考，要开动脑筋，缓解矛盾，解决问题，但是政府的思考其实很多时候要引入外脑就是引入民众的智慧，这就是我们讲的问计于民，不仅前面位置实际上是问需于民，这个问计于民也是政府新的一种管理思维的要求。

……

主持人：体制的问题也不是一天两天能够改变的，那这个稳定的问题，我既要做到稳定，其实我不妨这样理解，从德江这件事情来说，如果我有效地满足了老百姓的需求，让他心满意足的话，怎么会不稳定呢？恰恰就是因为老百姓想这么做，你又没有跟他解释说你为什么不能这么做，这才是引起不稳定的一个重要因素。

王锡锌：对，我完全同意，那么在这种情况下，我想体制的这种演变需要一个很长时间，但是体制的引进其实在每一个个案中。如果能够把这种我们前面所讲到的屁股、脑袋结合起来，然后在体制过程中不断地去摸索，去示范，引入外脑，这样一个体制的这种不断地向前完善，其实可以很快地完成。我们看到在处理很多事件中我们已经探索到这样一种合作式的体制。

（选自中国新闻网 2009 年 2 月 11 日 08:12）

实训二

以“人肉搜索”为主题，策划一个网络新闻评论专题，尽量采用多种传播符号，以达到最佳传播效果。

养 成 篇

第九章　新闻评论人员的素养

学习目的

1. 了解新闻人的特质
2. 了解理论工作者的素质
3. 新闻评论人员应具备的其他涵养

核心能力

1. 调查研究能力的养成
2. 理论创新能力的养成

一般说来，新闻评论人员主要是由代表编辑部言论或自身立场的记者，专业评论员，某个领域的专家、学者或权威人士组成的。新闻评论人员应兼具新闻人和理论工作者的素养，以及其他综合的素质、涵养。本章将对新闻评论人员的素养进行集中的讨论。

第一节　新闻人的特质

我们所说的新闻人，即新闻工作者。新闻人是新闻传播的主体，是新闻的采写、编排、传播者。新闻媒体由于起着报道新闻、交流思想；反映民意，引导舆论；传播知识，普及文化；娱乐生活、陶冶性情的社会作用，历来在社会活动中扮演着举足轻重的角色。作为新闻媒体最活跃因素的新闻人也被人们称为社会活动家、时代的书记官、党和人民的耳目喉舌、群众的代言人等等。在讨论新闻人的特质之前，我们首先要把握新闻的本质含义。

新闻是一种意识形态性的文化。所谓意识形态，它指的是一种观念的集合，可以被理解成一种具有理解性的想象、一种观看事物的方法，存在于共识与一些哲学趋势中，或者是指由社会中的统治阶级对所有社会成员提出的一组观念。而文化在广义上，能被概括为人类创造出来的所有物质和精神财富的总和，其中既包括世界观、人生观、价值观等具有意识形态性质的部分，又包括了自然科学和技术、语言和文字等非意识形态的部分。新闻人总是在能动地反映社会生活，在这一反映现实的过程中包含着他们的目的性和主观倾向性。这意味着不同的新闻人，立场、观点、世界观、价值观可能不同，所以他们所反映出来的社会面貌也是不同的，隐含的目的和倾向性也是不同的。

我们知道在18世纪末期到19世纪中期，西方曾一度流行一种"客观报道说"，主张在政治上超党派，采取不偏不倚的所谓公正的态度，宣称报纸之记录事实，报道客观。而事实上新闻的意识形态性是新闻的本质规定。西方新闻媒体也从未停止过打着客观公正的旗号，贩卖资本主义优越性的思想，从而贬低一切与资本主义对立的社会形态和思潮。然而，作为党的喉舌，我国的新闻媒体从来都不曾否认过其自身的意识形态性，我国的新闻工作者也总是本着鲜明的政治立场和态度，把政治、思想素养摆在新闻人众多素养中头等重要的位置上。

一、政治、思想道德素养

新闻人的政治素养主要包括马列主义修养、政策路线知识和正确的基本态度。这也是刘少奇《对华北记者团的谈话》中对当时在西柏坡参加学习班的记者们的要求。要有马列主义的理论修养，就是要学习唯物史观、认识论和阶级分析的方法。要熟悉党的路线和政策，就是要经常学习研究，时刻注意党的各项方针政策的执行情况；要有正确的基本态度，就是要全心全意为人民服务，充当党和人民联系的桥梁。而在新时期，全国人民积极响应十七大号召，齐心协力构建和谐社会的同时，时代又赋予了新闻工作者新的要求和期望。

1. 深入学习马列主义、毛泽东思想、邓小平理论、"三个代表"及科学发展观

马列主义的精髓在于辩证唯物主义，它使人们理性地认识到一切物质都是在不断运动和变化的，事物与事物之间也总是相互联系、相互渗透和相互影响的。掌握马列主义认识论是透过现象看本质，正确地认识、评价生活，真实地反映社会生活中新近发生事情的基础。而唯物主义历史观又进一步指出代表先进生产力的广大人民才是历史的创造者。因此，正确认识群众的位置必然是新闻工作者展开新闻工作的基本前提，这说明那些贬低广大群众的力量，一味宣扬英雄主义的人是没有资格成为一名新闻工作者的。同时，马列主义提出了社会存在决定社会意识，经济基础决定上层建筑。经济基础不仅决定了新闻的形态和基本面貌，为其发展提供了必要的条件，也为它的发展创造了有利的文化环境和一定的受众群。充分认识这一点，恰恰是当今的新闻媒体逐步走向市场化的理论根基。长久以来，无视经济现实搞新闻造成了很多新闻人在思想上的僵化，而在传

媒业日益走向资本整合、建立集团化的今天，不能放开思维，遵循经济基础决定上层建筑这一规律的新闻人只会被时代所抛弃。另外，马列主义还强调了社会意识反作用于社会存在，先进的社会意识会促进生产力的发展，落后的社会意识将会阻碍生产力的发展。这就决定了社会主义的新闻媒体必须是传播先进文化的，社会主义的新闻工作者也必须时刻奔走在传播先进文化的最前沿。

毛泽东思想的理论基础的主要来源是马列主义，是在将马克思主义的基本原理与中国实际相结合的过程中，批判地汲取和辩证地融合了中国传统文化精髓的结果。正是在马列主义的熏陶下，毛泽东创办并主编了《湘江评论》，成为当时我国一位有影响的新文化和新思潮的传播者并逐渐形成了自己的新闻思想。而随着对中国社会历史现实的进一步把握，在 1948 年《对晋绥日报编辑人员的谈话》中，毛泽东则精辟地阐述了无产阶级党报理论的几个基本问题。关于党报工作者的学习和修养问题，他更是指出“报纸工作人员为了教育群众，首先要向群众学习”。

邓小平理论、“三个代表”和科学发展观也都包含了对新闻工作者的要求，它们都不断补充着时代对新闻工作者所应具素质的要求。十七大的召开，标志着我国的社会主义事业进入了一个新的时期。构建和谐社会主义，首先要有一个良好的社会舆论环境。这就要求新闻工作者能成为和谐社会的积极宣传者和社会转型的大力推动者。因此，新时期的广大新闻人更应加深对马列主义、毛泽东思想、邓小平理论、“三个代表”和科学发展观的理解，从中汲取理论的养分，来指导自己的实践工作。

2. 坚持实事求是，树立群众观点

毛泽东思想的“活的灵魂”体现在三个基本方面，即实事求是、群众路线、独立自主。实事求是是毛泽东思想的精髓、根本点和出发点，是中国共产党的思想路线。它强调从实际出发，理论联系实际。群众路线，就是一切为了群众，一切依靠群众，从群众中来，到群众中去。可以说，实事求是、群众路线也是长期以来我党指导新闻工作的两大基本原则。

新闻工作者最基本的品质就是实事求是，讲真话，宣传真理。正因为缺乏实事求是，敢于说真话的精神，我国的新闻宣传工作曾一度遭受重创。其中，最发人深思、引人警醒的教训便是“大跃进”运动中的“浮夸风”假消息。在“大跃进”运动中，大多数新闻工作者都违反了新闻真实性的原则，在很大程度上助长了浮夸的这股歪风。针对这种现象，刘少奇同志曾痛批《人民日报》，认为报纸如果给群众以错误的东西，散布错误的思想、理论、政策，把群众中的消极因素、落后因素、破坏因素鼓动起来，就会犯大错误。他十分重视调查研究，强调报纸工作人员就是调查研究的专业人员，报上的一切文章都必须是新闻工作者调查研究的结果。虽然毛泽东的新闻思想曾在一定时期内背离了马克思主义，但他也曾强调没有调查就没有发言权，新闻人要坚持实事求是的态度。

广大人民群众是历史的创造者，这就确定了我党为群众办报的思想，树立群众观点的思想。毛泽东一贯主张全党办报和群众办报，而不是少数人关起门来，闭门造车。作为新闻工作者，应时刻联系群众，以生动活泼、新鲜有力的文风为广大群众服务。比如，在解放战争时期，革命根据地的新闻事业的繁荣就提供了很多值得当代新闻人借鉴的经验。当时根据地的新闻工作适应实际需要，紧紧围绕中心工作展开；密切联系群众，依靠群众办报办社，大力发展通讯员，广泛听取读者意见，采纳读者建议，吸取优秀通讯员参加报纸工作；报纸文章文字通俗，形式活泼，力求在通俗、活泼当中宣传党的政策、路线和纲领。

尽管时代变迁，但坚持实事求是，树立群众观点的原则是不可动摇的。然而，现在我们仍然能看到有许多新闻工作者与这些原则背道而驰，不仅以"无冕之王"的架势脱离群众，还蓄意制造假新闻，哗众取宠，造成了极坏的社会影响。

> 2007 年中新网两名记者炮制的一则关于弗吉尼亚理工大学特大枪击案的假新闻荣登该年度十大假新闻之榜首。这则假新闻写道："今天发生在弗吉尼亚理工大学的特大枪击案嫌疑人身份初步认定：该行凶男子是一名持学生签证来美国就读的中国留学生，现年 24 岁。但警方称他不是弗吉尼亚理工大学的学生。消息源《芝加哥太阳报》透露，他于去年 8 月 7 日乘坐美国联合航空公司的航班飞机从上海出发，在加州旧金山登陆美国，持学生签证入境。"这则消息一经发出引起全国上下一片哗然，但后经证实，这则消息内容纯粹是无稽之谈，而真正的凶手系一名 23 岁的韩国学生。
>
> （深圳新闻网，2008 年 1 月 3 日）

真相引起人们对这则有损国人形象的假消息的成因的思考。原来这则消息摘自别处，作者不仅没有亲身对事件进行采访，也没对信源进行仔细核实。另外，稿子的翻译也存在错误之处。这种不负责任的行为从根本上违反了新闻人的基本操守——实事求是。

另一件轰动一时的假新闻也是源起新闻工作者缺乏调查研究、实事求是，从而将一个无辜的人推向了舆论压力的风口浪尖。

2007 年 7 月，各大论坛上出现了一篇《史上最毒后妈》的帖子，声称 6 岁女童丁香小慧遭后妈毒打口吐鲜血，消息一传出，各大媒体也纷纷跟进，对女童后妈进行口诛笔伐，将其称为"史上最恶毒后妈"。一时间《六岁儿童被后妈毒打至狂吐鲜血》、《江西六岁小女孩脊椎被打断》、《遭殴打女童病情恶化公安局尚未立案》等新闻在各类媒体上铺天盖地。江西电视台都市频道"都市情缘"栏目更是播放了一部独家 30 分钟的专题，将六岁女童躺在病床上满身淤青，口吐鲜血的触目惊心的场面播出来，并得出结论小孩身上的伤肯定系他伤，在没有正面采访孩子后妈的情况下就把矛头直指向了她。而不久后，网上又惊现一自称为最新内幕的帖子，这篇帖子这样写道："朋友说，其实 6 岁女孩并没有遭到后母的毒打，是因为女孩得病家庭困难治不起病，经人介绍认识了我这个朋友，我这个朋友说想通过网络炒作达到效果，但是单一炒作小女孩得病肯定达不到效果，只有制造一

系列的谜团，网友们才会关注关心。”毫无疑问，这篇帖子的出现不仅没有能帮助平息事件，反而使事件越来越扑朔迷离。在这种情况下，公安机关不得不介入调查，而调查结果表明了女童后妈并没有虐待过孩子。同时医生会诊也没发现女童身上有外力致伤，对于女童吐血和身上出现的淤青的现象他们也一一站在医学的角度做出了合理的解释。其实，孩子是患上了血友病，吐血和淤青纯属血友病的常见症状，这样一来谣言终于得以粉碎。而真相大白之后，人们不得不思索到底是什么成就了“史上最毒后妈”，是什么让各大媒体轻信了谣言，导致它们纷纷声色俱厉地质问女童后妈“良心何在”？

关于这个事件的假新闻，究其原因还是在于新闻媒体没能本着实事求是的精神，客观全面地看问题，细致深入地采访各个当事人，从而在不明事实真相的情况下就妄下结论。

以上两个例子都是2007年比较典型的假消息案。从中我们可以看出假消息影响之广，危害之大。同时也让我们认识到：要成为一名合格的新闻工作者，实事求是的原则在任何时候都要遵守，联系群众的观点在任何时候都必须坚持。这些不仅是党和国家领导人、众多从事新闻工作的老前辈的教诲，也是已经写入《中国新闻工作者职业道德准则》的明确要求。

3. 要树立正确的世界观、人生观和价值观

世界观，也叫宇宙观，它就是人们对世界的总的根本的看法。它建立于一个人对自然、人生、社会和精神的、科学的、系统的、丰富的认识基础上，包括自然观、社会观、人生观、价值观。所谓人生观，它就是人们对人生的看法，也就是对于人类生存的目的、价值和意义的看法。人生观是一定社会或阶级的意识形态，一定社会历史条件和社会关系的产物。而价值观是指一个人对周围的客观事物的意义、重要性的总评价和总看法。

其实，世界观、人生观、价值观三者是统一的。简而言之，有什么样的世界观就有什么样的人生观，有什么样的人生观就有什么样的价值观。作为社会主义国家的新闻工作者，我们要以马克思主义的辩证唯物主义和历史唯物主义哲学的观点，正确地看待、思索我们今天所处的社会，以及事物间千丝万缕的联系，找准自己的人生方向，与资本主义社会存在的非理性的、自私自利的世界观、人生观和价值观划清界限。对于我国新闻人树立正确的世界观、人生观、价值观，《中国新闻工作者职业道德准则》做出了明确而详细的解释和要求，胡锦涛同志关于树立社会主义荣辱观的核心内容——“八荣八耻”也是对加强新闻工作者职业道德的必然要求：坚持以热爱祖国为荣、以危害祖国为耻；以服务人民为荣、以背离人民为耻；以崇尚科学为荣、以愚昧无知为耻；以辛勤劳动为荣、以好逸恶劳为耻；以团结互助为荣、以损人利己为耻；以诚实守信为荣、以见利忘义为耻；以遵纪守法为荣、以违法乱纪为耻；以艰苦奋斗为荣、以骄奢淫逸为耻。

现今新闻行业仍然存在很多问题，而大部分问题又都是由于少数新闻工作者受各种错误思想的影响，导致他们的世界观、人生观、价值观受到扭曲而造成的。其中，“有偿新

闻”“封口费”的歪风就很大程度上损害了人民的利益，也破坏了整个新闻队伍的形象。

“9月20日，山西霍宝干河煤矿一名矿工在矿内作业时丧生，由此又一次揭出中国新闻界耻辱的暗疮：一场矿难发生之后，真假记者争先恐后地赶到出事煤矿——不是为了采访报道，而是去领取煤矿发放的‘封口费’……”①一则登载在2008年10月27日《中国青年报》上的新闻又一次暴露出新闻工作人员收受“封口费”的丑闻。而《西部时报》的记者戴骁军更是拍下了真假记者排队领取封口费的现场。据他的调查探访显示，至少有38名真假新闻人领取了“封口费”，其中有包括山西《科学导报》、中国教育电视台、《绿色中国》杂志社和山西广播电视总台等数家媒体涉及其中而被曝光。

以上案例暴露出来的是一些新闻工作者为饱私欲而玩忽职守的问题，其中也体现出了由于我国新闻法规不健全所导致的问题。但归根结底，主要还是部分新闻工作者的自律问题。我们知道，记者采访报道，反映舆情是一种至高无上的权力，也是党和人民赋予的重要责任。那么，新闻人就应该在任何复杂的环境和诱惑中保持坚定的立场和明确的方向，才能心明眼亮，不辱使命。如果一名新闻工作者抛开这一切原则，单纯地追求金钱、享乐，奉行极端个人主义、拜金主义，不惜把自己新闻工作者的身份当成个人谋私利的工具，把严肃的新闻工作当做商品去交易，那么他就从根本上丧失了道德原则，也就没有资格做一名新闻工作者，行使一名新闻工作者的权利。

2008年9月11日，《东方早报》A20版以半版篇幅，刊登了一篇题为《甘肃14婴儿同患肾病疑因喝“三鹿”奶粉所致》的长篇报道。报道一经发出，直接导致了三鹿企业的轰然倒塌，报道所引发的调查也牵扯出“伊利”、“蒙牛”等著名国产品牌乳制品中含三聚氰胺的问题，进而在中国的乳品企业，食品行业，乃至整个社会引起了一场前所未有的信任危机。一时，这篇报道的作者，《东方早报》记者简光洲也成为媒体关注的焦点。其实，在简光洲开始关注并调查三鹿问题奶粉之前，湖北、甘肃等地媒体就曾做过关于结石患儿的报道，但这些报道在提到患儿所食奶粉的生产企业时，都三缄其口，未能直接点名而是将其统称为“某企业”。尽管有读者一再要求媒体披露致病奶粉的品牌，但却没有一家媒体愿意公布该企业的名称。于是他走访了甘肃省解放军第一医院，采访了该院的医生和患儿家属，同时又通过朋友找到了此前报道结石患儿的记者进行求证，得知他们所报道的患儿喝的也是三鹿奶粉。在是否公布三鹿问题奶粉的问题上，简光洲也和其他记者一样犹豫过，他明白事件的严重性，毕竟“三鹿”是有着近半个世纪历史的国产老品牌，它所生产的产品不仅占有18%的市场份额，而且还是国家免检产品，“神舟”七号航天员指定专用奶。在“三鹿”负责人信誓

---

① 张国，李建平：《山西矿难发生之后真假记者排队领封口费》，载《中国青年报》，2008-10-27。

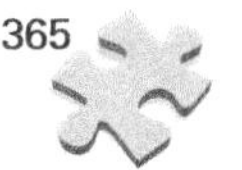

旦旦表明“奶粉没有任何问题”时，他想到自己这篇报道的一个小小错误都有可能对一家优秀的企业带来不必要的麻烦和造成巨大的损失，而自己也有可能会坐上被告席，被扣上打击民族品牌的罪名。但想起年幼的患儿和他们焦急的父母所承受的痛苦，以及不点名可能导致受害者数量的激增，简光洲最终决定在报道中写出三鹿的名字。

在“毒奶粉事件”曝光后，简光洲这个首揭三鹿奶粉事件的记者被舆论称赞是“一个有良知的人”、“一个正义的人”。他也因此获得《新周刊》“2008年中国娇子新锐人物”称号。但他在博客中却这样写道：“我没有丝毫的兴奋，而是有着诸多悲伤(不是悲哀)，是对于一个有着悠久历史的知名企业的社会责任感的丧失，对于国内企业传媒关系上的‘弱智’，对于媒体‘社会良心 ’的失落。”简光洲说：“我不想去指责这些媒体，在生存就有问题的时候，良心的价值几何？”其实，当“毒奶粉”已经成为一场影响广泛的社会公共事件时，人们要关注的远比单纯的食品安全要多得多。

(新浪网新闻中心《直笔“三鹿”第一人》，2008年11月11日08:37)

在经历了“毒奶粉”、“三聚氰胺”事件后，我们更加有感于“媒体是社会良心”这句话的分量和意义。我们也更深刻地认识到：一家有良心的媒体必然是由一群有良心，有担当，有社会责任感的记者支撑起来的。

以上三点是对新闻工作者在政治思想道德方面的基本要求。我们必须意识到，作为一名新闻工作者，自身的道德素质关系到新闻事业的兴衰、存亡，影响到整个社会的一般道德，更关系到整个社会主义事业的发展和进步。因此，新闻工作者在遵守一般政治思想道德的同时，也必须深入学习新闻工作者的职业道德并且严格遵守其中的规定。

二、业务素养

新闻工作者除了要有良好的政治、思想道德素养，还要具备较高的业务素养。关于新闻工作者业务素养方面的要求，民国名记者黄远生有不少独特的见解。他曾在其著作中写道：“调查研究，有种种素养，是谓能想；交游肆应，能深知各方面势力之所存，以时访谈，是谓能奔走；闻一知十，闻此知彼，由显达隐，由旁得通，是谓能听；刻画叙述，不溢不漏。尊重彼此之人格，力守绅士之态度，是谓能写。”①这就是他最著名的“四能”说，即“脑筋能想，腿脚能奔走，耳能听，手能写”。一般说来，新闻工作者的业务素养应包括如下几点：

① 方汉奇：《中国新闻传播史》，169页，北京，中国人民大学出版社，2002。

1. 知识素养

要成为一名优秀的新闻工作者,必须具备丰富的阅历、渊博的学识、超前的观念、思辨的哲理、横溢的才华。其中最基础的便是渊博的学识。有人说新闻无学,但这并不是意味着什么人都可以干新闻。首先,新闻学与很多学科都有着密切的联系。从发生学的角度来看,文学与新闻是很难分离开来的。新闻与新闻活动最初是包含在文学艺术之中的。很多早期的文学艺术作品中就包含着新闻的元素。直到今天,文学艺术也在不断地给予新闻以影响。从总体来说,文学对新闻的影响主要体现在写作形式上。而哲学对新闻也存在着间接性、内在性的影响,它主要作用于新闻工作者的思想意识,在塑造他们的世界观、人生观和价值观方面起着十分重要的作用,它时刻影响着他们的思维方式和方法。心理学对新闻的影响则主要体现在记者采访和新闻接收这一环节上。毫无疑问,掌握心理学原理对于做好新闻宣传工作起着很大的作用。总而言之,新闻工作者,每天要与不同身份、背景的人打交道,把各个领域的最新动态以最快的速度及时报道出来,传达给受众,这就要求他们必须具备广博的知识。试想他们如果对要报道的题材没有一个较全面的了解,那么毋庸置疑,他们是无法把事情讲述清楚的,而这样做出来的新闻也只会使人一知半解,更有可能误导群众,引发社会问题。其次,较高的知识修养有助于有效地打开采访通道。如果记者对受访者所从事的行业、专业没有基本的了解的话,这很容易使对方在心理上产生“话不投机半句多”的想法,其结果必然直接导致新闻质量大打折扣。但如果记者知识丰富,能够就某一领域的问题和受访者畅通交流,那么受访者自然会有“酒逢知己千杯少”、“相见恨晚”的感觉,也会更加愿意将自己的经历和想法拿出来分享。

然而,在现实生活中,我们看到的由于新闻工作者相关知识的缺乏而引发的闹剧的确有不少。

2007 年春季,有记者乔装成患者,将事先准备好的茶水充当尿液送到杭州的 10 家医院进行检测,结果 10 家医院中的 6 家检测出茶水有炎症,记者由此判断这些医院医风不谨,大有揭露医疗黑幕之势。3 月 19 日,这名中新社浙江分社的记者将一条题为《记者用茶水冒充尿液送医院化验结论称发炎》的消息刊发在中国新闻网上。消息一出,立刻引发巨大反响。由此人们纷纷控诉医院不负责任、缺乏医德的行为,而医生们也纷纷为自己叫屈。一时间,医患矛盾呈现出激化之势。然而,医生在诊断尿液感染时主要是参考病人主诉、体征等因素进行的,所以当记者告诉医生自己“尿痛”的时候,即使尿检异常不够诊断标准,医生在排除其他原因情况下仍可予以治疗。在医生们看来,相信患者所陈述的痛苦的切实存在是理所当然的,谁都不会去设想患者送来的小便标本不是小便。医疗机构的检验是针对比较有特有指向的检验品来测试,而有一些标本只通过设备本身进行检测。如果是设计为对尿液进行检验的仪器,那么这个仪器是没有鉴定标本是否为尿液的程序的,也就是说,即使放进去接受检验的标本是茶水,它就会直接把它作为尿液来

化验。提供的监测样品里面，只要有一些物质和尿液中可能检出的物质有相似情况，仪器就会出诊断结果，比如白细胞、红细胞、胆红素这些物质就都是由机器来自动识别的。所以"茶水发炎"这一事情并不能上升到医生医德的高度，最多只能说明医疗仪器本身在检测环节所存在的漏洞，这就让人们对记者以这种方式采访的用心和他们的知识素养产生了质疑。

这个案例给我们以这样的启示：一个合格的新闻工作者应该是一名学者、一名杂家，他应该上通天文，下知地理，博古通今，晓中通外。他不仅应对社会科学、自然科学都有所涉猎，还应对风土人情，民俗俚趣具备一定的认识。

此外，除了广博的知识，新闻工作者还应当对某一行业或某一领域有更精深的研究。比如做经济新闻的新闻工作者，他们除了要学习、掌握社会主义经济建设的理论与政策，还要注意经济学的最新发展动态，及时更新经济知识和观念，建立起系统的学科知识，对于与经济学相关的金融学、会计学、营销学、统计学也要有所了解，以适应当今形势的需要。另外，做体育新闻所要求的技术含量也是比较高的，因此体育新闻要做出深度，记者首先就不能光报道比赛的结果，或是哪个项目的世界纪录被哪名运动员打破，而要更多地关注运动员、教练员以及比赛项目的情况。如果做得专，还能在一定程度上提高我国预测性报道的准确性。体育评论人员在专业知识方面应具备的素质要求就更高了，因为大多数体育评论人员都需要对体育赛事进行实况解说，如果没有深厚的体育知识功底、灵活的思维和良好的语言表达能力是无法胜任体育赛事评论工作的。

在我国众多体育新闻工作者当中，宋世雄老师一度代表了中国体育的声音和中国的强音。他从1960年起就开始担任中央人民广播电台的体育记者、中央电视台的体育评论员。曾报道过中国女排荣获"五连冠"的盛况。

宋世雄老师体育知识渊博，转播技艺精湛，他认为电视实况转播解说是由评说运动风格和技艺、叙述赛况，讲解规则和知识、介绍背景材料等几个部分组成的。他在长达40余年的评论生涯中，除转播亚运会、奥运会、全运会等综合性运动会外，还转播了足球、乒乓球、篮球、羽毛球、网球、冰球、田径、游泳、体操、举重、武术等单项世界赛事。而他的解说不仅在国内外享有盛誉，更是形成了一种独具特色的体育评论风格。因此，他在1995年被美国广播电视体育主持人协会评为"最佳国际广播电视体育节目主持人"，这也意味着他由此成为第一位获此殊荣的中国人。①

2. 新闻敏感

所谓新闻敏感，通常是指新闻工作者及时识别新近发生的事实是否具有新闻价值的

① http://baike.baidu.com/view/311654.htm。

能力。即指新闻工作者通过感官和思维对新闻人物、新闻事件、新闻事实所蕴涵的新闻价值的敏锐感知能力，新闻敏感的核心是政治敏感。西方新闻界通常称之为新闻嗅觉，或“新闻鼻”。新闻工作者从事的是一项特殊的职业，它要求从业者必须眼观八方，耳听四方，随时随地地关注社会动态、洞察世事，在纷繁复杂的大量新闻事实中去粗取精，将最具代表性，最有价值的新闻事实传递给受众。因此，新闻敏感是新闻工作者做好他们工作的必备法宝。它是对新闻工作者综合素质的一种检验，直接影响着新闻报道的质量。

具体说来，新闻敏感的内涵包括如下几点：

第一，迅速判断某一新闻事实对当前工作的指导意义。这是指记者的政治敏感，也是新闻敏感的核心内容。新闻工作者要像政治家那样具备政治上的敏感性。判断新闻事实有无价值时，首先应从政治上着手，应将他们马上同党和政府的中心工作联系。放眼整个社会发展的大局，以辩证的思维衡量它是否符合党性原则，符合人民的利益原则，判断其对当前工作的发展和当前形势有何积极、重要的意义。目前，我们社会主义建设的主题是全党全国人民构建和谐社会，而我们新闻工作者就应该充当和谐社会的积极宣传者，社会转型的大力推动者。以政治家的眼光和态度认识、思索问题，化解各类矛盾，来增强构建和谐社会的凝聚力。

2007 年 6 月 25 日，胡锦涛总书记身着简装在中央党校省部级干部进修班发表重要讲话，出席会议的其他中央领导同志也都身穿简装。作者敏感地发现了这一偶然现象背后蕴涵的新闻价值，迅速以此为题材写下《中央领导着简装的表率意义》的评论，倡议以中央领导同志为榜样，共同为节约能源努力。

文章发表后，引起了广泛的社会反响和普遍的好评，得到了中央领导同志的高度评价和广大读者的肯定。中央主要领导同志在一次高层次会议上专门对本文提出表扬，认为文章很好地体现了中央的意图，起到了很好的导向作用。包括新华网、人民网等中央重点网站和搜狐、新浪、雅虎等著名网站在内的近 570 家网站和《党建文汇》、《老年世界》等多家报刊在重要位置、重要版面和重要时段予以转载转播。不少网友留言对文章观点表示赞同，有网友称：从领导着衬衣看到了希望。同时，这篇文章还被评为“第十八届中国新闻奖新闻评论一等奖”。①

第二，迅速判断某一新闻事实能否吸引较多的受众。不管是新闻报道，还是新闻评论，写出来都是要给群众看的。新闻工作者在确定选题，采访报道时理应将读者、观众的喜好考虑进来。因此，迅速判断某一新闻事实能否引起较多受众的兴趣也是新闻工作者

---

① 载新华网，http://news.xinhuanet.com/zgjx/2008-05/20/content_8213499.htm。

应有的新闻敏感。能够吸引较多受众的新闻并不一定非得是猎奇的、耸人听闻的，在我们的日常生活当中就有很多好题材能够吸引并且感动人们。

2008 年 4 月，《瞭望东方周刊》记者孙春龙在以"腾冲远征"为题材深入云南、缅甸等地采访时，意外见到一位二战时流落异乡的中国远征军战士李锡全，他了解到年近九旬的老人当初远赴战场，后因病未能踏上回家的旅程，已经流落在缅甸六十五年。老人的故事引起了孙春龙的兴趣，也深深打动了他。虽然李锡全老人并非记者此行采访的重点，但凭着记者的新闻敏感，也出于记者的良心，孙春龙在结束采访行程后把老人及那些曾为祖国远赴战场而无法回家的老兵们的故事写了下来，并在网络上发表多篇帖子，呼吁爱心人士能够帮助老人完成重回故土的愿望。一时间他的报道和帖子马上在社会上引起很大反响，国内多家媒体也相继对李锡全老人的故事进行报道或转载。在社会各界的共同努力和帮助下，2008 年 10 月 20 日，远征军老兵李锡全终于重返故土湖南省桃源县。当天，在长沙火车站有近两百名普通市民、志愿军、网友自发前往迎接英雄归来。国家主席胡锦涛也托专人为老人颁发了纪念章。

第三，在同一事物的诸多事实中，迅速找出最有新闻价值的新闻事实。常有这样的情况，众多新闻工作者对于同一事物的报道都偏向同质化。在这同质化现象日益严重的今天，如何利用现有资源，做出有价值、有影响力的新闻作品成为广大新闻工作者目前所面临的首要问题。而出精品，就需要我们在同一事物的诸多事实中，迅速找出最有新闻价值的新闻事实。第十八届中国新闻奖获奖作品中就有一篇这样的精品。这则消息是由黑龙江电视台新闻夜航栏目播出的《交警来开会，高速路堵车》。2007 年 8 月 10 日，记者在报道黑龙江和吉林两省交警在高速公路路口收费口开展打击高速公路违法行为专项行动时，发现了堵车现象，因此便一边记录开会过程，一边采访司机们对此事件的感想。因此电视画面中就出现了一边交警热火朝天开会，另一边堵车司机怨声载道的情景，从而揭露了政府机关工作上的形式主义的问题。

第四，透过一般现象挖掘出隐藏着的有价值的新闻事实。我们常说的新闻工作者要能够透过现象看本质，就是指的这一点。现实中有很多新闻是被一般表象，甚至是假象所掩盖的。缺乏新闻敏感的新闻工作者往往对新闻现象缺乏深入的挖掘，因而做出来的新闻常常只是在说明现象，却找不到导致现象的根源，或是片面地报道那些显而易见的正面的东西，为它们大唱赞歌，却看不到那些负面影响和隐患。那些新闻敏感较强的新闻工作者就善于全面地、辩证地分析问题。当然，这种能力也与他们的生活阅历有关系。

2008 年 8 月 1 日，山西娄烦矿难发生后，有消息报道说此次事故死亡人数为 9 人。但网络上惊现一篇帖子声称事故存在瞒报。凭职业直觉，记者孙春龙隐约感到事有蹊跷，因为他知道死亡人数达到 10 人以上的事故就属于重大安全事故，而 9 这个数字太接近了，确实十分可疑。因此，他做出前往当地调查走访的决定，并几经周折终于获得一份遇难者名单。经过对名单真实性的慎重核实后，他在《娄烦：被拖延的真相》中披露这次事故实际死亡人数超过 41 人，而且指出事故性质实质上是重大责任事故。为了给遇难人员讨回公道，将事实更加明朗地公布出来，孙春龙又在其博客上写了《致山西省代省长王君的一封信》，一时间在社会上引起轰动，并且惊动了中央高层。随后中央介入调查，成立了山西娄烦矿难事故调查组，彻查事件真相。最后，调查组核定的遇难者为 44 人，为地方政府通报的 4 倍。

第五，在对事物进展过程充分调查分析的基础上，预见有可能出现的新闻。新闻敏感的预见性表现在新闻工作者在掌握足够的资料和对事物本质有了全面深入的了解后，通过科学地分析，能够较为准确地对事物发展趋势做出判断的能力。这是种见微知著的能力，并不是建立在凭空想象的基础上的，它是新闻工作者长期从事新闻工作积累的经验和智慧的结晶。例如，1930 年初，山西军阀阎锡山以“共商国事”为幌子，将冯玉祥邀请到太原而后将他软禁起来。此时，蒋介石谋划利用阎冯之争，企图联合冯玉祥共同反阎。时任《大公报》总编辑的张季鸾预测太原近期要发生重大新闻，便派记者徐铸成从天津赶赴太原。徐铸成在经过曲折的采访后，证实冯玉祥在陕西潼关已经下达了反蒋动员令。因而在《大公报》上率先作了报道。由此可见，新闻敏感的预见性在重大新闻中所起的作用。

有无新闻敏感对新闻工作者如此重要，那么新闻敏感从何而来呢？新闻敏感又要如何培养呢？加强新闻敏感，最基本也是最重要的一点恐怕要属强化新闻工作者自身的新闻工作责任感了。设想一个新闻工作者连最基本的新闻工作责任感也没有，把自己的职业仅仅当成谋生的工具，不去积极主动地跑新闻，成天坐在办公室里等新闻，有重大新闻发生也只是跟随着其他人的脚步去做新闻，这样的新闻工作者即使有好的题材也做不出令人满意的东西。从事新闻工作，态度问题排在首位，技巧问题排在第二位。我国著名记者范长江，曾在抗战时期多次远赴西北部，考察西北社会历史与现状，报道红军长征的动向。每次采访都要辗转数个地区，花上几个月的时间，才写出了《中国西北角》、《塞上行》等颇具影响力的书。他的政治敏感来源于他强烈的新闻工作责任感和吃苦耐劳的精神。世界著名战地记者阿内特将自己的一生都投入到战争和国际冲突的报道中，他曾经无数次穿梭于越南战争、海湾战争、阿富汗战争以及伊拉克战争的炮火硝烟中，独家采访过萨达姆·侯赛因和本·拉登，曾因公开批评美国的战争立场而在国际上引起轩然大波。阿内特坚持报道越南战争 13 年，曾获普利策、艾美奖等 50 多个新闻奖。阿内特认为尽管战地采访中充满着危险和伤亡，但战地记者也应向士兵为国捐躯一样誓死捍卫事实的真相。人民有权利得知事实真相，而将真相公布于众也正是新闻工作者的责任和使命。除了新闻工作的责任，新闻工作者还能通过怎样的途径提高自己的新闻敏感度呢？

第一，时刻学习党的新政策、新精神，关注政府新举措。我国的新闻媒体是党的耳目

喉舌，党的任何一项新政策、新精神，政府的任何一个举措都需要我们的新闻工作者进行宣传报道，这些政策、举措才能够深入人心，落实到实处，社会主义的精神文明才能得到系统的建设。同样，党的新政策、新精神和新举措也是新闻工作者新闻资源的一个主要来源。新闻工作者们不仅能从中找到好题材，还能找到发现和判别新闻的依据，使自己的"新闻鼻"、"新闻眼"变得敏锐起来。我国新闻界众多老前辈都强调了这点的重要性。穆青说过："记者要善于从政治上考虑问题，要了解国际国内的政治动向，了解全局，站在政治思想斗争的前线，要有高度的政治责任感。"①

第二，注重知识的更新和积累。前面我们已经讲过广博的知识对新闻工作者的重要性。这里我们要讲的主要是知识更新的问题。信息时代，知识的更新周期越来越短，新闻工作者作为传者必须走在时代的前端，及时更新自己的知识结构，勇于接触新鲜事物。因为只有长期积累，才能做到厚积薄发。新的知识和观念与原有的知识的不断摩擦和碰撞总能给新闻工作者带来全新的视角，以更加包容的眼光和态度去观察我们的生活，而不是日复一日地以旧的观点论述老的话题。新闻敏感常常就是在这种开阔、兼容的视角中迸发出来的。

第三，善于立足全局思索问题。要培养新闻敏感，新闻工作者必须立足全局，把各种或无关或有关的事件放到大背景中去观察、思索，从而找出问题的社会根源。

"留守儿童"问题是近年来一个突出的社会问题。随着我国社会政治经济的快速发展，不同地区的经济水平愈加不平衡，使得大批农民进入城市谋生。因此，在广大农村也就随之产生了一个特殊的未成年人群体——农村留守儿童。根据权威调查，中国农村目前"留守儿童"数量超过了 2 300 万人。57.2%的留守儿童是父母一方外出，42.8%的留守儿童是父母同时外出。留守儿童中的 79.7%由爷爷、奶奶或外公、外婆抚养，13%的孩子被托付给亲戚、朋友，7.3%为不确定或无人监护。而在这些孩子当中，有大部分正处于生长发育的关键时期，他们缺少父母情感上的关注和呵护，没有父母在思想认识及价值观念上的引导和帮助，很容易形成孤僻、自卑、情感冷漠，不愿与人交流的个性，影响到他们的心理健康和学习。

近年来，留守儿童的成长受到人们的广泛关注。政府对留守儿童的成长也给予了很高的重视。2007 年，留守儿童议案成了"两会"期间的焦点之一。各级媒体更是深度聚焦他们的生活，纷纷以关注留守儿童为主题制作广播电视节目，撰发评论，反映他们的现实生活和心理状态，呼吁帮助和解决他们的实际困难，为他们的健康成长提供良好的环境。

在众多的新闻报道中，《中国经济时报》的评论《2000 万留守儿童是三农问题显像》，立足于时代大局，深入地分析了我国留守儿童现象，找到它的社会根源——三农问题，引

① 穆青：《穆青论新闻》，90 页，北京，新华出版社，2003。

人深思：

试问，哪家父母不喜欢儿女绕膝？哪个孩子不渴望父母施爱？但是，农民在城镇务工时却不得不抛妻离子。原因自然简单，农民工在城里打工，只能扮演“外乡人”的角色，他们始终难以成为市民一族，因为壁垒森严的户籍制度横亘在面前，这是一道深不可测的鸿沟，只能仰望却无法跨越。社科院学者陆学艺认为，取消户籍差别是解决“三农”问题的基础，只有放开户籍制度才能减少农民。诚然，尽管农民工为城市发展抛尽血汗，但因为始终无法洗刷农民身份的胎记，就永远不可能成为市民，更遑论把子女接到城里，享受天伦之乐。

留守儿童在农村无法接受优质教育，那就随同父母到城里接受教育吧。然而，这只是不切实际的笑谈。《人民日报》曾报道，在北京的300万流动人口中，6～14岁的儿童占3.6%，达10万人，而其入学率仅为12.5%，还有87.5%的孩子望“校”兴叹。难道他们拒绝教育吗？不，是高额的教育费用使他们望而却步。多年以来，城乡分割的义务教育制度，断送了多少孩子的上学梦？又加剧了多少农民工子女留守农村？这无从统计，想必数字惊人。难怪学者宋林飞屡屡呼吁：建议城市教育部门把农民工子女的读书问题真正摆到议事日程上来，不能误人子弟，要对下一代负责。然而，呼吁何时才能成为现实，尚不得而知。

其实，我国农民自古具有安土观念，倘若在农村就能衣食无忧，他们自然不愿背井离乡，因此就淡化农村儿童留守现象。按照国务院研究室副主任李炳坤所说，农民收入存在三大特点：绝对额比较低；城乡居民收入差距过大；农民收入在地区之间很不平衡。试问，在这种情势下，农民又怎能安于固守农村？对此有识之士给出良策，要加快城镇化进程、调整农业结构和大力发展农村非农产业。但扬汤止沸不如釜底抽薪，根本之策还在于从法律上加以保障农民的权益。正如农民企业家孙大午建议，首先要出台《临时乡村法》，（允许）农民自主自愿地选择，自己愿意干什么就干什么，“现在如果只让农民种地，改变不了农民收入少的问题，改变不了农民穷的命运”。只有农民在农村收入有保障，他们的子女才不会饱受离散之苦。

（摘自《中国经济时报》2007年9月13日）

第四，把握“下情”。这里的所谓“下情”就是群众的呼声，现实生活中所出现的问题。新闻工作者必须认识到党的新政策、新精神和政府新举措都是为民所设，所下达的。新闻工作者在传达党和政府的“权为民所用”，“情为民所系”的声音的同时，也要做到深入实际，反映在群众生活中的矛盾、问题，群众对政府工作的看法。把握“下情”与我们所提倡的群众观点、群众路线是一致的。只有充分掌握“下情”，我们的新闻工作者才能将“上

情”即党的新政策、新精神、新举措与实际情况相联系，才能更加敏感地发现问题，为那些问题把脉，然后对症下药提出解决问题的建议，进而使政府和群众达到更好的交流。

新闻敏感并不是一种与生俱来的天赋，也不能是新闻工作者偶尔的灵光乍现。我们可以在书中学到几种加强新闻敏感的方法，但不能妄想光从理论中得到实际技能的提高。种种方法还要靠我们的新闻工作者遵循客观规律在新闻实践中施以运用。新闻敏感是一种经验，它需要我们在平时的实践中日积月累，同时它也是一种思维方式，它需要我们自觉的训练、培养。

3. 新闻实践能力

这里的新闻实践能力，主要指的是新闻工作者以“新闻鼻”、“新闻眼”找到新闻线索后，进而着手对新闻线索进行深挖的调查采访的能力，以及在掌握新闻事实后将其呈现出来的语言能力。

(1) 调查采访的能力

调查采访是新闻工作人员的基本功之一。新闻记者在得到一条新闻线索后，首先要做的事就是核实线索的真实性。判断新闻线索的真实性除了要求记者要有判别是非的头脑外，常常需要记者实地调查进行验证。这样才能在保证新闻的真实性的同时，将新闻事实更加全面地、直观地报道出来。调查采访是要与人打交道的，为了深度挖掘新闻事实，记者不仅要采访新闻事件的当事人，也要采访除当事人之外的知情人。记者在采访当事人或知情人应该站在什么样的角度，采取怎样的态度和口吻，这都是记者采访的艺术。

有“世界第一女记者”、“世界政治采访之母”之称的意大利著名记者法拉奇的采访就以机智、硬朗著称，她的采访案例也被无数本新闻学教材引用。法拉奇一生几乎采访过整个20世纪六七十年代的世界风云人物。在她的采访名单中，有包括巴勒斯坦领导人阿拉法特、利比亚领导人卡扎菲、伊朗最高领袖霍梅尼、美国前国务卿基辛格和我国领导人邓小平等驰骋国际政治舞台的重量级人物。在采访圆滑世故的基辛格时，深谙采访之道的法拉奇，通过细心的观察，恰到好处地抓住了基辛格好胜自负的心理，时而正面突击、时而旁敲侧击，最后以激将法让他在感情冲动下，不经思考便把心底关于“越战”问题的话脱口而出。法拉奇以子之矛，攻子之盾的方法逼得基辛格不得不承认越南战争毫无益处。这次访问不仅使法拉奇名声大噪，也让基辛格为此懊恼不已，将与她的谈话称为“他和新闻界打交道过程中最具灾难性的一次谈话”。

在调查采访遭遇阻碍时，我们的新闻记者在必要的时候可以采取暗访即隐性采访的措施。暗访，指的是新闻记者不公开记者的身份，或公开记者身份但不道出真实采访意图的采访。而目前关于很多重大问题的揭露性新闻都是通过记者的调查暗访揭露出来的。尽管隐性采访常常会引发一系列关于新闻伦理的争论。但作为常规采访手段的补充，它又是在复杂情况下获取真实可靠材料的必要手段。

2002年《焦点访谈》曾播出一期查堵垃圾电脑的节目。记者听说在广东南海的大沥镇有个电脑城，那里的名牌电脑和空调等等电器只卖几百块钱，这使不少贪便宜的人慕名而来，对这种"实惠"的产品趋之若鹜。除此之外，那里的电器还远销到七八个省份。了解到这些情况后，记者赶到大沥镇电脑城一探究竟，但在那种情况下，记者想通过常规采访，必然要受到多方阻力，采访结果极有可能是无功而返。所以，记者决定采取暗访的形式，以从商贩口中探明其中的玄虚。后记者得知这些电器都是从中国台湾、中国香港、日本、美国等地以一万元一吨的价钱买来的垃圾电器。商贩们把这些垃圾电器拆开进行重新拼装，然后用新的外壳包装一番就可以以"物美价廉"为诱饵吸引多方顾客。而这些进口垃圾电器不仅造成了假冒伪劣的盛行，欺骗了广大消费者，还形成了安全隐患，并一度造成环境污染。记者通过暗访收集到了商贩造假的大量证据，曝光了电脑城的真实情况，并且协助了当地警方对该电脑城的整治。

不管是明访还是暗访，做好调查采访既是组成记者日常工作中的一大部分，也是衡量记者业务水平的一大标准。从案例中我们看出暗访可以说也是新闻工作者所必须具备的技能之一。而要做到在防止隐私侵权的条件下，成功取得新闻材料，揭露新闻真相，把握好"度"，更是新闻工作者必修的一门课程。除此之外，一次成功的暗访还需要记者做足哪些准备呢？

首先，暗访记者要有良好的心理素质。记者暗访常常是深入"虎穴"，暗访的环境通常十分隐蔽、复杂，暗访的对象也通常因其从事活动的非法性而具有较高的警惕性。所以，记者只有具备良好的心理素质才能扮演好自己的"角色"，游刃有余地与暗访对象周旋，从而探明事实的真相，掌握到第一手的证据。

其次，暗访记者要对暗访事件或对象收集足够的背景资料。以此来确定自己应该扮演什么样的角色，应该操哪种方言，以怎么的装扮和方式去接近暗访的受访者。例如，为调查山西襄汾溃坝事件，记者孙春龙戴着头盔、穿着迷彩服开车去现场，十几个关卡，被查问的时候，他都说是去跟推土车司机换班，一路都未被察觉。

最后，暗访记者要胆大心细，具备灵活的应变能力。暗访通常具有一定的危险性，如果记者身份暴露将有可能威胁到记者的人身安全。如果暗访记者赶鸭子上架，胆子不大的话，那么他很有可能因为胆怯，导致行为举动不自然而被识破身份，或者是在接近事实真相时放弃继续挖掘，而令采访工作前功尽弃，最终无功而返。暗访记者要更加心细地观察，灵活地应变各种突发情况，以便尽早地引鱼上钩。

(2) 语言呈现能力

新闻实践能力还包括另一个重要方面，那就是新闻工作者驾驭语言的能力。新闻工作者通过调查采访掌握大量情况，然后将手头资料进行梳理，最终要诉诸语言，将调查采访的结果、想要表达的意见等传达出来。良好的语言能力是我们新闻工作者必须具备的基本能力。当然，思维的逻辑性对写出新闻佳作也是十分重要的。只有条理清晰，才能

说清问题,新闻作品才有可读性。还有,新闻语言的通俗化也是很重要的。邹韬奋就把提高人民大众的文化水平、推广大众文化作为报刊的基本任务之一。要做到这点就必须抛弃佶屈聱牙的文字,采用明显畅快的平民式文字,这就所谓新闻语言的通俗化。新闻语言要求通俗的同时也必须规范,报道新闻不仅要注意语法、修辞和逻辑,也不能滥用方言俚语。现在我们经常在报纸、广播、电视的新闻里看到或听到不少网络用语,如"斑竹"、"稀饭"、"灌水"、"河蟹"等。上网的年轻人们很容易就接受了这些词的意思,而那些不上网的人们却被搞得一头雾水,不知所云。新闻工作者的语言首先要做到通俗、规范,才能使新闻达到最佳的传播效果。但做到规范并不意味着排斥一切新的名词,因为有些新名词就代表着一些新技术,如"蓝牙"、"GPS"等。而新闻媒体的教化作用,能让更多的人及时了解这些最新的技术、发明。所以,新闻工作者在写报道、评论时也应该与时俱进,在文字上下工夫使其具有时代信息。另外,新闻工作者必须严格遵守新闻语言准确、明晰、生动的要求。我们常提到新闻语言与文学语言的区别,强调准确性是新闻语言的核心,但我们也提倡新闻工作者们学习文学语言的形象、生动。新闻语言力求客观,但不能刻板,不能流于模式。刻板、缺乏人情味的新闻报道往往给人以命令、说教的感觉。然而,像文学作品中一样优美的语言却给人心灵上的愉悦。我国新闻战线杰出的领导者、当代著名记者穆青同志就曾号召广大新闻工作者,尝试用散文的笔法写新闻。关于散文式新闻,他曾这样说:"现在,有的同志在尝试着用散文的笔法写新闻,我个人是赞成这种尝试的。我觉得,从广义上说,新闻即是散文的一种。因为新闻无非是告诉读者发生了什么事,这件事有什么意义,散文中的叙事文不也是如此吗?既然叙事文可以这样写,也可以那样写,为什么新闻就非受一定的格式束缚不可呢?为什么散文可以有个人的风格,而新闻就只能按照死板的公式去套呢?"[①]"我认为,我们的新闻报道形式和结构,也应向自由的活泼的散文式的方向发展,改变那种沉重的死板的形式,而代之以清新、明快的写法。"[②]而他本人的一些代表性新闻作品的语言也颇具文学味,譬如《为了周总理的嘱托》、《铁人王进喜》、《县委书记的榜样——焦裕禄》、《帆起珠江》等。总之,要获得扎实的语言文字基本功,我们的新闻工作者应该勤思索、勤练笔,学习、琢磨国内外优秀新闻工作者的典范作品,只有不断地在实践中磨炼才能写出好的新闻作品。

新闻工作是神圣而又艰辛的。做一名新闻人是无上光荣的,也是十分艰难的,因为肩上所背负的是党和人民的厚望,所走的是一条探寻真理的路。因此,做一名优秀的新闻人,我们要在反映社会现实,歌颂美好,鞭挞丑恶现象的同时,时刻保持清醒的头脑去审视自己,加强自律,提高思想政治道德方面的觉悟,才能保持公正、客观的态度去为人民服务。与此同时,我们也应该多钻研业务,提高业务素养,才能做到与时俱进,才能更

---

① 穆青:《穆青论新闻》,81页,北京,新华出版社,2003。

② 穆青:《穆青论新闻》,192页,北京,新华出版社,2003。

好地为建设社会主义服务。

第二节　理论工作者的素质

新闻评论人员除了要有新闻人的特质，还应具备理论工作者的素质。理论工作者的素质直接影响着我国物质文明和精神文明的建设。理论工作者的工作为当下党的工作的展开起着重要的作用，为解决人们在实践中所遇到的现实问题提出了方向上的指导，并且不断丰富着人们的精神生活和实践的内容。理论工作者在我们社会发展中扮演着如此至关重大的作用，那么他们应该具备一些怎样的素养呢？

一、理论功底

胡锦涛同志曾在“三个代表”重要思想理论研讨会上，对我国广大理论工作者提出了殷切的希望和要求：“希望广大理论工作者认真学习和宣传‘三个代表’重要思想，认真研究改革开放和现代化建设提出的重大理论和实际问题，在认识世界、传承文明、创新理论、服务社会方面不断做出新的建树。”要做到在理论上有所建树，必须注意以下几点：

1. 以历史的眼光看问题

我们的理论工作者应该以马克思主义唯物史观看问题。唯物主义史观是探索人类历史发展一般规律和特殊规律的科学史观。用历史的眼光看问题，要做到以下几点：

第一，要承认历史，尊重历史，认为社会必然是一个连续不断的发展过程。尊重历史，即以正确的态度对待历史，我们不仅应该承认历史的真相，承认先人的功业和成果，也应该承认曾经的错误，并从中吸取教训。比如如何看待“大跃进”，如何看待“文革”十年动乱的问题。在新中国成立初期，我国曾在如何建立社会主义的问题上出现过重大错误，是当时思想上的混乱和对马克思唯物史观的曲解造成了那一桩桩历史的悲剧，使社会主义建设一度偏离了正常轨道，也使新闻事业遭受重创，严重影响了学术文化研究的正常发展。在全面建设小康社会，构建和谐社会的新时期，我们理论工作者不仅要吸收先人的功业和成果，为社会主义现代化建设汲取养分，更应该时刻保持清醒的头脑，不回避过去的错误，坚持真理，以历史的眼光看待问题，从而正确地分析社会问题，提出解决方案，促进社会的安定和经济社会的健康持续发展。

第二，联系历史来观察和分析问题。准确地判断形势，有针对性的开展工作。帮助群众树立正确的观念，端正对党和社会主义的认识；批判落后的思想观念，通过理论的逻辑力量和真理的权威力量，在最大限度上减小它们的消极影响。

第三，有选择地继承和发展历史。这与坚持实事求是，以唯物辩证法看问题的观点

是紧紧联系在一起的。

中华书局出版的《于丹〈论语〉心得》自2006年11月26日上市以来，已经创造了一系列纪录：

2006年11月26日，中关村图书大厦新书首发式暨签售仪式上，当天店面零售13 600余册，于丹签售10 600册，创下新中国图书史上单店单品种零售和现场签售的新纪录。

自2006年11月到2007年1月底，共在上海、南京、杭州、广州、天津、石家庄、沈阳、西安等地签售18场，签售3.6万册，举办讲座和较正式的读者见面会8场，走过15座城市，当地媒体高度关注，读者热烈欢迎，出现了很多感人的事情。

从2006年11月图书首发以来，截至2007年2月5日，销售量已达到230万册，在如此短的时期内达到如此销售量的大众图书，几乎是一个奇迹；书一经上市，一直居于各地书店销售排行榜的榜首。

中华书局在天津、廊坊等北京周边地区进行图书的宣传活动，其间特别策划了国学专家叶嘉莹女士与于丹见面。两个致力于中华传统文化传播的杰出女性探讨学问，互赠礼物，场面十分感人。

…………

一位80多岁的老者曾拉着于丹的手，激动地说："感谢你把孔子给中国人找回来了。"一个14岁的孩子说："谢谢于老师，你让我知道圣贤说的不是废话。"十几岁的孩子正处于青春期，思想往往逆反，他们认为很多大人说的话都是废话，不值得一听，但是他觉得孔子的话说到了他的心里，不是废话。这就说明，于丹把覆盖在《论语》上的历史的学术的硬壳儿轻轻揭开了，呈现给大家的是一个最直接、真实、朴素的真理。真理是可以进入人们的心里的。

（《人民日报》2007年2月11日）

在中国历史上，曾屡次出现批判孔子思想的热潮，在新文化运动和"文革"中，孔子也一度被"鬼化"。而今天，我们又重新学习孔孟之道，学习儒家文化。这是因为在新文化运动中批孔就是反对封建专制，反对封建迷信和愚昧思想，反对复辟帝制。而在"文革"期间，林彪集团和四人帮则借批孔之名，其醉翁之意在于借机篡党夺权。我们知道在新文化运动中，鲁迅曾撰文批评封建礼教，他所写的《孔乙已》等作品就一针见血地批判了封建思想对旧社会人们的毒害。但他也清醒地看到孔子思想中积极的、具有远见智慧的元素。鲁迅对孔子思想和人格的肯定和认同与他对当时为统治阶级所利用的儒家传统中虚伪道德的否定和批判是并行不悖的。而我们今天学习孔子，是学习孔子所提倡的做人、处世和治学之道。学者于丹所著《于丹〈论语〉心得》的轰动一时，正是我们有选择地继承和发展历史，发扬中华文化之精髓的有力证明。

因此，一名优秀的理论工作者，特别是宣传理论工作者，应该认清历史形势，以历史的眼光认识世界，传承文明。

2. 以宏观的眼光看问题

辩证唯物主义认为，正确处理好全局与局部，也就是整体与部分的关系，对于科学地认识世界和改造世界具有重要意义。而我们的理论工作者也应该立足于建设社会主义和谐社会这个大局，以宏观的眼光看问题。

以宏观的眼光看问题，包含两个方面的意义。一方面，要从我国整体的国情入手，将马克思重要理论与我国实际情况相结合来探讨各种问题。另一方面，要从决定全局的重大问题上着手以寻找解决各种问题的指导思想和途径。而我国理论工作者现在的首要任务，就是要认真研究和揭示中国特色社会主义建设的规律，研究和回答我国改革开放和现代化建设提出的重大理论和实际问题。那么，这对宣传理论工作者又有何启示呢？我们先来看看几位领导人是怎样以宏观的眼光看待新闻事业的。

邓小平新闻思想的一个重要特点就是从阐明重大问题入手，这为新闻宣传的健康发展奠定了坚实的基础。他阐明了以下四个重大问题：一是四项基本原则问题；二是安定团结问题；三是解放思想、实事求是问题；四是反对党内错误思想倾向问题。邓小平对这四大问题的论述，对新闻宣传工作者起到了直接的指导作用。倘若没有从理论上阐明这一系列决定全局的重大问题，新闻事业就会失去健康发展的基本条件。

当前，我国新闻事业方面的重大问题集中地表现在新闻传媒的集团化问题、新闻工作的机制问题和新闻队伍的建设问题上。对于新闻工作的机制问题，早在1956年，刘少奇就提出了新闻传媒之间“搞自由竞争”的见解，他的思路是新闻媒体应该引入自由竞争的机制，那些在竞争中办得好的新闻传媒继续生存，而办得不好的就被淘汰。虽然这一思路在当时的条件下没有受到重视，但事实证明了这一思路是正确的，值得尝试的。

1996年1月2日，江泽民在接见解放军报社师级以上的干部时，发表讲话指出：“办好《解放军报》，需要一支政治强、业务精、纪律严、作风正的新闻队伍。”1996年9月26日，江泽民在视察人民日报社时又指出：“要打好理论路线根底、政策法纪根底、群众观点根底、艰苦奋斗根底；具备敬业的作风、严禁细致的作风、勇于创新的作风。”

作为新中国的第三代领导人，江泽民对新闻队伍建设问题的系统思想，是对毛泽东、刘少奇、邓小平关于新闻队伍建设思想的总结和发展。他以宏观的眼光论述了新闻事业建设发展中最核心的问题之一，为新闻工作者提出了明确的要求。也为广大理论工作者们以宏观的眼光看问题，抓重点问题，抓重点问题的核心方面指明了方向。

这也让我们看到：身处新时期的理论工作者必须胸怀全局的观点，只有用宏观的眼光看待问题，把握好整体和问题发展的总趋势，才能促进局部的发展。

3. 以发展的眼光看问题

改革开放以后,最早恢复刊登商业性广告的新闻传媒是上海的《解放日报》和上海电视台。1979 年 1 月 28 日,《解放日报》为了弥补春节期间没有照例缩减版面所带来的损失,在二、三版的下端刊登了两条通栏广告。上海电视台播放的广告则是童涵春药店的商品广告。在同年 3 月上海电视台又播出了一条外商广告。4 月中旬,《人民日报》也刊出了商业广告。5 月 14 日,中宣部发文至上海市委宣传部,肯定了恢复广告的做法。据有关统计,1983 年报业广告收入平均占报业收入的 10.8%,1987 年占 25.6%,1992 年占 34.1%,1993 年占 42.5%,1997 年占 60.3%,1998 年占 61.5%。①

以上案例中的数据显示了我国改革开放后商业广告迅速发展的过程,同时更印证了世界上万事万物处于不断变化发展的这一观点。在过去,报纸刊登广告被视为是资产阶级的腐朽特征,而改革开放后,人们用发展的眼光看待广告,认识到它对我们搞活媒体经济的重要性。唯物辩证法告诉我们,整个世界,从自然界到人类社会再到人的认识都是个永恒发展的过程。那么,作为一名理论工作者,应该以怎样的态度来看待变化中的事物呢？我们先来看看小平同志新闻思想的发展。

战争年代,邓小平曾明确指出:“文化工作服从于政治任务。”这一时期的宣传工作的目的是争取抗日战争和国内革命的胜利,所以他的宣传思想是报刊工作要为实现党的政治目标而服务。新中国成立后,对马克思主义的曲解使我国的社会主义建设在“大跃进”、“文化大革命”等运动中受到严重创伤。而党的十一届三中全会后,邓小平果断地废除了“以阶级斗争为纲”的口号,破除了“两个凡是”的迷信,还毛泽东思想的本来面目,为中国特色的社会主义现代化建设创造了良好的舆论环境。他要求我们的新闻宣传者要把改革开放中的新情况和新问题告诉群众,让人们对此有足够的思想准备,并且将眼光放在引导新闻改革的不断深化上。他就是在以发展的眼光指导我党的工作,使我国进入了以经济建设为中心,新闻工作配合、宣传经济建设的时代。这让我们看到邓小平的理论构想是时代发展进步轨迹的体现,也是他本人以发展的目光看问题,高瞻远瞩的有力体现。

社会在不断地发展,人类社会在文明的传承和发展中进步。这就要求我们的理论工作者也应站在时代的制高点,在思想和行动上与中央保持一致,将敏感的触角伸向社会的各个角落,用发展的眼光看问题。试想,如果总是用停滞的眼光看问题,理论工作者又怎么能承担起宣传教育的责任,怎么能把理论知识对普通群众讲明白,使群众听得懂并且接受理论知识,从而从中受到启迪？如果缺少发展的眼光,理论工作者怎么能承担其

---

① 丁柏铨:《中国新闻理论体系研究》,北京,新华出版社,2002。

继承和发展的责任，把过去的理论思想与新的历史条件相结合并对其进行再创造，怎么能在新社会建设中发挥应该发挥的积极作用？所以，时代对我们的理论工作者提出了与时俱进，以发展的眼光看问题的要求。理论工作者也只有在这种观点中不断地加强自身的理论修养，才能正确引导人民的学习和工作。

二、实践与创新能力

唯物主义辩证法告诉我们实践活动是具体的，实践要求直接指导它的理论必须具有相应的具体性。这也意味着如果不规定其具体历史条件下的具体内容，不具体探讨实践的途径和方法，人的全面发展的理论是无法付诸实践的。

理论工作者要有深厚的理论功底，高屋建瓴地为实践工作提出理论上的支持，这意味着他们必须顺应时代的潮流，坚持理论创新以指导实践。而要高屋建瓴，与时俱进，这对我们的理论工作者又提出了不断实践和创新的新要求。

中国共产党几代领导人的理论创新就为广大理论工作者提供了理论创新的光辉典范。毛泽东思想把马克思列宁主义的思想原理同中国革命的具体实践相结合，它是马克思列宁主义在中国的运用和发展。它的内容是具体的，在它指导下共产党人克服党内的右倾投降主义和“左”的冒险主义，打败了日本侵略者，建立了新中国，并在新中国成立后领导全国人民完成了从新民主主义到社会主义的过渡。毛泽东思想成功地指导了实践，而实践也证明了它是关于中国革命和建设的正确的理论原则。而后来在和平与发展成为当代世界两大主题的历史条件下，邓小平理论又适时地诞生了，邓小平理论是立足于实践的一次伟大的理论创新，它以改革开放和社会主义现代化建设的实践为基础，第一次系统地回答了中国这样一个经济文化比较落后的国家如何建设社会主义、如何巩固和发展社会主义的一系列基本问题。“三个代表”、科学发展观也都是我们党的领导人顺应时代发展的特征和现实社会中存在的矛盾、问题而提出的。作为党的集体结晶的这些思想、方针、政策和路线正印证了理论和实践的紧密联系，对我们广大理论工作者也起到了示范、启迪的作用。几代领导人的理论创新为现在的理论工作者提供了宝贵的经验和思路。优秀的理论工作者要有战略家的气魄和眼光，抓住理论创新的切入点，才能立足于实践进行理论创新。

同时，理论工作者们还要切忌脱离实际、闭门造车的理论创新。理论脱离实际，必将导致无的放矢，言之无物，创造出一些晦涩难懂，不仅不能解决任何实际问题的理论和观点，还可能在一定程度上混淆视听，造成人们思想上的混沌和困惑，进而阻碍了实际问题的解决。然而，不同于实践工作者，理论工作者进行实地考察，科学实践的机会毕竟有限，那么他们的实践能力主要体现在哪里呢？理论工作者的实践能力主要体现在针对实际问题，有的放矢地运用定量、定性、比较、实验、个案研究等科学的研究方法进行分析；

体现在广泛地联系群众，倾听他们的心声，了解他们的想法，为解决群众的实际问题而思索。下面我们再进一步对理论创新的方法和要求进行探讨。

1. 坚持、继承与发展

前面我们已经讨论过理论工作者积累深厚的理论功底必须要有历史和发展的眼光。要进行理论创新，理论工作们必须要坚持、继承和发扬，而要辨清什么是应该坚持的、继承的，什么是需要“取其精华，去其糟粕”地发展的，同样也需要他们用历史和发展的眼光看问题。江泽民曾说过：“理论创新，就是要使我们党的基本理论在继承的基础上不断吸取新的实践经验、新的思想而发展。”任何一种理论创新都不能割断历史，也不能与时代发展相隔离。在这里，我们要坚持的是正确的政治方向和强烈的社会责任感。坚持、继承和发展马克思列宁主义、毛泽东思想、邓小平理论及“三个代表”的重要思想。坚持、继承优秀传统的同时，也要与时俱进地对其进行发展和发扬。

2. 立足本国实际，向世界学习

理论创新要立足本国实际，也离不开对各种先进文化、各国先进理论成果的吸纳和学习。一味的故步自封，闭关自守将会使我们的思想越来越狭隘，在这种情况下又谈何创新和发展？历史上，我们的民族曾经饱受闭关自守，盲目排外所带来的创伤，也曾经历过在过度保守后打开国门，对外交流所带来的强烈的冲击。在信息高度发达、全球经济一体化的今天，我们能接触到各种大量的世界文化和思潮。这意味着我们既面临着向西方学习，取经的机会，也面临着前所未有的巨大挑战。在这种情况下，理论工作者应该把现实的中国社会作为自己的立足点、出发点和归宿点，进行国际间的学术交流，吸取先进外来文化的精髓来为本国服务。对于各种外来文化和思潮要利用要做到“为我所用”，避免盲目崇拜西方资产阶级的某些哲学和社会学说，抵制西方超级大国的意识侵略。绝不能让西方文化和思潮中消极的因素影响和干扰我们理论工作者的理论创新工作。

3. 不断提高自身思想道德素质

理论创新的成果不仅是理论工作者智慧的结晶，也体现着他们的思想道德情操。理论工作者的思想道德素质如何，不但决定他们能否顺利开展工作，得到广泛的信任和支持，也会在一定程度上影响党的思想理论工作在人民群众中的说服力、感召力。

方永刚，一名普通的政治教员，一名优秀的理论工作者，无时无刻不以他真学、真信、真情传播、真诚实践党的理论的精神打动着人们。即使是在身患绝症晚期的最后时刻，他也依旧把自己对生命的全部热望托付给伴随他多年的三尺讲台。

中央电视台评论《学习方永刚》是这样评价方永刚的：

学习方永刚[①]

理论教学与研究的前沿地带，方永刚是一颗星，一团火，20多年的教师生涯，他以生命燃烧的代价奋力耕耘三尺讲台，真学、真信、真情传播并真诚实践党的创新理论，成就之丰令人惊讶，而不知疲倦、不顾生死的投入状态，更让人叹为观止。

作为一名普通的理论教员，方永刚的灼人热情从哪里来，党的创新理论的巨大魅力是不竭之源，遍阅中外历史，政治兴衰、国家兴亡和民族续绝，很大程度上取决于理论思维，理论新则方向明，人心顺则事业成，正反两方面的例证，比比皆是。而在形势多变，社会转型的变革时期，指导理论的适时更新更具有决定性意义。

几十年领导中国革命和建设的过程中，中国共产党始终重视理论创造，马克思主义中国化的成果接连不断，新时期渐次形成的邓小平理论，"三个代表"重要思想和科学发展观等伟大创造，深刻揭示了新阶段时代发展、社会进步的客观规律，是治国理政的根本方针，武装全党、凝聚民心的力量之源。其对国家富强、民族振兴和执政党自身建设的价值，无论怎样估计都不过分。

立志报国的方永刚在长期的理论研究中，被深深折服了。职业性学习研究变为由衷的信服再变为不容置疑的信仰，对他的研究与传播，则从有趣到痴迷再到自觉。当职业性行为升华为神圣的使命，方永刚的激情闸门便彻底打开并永远定格。于是，我们看到了面对生死仍然从容执教的方永刚，看到了一位备受煎熬却永不言悔的奉献者。

方永刚用自己的经历证明了一个道理，先进性品格首先来自一个科学的信仰，保持和发展先进性，无疑要把党的创新性理论武装放在突出位置。基础是学习，核心是信仰，关键是践行共产党尤其要走在前面。

方永刚的可贵之处还在于他知行统一的务实精神。教学研究之余，他为官员和群众做报告一千多场，所到之处往往掌声不绝，深厚的学养和高超的演说技巧固然是成功的重要条件，但更重要的是他为党分忧，为民解困的赤子情怀。为了消除百姓误解，让人民群众自觉拥护党的方针政策，方永刚了解民情、民意的调研工作从未间断，讲课的针对性和说服力是公认的。他听不得对大是大非的不负责的评论，看不得伤害群众感情的行为，始终把化解群众疑问，拉近党群关系看做义不容辞。这背后是优秀党员的忠诚和职责，是马克思主义理论规律者的时间性追求，学习方永刚对忠诚和职责这样的基本要求，每一位共产党员

① 中广网 2007-7-20，http://www.cnr.cn/tfmb/fyg/zyxw/200704/t20070406_504436369.html。

都应该三省自身。

方永刚这样高尚的思想境界不仅为他赢得了全国人民的尊重，也为广大的理论工作者树立了学习的榜样。我们的理论工作者只有不断提高自身思想道德素质，才能不辜负党和人民的重望，加快做好理论创新工作。

三、新闻理论工作者必须具备的素质

以上对理论工作者素质要求的论述，也在该怎么开展工作，以怎样的思想、心态开展新闻理论的研究工作等问题上，给予我们的新闻理论工作者以新的启示。

作为理论工作者的一员，新闻理论工作者首先要以方永刚同志为楷模，坚持正确的政治方向和强烈的社会责任感，坚持辩证唯物的思想方法，以求真务实的精神，高尚的思想道德素质，做好新闻理论创新的工作，来指导我们的新闻实践活动。其次，新闻理论工作者要抓住新闻工作的特殊性。要有学科交叉意识，吸纳新鲜内容，运用横向分析比较、纵向考察等科学研究方法，加强联系实践来做好新闻理论工作。

具有学科交叉意识要求新闻理论工作者能够充分认识到新闻学学科的特点，以更开放、发展的眼光吸收其他相关学科内容，从而不断完善新闻学科的建设。吸收新鲜内容的需求，这是由多年来我国在新闻体系所经历的历史变革和由新媒体技术的崛起与发展所形成的媒介生存体系决定的。目前，我国各大媒体群雄割据，实力雄厚的外媒也开始进驻中国市场，欲与国内媒体争夺媒介市场，这使我国新闻体系的生存环境发生了巨大的改变，也意味着中国的媒介市场即将迎来一场前所未有的革命。同时网络媒体的迅速崛起也对我国媒介市场和整个新闻理论体系发出了强有力的冲击。时局在不断地变化，而每一次规模不等的变动都在扩大新闻理论工作者的研究范围，延伸他们的视线，也给他们增加了需要研究的新的现象和内容。因此，新闻理论要创新，新闻工作者就必须要有积极地吸纳新鲜内容的意识。

横向分析比较、纵向考察是开展理论研究的主要方法，新闻理论工作者横向分析比较，主要是在明确我国新闻事业自我定位的基础上，学习借鉴西方新闻事业经营的成功经验。在明确我国新闻理论系统的指导思想的同时，吸收西方新闻理论中正确的、能为我所用的思想。例如，我们以前研究西方新闻思潮中的“客观报道说”和“解释性报道说”的优缺点，来探讨我国作为党的喉舌的新闻媒体应该怎样看待新闻的客观性问题。我们现在很多新闻理论工作者研究西方超级新闻集团的运作模式，来思考我国新闻传媒应该怎样集团化，从而建立世界级的有中国特色的新闻集团。早在20世纪80年代，新闻理论工作者们运用横向分析比较的方法，开始探究我国新闻传媒市场化的问题，由此得出我国新闻传媒应该“两个轮子一起转”的理论，进而又就怎样把握“两个轮子一起转”等问题取得了一定的理论创新，而这些借他山之石进行再创造的理论创新指导了我国新闻媒介的体制改革，并取得了一定的成果。

纵向考察也就是新闻理论研究者要历史地、发展地看待问题。通过回顾历史，继承前人的正确的理论成果，反思曾经的错误和曾走过的弯路来把握新闻事业的正确的发展趋势和规矩，梳理出真理的东西来发展现实，这与理论联系实际也是紧紧相连的。

第三节 其他涵养

在上两节中，我们已经详细论述了作为社会主义国家新闻工作者和理论工作者所应该具备的素质。但因为新闻评论工作的重要性和其特殊的性质，新闻评论人员除了要兼具广大新闻人的特质和理论工作者的素质外，还应具备更加综合的素质、涵养。在这一节中，我们将进一步探讨这个问题。

一、反映舆论、影响舆论和引导舆论的理性

新闻评论人员要具有引导舆论的理性，这是他们社会责任感和历史使命感的高度体现。我们知道引导舆论是新闻工作的一大重要社会功能。而在新闻工作中，新闻评论又担任着引导舆论的主要任务和责任。它具有极其鲜明的立场性，对构建我国和谐社会起着举足轻重的作用。1996年9月26日，江泽民在视察人民日报社时，发表重要讲话指出："舆论导向正确是党和人民之福，舆论导向错误是党和人民之祸。"《人民日报》创刊60周年之际，胡锦涛又前往人民日报社考察工作并发表了"舆论引导正确，利党利国利民；舆论引导错误，误党误国误民"的言论。新闻评论工作正是要褒美贬丑，伸张正义，以正确的舆论引导人，以高尚的情操塑造人，以优秀的作品鼓舞人。避免偏激，理性地引导舆论便是所有新闻评论人员必须重视并且坚持的原则。

德国传播学家伊丽莎白·诺埃勒·诺依曼在20世纪70年代提出了一种描述舆论形成的理论假设——"沉默的螺旋"。它基于心理学、大众传播学和社会学，提供了一种考虑问题的视角：舆论的形成不一定是社会公众"理性讨论"的结果，而可能是对"强势"意见的趋同后的结果。然而，"强势意见"所强调的又不一定是真理。面对"多数"意见不同的时候，公众的少数有可能屈于"优势意见"的压力，而造成"优势意见"一方声势的强大，而与此不同的意见却趋于沉默。因此，新闻评论人员在评论事实，为媒体立言时要理性，尤其是在是非问题、敏感问题、复杂问题上，不能一时意气用事，任凭情感支配自己的言论极有可能误导群众。尤其是在敏感的复杂问题上，群众往往无法看到事情的多面性，从而使社会言论趋向"一边倒"。在这种情况下，如果新闻评论人员不能理性地引导舆论，这无疑将对错误的思想、偏颇的言论起到助推作用，进一步助长社会矛盾，影响到

整个社会的和谐发展。

"5·12"汶川大地震后的捐款风波就是体现新闻评论者理性看待问题重要性的很好的例子。"5·12"地震后，全国人民迅速投入到抗震救灾的工作当中。其中，一部分群众志愿加入到抗震救灾的队伍当中，赴四川受灾严重的各地区参与救援和灾后重建工作。大部分群众则纷纷解囊，积极地为灾区重建捐款。与此同时，各地富豪们为灾区捐款数额也引起人们的广泛关注。地震当天，国内房地产巨头万科公司对灾区捐赠200万元，随即便引起广大网友的争议。面对外界争议，万科公司总裁发表博客回应到"200万是个适当的数额"、"万科普通员工的捐款以10元为限"、"企业的捐款活动应该是可持续，而不应成为负担"。王石的此番言论立刻激起千层浪，遭到网友的指责，从而引发了万科和王石的"捐款门"事件。在国内知名网络论坛"天涯"上就有网友以极其讽刺的语言批评王石《向我们全中国最伟大的企业家、慈善家王石致敬》。QQ群里也有网友号召集团抵制万科的呼声"坚决不买万科的房子!""我们交了订金，现在要退房!"。还有网友发布了一封题为《王石不管你征服了多少座高峰，你的心灵却高不过一座坟头》的帖子，将王石在自己登山爱好上所花钱的数目与此次捐款的数目作对比，严厉考问王石。而在王石为地震灾区追加捐款到1亿数额时，并向公众道歉说明"当时不了解汶川地震的严重性"时，众网友也没有轻易放过他，扬言"王石！忏悔无门!"，并且质疑他追加捐款和道歉的真正用意。于是网络上又出现了"揭黑幕"的帖子《万科捐款一亿的背后》、《万科走高层路线成功了，建设部领导让万科负责灾后重建工作》。与万科和王石的遭遇不同的是，网友们对那些反应迅速，慷慨解囊的国内企业则表示了一致的感激和赞扬，他们根据企业捐款数额做成了捐款排行榜，并号召"以后喝王老吉，存钱到工商，还是用移动，买电器到苏宁，买保险选平安，喝白酒喝泸州老窖，DVD买步步高，买药修正牌，上网用QQ，运动服装买李宁，电脑买联想，洗衣机买海尔，空调买美的，开车开比亚迪……"①

网友们这一系列针对万科和王石的口诛笔伐在当时引起了更多群众的呼应，国内言论也由此出现了一边倒的倾向。很多人都认为国家有难，连那些生活在社会最底层的穷人们，甚至是以乞讨为生的乞丐们都能尽最大努力帮助灾区重建，而房地产业作为一个公认的暴利行业，表现出与行业利润成正比的爱国之情也应该是理所当然的事情，绝大多数富人们赚钱不费吹灰之力却不懂得回馈社会的举动实在是太令人反感了。其实，网友们的愤怒不是完全没有道理的无事生非，但他们的行为也确实过于偏激，他们不仅顷刻间把一个人说成了千古罪人，还用一些不堪入耳的语言咒骂他的家人、父母。这种非理性的行为是不应该的，也体现出不少人狭隘的胸襟。如果在这种情况下媒体不发出理性的声音，反而搅和在这场声势浩大的批斗活动中，就很有可能导致一些本来就有仇富心态的人们走向极端，进一步激发本来存在的矛盾。因此，我们的新闻评论人员应该代

---

① 百度贴吧，2008-05-21，12:52，http://tieba.baidu.com/f? kz=384477460。

表媒体发出理性的声音，站在客观中立的角度，帮助减小、消除无谓的争论，既维护人的尊严也尊重人们的言论自由权。对此，《人民日报》评论员发表了《捐款莫搞排行榜》的评论文章，解释道“一个简单的捐款排行榜，难以全面而真实地反映爱心盛举”。著名杂文家鄢烈山在他的评论《莫拿“社会责任”强制他人捐款》中这样写道：“慈善捐赠本来是一种道德自觉，‘社会责任’之类高调只可责之于己，不可强求于人。不同的个人，不仅经济能力有大小之分，对社会的认知和行为方式也各不相同。你可以做道德呼吁，却不可做道德督察，指责这个少了指责那个慢了。不然，就是在‘爱国’的旗号下，对他人自由和权利的粗暴蹂躏。你可以激情地选择一次性大量捐款，人家也可以冷静地选择多次少量捐献；你可以选择捐钱，人家可以选择长期扶养受灾孤儿，也可以选择资助某个村某户人家的灾后重建……凭什么只能采用你认可的方式?”

新闻评论工作者引导舆论时要理性，只有这样才能消除那些言辞激烈，煽动性强的言论的消极作用，也只有通过理性地说理才能说服群众，真正体现一个新闻评论人员对社会负责，对历史负责的职业道德。

二、法制观念

知法、守法是每个社会公民的义务，而我们的新闻评论工作者，不仅要知法、守法，还肩负着向人民普及法律的重要责任。因此，认真学习法律知识，研究普法规律和方法也是每个新闻评论工作者理应具备的意识和涵养。

1996 年 1 月 30 日，《经济日报》用头版发表了一则消息《“一块二”官司值不值得打》，报道中叙述了福建龙岩的一名叫邱建东的人因为打电话被多收了 6 毛钱，而向法院提出诉讼，要求有关方面对其赔偿一块二毛钱。消息一经发出便在当时当地引起广泛反响。人们纷纷议论邱建东为了这一块二毛钱而劳心费力打官司值不值。虽然事件由原告邱建东撤销诉讼而告终。但该事件在当时却造成了不小的影响。《经济日报》在 2 月 6 日不仅以《小事不可小看》的标题报道了官司审结的结果，还分别发表福建人大常委会副主任宋峻、福建省高级人民法院院长方忠炳、福建省邮电管理局副局长刘耀明、福建省消费者委员会会长赵洪岗等人对此事件的谈话要点，并发表署名的编辑点评《记住“一块二”》。评论这样写道“‘一块二’告诉我们，当你的公民权利受到损害时，哪怕是区区一块二角钱，你也可以使用法律武器捍卫自己的利益。‘一块二’告诉我们，对于一些服务部门尤其是垄断部门的服务质量问题，除了‘提意见’外，也不妨使用法律武器。后者往往比前者更灵光、更管用……”

十多年过去了，如果邱建东为维权打官司的事情发生在今天，相信人们会更加理解、支持他的举动。因为相比过去，人们更加懂得运用法律的武器来保护自己。

法治建设是构建和谐社会的保障。而在当今社会，我们仍然很可以看到人们或由于

法制观念的缺失而误入歧途，或由于法律意识淡薄而轻易放弃运用法律的武器来维护自己的合法权益的机会。还有些受害者因为采取了不当的方式保护自己而违法，甚至导致自己身陷囹圄。

2004年，8月1日晚，长沙的哥黄中权被劫匪抢劫后，开车追捕歹徒，将其中一名歹徒撞死。一时间，关于的哥黄中权是勇斗歹徒还是故意伤害而应负刑事责任成为人们议论的话题。2005年3月23日长沙"的哥撞死劫匪案"在长沙市芙蓉区人民法院一审宣判。的士司机黄中权故意伤害罪成立，被判处有期徒刑3年零6个月，并赔偿受害人即被撞死的劫匪亲属36 998.78元。黄中权当庭表示要上诉。对此结果，不少人表示了对黄中权的同情。一些的士司机们认为对方有重大错误在先，不管黄中权是否属于防卫过当，都应该判处缓刑，而又判又罚是不合理的。还有很多群众认为"黄中权是反抢劫的胜利者和英雄"，而他被判刑实在是有点"冤"，他们认为他在突遭匪徒持刀抢劫时，在既没有武器又没有外援的情况下，开车追回被劫财物与歹徒搏斗是合情合理，且应该是合法的。在一片非议声中，二审合议庭于2005年10月31日，特别说明了劫匪与其同伙对黄中权实施抢劫后，已逃离其视野区，故劫匪已经不再处于"正在进行的不法侵害状态"中，因此黄中权驾车撞击劫匪的行为已不再具有防卫特征，而构成了故意伤害犯罪，因此全案维持原判。

对于该事件，全国上下各大新闻媒体都进行了报道。2005年9月7日，中央台《今日说法》栏目针对该案件，制作了一期名为《夜幕下的较量》的节目，并邀请了中国政法大学的曲新久教授共同讨论了的哥黄中权撞死劫匪的事件。他们是这样讨论该案件的：

> 主持人：黄中权绕道追劫匪的行为引出了两种完全不同的理解。我们认为犯罪分子已经坐上摩的逃离了最开始的案发现场，他们只是有逃跑的行为，但是没有逃掉，只要他还没有逃掉就是没有脱离犯罪现场，为什么？
>
> 曲新久：这个犯罪现场是移动的现场。从另一个角度来看，黄中权坐在汽车之内，一个歹徒拿着一把水果刀对他挥动刀子，对他没有发生实质性的不法侵害，不足以危及他的人身安全，所以他也不具备正当防卫的条件，更别说无限量的正当防卫。
>
> 主持人：本案目前争论的一个最主要的问题，到底这个出租车司机当天的行为是正当防卫还是一种故意伤害的行为，您怎么看这个问题？
>
> 曲新久：正当防卫是完全合法的，不承担任何法律责任，但本案中被告人冲上去的时候确实没有明显的刹车。从这一点甚至可以说被告人甚至可能是故意杀人，在当时的那一刹那也许是故意伤害致死。他不管什么样的心理状态，他开车冲上去的行为都是法律不能够容忍的，所以是一个防卫不当的行为。
>
> 主持人：他这种防卫不当定性为故意伤害致死，本案它没有这样的事实显示，甚至有可能是故意杀人，也许是过失致人死亡，这要看具体情况，防卫过当

致人伤害死亡和故意致人伤害死亡之间还是有区别的吧?

曲新久:在定性上是完全一样的。但是故意伤害致死还是故意犯罪在量刑上影响是比较大的,在量刑上来讲,按照法律规定,防卫过当可以减轻或者免除处罚。

主持人:这个案件从法律程序上来讲,终审已经告一段落了。很多出租车司机对这个判决都有看法,他们认为今后遇到这样的事情应该怎么办,才能够既保证自己的权益,既伸张正义同时又让自己不至于陷入一种犯罪的境地?

曲新久:其实说起来也很简单。第一条你被抢了你就自认倒霉,但是这个不值得鼓励。第二条我们也不会鼓励只要是抢劫犯,你开着车上去就把他撞死。你还得根据具体的案件具体的情况有理有节。有的时候你可以口头威胁歹徒,说如果不还钱就撞死你,但是不能真去撞死他。

在这种情况下的哥要保持冷静,当然他确实在一种紧急状态下脑子里会忽略很多东西,但是如果冷静的话,相关的线索包括这些求救的东西都应该用上。他就应该在追的时候立即报告警察。

主持人:通过这个案子,也给我们遇到危险情景下的人提供了一个启示,那就是当你身处在危险当中的时候,法律确实赋予了你正当防卫的权利,但是在行使这个权利的时候仍然要保持理智,你要考虑保证自己合法权益的同时不能超越法律的限度,对对方造成不必要伤害。

其实,司机撞死劫匪的事件在全国几个地区都有发生。2004 年 8 月 19 日,成都有一名男子在目睹两劫匪抢走一妇女项链后,驾车追赶骑上摩托车疯狂逃窜的劫匪,结果两车相撞,导致两名劫匪一死一残。而与黄中权被判入狱的结果不同的是,该男子被法院宣判无罪。这是因为这两起看似相似的案件在细节上存在很大区别,而有些媒体便就此大做文章,甚至将问题升华到司法公正的问题。个别评论作者就发表了《允许抢劫,不许反抗》、《某些“法律精英”何以来教我》等评论。这在一定程度上加深了群众对事件的误解,使他们对法律的公正性产生了怀疑,甚至促成了他们心理、思想上的偏激。从的哥黄中权的故事里,我们看到了由于法律意识淡薄所导致的悲剧,看到了的哥为了保护自己由勇斗歹徒到触犯法律的悲剧过程。虽然,的哥的遭遇值得同情,但在情和法的天平上,我们需照顾到情,而法的地位永远不可能改变。我们从该事件中吸取的教训是普及法律的重要性,追回损失固然重要,但绝不能为追回损失而漠视生命,歹徒固然可耻,但在与他们周旋时需要的是多一份冷静和机智。

面对该类案件,新闻评论人员在发表言论之前,首先要有法制观念,主动充实法律知识,做好背景研究,从权威人士那里获取专业意见,才能剖析事件原委,才能用正确的舆论引导人,从而向群众普法,杜绝此类悲剧的发生。

三、人文精神和人格魅力

如果说新闻评论反映舆论、影响舆论、引导舆论，那么新闻评论工作者无疑是“社会的良心”。而人文精神应该是新闻评论人员的一种情怀，一种精神。何谓人文精神？人文精神是一种普遍的人类自我关怀，它表现为对人的尊严、价值、命运的维护、追求和关切，对人类遗留下来的各种精神文化现象的高度珍视，对一种全面发展的理想人格的肯定和塑造。简单地说，人文精神就是不断追求真、善、美的价值理想的一种思想信念。作为“社会的良心”，新闻评论人员就应该怀着这样的人文精神去反映人间百态，关注人的生存和发展，弘扬真、善、美，鞭挞假、丑、恶，从而对人们起到启蒙作用。而人文精神的贯注又能起到深化主体、充实内涵、提升品位和引发思考与共鸣的作用，使新闻评论作品的内容更加容易被接受，吸纳，深入人心。人格魅力则指一个人在性格、气质、能力、道德品格等方面具有的很能吸引人的力量，它和人文精神又是紧密联系的。新闻评论人员的人格魅力正体现在他是否具有人文精神。缺少人格魅力的新闻评论人员是无法将感情倾注到作品当中，无法从读者那里取到情感上的共鸣的。

新时期，我们的新闻评论工作必须强化舆论监督，化解各类矛盾，倡导先进文化来增强构建和谐社会的凝聚力。所以新闻评论作品中要少一些命令式的口吻，多讲人性，重人情，做到循循善诱、以理服人、以情动人。

“空巢老人”跳楼自杀的新闻隐喻

2008年1月5日上午9时20分左右，北京一位80岁的失明老太太从4层楼上一跃而下，结束了自己的生命。出门买菜归来的保姆见状，抱着老人痛哭不已。据保姆说，这两天因为她准备要回家过春节，老人不让走，前天晚上还为这事哭了，没想到昨天一早就发生了悲剧。“如果我知道老人会这样，我就算再放弃一次回家过节，也愿意……”（1月6日《北京晨报》）

据报道，保姆董女士是甘肃人，到老太太家做保姆已经两年了。去年春节，她都买好了回家的火车票，由于老人不同意，她只得放弃了回家过节。但今年她很想回家过年，老人的儿子也同意了她的请求，并买了很多礼物让她带回家，“儿子上大学了，还有我的老父亲，我也想回家看看他们”。但这次老人仍然不同意，还哭了，董女士劝慰了半天，本以为没有事情了，没想到老人却寻了短见。

一位老人就这样走了，在我们悲伤的同时，也该有更多的反思。时下，我国老年人口构成已占很大比例，“空巢老人”家庭已越来越多。与许多农村的“空巢老人”相比，城市老人们的物质生活水平大多远远地走在了前头，他们享有退休金，衣食无忧。但是，富足的物质生活背后，不少“空巢老人”的内心深处普遍都有一种孤独感，这种孤独感里包含着思念、自怜和无助等复杂的情感体验。

“找点时间，找点空闲，领着孩子，常回家看看……”这首歌可说是唱出了“空巢老人”共同的心声。现实生活中，大多数“空巢老人”最想见到的不是孩子寄来的汇款单，而是他(她)那张熟悉得不能再熟悉的脸。只有当拉着孩子的手、摸着孩子的脸、切实地感觉到他自然的呼吸的时候，他们才感到踏实。可不少做儿女的却常常忽略了父母们的这种精神需求，一年到头都难得回家看看父母，甚至连打个电话也是“例行公事”一般……

就说上述这位跳楼自杀的老太太吧，儿女们在物质方面对老人是很好的，还请了专职保姆，但由于儿女平时和老人交流少，导致老人将对自己儿女的感情转移到了与儿女岁数相当的保姆身上。虽然保姆只是暂时离去，但老人无法接受。另外，老人由于失明，生活上对保姆的依赖，也可能造成老人产生了“保姆走了，她的日子也没法再过下去”的想法，进而走上了轻生之路。

让“空巢老人”告别“出门一把锁，进门一盏灯”的寂寥生活，需要社会各界齐抓共管。政府要进一步建立健全养老、医保制度，加快养老机构、养老服务设施、老年活动场所建设，让老年人“老有所养、老有所医、老有所教、老有所学、老有所为、老有所乐”；社会要营造尊老敬老的浓厚氛围，完善养老服务的网络，鼓励社会力量参与发展养老服务业，推进社区居家养老服务，深化养老服务社会化；子女不仅要给父母物质上的赡养，更要注重“精神赡养”。

其中，最重要的是儿女们要尽好孝道。乌鸦尚知反哺之恩，我们这些曾经承惠父母养育之恩的儿女们，怎能忍心让老人因为孤独更显衰老？期盼家有老人的子女们在繁忙工作之余，多抽点时间“常回家看看”吧。有时候，尽孝，就体现在细微之处，一个电话、一声问候、一张贺卡、一次相聚，对于老人是多么的重要，尤其对“空巢家庭”的老人来说，浓浓的亲情是他们晚年生活最好的“快乐良方”。

“永远不要嫌弃你的父母行动迟缓，因为你永远想象不出你小的时候他们是如何耐心地教你走路……请你们记得，在这个世界上，永远只顾付出不求回报的，永远不会背弃你们的，不一定会是你们身边的爱人，却一定会是你们日渐老去的父母。从现在开始，让我们常常给予他们问候和关爱……”在2008年春节来临之际，谨摘此诗与天下儿女共勉——找点时间，找点空闲，领着孩子，回家陪父母过节吧！

(红网，作者高福生，2008年1月7日)

从这篇评论中，我们看到评论人员围绕当今社会日益凸显的“空巢老人”问题，站在一个普通人的角度，以人文关怀的精神关注着人的内心、人的命运和情感，极力地呼唤那些忙碌于自己生活和事业的儿女们多在精神上关怀自己的父母，排解他们人到老年，无人沟通的寂寥，并在心灵的层面上给予老人更多的安慰和关爱。这也让我们欣喜地看到，不少新闻评论人员不仅仅是评论新闻事件，而是在为如何改善人的生存状态呐喊，同时还对政府有关部门提出了不少建设性的建议和意见。

另外，新闻评论人员的人文精神和人格魅力还体现在对事物的理解和宽容。这在他们对2008年北京奥运会的评论中就有集中的体现。在本次奥运会上，国人目睹了雅典奥运射击冠军杜丽在10米气步枪40发资格赛上发挥失常，惨遭淘汰。我们的新闻工作者包括评论人员都给予了她最大的理解和支持，发出《杜丽，不哭》等文章，鼓励她振作精神，冷静面对后面的比赛。在女排赛场上陈忠和率领的中国女排与郎平率领的美国女排狭路相逢引起人们广泛关注，在中国女排以2∶3不敌美国女排，惜败赛场时，在众多的评论作品中，我们听到了真正诠释奥林匹克精神的声音"理解女排，理解郎平"。在国人对于刘翔因伤退赛而惊愕、痛惜时，我们的新闻评论人员以理性、宽容的人文精神做出了正确的、积极的回应，并呼吁中国人民以平和的心态面对这一问题。于是我们看到了《理解刘翔，闪现人性光辉》、《理解刘翔就是理解自己》、《以人性的名义，理解刘翔的退出》等文。这都为我们广大的作为和谐社会重要构建者的新闻评论人员提供了榜样。

以人性的名义，理解刘翔的退出

尊重人性，首先尊重每一个人身体健康。无论如何，人类的极限难以超越身体本身。长期以来，伤病就一直伴随着现代奥林匹克运动，成为运动员超越自身极限的梦魇。本届奥运会，刘翔也不是唯一。刘翔退场之前，110米栏另一位名将特拉梅尔在比赛中因伤退赛。此前还有雅典奥运会男子体操全能冠军保罗·哈姆因伤未能来京参赛，法国网球名将玛丽·皮尔斯等不少高手都因伤错过奥运比赛。

身体是运动之本，相信所有人都能接受这个道理。可以说，退出比赛，本身就是比赛的一个内容。奥运会是一场竞技体育赛事。竞技体育常常需要艰苦的训练，也常常会给运动员留下刻骨铭心的伤痛，这是选择竞技体育的必然代价。但是体育的最终高度，是人性的高度。我们欣赏刘翔，并不全是因为他跨栏的成绩有多深刻的意义，而是成绩背后展现出来的运动员自由的身体，以及随之而来的自信、快乐和坚定。

尊重人性，更要尊重每一个人的自由选择。历史可以在人类身上留下标签，比如"田径英雄"或者"伟大的运动员"。但任何运动员首先是一个独立的人，他有自主选择的权利，他既不是运动机器，也不是被寄予所有希望的工具符号。对刘翔的理解和支持，实际上是以人为本精神的理解和支持。奥运精神的"更高、更快、更强"是基于人性的前提，而人性的基础，就在于每个人都能够合情合法地主导自己的行为，并为自己的行为负责。

以人为本，运动员是体育精神的主宰者。退出比赛，并不是选择放弃，更不违背人文奥运的要旨。这既是刘翔的无奈之举，又是刘翔的勇敢之处。这种个人的勇敢，也会影响整个社会的价值判断。中国代表团在110米栏赛后第一时间也是第一次为一个运动员召开新闻发布会，得到了国际田联官员的钦佩和赞许。而更多的观众和网友，也在不同媒体和不同渠道为这位永远洋溢笑容的小伙子，寄予充分的理解与鼓励。

奥运会仅仅是一场运动会，一场展示力量与美的运动会。一切的运动，最终都要以人的幸福和快乐为终极速度、高度和强度。刘翔尽管退出了比赛，但是未来仍然有巨大的时空等待他飞翔。从这个意义上说，我们可以理解刘翔退出比赛，我们也祝福刘翔早日康复。

（《新京报》2008 年 8 月 19 日）

本章小结

在本章中，我们详细地论述了新闻评论人员应具备的素质。我们认为，一名优秀的新闻评论人员一定是一名优秀的记者，一名人民的理论工作者。但并不是所有优秀的记者和理论工作者都能成为一名优秀的受群众欢迎的新闻评论人员。要成为一名优秀的新闻评论人员，首先必须要具备新闻人应有的较高的政治、思想道德素养和业务素养，还要有理论工作者应具备的扎实的理论功底和实践创新能力。而反映舆论、影响舆论和引导舆论的理性，法制观念，人文精神和人格魅力等其他综合的素质、涵养，也是一名优秀的新闻评论人员应具备的。

本章自测题

一、单项选择题

1. 下列关于新闻评论人员的选项，哪个是错误的？（　　）

   A. 新闻评论人员针对现实生活中新近发生的、具有普遍意义的新闻时间和迫切需要解决的问题而发议论、讲道理

   B. 新闻评论人员主要是由代表编辑部言论或自身立场的记者、专业评论员、某个领域的专家、学者或权威人士组成的

   C. 一名优秀的新闻评论人员一定是一名优秀的记者

   D. 一名优秀的记者一定是一名优秀的新闻评论人员

2. 下列四个选项中，正确的是（　　）。

   A. 暗访是常规采访手段的补充，它有助于在复杂情况下获取真实可靠的材料

   B. 暗访是记者核实线索，获得事实真相的唯一方法

C. 群众的知情权高于个人的隐私权。因此在任何情况下，记者到要把群众知情权置于个人隐私权之前

D. 要使新闻语言通俗化，就必须尽量用方言和俚语代替新闻报道中佶屈聱牙、说教式的语言

二、多项选择题

1. 下列哪些选项能提高新闻工作者新闻敏感？（　　）

A. 时刻学习党的新政策、新精神，关注政府新举措

B. 注重知识的更新和积累

C. 善于立足全局思考问题

D. 吃透“下情”

2. 下列哪些选项体现了理论工作者以历史的眼光看待问题？（　　）

A. 承认历史，尊重历史，认为社会必然是一个连续不断的发展过程

B. 联系历史来观察和分析问题

C. 有选择地继承和发展历史

D. 立足本国实际，向世界学习

3. 下列哪些选项的说法是正确的？（　　）

A. 人文精神是新闻评论人员道德境界的体现

B. 新闻评论人员的人文精神和人格魅力体现在站在平民角度，与群众进行平等交流

C. 新闻评论人员的人文精神和人格魅力体现在对事物的理解和宽容

D. 缺少人文精神和人格魅力的新闻评论人无法将感情倾注到作品当中，也无法从读者那里取到情感上的共鸣

4. 下列哪些选项的说法是错误的？（　　）

A. 优秀的新闻评论人员应该做党与人民忠实的代言人

B. 优秀的新闻评论人员要为人民服务就必须独立于政党

C. 优秀的新闻评论人员要实事求是，有错必纠

D. 优秀的新闻评论人员对不同的观点要针锋相对，必要时可以发起论战，一较高下

三、判断题

1. 要完善社会批评，新闻评论人员就必须要有充当裁判者的意识。　（　　）

2. 对于理论工作者来说，深厚的理论功底远比实践创新重要得多。　（　　）

3. 新闻敏感的预见性并不是建立在凭空想象的基础上的，它是新闻工作者长期从事新闻工作积累的经验和智慧的结晶。　（　　）

4. 新闻工作者要学习心理学,因为心理学作用于新闻工作者的思想意识,在塑造他们的世界观、人生观和价值观方面起着十分重要的作用,它时刻影响着他们的思维方式和方法。 ( )

5. 新闻评论人员除了要有一般新闻人和理论工作者的特质和素质外,还要特别强调其理性思维、法律意识和人文精神等方面的涵养。 ( )

四、简答题

1. 我们常说“媒体、新闻工作者是社会的良心”,谈谈你对这句话的看法。
2. 简述新闻评论人员为什么应具备理论工作者的素质。

单元实训

实训一

阅读以下评论文章,请从评论背景、布局谋篇、语言表达、思想内涵等各角度,分析该评论作者的专业技巧和素养。

上海一定要有更宽广的胸襟

日前,一份关于中国公众城市宜居指数的调查报告显示,上海在文化兼容性方面在被调查的20个城市中不在前列。这种状况与上海加快实现“四个率先”、加快建设“四个中心”,与培育、树立城市精神的要求有较大差距,与争取承办一届“成功、精彩、难忘”的世博会亦不相适应,应当引起我们的重视和深思。

市委主要领导同志为此指出:海不辞水,故能成其大;山不辞土石,故能成其高。海纳百川,才成其为上海。上海是全国的上海,上海今天取得的成就离不开全国各地的关心和帮助,上海今后的发展同样离不开全国各地的支持与合作,上海要以更宽广的胸襟,兼容并蓄、博采众长,大力塑造“海纳百川、追求卓越、开明睿智、大气谦和”的新形象。这席话,对于拓宽上海的胸襟,塑造上海人的新形象,有着准确的针对性和深刻的现实意义。

上海是全国的上海,这是上海发展的规律。且不说当年的小渔村,靠着五方杂处、近悦远来,才成为全国最大的城市;就是新中国成立五十多年以来,上海以一个百业凋敝、藏污纳垢的“十里洋场”,变为社会主义的特大型城市,哪一点离得开全国人民的关心和帮助?尤其是改革开放以来,上海从后卫转到前锋,成为改革发展的“领头羊”、“排头兵”,更离不开党中央、国务院的正确领导,离不开中央各部委和各兄弟省市的大力支持,也离不开数百万外来的兄弟姐妹的拼搏奉献。事实上,世界上任何一个大都市,都不是一个孤立、封闭的独体,也绝不可能单单依托自身力量来造就,只有在不断吸纳周边、全国乃至全世界

的人才、资本、信息、技术、物流和成功的经验中，才能最终建成。同样的，任何一个大都市的跨越式发展，都需要捕捉和抓住机遇，而这种机遇，往往是区域性甚至是全国性的，只有坚持联动发展，不断推动区域合作交流的全方位、深层次发展，才能在都市群的共同崛起中实现大都市的大发展。上海发展的历程和规律都告诉我们，上海的昨天、今天和明天都离不开全国的关心和帮助，尤其是上海要建成"四个中心"，作为一项国家战略，更离不开全国人民的支持。上海要以宽广的胸襟，虚心谦逊地学各地之长，脚踏实地地补上海之短，锐意进取地创上海之新！

上海是全国的上海，这也是上海肩负的庄严历史使命。新世纪新阶段的上海，处在我国改革开放的先行地区，这就要求上海必须积极实施国家战略，主动承担起率先探索的责任，努力为全国改革开放多作贡献。这既是全面建设小康社会的全局要求，又是上海真正建成"四个中心"和现代化国际大都市的内在要求。国际大都市的首先功能是服务，世界上任何一个大都市都是以它的吸引力、凝聚力和辐射力，在为周边、为全国乃至世界的服务中才能形成、凸现和提升它的都市功能；而任何一个经济、金融、贸易和航运中心，也只有在为全国乃至世界的资本、人才、物流、信息搭建让它们"长袖善舞"的舞台中，才能最终形成以服务为核心的综合竞争力。因此，上海要以更宽广的胸襟和更广阔的视野，把上海未来发展放在中央对上海发展的战略定位上，放在经济全球化的大趋势下，放在全国发展的大格局中，放在国家对长江三角洲区域发展的总体部署中来思考和谋划，牢固树立全国一盘棋思想，始终坚持在服务全国大局中发展上海自身。

我们正在与时俱进地培育上海城市精神。城市精神的培育要有文化的根基。上海文化是什么，从根上说来应当是移民文化、包容文化。但是在少数上海人眼里，移民文化被扭曲地演绎成"本土文化"。他们的思想方式是封闭式的，甚至有妄自尊大、瞧不起别人的盲目优越感。这种"文化"，很不利于上海的新发展、大发展。我们的目标和定位是现代化国际大都市，这就必须讲包容性、兼容性。上海还是要"开门"，必须要"开门"，只有海纳百川、和谐相融，才能真正建成"四个中心"。有了这样的文化观念、文化根基，城市精神的培育才有了保证。我们的观念一定要开放，绝不能排斥外来者，而是要去融合。比如，上海要实施科教兴市战略，就要占领人才高地，不但有国内精英荟萃，还要有国际人才聚集。又比如，上海城市的运转，离不开几百万农民工，在他们付出辛劳的同时，理所应当得到整个社会和城市的认同和尊重。

总之，上海人一定要海纳百川，虚怀若谷，从谏如流，闻过则喜，这才是我们的博大之处；上海人一定要既有精明、睿智的清醒头脑，更有大气、谦和的宽广胸襟，只有这样，上海的城市精神才能高扬，上海人才能以崭新的形象播扬于世！

（《解放日报》，作者申言，2007年7月9日）

实训二

请以你喜欢的一名新闻评论家或评论节目主持人为对象，分析他的评论风格，特点以及优缺点。

参考文献

丁柏铨:《中国新闻理论体系研究》,北京,新华出版社,2002。
丁法章著:《新闻评论学》,上海,复旦大学出版社,1997。
方汉奇、黄瑚等:《中国新闻传播史》,北京,中国人民大学出版社,2002。
符建湘:《新闻评论》,长沙,湖南大学出版社,2007。
胡文龙主编:《中国新闻评论发展研究》,北京,中国人民大学出版社,2002。
姜淮超主编:《新闻评论教程》,北京,中国政法大学出版社,2003。
金梦玉主编:《网络新闻实务》,北京,北京广播学院出版社,2001。
刘根生编著:《新闻评论范文评析》,北京,新华出版社,2001。
刘海贵、尹德刚:《新闻采访写作新编》,上海,复旦大学出版社,2006。
梁建增:《〈焦点访谈〉红皮书》,北京,文化艺术出版社,2002。
马少华、刘洪珍编著:《新闻评论案例》,长沙,中南大学出版社,2006。
涂光晋著:《广播电视评论学》,北京,新华出版社,1998。
汤世英主编:《中外新闻作品研究》,武汉,武汉大学出版社,2000。
吴高福:《新闻学基本原理》,武汉,武汉大学出版社,1993。
吴庚振著:《新闻评论学通论》,保定,河北大学出版社,2001。
王兴华著:《新闻评论学》,杭州,浙江大学出版社,1998。
王振业、胡平著:《新闻评论写作教程》,北京,中国广播电视出版社,1995。
许颖:《广播电视新闻实务》,大连,东北财经大学出版社,2007。
杨新敏:《当代广播电视新闻评论》,北京,中国广播电视出版社,2005。
张海鹰、滕谦编著:《网络传播概论》,上海,复旦大学出版社,2001。
张洁、吴征:《调查〈新闻调查〉》,北京,文化艺术出版社,2006。
赵振宇:《新闻策划》,武汉,武汉出版社,2000。
[美]康拉德·芬克:《冲击力:新闻评论写作教程》,北京,新华出版社,2002。

教学支持说明

清华大学出版社秉承学术理念，出版了一批高品质的新闻传播类图书，并得到社会认可，特此感谢！为了老师更好地使用本教材，我们将向采纳本书作为教材的老师免费提供网上教学支持课件。任何一位注册的老师都可直接下载所有在线的教学辅助资料。

为确保此资源仅为老师教学所用，烦请填写如下情况调查表：

-- ✂ --

证　　明

兹证明____________________大学____________系/院____________学年（学期）开设的课程，采用清华大学出版社出版的______________________（作者/书名）作为主要教材。任课教师为______________，学生______个班共__________人。

电话：____________________________________

传真：____________________________________

E-mail：__________________________________

联系地址：________________________________

邮编：____________________________________

系/院主任：________________（签字）

（系/院办公室章）

______年______月______日

清华大学出版社

北京市海淀区清华园学研大厦 A 座 714 室

邮编：100084

Tel：8610-62770175-4506，4315

Fax：8610-62775511

E-mail：xuyy@tup.tsinghua.edu.cn

haihong.ji@gmail.com